何永军 著

中国古代法制的
思想世界

中華書局

图书在版编目(CIP)数据

中国古代法制的思想世界/何永军著. —北京:中华书局,
2020.8
ISBN 978-7-101-14610-3

Ⅰ.中… Ⅱ.何… Ⅲ.法制史-思想史-研究-中国-古代
Ⅳ.D929.2

中国版本图书馆 CIP 数据核字(2020)第 105606 号

书 名	中国古代法制的思想世界	
著 者	何永军	
责任编辑	王传龙	
出版发行	中华书局	
	(北京市丰台区太平桥西里 38 号　100073)	
	http://www.zhbc.com.cn	
	E-mail:zhbc@zhbc.com.cn	
印 刷	北京市白帆印务有限公司	
版 次	2020 年 8 月北京第 1 版	
	2020 年 8 月北京第 1 次印刷	
规 格	开本/920×1250 毫米　1/32	
	印张 11¾　插页 2　字数 260 千字	
印 数	1-3000 册	
国际书号	ISBN 978-7-101-14610-3	
定 价	58.00 元	

目　录

导　论

一代人有一代人之使命，一代人有一代人之学术。

自天朝上国的美梦被鸦片战争的枪炮声惊醒，亡国灭种的梦魇就一直伴随国人，救亡图存成了近一个多世纪以来先进中国人的使命。在西学东渐的过程中，在各种先进的"洋货"面前，相当一部分国人养成了一种殖民心态，直到今天仍然挥之不去，"外国的月亮比中国圆"依然不只是笑话。面对"西方中心主义"的话语霸权，面对一个多世纪以来中国学术的失语症，如何构建起中国自身的学术话语体系，如何寻找回中国的学术自信，如何构建起中国学术自身的主体性，将是我们这代以及下几代中国学人的重大历史使命。而要完成这个使命，大多数时候我们需要回到中国自身的传统，重新捡拾起那些被抛弃或被打翻在地的中国古代文化典籍，建构起立基于中国自身文化传统的学术话语体系，努力争取用自身的语言来言说自身的传统，摆脱那种"以西释中"的学术研究套路。

一、缘起

中国当下的法制包括三大思想和制度来源，一是中国自身固有的传统,二是西学东渐以来移植的西学,三是中国共产党开创的新传统,①实现中国法制的现代化离不开充分地发掘这三大资源。但当下中国的新法学基本上接受了全盘西化的主张,"既抛弃了毛泽东时代的现代革命法律传统,也再一次否定了中国的传统法律;'现代'被等同于西方,中国传统被等同于不能适应现代化和市场经济需要的'前现代'或非现代",②这当然是有问题的。发掘中国自身固有的思想和制度资源,在较长的历史时期内,都是中国民主和法制建设的一项紧迫任务。

近几年,笔者隐居中国西南边陲小镇,远离了中国学术的主流市场,日子相对清闲,便萌生了写一部《中国古代诉讼法律思想史》的念头,试图清理一下中国古代几千年来诉讼法律观念的演变历程,考察一下我们的诉讼法律思想是如何从前现代一步步发展到今天这个样子的,其间有哪些思想和做法现在仍然具有价值,需要从历史记忆中将其复活,又有哪些东西的遗毒仍然未被肃清,需要将其进一步扬弃,从而为当下中国诉讼法制建设和司法制度改革助一臂之力。

但为此工作了一年多时间后,笔者放弃了原来的写作计划,因为,在弄清楚中国古代诉讼思想及思想史之前,还有必要先追问一下这些思想的来源,即建构相关诉讼法律思想的一般性知识、信仰和思想。不然仍然只是知其然,而不知其所以然。于是近两年来,笔者开始了本书称为"中国古代法制的思想世界"的探究,研究建构中国古代法制的各种思想元素,考察中国古代全部法律、法规以及立法、执

---

① 笔者曾对人民司法的新传统在改革开放后的历史命运作过一个较为详细的考察,参见拙作《断裂与延续——人民法院建设(1978—2005)》,中国政法大学出版社 2018 年版。

② 黄宗智:《过去和现在:中国民事法律实践的探索》,法律出版社 2009 年版,序。

法、司法、守法和法律监督等(即广义的法制)建基的思想基础——中国古代法制思想的思想，即孕育和催生中国古代法制思想的思想。在一定意义上，本书也可命名为《中国古代法制的哲学基础》。但"哲学"本身是个外来词，古代中国是否存在"哲学"，本身还是个有待继续讨论的话题。[①] 同时，建构中国古代法制思想的一些思想本身也可能并不特别高明，未必达到了哲学的高度，使用"哲学"一词，恐容易将建构中国古代法制思想的部分一般性知识、信仰和思想排除在人们的视野之外，从而阉割了真实的历史。所以笔者最终放弃了"哲学"这一术语，将本书命名为《中国古代法制的思想世界》，也许这更符合中国古代思想和历史的本来面貌。

在本书中，我们将穿越中国古代的典籍，赋予那些零散的史料以鲜活的生命，复原中国古代法制的思想世界，向读者展现建构中国古代法制和支配中国古人进行法制实践活动的一般性知识、信仰和思

[①] 张岱年当年在写《中国哲学大纲》时就曾特别指出此一问题，他说："中国先秦的诸子之学，魏晋的玄学，宋明清的道学或义理之学，合起来是不是可以现在所谓哲学称之呢？换言之，中国以前的那些关于宇宙人生的思想理论，是不是可以叫作哲学？关于此点要看我们对于哲学一词的看法如何。如所谓哲学专指西洋哲学，或认西洋哲学是哲学的唯一范型，与西洋哲学的态度方法有所不同者，即是另一种学问而非哲学；中国思想在根本态度上实与西洋的不同，则中国的学问当然不得叫作哲学了。不过我们也可以将哲学看作一个类称，而非专指西洋哲学。可以说，有一类学问，其一特例是西洋哲学，这一类学问之总名是哲学。如此，凡与西洋哲学有相似点，而可归入此类者，都可叫作哲学。以此意义看哲学，则中国旧日关于宇宙人生的那些思想理论，便非不可名为哲学。"(张岱年：《中国哲学大纲》，江苏教育出版社2005年版，第4页)中国古代没有"哲学"一说，故是否将中国古代的思想称为"哲学"，取决于论者的立场。而是否应当将中国古代的思想称为哲学，21世纪初年葛兆光撰写《中国思想史》时仍然备感纠结，参见氏著《中国思想史(第2卷)》，复旦大学出版社2001年版，第595—596页。

想。以往的经验告诉我们,那些分布在各个历史时段的零碎知识片断常让人望而却步,对大多数读者而言,看完一部教科书式的史学论著,通常不久即将书里的内容忘得差不多了。为此在本书中,笔者将力争理出中国古代法制思想的头绪来,将其逻辑哲思和间架结构呈现出来,避免让读者去整理满地鸡毛式的知识片断。非常幸运的是,中国古代的政治和思想状况为笔者从整体上研究和把握中国古代法制思想提供了便利。就政治制度而言,秦以来两千余年中国历代实行的均是君主专制制度;就思想而言,除了印度来的佛学等,中国古代本土原创性思想大多诞生于先秦子学时代,秦以降两千多年以来中国的思想基本上是陈陈相因而已,即使创新也基本上是通过重新解读先秦诸子的思想而达致的。

同时需要指出的是,本书将抛弃那种到古代世界去淘金的想法,并不想刻意在中国古代寻觅具有现代性的宝贝,而是拟呈现对中国古代法制产生影响的思想,关心的核心内容是哪些思想主导了中国古代法制的建构和参与者的心态。对此笔者将有选择性地遗忘、忽略掉那些与本书主题无关或关系不大的内容,哪怕现在看来十分具有真理性、十分先进的思想。在此导论中,笔者将向读者提供一个关于中国古代法制思想的概念框架,然后在后面的每一章中逐一阐述其具体内容。

二、分期

为了使读者更好地理解中国古代的法制思想,在此还有必要向大家提供一幅中国古代法制思想的发展演进图——关于中国古代法制思想发展的基本历史脉络和线索。基于本书的旨趣,笔者不可能将其中的重要事件和人物一一标示出来(那样就成了一部以时间为线索的思想史著作了),但指出基本历史分期、发展的大致方向和阶段,还是现实的。有了这个时间维度的思想地图,就能保证读者对中国古代法制思想有一个立体的了解。

关于中国思想(哲学)的分期,前辈学者提供了诸多范本。一类是以时间来划分,例如胡适将中国哲学史划分为古代哲学(老子至韩非,诸子哲学)、中世哲学(汉至北宋)和近世哲学(南宋至清)三个时期。[①] 一类是按照思想演变的大势来分,例如萧公权将中国古代政治思想史分为"创造时期""因袭时期"和"转变时期"。[②] 一类是按照思想的历史背景来分,例如萧公权又将中国古代政治思想史分为"封建天下之思想时期"和"专制天下之思想时期"。[③] 一类是按照某种学说是否被定为一尊来分,例如冯友兰就将中国古代哲学史分为"子学时代"(自孔子至淮南王)和"经学时代"(董仲舒以下),[④] 杨鸿烈将中国古代法律思想史分为"殷周萌芽时代""儒墨道法诸家对立时代"和"儒家独霸时代"。[⑤] 一类是按照政治制度和历史的变迁对思想的影响来分期,例如吕思勉就将中国政治思想史分为"上古至战国""秦至唐""宋至清中叶"和"清中叶至现代"四个时期。[⑥] 一类是按照社会形态来分,马克思主义史学家普遍将中国古代思想(哲学)史分为奴隶制度和封建制度两大时期,然后再对封建制度时期

[①] 胡适:《中国哲学史大纲》,北京大学出版社 2013 年版,第 6—8 页。
[②] 萧公权:《中国政治思想史》,新星出版社 2010 年版,第 3—7 页。
[③] 萧公权:《中国政治思想史》,新星出版社 2010 年版,第 7—10 页。
[④] 冯友兰:《中国哲学史》,重庆出版社 2009 年版。
[⑤] 杨鸿烈:《中国法律思想史》,中国政法大学出版社 2004 年版。
[⑥] 吕思勉:《中国政治思想史》,中华书局 2012 年版,第 5 页。

进行细分。例如吕振羽著的《中国政治思想史》就很具有代表性,目前各类大专院校使用的思想史、哲学史教科书基本上是如此分期的。这种划分可算得上是目前国内思想(哲学)史分期的通行方法。

关于中国思想(哲学)史的分期实际上是没有标准答案的,也不应该有标准答案,每一种划分方法都具有自身的优势和弱点,具体应该采用哪一种划分方法,要视研究的对象而定,要视研究的需要而定,要看哪一种划分方法更加有利于读者对思想(哲学)本身的理解而定。在本书中,根据中国法制思想的自身发展情况,笔者将中国古代法制思想的发展大致划分为如下四个时期:

(一)神学时期——自传说中的尧舜禹至西周末期。其间虽然人本主义有日渐取代神本主义的趋势,但神学仍然是其时居于统治地位的学说,天命和鬼神思想还具有较为崇高的地位,天讨天罚的思想占据主导,司法中各类神明裁判的方法仍然较为盛行。

(二)百家争鸣时期——春秋至战国末期(前770—前221)。其间周王朝日趋衰落,礼乐征伐自天子出日渐变为由诸侯出、大夫出,"天子失官,学在四夷"(《左传·昭公十七年》),争霸和兼并战争的需要与王室垄断学术话语的打破使士阶层兴起,士人们奔走于列国,招授生徒,开坛讲学,儒、道、墨、名、法、阴阳[1] 等各种私学兴盛起来,"道术将为天下裂"(《庄子·天下》),为了赢得各国君王和生徒们的青睐,各家互相攻击,出现了百家争鸣的局面。其间产生的儒、道、法诸家的思想对后世中国法制产生了重大影响,是中国古代法制思想的原创时期。

---

[1] 司马谈《论六家要指》中只谈及此六家,刘歆在此六家基础上,增加了纵横、农、杂、小说四家,凑成了九流十家。班固在《汉书》中沿袭了刘歆的划分方法。而吕思勉认为"数术""方技""兵家"三略亦可称为先秦诸子,故将其划分为十二家,参见氏著《先秦学术概论》,中国人民大学出版社2011年版。

　　(三) 法家独霸时期——秦王朝统治时期(前 221—前 206)。秦始皇统一六国后不久即采取李斯禁私学、烧诗书、"偶语诗书者弃市""以古非今者族""以吏为师"(《史记·秦始皇本纪》)的建议，实现了韩非所谓的"无书简之文，以法为教；无先王之语，以吏为师"(《韩非子·五蠹》)的社会治理状态，法家学说成为秦朝的官方统治学说，事事"一断于法"，《盐铁论·刑德》云："昔秦法繁于秋荼，而网密于凝脂。"故虽然秦王朝只存在了短短 15 年，但该时期是中国历史上唯一基本完全推行法家法治主张，法家学说被奉为官方统治学说的时期，就法制史而言具有特别的意义，所以有必要将其作为中国法制思想史上的一个独立时期。

　　(四)"霸王道杂之"下的诸学合用时期——汉初至清末(前206—1912)。其间汉武帝采纳董仲舒"独尊儒术"的建议，使两千余年来儒学作为经学一直处于官方统治学说的地位，但在儒家独尊的情况下，除了墨家(但《墨子》等书保留了下来)和名家衰绝外，法家的影响仍然是巨大的，"汉家自有制度，本以霸王道杂之"(《汉书·元帝纪》)，"阳儒阴法"才是历史的本真面目。[①] 同时此间道家、印度传来的佛教影响也较大。魏晋时期玄学兴起，儒道两家学说交相辉映，隋唐时三教鼎立，佛学独盛，中国原来的士农工商四民已变成了士农工商僧道六民了，[②] 而且儒学在佛学和道教的影响下还催生了宋明理学。"霸王道杂之"下的诸学合用正是本时期的典型特征。

---

① 谭嗣同曾说："二千年之政，秦政也；二千年之学，荀学也。"参见《谭嗣同全集》，中华书局 1981 年版，第 337 页。
② 韩愈曾评论说："古之为民者四，今之为民者六；古之教者处其一，今之教者处其三。"(《原道》)意思是说，"古"时候只有士农工商四民，而"今"新增僧、道成了六民；"古"时候只有儒教一教，而"今"增加佛教和道教变成了三教。

三、私学

任何国家都具有自身的统治学说,即官方的意识形态。它不但为国家的治理提供指导思想和原则,而且为现存统治秩序的合法性提供理论支撑和论证。故建构、维护和捍卫自身的统治学说,对于统治者而言具有重大的意义。国家的法制通常是在官方统治学说的指导下制定的,或者说它就是官方统治学说的制度和实践表达,官方的法制思想通常就是一个国家居于统治地位的法制思想,因此,我们要了解中国古代的法制思想,就不得不了解中国古代各个时期的官方统治学说。所以在确定中国古代法制史分期的前提下,有必要对中国古代历史上各个时期的官方统治学说的演变有一个大致的了解。而为了更好地理解中国古代的官方统治学说,还得先来说一说"私学"。

这里谈的"私学",并非指与"官学"相对而言的私人办学,而是借用韩非的一个说法。韩非在继承《商君书》①中"私"和"私道"概念的基础上提出了"私学"这一概念。《商君书》中有"塞私道以穷其志,启一门以致其欲""力多而不用,则志穷;志穷,则有私;有私,则有弱"(《说民》)等说法,将民众为个人谋利益的想法称为"私心",将民众谋求个人私利的门路称为"私道",以与国家利益(耕战主张)相对立。韩非则进一步将不符合法治的一切个人行为均称为"私",

---

① 《商君书》是商鞅及其后学著作的汇编,并非出自商鞅一人之手。《四库全书总目提要》云:"殆法家者流,掇鞅余论,以成是编。"其实先秦其他诸子书也是如此,对此冯友兰曾说:"现在所有多数题为战国以前某某子之书,当视为某某子一派之书,不当视为某某子一人之书。"参见《中国哲学史》,第 26—27 页。

将违背君主教令而私自设立的各家学说称为"私学"。他说："夫立法令者,以废私也。法令行而私道废矣。私者,所以乱法也。而士有二心私学,岩居窬路,托伏深虑,大者非世,细者惑下;上不禁,又从而尊之以名,化之以实,是无功而显,无劳而富也。如此,则士之有二心私学者,焉得无深虑、勉知诈、与诽谤法令,以求索与世相反者也? 凡乱上反世者,常士有二心私学者也。"(《韩非子·诡使》)"国不事力而恃私学者,其爵贱,爵贱则上卑,上卑者必削。"(《韩非子·心度》)为了实现称霸天下的目的,法家主张建立一个依靠法治维持的军事耕战国家,为此法家主张将全国民众的意识统一起来。正是对官方统治学说的重视,才产生了"私学"这一概念。韩非的"私学",实际泛指与官方统治学说相对的一切民间学说。

在中国早期较长的历史时间里,官方的统治学说都是神学,天命思想为商周的统治以及朝代的更替提供了理论依据,即得天命者得天下。例如,公元前606年,楚庄王问鼎之轻重,王孙满即对曰:"周德虽衰,天命未改。鼎之轻重,未可问也。"(《左传·宣公三年》)王孙满正是借助天命来抗拒野心家。而韩非所谓的"私学"的兴盛,正是中国春秋晚期至战国末期最典型的时代特征,这一局面的出现主要归于如下几个原因。

首先,由于周王室的衰落,各种私人办学的出现打破了学在官府的局面,使更多的人有了接受教育的机会。究竟谁是中国历史上第一位打破学在官府、开办私学的人,现在已不可考,[①]但老子、孔子、邓

---

① 有人说是孔子(参见毛礼锐等:《中国古代教育史》,人民教育出版社1986年版,第34页),有人说是老子(参见张松辉、周晓露:《老子是首创私学的人》,《湖南师范大学学报》2007年第5期)。虽然老子的可能性比孔子大些,但就现有证据来说,还不能证明老子就是第一人。

析等的私人办学是有据可查的。《吕氏春秋·离谓》载郑人邓析常"以非为是,以是为非",专门教人"学讼",开办了中国历史上第一个具有较大规模的法律人才培训学校。而私人办学时间最长、规模最大、影响最深的则是孔子。孔子从三十岁左右开始收徒讲学,至其七十三岁左右去世,前后办学长达四十年之久,据载其弟子"盖三千焉,身通六艺者,七十有二人"(《史记·孔子世家》)。战国时代,孟子的私人办学规模也较大,据说其常"后车数十乘,从者数百人"(《孟子·滕文公下》)。私人办学的兴起,使广大下层民众的子弟有了接受教育的机会,①为人才培养创造了条件,也为士阶层的兴起奠定了基础。

其次,战国时期各国为了争霸和生存,异常重视人才,养士成风,社会上出现了专门为国家提供智力支持的知识分子,使思想和学术异常活跃。得贤才者得天下,这是战国时代人们的普遍共识,即所谓"帝者与师处,王者与友处,霸者与臣处,亡国与役处"(《战国策·燕策》)。当时流行将人才分为五类:"一曰伯己,二曰什己,三曰若己,四曰厮役,五曰徒隶。"(《鹖冠子·博选》)伯己即学德百倍于君者,什己即学德十倍于君者,若己即学德与君相仿者,厮役和徒隶则都是学德不若君者。②对这五种人,君主应采取不同的态度,礼遇伯己和什己者,平等对待若己者,役者、徒隶则视之为下人,任意驱使。据载楚庄王发现自己谋事很得当,群臣没有人能比得上自己,非常忧虑,因为他曾听仲虺说过:"诸侯自为得师者王,得友者霸,得疑者存,自

---

① 例如孔子就奉行"有教无类"(《论语·卫灵公》)的原则,只要向他交学费他就招收,他说"自行束脩以上,吾未尝无诲焉"(《论语·述而》),招生不问出身、地位和地区,学生来源十分庞杂。邓析的学校大概也如此。

② 后来贾谊在此基础上进一步提出:"王者官人有六等:一曰师,二曰友,三曰大臣,四曰左右,五曰侍御,六曰厮役。"(《新书·官人》)。

为谋而莫己若者亡"，而"今以不穀之不肖，而群臣莫吾逮，吾国几于亡乎！"（《荀子·尧问》）楚庄王发现自己比大臣们高明，就担心自己的国家要灭亡，其求贤若渴近于焦虑。如何才能得到和保有贤士呢？唯一的方法就是"必且富之贵之，敬之誉之，然后国之良士，亦将可得而众也"（《墨子·尚贤上》）。于是养士成为一些国家的国策，其中以齐国的稷下学宫最为有名，据载齐宣王"喜文学游说之士，自如驺衍、淳于髡、田骈、接予、慎到、环渊之徒七十六人，皆赐列第，为上大夫，不治而议论。是以齐稷下学士复盛，且数百千人。"（《史记·田敬仲完世家》）不但国君养士，一些王公大臣也养士，例如魏国的信陵君、齐国的孟尝君、赵国的平原君、楚国的春申君，均以养士闻名，号称战国四公子，而秦国的丞相吕不韦更是有门客三千余人。士是孟子所说的劳心者，[①]主要靠自己的知识和技艺立足于世，其谋生的路径不外做官与讲学两途，即子夏所说的"仕而优则学，学而优则仕"（《论语·子张》）。而大量士的存在，就为思想文化的创造和传承提供了人力资源，也为各种学派的形成提供了人事保障。

最后，春秋战国时期诸侯国林立，各国根据自身的实际情况采取因地制宜的治国方略，这在客观上激发和支持了各种思想和学说的存在，使思想文化呈现出多元化的特色。大国试图称王称霸，故十分喜好富国强兵之策，使法家大行其道，道家的愚民政策也较受欢迎；小国在大国的夹缝中生存，渴望和平，反对战争，面对强权常需合纵连横、据"礼"抗争，这使墨家、儒家、纵横家等就有了用武之地。各家学者奔走于各国之间，阐发自身的治国济世之策以博取青睐和重

---

① 孟子曾说："故曰或劳心、或劳力，劳心者治人，劳力者治于人；治于人者食人，治人者食于人，天下之通义也。"（《孟子·滕文公上》）

用,最终就形成了各种私学互相争鸣的局面,即"诸侯异政,百家异说"(《荀子·解蔽》)。

对于战国时各诸侯国官方意识形态的分歧,《列子》上有一篇寓言很能说明问题。

> 鲁施氏有二子,其一好学,其一好兵。好学者以术干齐侯,齐侯纳之,以为诸公子之傅。好兵者之楚,以法干楚王;王悦之,以为军正。禄富其家,爵荣其亲。
>
> 施氏之邻人孟氏同有二子,所业亦同,而窘于贫。羡施氏之有,因从请进趋之方。二子以实告孟氏。
>
> 孟氏之一子之秦,以术干秦王。秦王曰:"当今诸侯力争,所务兵食而已。若用仁义治吾国,是灭亡之道。"遂宫而放之。
>
> 其一子之卫,以法干卫侯。卫侯曰:"吾弱国也,而摄乎大国之间。大国吾事之,小国吾抚之,是求安之道。若赖兵权,灭亡可待矣。若全而归之,适于他国,为吾之患不轻矣。"遂刖之,而还诸鲁。
>
> 既反,孟氏之父子叩胸而让施氏。施氏曰:"凡得时者昌,失时者亡。子道与吾同,而功与吾异,失时者也,非行之谬也。且天下理无常是,事无常非。先日所用,今或弃之;今之所弃,后或用之。此用与不用,无定是非也。投隙抵时,应事无方,属乎智。智苟不足,使若博如孔丘,术如吕尚,焉往而不穷哉?"(《说符》)

施氏将其邻人之子的失败归之于时机没有把握好,其实并非时机问题,而是选错了投奔的对象。各国的国策不同,使用的人才类型也就各异。秦国试图称霸天下,喜好法家的耕战之策,喜好能征善战之人,而像卫国这样的弱小之国,心思全在如何保存之上,兵家之人对其无用。

那么诸子百家提供了哪些治国之策呢？下面笔者就对在治国上持有系统主张并且对后世影响较大的道、儒、法、墨四家[①]的核心观点作一简略的介绍。

道家　主张无为、愚民，反对尚贤，反对一切社会文明。"小国寡民，使有什伯之器而不用，使民重死而不远徙。虽有舟舆，无所乘之；虽有甲兵，无所陈之。使民复结绳而用之。甘其食，美其服，安其居，乐其俗。邻国相望，鸡犬之声相闻，民至老死不相往来。"（《老子·八十章》）小国寡民是其追求的理想社会状态。

儒家　主张民本、尚贤、德治，讲求仁政。"大道之行也，天下为公，选贤与能，讲信修睦。故人不独亲其亲，不独子其子，使老有所终，壮有所用，幼有所长，矜寡孤独废疾者皆有所养，男有分，女有归。货恶其弃于地也，不必藏于己；力恶其不出于身也，不必为己。是故谋闭而不兴，盗窃乱贼而不作，故外户而不闭。"（《礼记·礼运》）大同是其追求的理想社会状态。

墨家　主张兼爱、非攻、尚贤、尚同、节用、节葬和非乐。针对不同的国家，其具体的建议是："国家昏乱，则语之尚贤、尚同；国家贫，则语之节用、节葬；国家憙音湛湎，则语之非乐、非命；国家淫僻无礼，则语之尊天、事鬼；国家务夺侵凌，即语之兼爱、非攻。"（《墨子·鲁问》）

法家　主张奖励耕战、实行法治，反对教化，主张富国强兵，以武力统一全国。"无书简之文，以法为教；无先王之语，以吏为师；无私

[①] 梁启超曾说："春秋战国间学派繁苗，秦汉后，或概括称为百家语，或从学说内容分析区为六家为九流。其实卓然自树壁垒者，儒墨道法四家而已。"（《梁启超论先秦政治思想史》，商务印书馆 2012 年版，第 76 页）萧公权也说："昔人论先秦学术者，每有百家九流之称。然就政治思想言，仅儒、墨、道、法四家足为大宗。"（《中国政治思想史》，第 13 页）故言治道，仅讨论道、儒、墨、法四家即可。

剑之捍,以斩首为勇。是境内之民,其言谈者必轨于法,动作者归之于功,为勇者尽之于军"(《韩非子·五蠹》),是其理想的国家形态。

各家之间争胜,互相党同伐异。道家既反对儒家,也反对墨家。①法家对儒、墨的批判也是毫不客气,②而儒、墨之间互相攻击也是相当激烈。③原来政教合一的"王官之学"就这样分裂了,对此庄子后学曾评价说:

---

① 道家极力贬低儒家所提倡的仁、义、忠、孝、礼,老子说:"大道废,有仁义。慧智出,有大伪;六亲不和,有孝慈。国家昏乱,有忠臣。"(《老子·十八章》)"故失道而后德,失德而后仁,失仁而后义,失义而后礼。夫礼者,忠信之薄,而乱之首也。"(《老子·三十八章》)在《庄子·盗跖》篇中,庄门后学借盗跖之口称孔子为"鲁国之巧伪人"。对于墨家,庄门后学也毫不客气地批评说:"今墨子独生不歌,死不服,桐棺三寸而无椁,以为法式。以此教人,恐不爱人;以此自行,固不爱己。未败墨子道,虽然,歌而非歌,哭而非哭,乐而非乐,是果类乎? 其生也勤,其死也薄,其道大觳;使人忧,使人悲,其行难为也,恐其不可以为圣人之道,反天下之心,天下不堪。墨子虽独能任,奈天下何! 离于天下,其去王也远矣。"(《庄子·天下》)《庄子·在宥》篇则对儒、墨连带进行批判,说:"今世殊死者相枕也,桁杨者相推也,刑戮者相望也,而儒、墨乃始离跂攘臂乎桎梏之间。意,甚矣哉! 其无愧而不知耻也甚矣!"
② 《商君书》称儒墨的"曰礼乐,曰《诗》《书》,曰修善,曰孝弟,曰诚信,曰贞廉,曰仁义,曰非兵,曰羞战"为六虱,韩非则称学者(儒家)和带剑者(墨家)为两种蛀虫(《韩非子·五蠹》)。
③ 墨家攻击儒家说:"儒之道足以丧天下者,四政焉。儒以天为不明,以鬼为不神,天、鬼不说,此足以丧天下。又厚葬久丧,重为棺椁,多为衣衾,送死若徙,三年哭泣,扶后起,杖后行,耳无闻,目无见,此足以丧天下。又弦歌鼓舞,习为声乐,此足以丧天下。又以命为有,贫富寿夭,治乱安危有极矣,不可损益也。为上者行之,必不听治矣;为下者行之,必不从事矣。此足以丧天下。"(《墨子·公孟》)儒家面对墨家的批判也不示弱,孟子攻击墨家提倡"兼爱"是"无父","是禽兽也"(《孟子·滕文公下》),荀子给墨翟的评价则是"然而其持之有故,其言之成理,足以欺惑愚众"(《荀子·非十二子》),说"墨术诚行则天下尚俭而弥贫,非斗而日争,劳苦顿萃而愈无功,愀然忧戚非乐而日不和"(《荀子·富国》)。

天下大乱,圣贤不明,道德不一,天下多得一察焉以自好。譬如耳目鼻口,皆有所明,不能相通。犹百家众技也,皆有所长,时有所用。虽然,不该不遍,一曲之士也。判天地之美,析万物之理,察古人之全,寡能备于天地之美,称神明之容。是故内圣外王之道,暗而不明,郁而不发,天下之人各为其所欲焉以自为方。悲夫,百家往而不反,必不合矣!后世之学者,不幸不见天地之纯,古人之大体,道术将为天下裂。(《庄子·天下》)

在众家之中,战国中晚期尤以道(杨朱)、儒和墨为胜,孟子曾说:"圣王不作,诸侯放恣,处士横议,杨朱、墨翟之言盈天下,天下之言不归杨则归墨。"(《孟子·滕文公下》)韩非也说:"世之显学,儒、墨也。"(《韩非子·显学》)而法家在秦国、齐国和魏国则具有绝对性的影响,法家在秦统一中国的过程中发挥了重要的作用。

诸子百家基于门户之见而争胜,但在争鸣的同时,各家又相互借鉴、吸收和发明,促进了学术的融合。首先,在问学上,各家通常是彼此学习。据说孔子就曾向老子请教过礼的问题,《论语》一书中仍保留着道家思想对孔子影响的痕迹。[①] 法家代表人物商鞅在秦国变法时所参考的蓝图就是李悝的《法经》,[②] 而李悝师从曾申,曾申师从

---

① 例如,孔子说:"无为而治者其舜也与? 夫何为哉? 恭己正南面而已矣。"(《论语·卫灵公》)"无为"是道家的主张,此显然是受道家思想影响的结果。

② 《汉书·艺文志》云尸佼鲁人,"秦相商君师之",故商鞅的老师为尸佼。有不少人认为商鞅曾师从李悝。实际这是不可能的事情,李悝死于前395年,而商鞅生于前390年,即在商鞅出生前5年李悝就去世了,商鞅是不可能受教于李悝的。但商鞅通过阅读李悝的著作继承其部分法治思想则是毋庸置疑的,《晋书·刑法志》云:"商君受之(《法经》)以相秦。"商鞅用李悝的《法经》来治理秦国,当然对李悝的法治思想是有深入了解的。

子夏,子夏则是孔门十哲之一,故儒学也是商鞅思想的源头之一。法家著名代表人物韩非子、李斯则曾师从儒学大师荀子。而荀子本人的学问,除了批判地继承了孔子以来的儒家思想外,又批判地吸收了墨、法、道、名诸家的学说。其次,产生了融合各家学说的杂家。《汉书·艺文志》云:"杂家者流……兼儒、墨,合名、法,知国体之有此,见王治之无不贯,此其所长也。"流传至今的《吕氏春秋》和《淮南子》均是综合百家学说的杂家作品。当然无论是儒家、道家、墨家还是法家,如果不能被统治者认定为官方统治学说,都只是私学而已。

四、经学

"经"字出现较早,在先秦时期不但儒家典籍的部分内容称为"经",例如《左传》中《春秋》正文称为"经",左丘明所作的解释则称为"传",而且《墨子》①和《韩非子》②等著作中的部分内容也被称作"经",故《尔雅》将"典"与"经"互训,意指被尊奉为典范的著作,正是对这种现象的反映。战国末年时,儒家学者就常泛称儒家的典籍为"经",例如荀子在《劝学》篇中曾言:"学恶乎始?恶乎终?曰:其数则始乎诵经,终乎读礼",将儒家的《诗》《书》等称为"经"。汉武帝采纳董仲舒"独尊儒术"的建议,置五经博士,儒家典籍《诗》《书》《礼》《易》和《春秋》皆称为经,注解和研究这些典籍的学问就称为"经学"。"经学"这一术语在汉代流行开来,常见之于典籍,例如"吏

---

① 例如《经上》《经下》《经说上》和《经说下》。
② 例如《八经》。

无经学"(《论衡·量知》)，"丞相、御史其与列侯、中二千石博问经学之士"(《汉书·宣帝纪》)，"见上，语经学。上从之"(《汉书·兒宽传》)。自西汉至清末，"经学"都特指以儒家经典为研究对象的学问，例如清末皮锡瑞仍称："故必以经为孔子作，始可以言经学；必知孔子作经以教万世之旨，始可以言经学。"[①]

不过本书此处的"经学"是借用朱维铮的说法，即"特指中国中世纪的统治学说"，[②] 其范围较孔学为宽，较儒学为窄。作为统治学说的经学，是中国专制时代法制的指导思想和学说，是建构中国古代法制思想的最为重要的思想来源，故我们很有必要对其作一了解。下面就让我们先来看看作为私学的儒学是如何一步步变成官方所认定的"经学"的。

现在关于汉武帝采纳董仲舒"独尊儒术"建议的研究很多，但很少有人考察和关注"独尊"问题本身。"独尊儒术"包含两层含义，一是要实行思想的统一(即"独尊")，二是要将思想统一到"儒术"上来。在关注为什么要将思想统一到"儒术"上来之前，先让我们来考察一下中国思想史上的"独尊"学说。为什么要实现思想的"独尊"呢？概言之，此乃维持社会稳定有序的必然选择。任何时代为了保证政令的畅通，保证社会的稳定有序，都需要拥有一个获得社会普遍认同、占据主导地位、能够实现社会整合的指导思想，否则社会就将陷入解组状态。而为了建构这样一个指导思想，官方通常采取的行动就是统一思想，即将民众的思想强行统一到官方的统治学说上来，为此甚至不惜使用武力。在中国思想史上，先秦诸子中的道、儒、墨、法

[①] 皮锡瑞：《经学历史》，周予同注释，中华书局2011年版，第7页。
[②] 朱维铮：《中国经学史十讲》，复旦大学出版社2002年版，第9页。

四家学说实际都是独断的学说,[①] 各家四处游说,都希望能被采纳,被奉为唯一的施政学说,享有独尊的地位,为此而党同伐异,互相攻击,故虽然各家治道主张不同,但在强调思想的统一上却是高度一致。下面就让我们来看看儒家、墨家和法家的几种较为重要的强调统一意识形态的学说。

正名 孔子十分重视正名问题,主张治国理政应从"正名"着手,他说:"名不正则言不顺,言不顺则事不成,事不成则礼乐不兴,礼乐不兴则刑罚不中,刑罚不中则民无所措手足。故君子名之必可言也,言之必可行也。君子于其言,无所苟而已矣。"(《论语·子路》)荀子也十分在意正名问题,对正名的意义作出了充分的论证,他说:"故王者之制名,名定而实辨,道行而志通,则慎率民而一焉。故析辞擅作名以乱正名,使民疑惑,人多辨讼,则谓之大奸,其罪犹为符节、度量之罪也。故其民莫敢托为奇辞以乱正名,故其民悫,悫则易使,易使则公。其民莫敢托为奇辞以乱正名,故壹于道法而谨于循令矣。如是,则其迹长矣。迹长功成,治之极也,是谨于守名约之功也。今圣王没,名守慢,奇辞起,名实乱,是非之形不明,则虽守法之吏,诵数之儒,亦皆乱也。若有王者起,必将有循于旧名,有作于新名。然则所为有名,与所缘以同异,与制名之枢要,不可不察也。"(《荀子·正名》)孔、荀主张正名,就是希望通过定名分、别贵贱,使名实相符,确立社会所公认的价值标准,形成统一的社会意识形态,从而建立和维护一个差等有序的社会。[②]

尚同 直接明确提出要统一全社会思想的是墨子,现存《墨子》

---

① 例如荀子就明确提出"上则法舜、禹之制,下则法仲尼、子弓之义,以务息十二子之说"(《非十二子》),要求平息十二子的学说,独尊儒学。
② 荀子关于统一思想主张的表达还有"一制度"一说,参见《荀子·儒效》。

中有《尚同》上、中、下三篇。所谓尚同就是要用同一于上的方法来统一人们的思想,处理政务,管理国家,最终"一同天下之义",将天下的思想观念统一到天子和上天上来。墨子说:"古者民始生,未有刑政之时,盖其语,人异义。"社会没有统一的是非观念,以致"天下之百姓,皆以水火毒药相亏害,至有余力不能以相劳,腐朽余财不以相分,隐匿良道不以相教,天下之乱,若禽兽然。"(《墨子·尚同上》)墨子对人类社会初期情景的描述,十分接近霍布斯和洛克笔下的自然状态。[①] 为了结束天下的混乱状态,人们设立上至天子下至里长的各级官吏,然后自下而上层层统一思想直至天子,从而实现各个行政级别上的治理,即"唯以其能一同其乡之义,是以乡治","唯以其能一同其国之义,是以国治","唯以其能一同天下之义,是以天下治"。但仅同义于天子还是不够的,还必须"尚同于天",只有如此才能消除上天的惩罚,"富其国家,众其人民,治其刑政,定其社稷"(《墨子·尚同中》),"尚同为政之本而治要也"(《墨子·尚同下》)。墨子将尚同拔高为治理政务的根本和治理国家的要领。

壹教　为了实现富国强兵,称霸天下,《商君书》的作者十分重视教化和意识形态的统一,其在《赏刑》篇旗帜鲜明地提出"壹教"的问题,称:"圣人之为国也壹赏、壹刑、壹教。壹赏,则兵无敌;壹刑,则令行;壹教,则下听上。""所谓壹教者,博闻、辩慧、信廉、礼乐、修行、群党、任誉、请谒,不可以富贵,不可以辟刑,不可独立私议以陈其上。……夫故当壮者务于战,老弱者务于守,死者不悔,生者务劝,此臣之所谓壹教也。"壹教就要使富贵之门必出于兵,以致"民闻战而相贺也,起居饮食所歌谣者,战也"。壹教是建立称霸天下的军事国

---

① 参见霍布斯的《利维坦》和《论公民》以及洛克的《政府论》。

家的手段。当然除了"壹教"外,《商君书》中还有"上壹而民平""意必壹""民壹意"(《商君书·垦令》),"圣王之治也,慎法、察务,归心于壹而已矣"(《商君书·壹言》)等说法。法家为了保障其通过依法治国而走上富强的主张得到施行,十分重视意识形态建设,重视思想的统一,《韩非子》中充满了对儒墨的批判,因为韩非看到了"儒以文乱法,侠以武犯禁"(《韩非子·五蠹》)的危险,不排除其他私家学说的消极影响就不能统一法令。

此外,道家的黄老学派也提出了意在实现政统和道统合一、统一意识形态的"一道"主张,① 故在主张统一意识形态上道家也不落后。而支撑统一意识形态主张的政治现实是人们对统一全国、消除战争的渴望。"争地以战,杀人盈野;争城以战,杀人盈城。"(《孟子·离娄上》) 连年的争霸和兼并战争使生灵涂炭,民生凋敝,实现全国的统一,恢复"溥天之下,莫非王土;率土之滨,莫非王臣"(《诗经·小雅·北山》) 的大一统已成为战国时代人们的普遍愿望。孔子已将统一视为理想,认为天下有道就应"礼乐征伐自天子出"(《论语·季氏》)。孟子明确表达过"定于一"(《孟子·梁惠王上》)的理想,荀子也提出过"四海之内若一家"(《荀子·儒效》)的愿望。但在实现全国的统一上,法家的方略一枝独秀,秦国奉行法家的学说,一举翦除六国。很快战国时私学争鸣的景况即令秦朝的统治者难以容忍,针对"今诸生不师今而学古,以非当世,惑乱黔首"的状况,李斯特向始皇进言:

古者天下散乱,莫之能一,是以诸侯并作,语皆道古以害今,

---

① 参见余英时:《中国思想传统的现代诠释》,江苏人民出版社 1995 年版,第76—79 页。

饰虚言以乱实，人善其所私学，以非上之所建立。今皇帝并有天下，别黑白而定一尊。私学而相与非法教，人闻令下，则各以其学议之，入则心非，出则巷议，夸主以为名，异取以为高，率群下以造谤。如此弗禁，则主势降乎上，党与成乎下。禁之便。臣请史官非秦记皆烧之。非博士官所职，天下敢有藏《诗》《书》、百家语者，悉诣守、尉杂烧之。有敢偶语《诗》《书》者弃市。以古非今者族。吏见知不举者与同罪。令下三十日不烧，黥为城旦。所不去者，医药卜筮种树之书。若欲有学法令，以吏为师。（《史记·秦始皇本纪》）

李斯不满意儒墨等私学讥评时政、背逆法教，为了实现"能一"，确保"定一尊"，而建议禁私学，烧《诗》《书》，"以吏为师"，"以法为教"，使法家学说成为唯一的官方统治学说，在中国广大土地上第一次实现了全国范围内意识形态的统一，其明晰官方统治学说、统一意识形态的做法为后世历代王朝所仿效。但秦朝采用法家学说，实行暴政，结果二世而亡。

新生的汉政权决定改弦更张，实行"与民休息"的政策，结果因时制宜地采用了综合儒墨名法各家学说的黄老之学，[①]使黄老学说成为汉初的统治学说，[②]但汉王朝也不乏叔孙通、陆贾、贾谊、辕固生这样的儒生。待至汉武帝时国力已强盛，雄才大略的武帝不愿再奉行

[①] 黄老之学本是道家的一派，司马谈云："其为术也，因阴阳之大顺，采儒墨之善，撮名法之要"，"以虚无为本、以因循为用"（《史记·太史公自序》）。

[②] 余英时认为黄老在汉初之得势，正缘于其和法家的汇合，黄老思想主张道统和政统的合一，反对汤武革命，认为君臣关系是绝对的、永不能改变的，表彰"天下无不是的君主"的观念，深合君王们的心意，这才是其"得君行道"的关键所在。参见氏著《中国思想传统的现代诠释》，第74—79页。

无为而治的政策，黄老之术已难以满足其心意，不久即以不称职之名罢免了好黄老之术的丞相卫绾，先后任用好儒学的窦婴、田蚡等为丞相，故董仲舒在对策中提出"独尊儒术"的建议能够被其采纳，并非偶然，因为意识形态统一到儒学上来已有坚实的思想、历史和社会基础，具有广泛的社会共识，并非唐突之举。而自武帝采纳"独尊儒术"的建议后，两千余年来儒学的核心思想就一直被尊为"经学"，被奉为中国专制王朝的官方统治学说，"经学"也就成为人们判断政治是非的基本尺度。①

法家学说、黄老学说、儒家学说先后被奉为官方的统治学说，并不等于国家只允许这些学说存在，其他私学则要一概清除，②只是说这些学说得到了官方的尊崇，被定为官学，成为国家政策法律制定的依据，成为国家培养人才、选拔官员的凭据，其他学说则沦落为私人学说，不为国家所提倡和重视，不能凭借其仕进。秦朝将法家学说奉为统治学说，但是法家以外的诸子之书并没有被完全烧毁，官府仍然保留了诸子的典籍（即"博士官所职"），只是不允许民间私藏、私学。汉初尊崇黄老，但也有不少儒生和文法吏（学法之人）在朝廷中当官，

---

① 冯友兰曾说："自董仲舒至康有为，大多数著书立说之人，其学说无论如何新奇，皆须于经学中求有根据，方可为一般人所信受。"参见氏著《中国哲学史》，第328页。

② 当然经学以外的私学是会受到政府一定程度的管制的，据《汉书·东平思王刘宇传》载，汉成帝时东平思王刘宇"上疏求诸子及《太史公书》"，大将军王凤建议成帝不要同意，让其阅读儒家五经即可，汉成帝采纳了王凤的建议，没有答应刘宇的请求。此事表明皇家藏书中除了经学外，诸子百家之书和像《太史公书》这样的禁书都是有的，朝廷并没有完全销毁它们的意思，但是相关管制是严格的，连像东平思王刘宇这样的皇亲国戚阅读诸子之书都十分困难，普通百姓就难上加难了。

如"贾生、晁错明申、商"(《史记·太史公自序》),甚至"孝文本好刑名之言"(《汉书·儒林传》)。汉惠帝四年(前191)除"挟书律",使民间所藏诸子百家之书再行于世,伏生因此得以再公开传授《尚书》,儒家今文经学方通行于世。董仲舒向汉武帝建议"罢黜百家,独尊儒术"时,并没有提出要彻底消灭儒家以外的其他各家学说,只是说"皆绝其道,勿使并进"(《汉书·董仲舒传》),即绝其仕进之路,不要让它们与儒学同步发展而已。董仲舒本人的学问,其实是儒、墨、法、阴阳五行学说的大杂烩,并非纯正的孔子之学。班固也认为士大夫较为理想的知识结构是"修六艺之术,而观此九家之言,舍短取长",以便"通万方之略"(《汉书·艺文志》)。事实上,儒术独尊后黄老学说并没有完全消失,而是流落民间,并在魏晋时发展出"玄学"风行于世,而在综合道家等学说的基础上汉代还发展出了道教,其对中国专制时期的思想文化产生了深远的影响,[1]甚至不乏痴迷道家学说的君王。[2]法家学说虽然被打翻在地,实际仍然对中国的治道产生了广泛深远的影响,历代治道常被人称为"儒表法里"或"阴法阳儒"。汉代印度佛教传入中国,延至东晋时即对士大夫产生了较大影响,佛学一度成为显学,有凌驾于儒学之势,逝世于隋开皇八年(588)的李士谦曾云:"佛,日也;道,月也;儒,五星也。"(《北史·李士谦传》)在一些士人心目中,佛道地位甚至已高于儒学。陈寅恪曾说:"自晋至今,

---

[1] 周玉燕和吴德勤甚至提出了"道家主干说",认为"中国传统文化从表层结构看,是以儒家为代表的政治伦理学说;从深层结构看,则是道家的哲学框架"。该说后又被陈鼓应和胡孚琛、吕锡琛等发扬光大,而涂又光则提出了与"道家主干说"相近的"道家主根说",引发了学界诸多争议,参见邵汉明主编:《中国文化研究30年(上)》,人民出版社2009年版,第48—51页。

[2] 南朝梁元帝萧绎在江陵被包围时,还在讲论《老子》,官员都穿着军服听讲,不久江陵城被攻破,君臣均被俘虏(《贞观政要·慎所好》)。

言中国之思想,可以儒释道三教代表之。此虽通俗之谈,然稽之旧史之事实,验以今世之人情,则三教之说,要为不易之论。"① 儒道释的融合则直接催生了宋明时代的新儒学——理学,其影响一直延及清末,故中国专制时期的思想文化实际是作为正统的儒学主导下的诸学合用,儒术被定为独尊,儒家经典被定为开科取士的教材,研究儒学成为仕进的不二法门,但建构中国古代法制思想的思想绝非仅限于"经学"一家,② 故在探究儒学对中国古代法制思想的影响的同时,还必须考察道、法、佛等诸家学说对中国古代法制思想的建构,这是需要特别强调的。

五、四维

贯通中国古代法制思想史的方法通常有如下五种:一是按照朝代(时间)来分别叙述之,一是按照代表性人物来分别叙述之,一是按照主题来分别叙述之,一是按照各家思想的发展演进线索来分别叙述之,一是有选择地综合前四者而叙述之。这五种方法是目前中国古代法制思想史书写的一般方法。但无论按照时间还是按照代表性人物来叙述,都会显得系统性不强,结果与一般的教科书无异,难以

① 陈寅恪:《金明馆丛稿二编》,上海古籍出版社1980年版,第251页。
② 从《盐铁论》的《论儒》《利议》《大论》诸篇我们可以看到,桑弘羊等在朝廷学术会议上多次抨击儒学,嘲笑孔子,贬低王道,宣扬百家思想。而桑弘羊这位杂取法家、道家、阴阳等学说的人居然会深得汉武帝的信任和重用,可见在汉武帝尊儒之后,汉家官方学术思想并不是一刀切的,儒学在朝政上并没有获得垄断性地位。

使人形成对中国古代法制思想世界的整体性把握。而且前已提及，中国古代法制思想的思想来源众多、十分驳杂，按照时间和人物来处理多元和复线的思想世界将遭遇到诸多的困难。按照一定的主题来叙述容易将具体问题的来龙去脉说清楚，使行文富有条理，但缺点是容易将整体性的思想世界分解得支离破碎，使人难以观看到全貌，且不容易把握住各主题之间的逻辑关系，不是出现交叉重复就是出现疏漏，故也不理想。按照诸子百家和佛学分别叙述之，优点是能将各家思想的发展和演进一一说清楚，但缺点同样是将整体的思想世界人为地分割成条块，且难以处理各家思想的博弈和互动问题，易使思想世界简单化，故也不理想。

为了克服上述方法的缺陷，在本书中笔者试图另辟蹊径，从构建中国古代政治和法律的四种力量出发来贯通中国古代法制的思想世界。虽然建构中国古代法制思想的思想是多元的，且它们在各个历史时段是彼此博弈和互动着的，呈现出一幅复杂而动态的历史画卷，但是这些思想间存在着一些共同的东西。例如它们彼此都分享着一些共同的一般性知识，分享着大致共同的主题，[①] 面对着相同的政治结构和环境。如果我们能从万变中绅绎出不变或变化较少的共性的东西，就可打开中国古代法制思想的底层密码，从整体上把握它们的精神实质，从纷繁复杂的万象和浩如烟海的史料中理出头绪。经过

---

① 例如治道问题就是各家共同关注的问题，司马谈曾用"务为治"三字总结先秦诸子百家的学说旨归，说："夫阴阳、儒、墨、名、法、道德，此务为治者也，直所从言之异路，有省不省耳。"（《史记·太史公自序》）《淮南子·氾论训》云："百家殊业，而皆务于治。"对此，梁启超也说："我国自春秋战国以还，学术勃兴，而所谓'百家言'者，盖罔不归宿于政治。"参见《梁启超先秦政治思想史》，第3页。冯友兰也曾说："战国诸子，及其成'家'之时，无不谈政治。"参见陈来编选：《中国哲学的精神——冯友兰集》，上海文艺出版社1998年版，第49页。

数年的艰辛探寻,笔者自认为现已找到了支配中国古代政治和法律的四种力量,这种四种力量就是天、神、君、民,在本书中笔者将其称为中国古代政治和法制的四维。①

天 本书中特指最高主宰者。据郭沫若、陈梦家等考证,殷人的至上神是"帝","天"在西周初年方成为一个宗教性范畴,被视作最高的主宰者。② 此说除了有考古学的证据,《尚书》中也有据可查。例如周公对殷之顽民所发出的文告《多士》中,就有"非我小国,敢弋殷命,惟天不畀……惟帝不畀,惟我下民秉为,惟天明畏"这样的句子,"帝"和"天"并举表明周初"帝"和"天"两种说法都还存在。金景芳据《尚书·尧典》关于"钦若昊天"以及《论语·泰伯》中孔子称赞尧"唯天为大,唯尧则之"的记载,认为作为至上神的"天"的观念可追溯到帝尧之时,③ 可备一说。总之,作为最高主宰者的"天"的观念在中国十分古老,至少早在诸子百家诞生一千多年以前,中国的先民们已经有了关于作为最高主宰者的"天"以及其可主宰国家和个人命运(天命)的观念。故无论诸子百家对"天"和"天命"持何种观点,"天"及"天命"问题都是他们必须正视和绕不开的话题,必须在自身

---

① 在古汉语中,"维"具有系物的大绳的意思,古代统治者以礼、义、廉、耻为治国的四纲,将其称为"四维",例如《管子·牧民》云:"国有四维。一维绝则倾,二维绝则危,三维绝则覆,四维绝则灭。倾可正也,危可安也,覆可起也,灭不可复错也。何谓四维? 一曰礼,二曰义,三曰廉,四曰耻。"本书套用这一说法,将决定中国古代政治和法制的天、神、君、民四种力量称为中国古代政治的四维。

② 参看《先秦天道观之进展》(收入《郭沫若全集·历史编〔第 1 卷〕》,人民出版社 1982 年版)与《殷虚卜辞综述》(中华书局 1988 年版)。

③ 金景芳:《经学与史学》,《历史研究》1984 年第 1 期。

的治道主张中给"天"和"天命"一个适当的位置,^① 因此天是建构中国古代政治和法制的重要力量。

　　神　本书中特指除天以外^② 有意识、有意志的精灵。^③ 中国的先民相信万物有灵,认为在天之外还存在其他神灵以及鬼怪。据载"殷人尊神,率民以事神,先鬼而后礼",周人"尊礼尚施,事鬼敬神而远之"(《礼记·表记》),殷人、周人都相信存在着鬼神,并祭祀鬼神。^④

----

① 当然随着社会的发展,人们赋予"天"的含义日渐多了起来,开始在多种意义上使用"天"。朱熹在答门人问时已将经传中的"天"的含义概括为三类,即"也有说苍苍者,也有说主宰者,也有单训理时"(《朱子语类》卷一)。冯友兰则认为中国的天有五义,一是物质之天(天空),二是主宰之天(天神),三是命运之天(天命),四是自然之天(天运),五是义理之天(天理),参见冯友兰:《中国哲学史(上)》,第 35 页。张岱年认为在中国古代哲学中所谓的天大致有三种含义:"一指最高主宰,二指广大自然,三指最高原理。"参见《张岱年全集(第 5 卷)》,河北人民出版社 1996 年版,第 611 页。虽然"天"的含义多了起来,但主宰者仍然是其最重要的含义。

② 主宰之天当然也是神,不过在中国古代,人们常常将天与神分开来讨论,例如东汉时大臣杨震的下属将贿金送到其住处并保证"暮夜无知者"时,杨回答说:"天知神知,我知子知,何谓无知?"(《后汉书·杨震传》)其就将天与神并举。

③ 张岱年认为中国古代宗教中的神与哲学中的神含义是不同的,"古代宗教中所谓神指有意识有意志的精灵而言。古代哲学中所谓神有时指人类的精神作用而言,有时指自然物质所具有的内在的能动性及其表现而言"。参见《张岱年全集(第 5 卷)》,第 94 页。

④ 据学者考证,对中国古代治道影响深远的"礼"就起源于先民们的祭祀活动,《说文》云:"礼,履也,所以事神致福也。"王国维在《释礼》一文中也指出"礼"的字义乃是"盛玉以奉神人之器",参见王国维:《观堂集林》,中华书局 1959年版。郭沫若也持此说,参见郭沫若:《十批判书》,东方出版社 1996 年版。陈来认为:"无论甲骨文中的礼字字形如何解释,其引申之通义为事神之事,多无异议。"参见陈来:《古代宗教与伦理——儒家思想的根源》,三联书店2009 年版,第 244 页。

除了官方祭祀的神灵外,在中国古代还存在大量民间信仰的神灵,在本书中为了表达的方便,笔者将天以外的所有官方和民间信仰的神灵都包括在"神"这一范畴之内。鬼神观念在诸子百家诞生之前很早就存在了,在民众间具有广泛的影响,所以与天一样,鬼神也是中国古代各家学说必须正视的问题,并在治道主张中给予一个恰当的位置,从而使其成为建构中国古代政治和法制的重要元素。

君 本书中特指最高统治者。《尔雅》用君来训王,君与王同义。为了表达的方便,在本书中笔者对君作宽泛的使用,包括历史上出现过的一切最高统治者,例如"后""元后""王""帝""皇""人君""国君""人主"和"皇帝",等等。作为最高统治者,中国古代各家学说当然都不能否认其存在,必须对其在治道中的地位作出回应,而且君主的治国理念和方略对于法制具有最为直接的影响,故君是建构中国古代政治和法制最为重要的力量。

民 本书中的民特指君以外的所有人,即君统治和治理的对象,包括通常说的平民百姓和官吏。在中国专制时代,君以外的人对君而言都是臣民,虽然各人之间政治、经济和社会地位有差别,但在君面前地位都是平等的。① 西周初年周公即提出"敬天保民"的学说,民作为政治和法律力量很早就显现于中国古代的政治舞台,故也是中国古代各家学说不能回避的对象,必须在治道主张中对其地位和作用作出回应。民是法律制度的使用者和作用对象,民的愿望和要求、民对法律制度的反应、民的利益和思想观念等必然影响到中国古

---

① 有人称中国古代社会除了最高统治者王或皇帝以外,其他人都是平等的,例如梁启超就曾说:"中国阶级制度,消灭最早,除了一个皇帝以外,在法律之前万人平等。"(《梁启超论先秦政治思想史》,第 239 页) 即大家都是皇帝平等的臣子。

代的法制,故其也是建构中国古代政治和法制的重要力量。

六、结构

中国古代各家政治和法律学说的核心分歧,主要体现在关于天、神、君、民这四种力量的地位的认识上,中国古代政治和法律的图景也主要表现在这四种力量的互动上。[①] 下面笔者就对中国古代治道问题有系统认识、对中国古代政治和法律产生了重大影响的儒、道、墨、法四家[②] 关于天、神、君、民这四种力量的关系作一简要的说明。

(一) 儒家四维图

首先,儒家承认天的主宰地位,相信并敬畏天命。

孔子是敬畏天,相信天命的。《论语》中记载了大量孔子关于天和天命的言论,例如“五十而知天命”(《为政》),“获罪于天,无所祷

[①] 需要指出的是,在中国古代政治中只有君主一人是政治主体,在庞大的帝国中只有君主一人拥有当家作主的权力。中国古代的政治话语基本上都是王权话语,书写的目的不过是教导王应该如何治民,故在中国古代的政论书籍中我们很少能看到民众个体的诉求。由于是讲给王听的,王是唯一的听众,故常常省略了王,而只谈天、神、民。例如伪古文尚书《太甲下》篇云:“呜呼!惟天无亲,克敬惟亲。民罔常怀,怀于有仁。鬼神无常享,享于克诚。天位艰哉! 德惟治,否德乱。”这是我们要留意的。所以徐复观说:“中国圣贤,一追溯到政治的根本问题,便首先不能不把‘权原’的人君加以合理的安顿,而中国过去所谈的治道,归根到底便是君道。”参见《徐复观文集(第 2 卷)》,湖北人民出版社 2009 年版,第 272 页。

[②] 阴阳家的影响也是巨大的,但其在汉代时已被董仲舒吸收到了儒学之中,董正是吸收阴阳五行学说而构建起他的天人感应学说的。

也"(《八佾》),"予所否者,天厌之! 天厌之! "(《雍也》)"天生德于予,桓魋其如予何? "(《述而》)"唯天为大,唯尧则之。"(《泰伯》)"天之将丧斯文也,后死者不得与于斯文也;天之未丧斯文也,匡人其如予何? "(《子罕》)"噫! 天丧予! 天丧予! "(《先进》)"不怨天,不尤人,下学而上达,知我者其天乎! "(《宪问》)"君子有三畏:畏天命,畏大人,畏圣人之言。小人不知天命而不畏也,狎大人,侮圣人之言。"(《季氏》)"不知命无以为君子也,不知礼无以立也,不知言无以知人也。"(《尧曰》)孔子不但相信天是主宰者,决定人事,而且相信存在天命。

孟子同样认为天是人事的最高主宰,王位、人事、治乱都由天定,当万章问孟子:"尧以天下与舜,有诸? "孟子说:"否,天子不能以天下与人。"天下是"天与之"(《万章上》)。并说:"若夫成功,则天也"(《梁惠王下》),成败均由天定。又说:"夫天未欲平治天下也。如欲平治天下,当今之世,舍我其谁也? "(《公孙丑下》)将治乱归功于天。在关于天和天命的看法上,孟子与孔子基本无异。

在先秦儒家中,荀子是个较大的例外,他不重视孔子关于主宰之天的看法,而着力发挥了孔子关于自然之天的思想。孔子在强调天的主宰性、宣扬天命的同时,也从自然的意义上理解天,孔子曾说:"天何言哉? 四时行焉,百物生焉,天何言哉? "(《论语·阳货》)荀子比孔子走得更远,他说:"天行有常,不为尧存,不为桀亡","唯圣人为不求知天","治乱非天也","大天而思之,孰与物畜而制之? 从天而颂之,孰与制天命而用之? 望时而待之,孰与应时而使之? 因物而多之,孰与骋能而化之? 思物而物之,孰与理物而勿失之也? 愿于物之所以生,孰与有物之所以成? 故错人而思天,则失万物之情。"(《荀子·天论》)提出了天人相分、人定胜天的光辉思想。当然荀子也并没有完全否定天命，只是将天命的作用缩小了范围，他说"故人之命在天，国之命在礼"（同上），个人的命运还是取决于天的，但是国家的命运就取决于礼，取决于人事了。荀子历来不被视为孔子道统的传人，且生前"名声不白、徒与不众、光辉不博"（《荀子·尧问》），故其对孔子思想的这一偏离，在哲学史和思想史上具有重要意义，但对现实政治和法律的影响有限。

到汉代董仲舒时，又回到了关于天的宗教信仰上来，他认为天是创造世界的最高主宰，说："天者，群物之祖也。"（《汉书·董仲舒传》）"人之为人本于天，天亦人之曾祖父也，此人之所以乃上类天也。"（《春秋繁露·为人者天》）"天者，百神之君也，王者之所最尊也。"（《春秋繁露·郊义》）"天者，万物之祖，万物非天不生。"（《春秋繁露·顺命》）对于天和天命，董仲舒回到了孔孟，并有进一步的发挥。董仲舒上承孔子，下启朱熹，生前即为群儒之首，其学说被汉武帝采纳，广为流布，对中国后世政治和法律产生了深远的影响。

其次，儒家重人事，但不否认鬼神的教化作用，主张敬鬼神而远之。孔子虽然相信天和天命，但并不十分迷信，并不轻言天道问题，所以子贡才说："夫子之文章，可得而闻也，夫子之言性与天道，不可得而闻也。"（《论语·公冶长》）与此相应，对于鬼神，孔子的态度十分理性，一方面，十分重视鬼神的教化作用，重视祭祀鬼神的礼，他说："祭如在，祭神如神在。"（《论语·八佾》）但另一方面，孔子又不迷信鬼神。[1] 孔子不语怪、力、乱、神（《论语·述而》），季路问如何侍

---

[1] 有学者甚至认为孔子根本就不相信存在鬼神，这并非空穴来风。墨子对儒家的责难之一就是"儒以天为不明，以鬼为不神，天鬼不说，此足以丧天下"，并嘲讽儒家"执无鬼而学祭礼"纯粹是"犹无客而学客礼也，是犹无鱼而为鱼罟"（《墨子·公孟》）。

奉鬼神,孔子说:"未能事人,焉能事鬼?"(《论语·先进》)樊迟问智,孔子说:"务民之义,敬鬼神而远之,可谓知矣。"(《论语·雍也》)敬而远之是孔子对鬼神的基本态度。

再次,儒家崇尚尊君,强调臣民要忠君。孔子以文、行、忠、信教育学生(《论语·述而》),"臣事君以忠"(《论语·八佾》)是儒家的一贯主张,孔子甚至说:"事君尽礼,人以为谄也。"(同上) 正因为儒家从骨子里是忠君、尊君的,所以两千余年来才被专制统治者立为思想和学术之正统。当然先秦儒家关于忠君还是有条件的,要求"君使臣以礼"(《论语·八佾》),君对臣要以礼相待,否则臣民就可收回自身的忠诚。"君之视臣如手足,则臣视君如腹心。君之视臣如犬马,则臣视君如国人。君之视臣如土芥,则臣视君如寇仇。"(《孟子·离娄下》) 对于君主,臣民仕与不仕具有较大的选择自由,"邦有道,则知,邦无道,则愚"(《论语·泰伯》)。"危邦不入,乱邦不居,天下有道则见,无道则隐"(同上)。这与后世片面强调对君王无条件的愚忠是有较大区别的。

最后,儒家仁民爱物,强调"民为邦本",具有发达的民本思想。儒家重视仁,将"天下归仁"作为奋斗的目标,而其所谓仁,即"爱人"(《论语·颜渊》),孔子强调要"使民以时"(《论语·学而》),"使民如承大祭,己所不欲,勿施于人"(《论语·颜渊》),"以不教民战,是谓弃之"(《论语·子路》)。而经过孔子手定,拿来教育学生的《尚书》,包含着丰富的民本主义思想,其《皋陶谟》篇:"天聪明,自我民聪明;天明畏,自我民明畏。"孟子则明确提出"民为贵,社稷次之,君为轻"(《孟子·尽心下》)的主张,荀子也说:"天之生民,非为君也;天之立君,以为民也。"(《荀子·大略》)并引用古书上的话说:"君者,舟也,庶人者,水也,水则载舟,水则覆舟。"(《荀子·王制》)

同时孟子和荀子都对汤武革命大加礼赞:"闻诛一夫纣矣,未闻弑君也。"(《孟子·梁惠王下》)"夺然后义,杀然后仁,上下易位然后贞,功参天地,泽被生民,夫是之谓权险之平,汤武是也。"(《荀子·臣道》)

综上所述,儒家关于天、神、君、民四者之间关系的看法是十分复杂的,一方面认为天最高,神次之,君再次之,民殿后,另一方面又认为民可以影响到天,天要服从民的意愿,故而形成了一个循环的结构(见图1)。

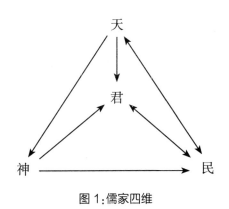

图 1:儒家四维

(二) 道家四维图

道家以道为最高的范畴,否定了天的最高主宰者地位,老子说:"有物混成,先天地生。寂兮寥兮! 独立不改,周行而不殆,可以为天下母。吾不知其名,字之曰道。"(《老子·二十五章》)"道生一,一生二,二生三,三生万物。"(《老子·四十二章》) 道是万物之母。同时老子强调一切以道为准则:"昔之得一者:天得一,以清;地得一,以宁;神得一,以灵;谷得一,以盈;万物得一,以生;侯王得一,以为天下贞。"(《老子·三十九章》)"以道莅天下,其鬼不神。非其鬼不神,其神不伤人。非其神不伤人,圣人亦不伤人。夫两不相伤,故德交归焉。"(《老子·六十章》)同样庄子也说:"夫道,有情有信,无为无形;可传而不可受,可得而不可见;自本自根,未有天地,自古以固存;神鬼神帝,生天生地;在太极之先而不为高,在六极之下而不为深,先天地生而不为久,长于上古而不为老。"(《庄子·大宗师》)在道家的眼中,天、神、君、民四维都居于道之下,要遵循道。

对于道之下的天、神、君、民四者的关系,道家也有相应的安排。老子说:"故道大,天大,地大,人(有的本子作王,从下文看,应是人字)亦大。域中有四大,而人居其一焉。人法地,地法天,天法道,道法自然。"(《老子·二十五章》)天是人要效法的对象,天比人高明。但需要指出的是,道家不但取消了天主宰者的意味,而且消除了天的神性,道家的天不再具有人格神的意味,而是指大自然,故天地也就无所谓道德:"天地不仁,以万物为刍狗。"(《老子·五章》)万物的生成与消灭,都是自然而然的,并非出于天意,天道只是自然规律。老子说:"治人事天,莫若啬。"(《老子·五十九章》)"治人事天"当然是君的职责了,人分为君和民,民是君的治理对象。对于如何治民,道家的想法就是愚民:"是以圣人之治也,虚其心,实其腹,弱其志,强其骨,常使民无知、无欲。"(《老子·三章》)"古之善为道者,非以明民,将以愚之。"(《老子·六十五章》)但同时也主张善待民众,老子说:"圣人恒无心,以百姓心为心。善者善之,不善者亦善之,得善矣。信者信之,不信者亦信之,得信矣。"(《老子·四十九章》)故道家认为天、神、君和民四者,天是被效法的对象,得道的神有灵,君要敬之,民则只需愚之爱之(见图2)。

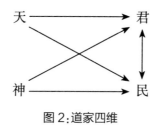

图 2：道家四维

（三）墨家四维图

墨家否定天命之说，认为"命上不利于天，中不利于鬼，下不利于人"（《墨子·非命上》），"执有命者，此天下之厚害也"（《墨子·非命中》），然而却不否定天的崇高地位。《墨子》中有《天志》上中下三篇专门阐述上天是有意志的，说"天子为善，天能赏之；天子为暴，天能罚之"，要求天子"其事上尊天，中事鬼神，下爱人"（《墨子·天志上》），批评说："今天下之士君子，皆明于天子之正天下也，而不明于天之正天子也。"（《墨子·天志下》）

同时墨家十分重视鬼神，墨子说："故古圣王治天下也，故必先鬼神而后人者，此也。故曰：官府选效，必先祭器、祭服毕藏于府，祝宗有司毕立于朝，牺牲不与昔聚群。"（《墨子·明鬼下》）认为天下之所以混乱，"皆以疑惑鬼神之有与无之别，不明乎鬼神之能赏贤而罚暴也"（同上）。甚至认为鬼神高于圣人，巫马子问墨子："鬼神孰与圣人明智？"墨子说："鬼神之明智于圣人，犹聪耳明目之与聋瞽也。"（《墨子·耕柱》）

而对于民，墨家主张兼爱，要求人们兼相爱交相利。墨子主张兼爱和非攻，但并不反对君权，他试图扮演王者师的角色，教导君主如何治理天下。墨家言必称天、神和百姓，例如墨子说："凡言凡动，利于天、鬼、百姓者为之；凡言凡动，害于天、鬼、百姓者舍之。"（《墨子·贵义》) 此话唯一合适的听众就是君。而且墨家主张尚同,主张将天下之义统一到君主身上来,"天子之所是,皆是之;天子之所非,皆非之"(《墨子·尚同上》)。在墨家的政治学说中,君的地位是高于百姓的,民必须服从君的意志。故就天、神、君、民四者关系而言,墨家认为天是主宰,鬼神次之,君再次之,民殿后,但与法家不同,墨家要求君在进行统治时必须顾及民的利益,要以是否有利于民作为判断是非的标准(见图3)。

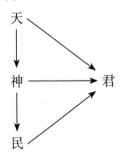

图3:墨家四维

(四) 法家四维图

法家成熟晚于儒、道、墨三家,其集大成者韩非已生活于战国末期。法家是在儒、道、墨诸家学说的影响下成长起来的,例如法家的代表性人物李悝、吴起都曾师从于儒家的子夏,慎到虽属黄老学派,但后期也曾投到子夏门下,商鞅除了懂得霸道外,也通儒家的帝、王之道。商鞅见秦孝公,以帝道、王道都不能说动孝公,就改以霸道说之,获得了孝公的认同。① 韩非和李斯则师从儒学大师荀子。韩非

---

① 商鞅认为,行霸道就不能和殷周比量德政了,他说:"故吾以强国之术说君,君大说之耳。然亦难以比德于殷周矣。"(《史记·商君列传》) 可见儒家思想对其影响之一斑。

承认"仲尼，天下圣人也"（《韩非子·五蠹》），同时对道家学说也有研究。《韩非子》一书多次引证《老子》，并有《解老》和《喻老》两篇专门解释老子思想的文章，以致司马迁说韩非"喜刑名法术之学，而其归本于黄老"，并说老、庄、申、韩"皆原于道德之意，而老子深远矣"（《史记·老子韩非列传》）。韩非对墨家学说也有批判的继承，墨家也是其对话的对象，例如《韩非子·显学》篇即专门论及墨家。故梁启超说："法家者，儒道墨三家之末流嬗变汇合而成者也。"①

　　法家正是在吸收儒、道、墨诸家学说，并在与其分庭抗礼的争鸣中使自身得以界定清晰的。例如法家也言仁、义、忠、孝、道等，所异者只是在治道上特别突出耕战和法治，以富国强兵和"王天下"（霸天下）为解决时代问题的基本方案。故其十分重视人事，以人为思考问题的出发点，法家是诸子百家中言治道时独闭口不谈天和鬼神的学派。《商君书》中基本没有出现主宰意义上的天，也没有论及鬼神。而韩非基本上是一个无神论者，在《韩非子》中我们只见到他对鬼神迷信的批判和嘲讽："用时日，事鬼神，信卜筮，而好祭祀者，可亡也。"（《韩非子·亡征》）"龟策鬼神不足举胜，左右背乡不足以专战。然而恃之，愚莫大焉。"（《韩非子·饰邪》）"有祸则畏鬼……夫内无痤疽瘅痔之害，而外无刑罚法诛之祸者，其轻恬鬼也甚。"（《韩非子·解老》）法家只关注君主的统治术，强调"一断于法"，不重视教化（包括神道设教），将法家学说奉为官方统治学说的秦朝甚至废除了董仲舒十分强调的郊祭之礼。②

　　法家的思考一切以富国强兵为宗旨，一切以强化君主统治和权

---

① 《梁启超论先秦政治思想史》，第 165 页。
② 董仲舒说："古之圣王，文章之最重者也，前世王莫不从重，粟精奉之，以事上天。至于秦而独阙然废之，一何不率由旧章之大甚也。"（《春秋繁露·郊语》）

力为宗旨,法家学说是诸子百家中最强调尊君、最贱视民众的学说。
法家认为君主拥有至高无上的绝对权力,韩非说:"事在四方,要在中
央;圣人执要,四方来效"(《韩非子·扬权》),"王者独行谓之王"(《韩
非子·忠孝》),"能独断者,故可以为天下主"(《韩非子·外储说右
上》),"万物莫如身之至贵也,位之至尊也,主威之重也,主势之隆也"
(《韩非子·爱臣》)。而对于民,法家主张贱之、愚之、贫之。故就天、
神、君、民四者关系而言,法家悬置天、神,存而不论,一心想的是如何
使用严刑峻法以治民(见图4)。

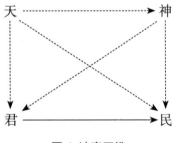

图4:法家四维

在汉武帝采纳董仲舒的"罢黜百家,独尊儒术"的建议后,先秦
诸子各家的命运发生了较大的变化。与儒家作对的墨家不久就消
亡了,一些原来的墨家弟子变成了游侠,到东汉时连墨学也"废而不
传"(《论衡·案书》)。道家思想中原本就具有治国和修身两个层
面,黄老学说失势后转入民间。所以,对后世治道和法制影响最大的
就是儒家和法家,具体来说就是上用儒家超验的天和神以修饰门面,
下用法家的严刑峻法以镇压民众。遇事总喜欢从天、神和民三个方
面去找原因,成了中国专制时代帝王们讨论治道问题的一种思维定
式。例如,公元前163年汉文帝面临"间者数年比不登,又有水旱疾
疫之灾"的情况,马上想到的就是追问:"意者朕之政有所失而行有过

与？乃天道有不顺,地利或不得,人事多失和,鬼神废不享与？"(《汉书·文帝纪》)

"天生烝民,有物有则。"(《诗经·大雅·烝民》)中国先民认为上天生育万民,事物都有法则。天、神、君、民四者均有自身奉行的"道"(规则、规律),即天道、神道、人道。[①] 君和民都是人,故共同遵循人道。君作为中国古代政治唯一的主体,还需遵循独特的为君之道,即君道。民相对于君而言是臣,故需遵循臣道。君道和臣道相对于人道而言都是下位概念,只是人道的组成部分。君道和臣道在一定意义上是相对的,讲君道少不了要谈君臣关系和君民关系,即君道的话题中包含着臣道,为了避免重复,本书只将君道单列出来加以研究,在讨论君道时附带提及臣道。天、神、君、民四种政治力量奉行的"道"共同建构起了中国古代政治和法制的思想世界,研究中国古代法制的思想世界,就必须考察天道、神道、人道和君道共同建构起来的整体图景(见图5)。

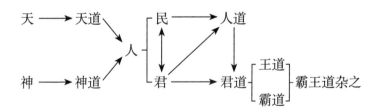

图5:中国古代法制的思想世界

[①] 天道和人道是建构中国古代哲学范畴系统的两大基本范畴(参见张立文《中国哲学范畴发展史〔天道篇〕》和《中国哲学范畴发展史〔人道篇〕》)。天道(当天指称最高主宰者时)、神道也是宗教学范畴,在中国古代,宗教对法制的建构作用和影响力不亚于哲学。

这些"道"直接决定了中国古人的法律意识和观念,支配了中国古人的法律实践活动,同时也为中国古代的法律制度提供了合法性的论证和支持。当然由于天、神、君、民四者之间具有差等关系,故诸"道"之间的地位不是平行的。天道最高,统领神道、人道和君道,神道在信众中也高于人道和君道,君道作为人道的重要组成部分必须因循于人道。君主治理国家必须对天、神和民作一个妥善的安顿,必须遵循天道、神道和人道,据此形成君道,而君道又包括王道和霸道等形式。在专制中国时代,君主治国实际实行的是"霸王道杂之"的治国策略。

需要指出的是,由于秦以降历代帝王接受的教育基本上是儒家的学说,① 受儒家"敬鬼神而远之"理性思想的影响,论治道时常只言天道和人道,而回避神道问题,即君在思考如何治理国家和社会时重点只考虑天和民,故就有了诸如"上称天心,下合人意"② 之类的说法,同时"天人之道""天人道"也就成了固定搭配。例如:"故《易》与《春秋》,天人之道也。"(《汉书·律历志上》)"天人道尽,丧乱弘多,宗庙以之颠覆,黎庶于焉殄瘁。"(《晋书·外戚传》)"孔子既叙六经,以明天人之道,知后世不能稽同其意,故别立纬及谶,以遗来世。"(《隋书·经籍一》)"天人之道治,而国家之政兴焉。"(《宋史·食货上》)"如唐尧之德,能大明天人之道。"(《元史·礼乐二》)但神道本身却并没有因此而衰落,相反在民间日益兴盛,道教的产生和佛教、伊斯兰教、基督教等的传入,充实了中国古代鬼神信仰的内容,中国

---

① 例如唐太宗鉴于南梁武帝父子崇奉佛教和道教而败亡的历史教训说:"朕今所好者,惟在尧、舜之道,周、孔之教,以为如鸟有翼,如鱼依水,失之必死,不可暂无耳。"(《贞观政要·慎所好》)

② 隋文帝告诫太子杨勇如何做储君时说的,参见《隋书·房陵王杨勇传》。

古代的鬼神也呈现出多元化的状态,道教和佛教甚至一度在少数时段享有了准国教的地位。① 鬼神信仰对于中国古代的世道人心影响甚巨,具体就法制而言,神的惩恶扬善以及果报观念对相关司法官员和诉讼参与人产生了很大的影响,故神道仍然是中国古代法制思想世界的重要内容。

　　从天、神、君、民四种力量衍生出来的天道、神道、人道和君道构成了本书的框架和内容。天道决定了中国古代政治和法律的基本框架,神道于人心影响甚巨,故随其后述之,人道是君和民共同遵循的,故紧接着述之,最后叙述君道,即君在考量了天、神和民之后所采取的王道和霸道两种治国方略。当然这诸"道"之间存在密切的逻辑关联,天道和神道只有下沉和表达为人道(转化为人道)才能对现实世界发挥作用,作为君道的王道、霸道本身也是人道,故实际天道、神道、人道和君道归根结底只是一个"道",即"人道",四"道"最终都要演变成指导人行事的规则,调控国家和社会的规范。政治、法律和司法都是各种合力作用的结果,没有哪一条"道"是可以埋头走到黑的。只是为了表达和说明的方便,笔者才将各"道"拆分开来单独叙述,在具体的历史时空中,它们是交错互动着的,彼此影响、互相制约。对此读者应该心中有数。下面就让我们再来分析一下为什么君道包括王道和霸道的问题。

───────────

① 梁武帝时曾将佛教立为梁朝的国教,而道教基本上成了李唐的国教,宋徽宗时道教也几乎成了国教。蒙古汗国时期以萨蛮教为国教,到元朝建立后改奉佛教,乾隆时将藏传佛教定为国教。但与西方比较起来,中国古代所谓的国教只能是准国教,因为它们只是受到了统治者的青睐,未享有排他的独尊地位,国家从来没有强迫人们只信仰某一固定的宗教,这与西方基督教被定为国教而获得的独尊地位是不可同日而语的。

七、王霸

治道问题是中国哲学的中心问题,中国上古言治道的较多,《庄子·天下》云:"天下之治方术者多矣。"成玄英疏:"方,道也。自轩、顼已下,迄于尧、舜,治道艺术方法甚多。"但王道和霸道是中国古代君主奉行的两种最为重要的治道,[①] 有学者指出:"在一定意义上,可

————————

① 罗根泽认为,王始于周,霸始于春秋,而王霸之说,则在战国中叶。王霸之霸,在周代是制度名词,为侯伯之伯,没有战国时期王霸之意。《左传》《论语》《墨子》所说的霸,都是制度名词,而非政治名词。到了战国时期,孟子以仁义易天下,首标王霸二字(参见罗氏著《诸子考索》,人民出版社 1958年版,第 115—117 页)。到了战国后期,在王、霸之上又提出了帝道。因为战国时各国诸侯先后称王,王号不那么尊贵了。公元前 288 年,秦昭王在宜阳自称西帝,尊齐愍王为东帝,这就把原来上帝的称号用作了国君的尊称。帝成了比王更尊贵的称号,学者们也就有意识地提出帝道说,并将帝凌驾于王、霸之上。除了帝道、王道和霸道之外,还存在一些其他的说法,例如荀子就将国分为四种,他说:"王者富民,霸者富士,仅存之国富大夫,亡国富筐箧,实府库。"(《荀子·王制》)他在王霸之外,又提出了"仅存之国"和"亡国"两种治道。当然荀子有时也说到强国,例如他说:"王夺之人,霸夺之与,强夺之地。"(同上)王、霸、强是其对国家治道的又一种言说类型。汉初的陆贾曾说:"杖圣者帝,杖贤者王,杖仁者霸,杖义者强,杖谗者灭,杖贼者亡。"(《新语·辅政》)陆氏把君主分为帝、王、霸、强、灭、亡六种,治道当然也随之一分为六。但无论是荀子的"仅存之国"和"亡国",还是陆贾的"灭""亡",都不是人们愿意效法的,故影响最大的仍然是帝、王、霸、强四种。例如《旧唐书·酷吏上》云:"古今御天下者,其政有四:五帝尚仁,体文德也;三王仗义,立武功也;五霸崇信,取威令也;七雄任力,重刑名也。"陈子昂在向武则天的上书中也曾讲:"臣闻古之御天下者,其政有三:王者化之,用仁义也;霸者威之,任权智也;强国胁之,务刑罚也。"(《旧唐书·刑法》)在帝、王、霸、强四种治道中,帝道以尧舜禹的统治时代为样板,行无(转下页)

用'王道'和'霸道'来解释传统政治的所有特征,也可以说王道和
霸道就是秦以来中国古代的帝王之道。"①儒家强调行王道,法家鼓吹
霸道,这是尽人皆知的事实,②但是儒家为什么强调王道,法家为什么
鼓吹霸道,以及王霸二者的思想根源,则鲜有人深入讨论。

　　世界各国的历史基本上经历了一个从神的统治到人的统治的过
程,随着文明的日益进步,人和人事在政治、经济和社会生活中的作
用越来越大。对于古代中国的政治和法律而言,神人问题,特别是在
中国历史的早期,主要就表现为天和人的问题,天人关系是中国古代
政治、法律、宗教和哲学中最为核心的问题之一,故邵雍说:"学不际
天人,不足以谓之学。"(《皇极经世·观物外篇》)治道的王霸之别
与天命和人事的关系甚大,下面就其个中缘由略作陈述。

　　中国的先民十分相信神灵,相信天命,总是"恪谨天命"(《尚
书·盘庚上》)。作为至上神的天具有绝对的权威,这正是"殷人尊神,
率民以事神"(《礼记·表记》)的原因所在,商纣王濒临灭亡时还在
说:"呜呼! 我生不有命在天。"(《尚书·西伯戡黎》)他以为具有天
命,王位会永祚。但汤武革命改变了周初政治精英们关于天命的看
法,他们将天命与德行联系起来观察和思考。"我不可不监于有夏,
亦不可不监于有殷。我不敢知曰,有夏服天命,惟有历年;我不敢知

_____

（接上页）为而治,孔子即说过:"无为而治者其舜也与! 夫何为哉? 恭己正南
　　面而已矣。"(《论语·卫灵公》)故帝道可望而不可即,独有王道和霸道(后
　　世对强与霸不再加细分,合二为一)现实可行,是大多数人认同的治道目标,
　　荀子就著《王霸》一文,专门讨论如何成王、成霸,并经常将"上可以王,下可
　　以霸"挂在嘴边。故王道和霸道是中国古代最重要、最具代表性的两种治道。
① 王鸿生:《中国传统政治的王道和霸道》,《武汉大学学报》2009 年第 1 期。
② 燕继荣:《霸道王道民道三种统治模式下的社会治理》,《人民论坛》2012 年第
　　6 期。

曰,不其延。惟不敬厥德,乃早坠厥命。我不敢知曰,有殷受天命,惟有历年;我不敢知曰,不其延。惟不敬厥德,乃早坠厥命。今王嗣受厥命,我亦惟兹二国命,嗣若功。"(《尚书·召诰》)"惟天不畀不明厥德,凡四方小大邦丧,罔非有辞于罚。"(《尚书·多士》)周初统治集团借鉴夏商亡国的教训,感到"惟命不于常"(《尚书·康诰》),"天惟时求民主"(《尚书·多方》),提出了"以德配天""敬天保民"的主张,使天命的绝对性受到了挑战,给人的主观能动性的发挥留下了空间。这标志着神本樊篱的冲破,人本、民本新时代的到来,给人道从天道中分离出来创造了可能性。

周人"以天为宗,以德为本"(《庄子·天下》),孔子从周,以《尚书》为教本,尊奉周公之教,周人"民惟邦本""以德配天""敬天保民"等思想为儒家所承袭和发扬光大。虽然天仍然是主宰者,但其本身也被赋予了道德的色彩,人通过修德,通过保民、爱民,就能改变天的意志,使天赋予和确认其天命,实际实现了"君主政治行为的源泉从外在的冥冥权威(天)向人类精神深处的理性自觉(仁)的转变"[1]。顺天是儒家所倡的王道政治的重要内容,但顺天最终需要落实到爱民上来,这样,周初的民本主义思想发展出了"王道"这一君道的基本形式。[2]

随着时间的推移,人本身的力量日益强大,质疑天和天命的思想不断滋生,最终产生了彻底否定鬼神和天命的无神论思想。在春秋时期,那种天命控制人类的历史、道德决定人的命运的天道历史观,

---

[1] 杨世文:《天道与君道——殷周君主观念与儒家君主理论的一个视角》,《孔子研究》1992 年第 3 期。
[2] 也有学者认为"王道是对西周初期理想社会制度的概括",认为在西周初年实行过王道政治。参见刘红卫:《王、霸的时序性——试析由王道向霸道转变的原因》,《管子学刊》2004 年第 1 期。

在现实面前屡屡失败,各种疑天怨天的声音日益增多。《诗经》中就保留了许多诅咒天帝的诗句,例如"不吊昊天""昊天不佣""昊天不惠,降此大戾""昊天不平"(《小雅·节南山》),"浩浩昊天,不骏其德""旻天疾威"(《小雅·雨无正》),甚至据说是周宣王求神祈雨的诗《云汉》中也有"昊天上帝,则不我遗""昊天上帝,则不我虞"这样的句子。到孔子生活的时代,怨天之声已不绝于耳,故信奉天和天命的孔子不得不强调"不怨天"(《论语·宪问》)。与此同时,否定天和天命的思想开始萌芽。例如墨家虽然不否定天,赞同天是主宰者的说法,但却极力否定天命,说:"命上不利于天,中不利于鬼,下不利于人,而强执此者,此特凶言之所自生,而暴人之道也!"(《墨子·非命上》)墨家从功利的角度否定天命信仰的价值。孔子还信仰天命,对鬼神敬而远之,态度较为暧昧,儒家后学中则有不少人已直接否定天的权威和鬼神的存在,例如公孟子就宣称"无鬼神"(《墨子·公孟》)。道家更是将主宰之天置换成了道支配下的物质之天和自然之天,天没有意志,也就无所谓道德不道德。作为先秦诸子集大成者的荀子则走得更远,他认为"天行有常",天是没有意志的,不以人的意志为转移,具有自身的规律,天人有分,社会的治乱,人事的成败,均在人而不在天,应当"明于天人之分","制天命而用之"(《荀子·天论》)。由天和天命建构起来的那套宇宙秩序,在春秋战国时期已遭到了强有力的挑战。[①]

[①] 当然这种挑战主要发生在少数知识精英之中,并没有对政治、法律和社会生活产生广泛的影响,故到西汉时董仲舒仍然堂而皇之地提出君权天授的思想,大讲天人感应。李百药向唐太宗奏论道:"臣以为自古皇王,君临宇内,莫不受命上玄,册名帝录。……是知祚之长短,必在于天时,政或兴衰,有关于人事。"(《贞观政要·封建》)思想的正确与其在政治和法律上的事功并不是一回事。

与天和鬼神地位下降相应的是人的地位的提升,人们开始用人事而非天命来解释吉凶祸福。"吉凶由人"(《左传·僖公十六年》),"祸福无门,惟人自招"(《左传·襄公二十三年》),"天道远,人道迩,非所及也"(《左传·昭公十八年》)。人事在社会中的地位日益受到重视,一种以人而非天命或神意来解释人事的人本思想日益被人们所接受,"君使民慢,乱将作矣"(《左传·庄公八年》),"其身正,不令而行;其身不正,虽令不从"(《论语·子路》),"上失其民,作则不济,求则不获"(《国语·周语下》)等以人事言政治成败得失的熟语已常见之于典籍。在天道与人事的分离上,荀子及其门人走在了时代的前列。荀子将天道放置到了一边,认为:"道者,非天之道,非地之道,人之所以道也。"(《荀子·儒效》)认为天地之道都不必关心,只需要考量人道就行了。

关于治道,荀子云:"故道王者之法与王者之人为之,则亦王;道霸者之法与霸者之人为之,则亦霸;道亡国之法与亡国之人为之,则亦亡。三者,明主之所以谨择也,而仁人之所以务白也。"(《荀子·王霸》)又说:"具具而王,具具而霸,具具而存,具具而亡。"(《荀子·王制》)具备了王者的条件就称王,具备了霸者的条件就称霸,具备了生存的条件就生存,具备了灭亡的条件就灭亡。国家的王、霸和亡完全是人自己选择和行动的结果,在此我们看不到任何天命和神意的作用。在荀子门人虚拟的尧与舜的对话中,尧问舜:我想取得天下,该怎么办?舜回答说:"执一无失,行微无怠,忠信无倦,而天下自来。执一如天地,行微如日月,忠诚盛于内,贲于外,形于四海。天下其在一隅邪!夫有何足致也!"(《荀子·尧问》)专心政事不要出错,做事情不要懈怠,忠诚守信不要厌倦,那么天下人就会自动归顺。专心政事像天地一样长久,做小的事情像日月一样不停,忠

诚充满于内心,表现在外面,体现在四海。那么天下就像屋子中的
一个角落,哪里用得着去取呢? 在"舜"看来,只要自身努力,不需要
凭借上天的任何帮助就能够取得天下。只有人事,天和天命已不在
人们的思考之中。正是这种重人事、一切从人出发、以功利为评判
是非的尺度的思想文化环境,孕育了法家的霸道。摒弃天道和神道,
一切以人之情、人之性、人之欲为思考问题的出发点,不惜凭借武力
和刑罚来威吓人,运用奖惩两手来驯服人,就自然而然地走到霸道
上面去了。①

　　不过需要说明的是,在中国的专制时代,学术是经学主导下的诸
学合用,治道则是"霸王道杂之",统治者治国历来皆采德治和刑罚两
手,为了说明的方便,笔者将王道和霸道分别陈述,但是在实际的政
治生活中,王道和霸道从来都不是分离的。这种"霸王道杂之"的治
国之术由来已久,具有源远流长的思想基础。

　　首先,中国上古治国即行德法并举。传说中舜治理天下,就让
禹治理洪水施行德政,让皋陶做法官施行刑罚,德法并用。西周初周
公代替成王向卫康叔发表的训词中说"告汝德之说于罚之行"(《尚
书·康诰》),告诫成王的弟弟要德政和刑罚并举。周穆王也曾讲"朕
敬于刑,有德惟刑"(《尚书·吕刑》)。故陶希圣讲中国氏族时代奉

---

① 所以韩非和李斯作为荀子的学生,表面上背叛了师门,实则不然,他们接
　受了荀子关于重人事、从人出发来考虑国家的治道和政治问题的理性精
　神,使中国古代政治哲学很早就具有了现代性的色彩。当然,这种重人事
　的理性精神是有深刻社会根源的。《春秋》所记二百四十二年间,"弑君
　三十六,亡国五十二,诸侯奔走不得保其社稷者不可胜数"(《史记·太史
　公自序》),争权夺利和争霸兼并战争将人的欲望和力量都放大了,催生了
　冷酷的理性。

行的是"明刑"与"明德"并行的思想。①

其次，在治国效果上，王道和霸道各有优劣。行王道能缓和阶级矛盾，确实有利于社会的团结和谐，达到天下归顺的状态。而行霸道，厉行法治，也常取得卓越的事功，例如商鞅在秦国变法，"行之十年，秦民大说，道不拾遗，山无盗贼，家给人足"（《史记·商君列传》）。霸道于富国强兵有奇效。

最后，儒法具有许多共同点，在治国上殊途而同归。儒家倡导德治，行仁政王道，并非完全不重视法和刑，孔子即说过"君子怀刑"（《论语·里仁》）。被孔子称贤者、孟子称为圣人的柳下惠，实际从事的就是司法审判工作（士师），而孔子本人做过司寇，也是司法工作。孟子讲王道要"省刑法"，也并非完全排除掉刑罚。荀子讲隆礼重法，倡导礼法并重，他对法律的重视超过了前辈儒者。故先秦儒家对法和刑实际是有同情之了解的，这就为后来董仲舒吸收法家思想、倡导德主刑辅，提供了思想基础。上文已提及，儒家本是法家的源头之一，法家也常提及仁、义、礼、忠、孝等德目，只是他们认为法律是比道德更加有效的方法。更为关键的是，法家与儒家所追求的目标常是相同的，只是手段不同罢了，② 例如二者都主张"去刑"，但在具体方法上存在重大的区别，儒家主张以德去刑，法家主张以刑去刑，正所谓殊途而同归。对于儒法两家的共同点，张岱年曾说："两家都主张'尊君'，为君权而辩护；两家都坚持等级区分，两家都是为统治阶级等级特权而辩护的。正因为儒法两家有共同之点，所以他们之间不仅相

---

① 陶希圣：《中国政治思想史（上）》，中国大百科全书出版社 2009 年版，第 48 页。

② 瞿同祖曾说："儒家法家都以维持社会秩序为目的，其分别只在他们对于社会秩序的看法和达到这种理想的方法。"参见氏著《中国法律与中国社会》，中华书局 2007 年版，第 292 页。

互斗争,而且也有在一定条件下相互融合的可能。"① 王、霸治道的截然对立只是在战国兼并战争的极端条件下的产物,秦以降就失去了存在的现实土壤。董仲舒曾云:"《春秋》之道,大得之则以王,小得之则以霸","霸王之道,皆本于仁",王霸在他眼中早已不是截然对立的了,"霸王道杂之"是历史的必然选择,法律和道德教化成为治理国家的不二法门。"凡政之大经,法、教而已"(《申鉴·政体》),"夫治国之本有二,刑也,德也。二者相须而行,相待而成矣。天以阴阳成岁,人以刑德成治,故虽圣人为政,不能偏用也"(《全三国文》),此类言论成了人们的常识。

　　儒家和法家究竟谁对中国古代政治和法制建构的影响更大呢?对于这个问题,可能许多人都会不假思索地认为儒家最大,儒家学说两千年来一直处于国家正统学说的地位,是官方的统治学说,岂能不是儒学影响最大呢? 但历史事实可能并非如此。秦始皇采取法家学说建立了君主专制制度,依据法家学说,"明主之所操者六:生之、杀之、富之、贫之、贵之、贱之。此六柄者,主之所操也"(《管子·任法》),君主拥有了生杀予夺的大权,秦虽二世而亡,但却给中国留下了君主专制主义的政治遗产,两千余年来相沿承袭,从未改变。在君主专制制度的基本框架下,儒家放弃了许多自身的原则,② 最终"得君行道"。儒家正是通过向法家打造的这个政治母体注入儒家的思想元

---

① 《张岱年全集(第 5 卷)》,第 159 页。
② 余英时认为汉代以来儒学本身经历了一个"法家化"的变迁,即"汉儒抛弃了孟子的'君轻'论、荀子的'从道不从君'论,而代之以法家的'尊君卑臣'论"。参见氏著《中国思想传统的现代诠释》,第 89—100 页。

素(仁义礼智信),通过法律的儒家化[1]来部分达成自身的目标,"法律儒家化"一说的存在,即表明法家影响之大。[2]

---

[1] 20 世纪 40 年代,陈寅恪首先提出了"刑律儒家化"的命题(参见氏著《隋唐制度渊源略论稿唐代政治史述论稿》,商务印书馆 2011 年版,第 111—112 页)。此后瞿同祖率先系统论述了"中国法律之儒家化"问题(参见氏著《中国法律与中国社会》第六章第三节"以礼入法",以及该书附录《中国法律之儒家化》一文)。长期以来,这一命题获得了学界的普遍认同。但近年来,国内学界出现了一些不同的认识,瞿同祖当年关于法律儒家化的相关论断确实需要作出适当的修正。不过,法律儒家化并非子虚乌有,而确实是真实的历史事实和过程。参见何永军:《中国法律之儒家化商兑》,《法制与社会发展》2014 年第 2 期。

[2] 冯友兰也认为专制中国时代的政治"大部分受法家学说支配","因为他们的学说,乃从实际政治出来,切于实用"。参见陈来编选:《中国哲学的精神——冯友兰集》,第 50 页。

第一章　天　道

　　在中国上古，天具有主宰者和物质自然（"苍苍者"）两种主要含义，[①] 故天之道（天道）随之具有如下两种最基本的含义：一是指作为主宰者之天的意志，引申出天意、天理、天志等概念。这种用法在中国古代很具有代表性，例如："吾非瞽史，焉知天道？"（《国语·周语下》）"天道无亲，唯德是授。"（《国语·晋语》）二是从自然之天、物质之天引申为气候、天气，例如："这等三伏天道，你便有冲天的怨气，也召不得一片雪来。"（《感天动地窦娥冤》第三折）"冬月天道，溪水正涸，虽是只有一二尺深浅的水，却寒冷的当不得。"（《水浒传》第三十二回）"天道温和，可以冷饮。"（《聊斋志异·陆判》）引申为时光、时候，例如："天道晚了，咱歇息了罢。"（《宋上皇御断金凤钗》第三折）并在自然物质的基础上引申出自然运行的规律，例如："夫春气发而百草生，正得秋而万宝成。夫春与秋，岂无得而然哉？天道已行矣。"（《庄子·庚桑楚》）"天道之数，至则反，盛则衰。"（《管子·重令》）"六岁一饥，十二岁一荒，天道然，殆非独有司之罪也。"（《盐铁

[①] 张岱年曾说："上古时代所谓天，本有两重意义，一指有人格的上帝，一指与地相对的天空。上古时代宗教思想以为天是有意志的，是世界的最高主宰。" 参见氏著《中国古典哲学概念范畴要论》，中国社会科学出版社 1989 年版，第 29 页。

论·水旱》)

据学者考证,"天道"一词大概最早出现于春秋时期。[①] 神学家通常将天道视为主宰者天的意志,例如占星家即以天道察人事。而哲学家们基本上是从自然物质的角度把握天的,将天道视为自然规律。例如张岱年即认为,中国春秋时人们讲的"所谓天道即是有天象变化的具有规律的过程"[②],任继愈也说,"所谓天道指的是天体运行和时序变化的规律"[③],张立文则认为,"天道是指世界的存在及其存在形式"[④]。去今越远,主宰者之天、天命的观念越强,从宗教的意义上理解天道的时候越多。伴随人的主体性地位的凸显,人事在与天命的竞争中日渐胜出,人们从自然物质的意义上理解天道的时候越多。

在先秦诸子中,儒家敬畏天、信天命,主要是从最高主宰者的角度来理解天、理解天道的,但孔子重人事,本着"敬鬼神而远之"的态度,鲜言"天道"。子贡曾说:"夫子之文章,可得而闻也,夫子之言性与天道,不可得而闻也。"(《论语·公冶长》)但孔门后学中喜欢谈论天道的人较多,像《孟子》和《荀子》中就多次出现天道这一术语,《荀子》中还有"天之道"这一表达。与孔子相反,老子喜欢公开地谈论天道,《老子》只有五千言,但就出现了"功成身退,天之道也"(《九章》)、"不出于户,以知天下。不窥于牖,以知天道"(《四十七章》)、"天之道,不争而善胜"(《七十三章》)、"天之道,损有余而补不足"

① 冯禹:《"天道"考释》,《管子学刊》1990 年第 4 期。
② 张岱年:《中国哲学发微》,山西人民出版社 1981 年版,第 22 页。
③ 任继愈:《中国哲学发展史(先秦卷)》,人民出版社 1983 年版,第 127 页。
④ 张立文:《中国哲学范畴发展史(天道篇)》,中国人民大学出版社 1988 年版,第 4 页。

(《七十七章》)、"天之道,利而不害"(《八十一章》)等诸多论断。《庄子》中还有《天道》篇。与儒家不同的是,道家基本上是从自然之天的角度来讲天道的。墨家不使用"天道"这一术语,而以"天志"代之,"天志"即墨家的"天道"。前期法家代表人物像管仲也喜欢谈天,《管子》一书中就多次出现"天之道"和"天道"这样的术语,但后期法家重人事,基本上不信奉天命和鬼神,所论鲜有涉及天道的,天道在商鞅和韩非的思想中是缺位的。

佛教传入中国后,佛学谓众生各自根据生前的善恶行为,在天道、人道、修罗道、畜生道、饿鬼道、地狱道(即"六道")中轮回,天道也就成为佛学术语,但这种对天道的理解较晚才被中国社会接受,而且主要流行于佛教信徒中间,故对于中国古代政治和法律制度的影响相对有限。中国古代讲大道,基本上是沿着儒家的宗教之天和道家的自然之天这两条路线下来的,要么强调服从至上神天的意志,要么强调遵循自然规律,建构中国古代政治和法律的主要就是这两种天道观。需要指出的是,天道之所以能对人事发挥作用,天道对中国古代政治和法制的建构,均是通过人们自觉效法天道,将天道转化为人道而实现的,下面就让笔者来揭开中国古人效法天道的秘密。

一、天人感应

中国古人为什么要听天的呢?为什么一定要效法天道呢?只要翻翻中国古代的典籍,这个问题不难回答。在中国古人的思想意识里,天常常被视为最高的主宰,天与人是合一的,是能够互相感应的。使天人感应学说臻于成熟和完善的,正是提出"罢黜百家,独尊儒术"

的董仲舒；支配中国中古和近古政治和法制的，正是董仲舒建构的神学化的新儒学——天人感应和灾异谴告理论。董仲舒系统化的天人感应学说之所以被统治者采纳，并在其后两千余年的时间里大行其道，具有持久的生命力，与其深厚的思想渊源和坚实的社会基础是分不开的。

（一）商周时期的天命神学思想

至迟在商末周初，天（有时也称天帝）即被确立为至上神，被认为是有人格、有意志，无所不能，能决定人的命运，对人实施奖惩的主宰者。例如《尚书》中被顾颉刚认为十分可靠的《盘庚》《大诰》诸篇中，就反复出现"天""天命""皇天"等术语。西周人眼中的天是绝对的主宰者，也是一切事物的最终裁决者和终极依据。天不但能决定国家和个人的命运，而且能够实施惩罚，《尚书》中就保留了大量的天讨、天罚思想，例如夏与有扈氏战于甘之野，王启说："有扈氏威侮五行，怠弃三正，天用剿绝其命，今予惟恭行天之罚。"（《甘誓》）有扈氏蔑视五行，冒天下之大不韪，遗弃天、地、人三者正道，因此上帝要灭他们的享国大命。夏王启奉上帝的命令对他们实施惩罚，将其对有扈氏的征伐美化为"恭行天之罚"。胤侯在奉夏王仲康的命令前往征伐羲、和时也说："今予以尔有众，奉将天罚。"（《胤征》）商汤在动员灭夏时称："有夏多罪，天命殛之。"（《汤誓》）而姬发在灭商前发表的誓师词中也称："今予发，惟恭行天之罚。"（《牧誓》）《甘誓》《胤征》《汤誓》《牧誓》大抵都是春秋战国时史官的追记，不完全是信史，但至少反映了春秋战国时期人们的思想观念。

另一距今相对古老、保存了西周初年至春秋中叶五百余年诗歌的文献《诗经》中，也有大量关于天和天命的叙述，例如："母也天只，不谅人只！"（《国风·鄘风·柏舟》）"悠悠苍天，此何人哉？"（《国风·王风·黍离》）"悠悠苍天，曷其有所？"（《国风·唐风·鸨羽》）"受天百禄"（《小雅·天保》）、"昊天不惠"（《小雅·节南山》）、"各敬尔仪，天命不又"（《小雅·小宛》）、"天命玄鸟，降而生商"（《商颂·玄鸟》），等等。天是人们诉求的最后对象，是祈求保佑的最高主宰，虽然有不少怨天甚至诅咒天的诗句，但是天的主宰者地位并没有动摇，人们只是怨恨天道的不公、不能扶危济困而已，在怨恨和诅咒中，天和天命的权威反而进一步得到了强化。

作为《尚书》与《诗经》的手定者，周文化的传承人，孔子接受了周人神学之天的思想，故时常发出"获罪于天，无所祷也"（《论语·八佾》）、"巍巍乎，唯天为大，唯尧则之"（《论语·泰伯》）、"不怨天，不尤人，下学而上达，知我者其天乎"（《论语·宪问》）之类的感慨就不奇怪了。同样，孔子的学生子夏说"死生有命，富贵在天"（《论语·颜渊》），也是在情理之中的。

（二）墨家的天志思想

儒墨同源而异流。墨子曾"学儒者之业，受孔子之术"（《淮南子·要略》），只是因为不满儒家的繁琐礼仪和厚葬久丧，"故背周道而行夏政"（同上）。墨子教导弟子说："凡言凡动，合于三代圣王尧、舜、禹、汤、文、武者为之；凡言凡动，合于三代暴王桀、纣、幽、厉者舍之。"（《墨子·贵义》）故"孔子、墨子俱道尧、舜，而取舍不同"（《韩非子·显学》）。墨子也接受了周人的神学思想，认为天是最高的主宰者。"天下无大小国，皆天之邑也。人民无幼长贵贱，皆天之臣也。"（《墨子·法仪》）"天为贵、天为知而已矣。然则义果自天出矣。"（《墨子·天志中》）天是比天子更尊贵和更有智慧的，"天子为善，天能赏之。天子为暴,天能罚之","天下之君子,中实将欲遵道利民,本察仁义之本,天之意不可不慎也。"(《墨子·天志中》)要遵循先王的道术来为百姓谋利,从根本上考察仁义的本源,那么上天的意志就不能不谨慎地顺从。"爱人利人者,天必福之;恶人贼人者,天必祸之。"(《墨子·法仪》)顺应天的意志就会得奖赏,违背天的意志就会遭到惩罚。而且天的监督是无所不在的,"夫天不可为林谷幽门无人,明必见之"(《墨子·天志上》),所以必须按照天的意志行事,"天之所欲则为之,天所不欲则止"(《墨子·法仪》)。

天的意志究竟如何?在墨子看来,兼爱、非攻、尚同、尚贤、节用等就是上天的意志。他说:"顺天意者,兼相爱,交相利,必得赏;反天意者,别相恶,交相贼,必得罚。"(《墨子·天志上》)"天之意不欲大国之攻小国也,大家之乱小家也,强之暴寡,诈之谋愚,贵之傲贱,此天之所不欲也。不止此而已,欲人之有力相营,有道相教,有财相分也;又欲上之强听治也,下之强从事也。"(《墨子·天志中》)"夫既尚同乎天子,而未上同乎天者,则天灾将犹未止也。故当若天降寒热不节,雪霜雨露不时,五谷不孰,六畜不遂,疾灾戾疫,飘风苦雨,荐臻而至者,此天之降罚也,将以罚下人之不尚同乎天者也。"(《墨子·尚同中》)"以尚贤使能为政,而取法于天。虽天亦不辨贫富、贵贱、远迩、亲疏,贤者举而尚之,不肖者抑而废之。"(《墨子·尚贤中》)天实际是替墨子推行兼爱、非攻、尚同、尚贤、节用等主张的工具。怎么有利于推行他的这些主张他就怎么解释天,故墨子虽坚持天是最高的主宰,能赏善罚恶,但却与儒家迷信天命不同,墨子是坚决反对天命说的,因为天命使人以为一切都是命中注定的,安于现状,不思进取,不利于实现国富民强的目的。天命的观念与墨家的功利主张相背,所以墨家坚决反对。"故命上不利于天,中不利于鬼,下不利于人,而强执此者,此特凶言之所自生,而暴人之道也。是故子墨子言曰:今天下之士君子,忠实欲天下之富而恶其贫,欲天下之治而恶其乱,执有命者之言不可不非,此天下之大害也。"(《墨子·非命上》)

墨子将天置于至上神的地位,却反对天命,表面上看似乎矛盾,实际却深得周公"以德配天"思想的精髓。殷人迷信鬼神,认为天命是绝对而不能改变的。周公以夏商的覆灭为鉴,认识到天命不是永恒不变的,失德、失民心就会丧失天命,为了保住天命,提出了"以德配天"的思想。周公所说的德,包括敬天、敬祖和保民三个方面。周公对殷人绝对天命观的修改,实际使天和命相分离具有了可能性,促进了人主体意识的觉醒。天虽然是最高的主宰者,但命却取决于人自身,只要敬德保民就可保有天命,获得好运;反之,败德伤民就会丧失天命,遭到天的处罚。

(三) 占星术及阴阳五行学说

假如说殷周时期的神学思想贡献了一个具有人格和意志的天,墨家的天志学说贡献了一个奖善罚恶、道德化的天,那么盛行于春秋末和战国时期的占星术,以天象推测人事的吉凶祸福,则为天人感应学说提供了直接的思想来源和实践经验基础。董仲舒糅合儒、墨和阴阳五行学说,最终创立了神学化的天人感应学说,开创了贯通天道、人道和政道的系统理论。

中国农业起源较早,农业生产受天时的影响很大,出于"观象授时"的需要,中国先民很早就开始观察天象,制定历法,积累了不少天文学知识。商周时期都有执掌天文的官员,但是大约从春秋末战国初开始,中国天文学发生了一个根本的转折,天文学家开始试图用天象来解释人事,即"天事恒象"(《左传·昭公十七年》),"天事必象"

(《国语·晋语》)。天文学演变出了占星术,天人感应的观念在社会上流传开来,并大量运用于社会实践。当然这不是偶然的。天人感应的思想观念在中国古代萌芽很早,例如《尚书·酒诰》篇就有关于天罚殷的说法:"弗惟德馨香祀,登闻于天,诞惟民怨,庶群自酒,腥闻在上,故天降丧于殷。"纣王臭名远扬,没有芳香的祭祀升到天上让上帝知道,而只有民众的怨恨、群臣纵乐饮酒的腥味,所以,上帝降下丧亡的灾祸给殷国。《尚书·洪范》中还有君主施政态度影响天气变化的说法:"曰休征:曰肃,时雨若;曰乂,时旸若;曰哲,时燠若;曰谋,时寒若;曰圣,时风若。曰咎征:曰狂,恒雨若;曰僭,恒旸若;曰豫,恒燠若;曰急,恒寒若;曰蒙,恒风若。"众多美好的征兆:为肃,君王恭敬,雨水适时降落;为乂,君王修治,天气适时阳光充足;为哲,君王明哲,气候适时温暖;为谋,君王深谋远虑,天气适时寒冷;为圣,君王通达事理,天气适时刮风。众多恶劣的征兆:为狂,君王行为狂妄,天一直降雨;为僭,君王出现差错,天气久旱不雨;为豫,君王贪图安逸,天气炎热不消;为急,君王急躁,天气就寒冷不退;为蒙,君王昏暗,天就大风不停。《尚书·高宗肜日》记载,商王祖庚肜祭高宗武丁时,有野鸡落在鼎耳上鸣叫,商人信鬼神,这一"反常"现象随即引起了商王的恐惧,以为神有所暗示。战国人追记的《尚书·金縢》篇[①]则记载,成王年幼,周公代政,管、蔡流言惑众,成王怀疑周公,上帝以"大雷电以风"示警,成王打开金縢之匮,发现册书,了解周公的忠诚之心,消除疑虑,天也为之变化,大灾变成大熟。

　　孔子虽然不谈怪、力、乱、神,鲜言天道,对天象和人事的应验十

[①] 李民:《〈金縢〉及其史料价值》,载《尚书与古史研究(增订本)》,中州书画社1981年版。

分谨慎,但是在"天事恒象"思想盛行的文化背景下,也不能完全免俗。例如孔子就曾发出"凤鸟不至,河不出图,吾已矣夫"(《论语·子罕》)的哀叹,将没有出现凤凰、河图等祥瑞视作自己没有指望的表现。哀公时鲁国大旱,哀公向孔子询问解决的办法,孔子借此指出哀公刑德上的失当,说:"邦大旱,毋乃失诸刑与德乎?""庶民知说之事鬼也,不知刑与德。如毋爱圭璧币帛于山川……"(《鲁邦大旱》)。孔子将旱灾与国家施政失当相连,用灾异言政事,实开了灾异谴告的先河。更为重要的是,孔子在编定《春秋》时十分留意记录灾异现象,董仲舒正是从《春秋》中发现了所谓天人感应和灾异谴告的奥秘,对此董仲舒曾说:"孔子作《春秋》,上揆之天道,下质诸人情,参之于古,考之于今。故《春秋》之所讥,灾害之所加也;《春秋》之所恶,怪异之所施也。"(《汉书·董仲舒传》)在此思想背景里,子思所作的《中庸》中有诸如"国家将兴,必有祯祥;国家将亡,必有妖孽"的说法,就一点也不奇怪了。

但是如果没有邹衍的阴阳五行学说,董仲舒也许并不会留意《春秋》中的灾异记录,更不可能从中推演出他的天人感应学说,董仲舒正是在阴阳五行学说的指导下发现了《春秋》中的奥秘。

本来春秋末期主宰者之天已不断遭到人们的质疑,道家开始将神学之天还原为自然之天,略早于孔子的子产提出了"天道远,人道迩"的主张,占星术已开始被一些人怀疑,人事越来越受到人们的重视。殷周时期的神学之天在儒学内部正在逐渐还原为自然之天,从孔子的"天何言哉"(《论语·阳货》)到孟子"天之高也,星辰之远也,苟求其故,千岁之日至,可坐而致也"(《孟子·离娄下》),再到荀子的"天行有常,不为尧存,不为桀亡"(《荀子·天论》),正表明了这种趋势。诚如徐复观所说:"从五经形成的历史看,大致上是周初所继承的天的观念逐渐向下落,落到人的身上,由人的行为善恶代替天解答吉凶祸福的问题,于是人所占的地位日重,而天的分量反日轻,轻到退居于不太明显的薄雾里。"①

改变神学天道信仰命运的正是战国中期前后兴起的阴阳五行学说。《尚书·洪范》言五行而不及阴阳,《易》言阴阳而不及五行,五行与阴阳最初本是不相关的。战国末期,齐国稷下学者邹衍将其结合了起来,并与占星术相糅合,②获得了巨大的成功,"王公大人初见其术,惧然顾化"(《史记·孟子荀卿列传》),征服了当时的权贵和知识精英,也包括后来统一六国的秦始皇。秦始皇接受了邹衍的"五德终始说",《史记·秦始皇本纪》云:"始皇推终始五德之传,以为周得火德,秦代周德,从所不胜。方今水德之始,改年始,朝贺皆自十月朔。衣服旄旌节旗皆上黑。数以六为纪,符、法冠皆六寸,而舆六尺,六尺为步,乘六马。更名河曰德水,以为水德之始。刚毅戾深,事皆决于法,刻削毋仁恩和义,然后合五德之数。"始皇根据"五德终始说"推断出秦朝应实行水德,并按照水德的要求来治理国家。所以胡适说:"秦始皇征服了六国,而齐学征服了秦始皇。五德终始之说做了帝国新度制的基础理论,求神仙,求奇药,封禅祠祀,候星气,都成了帝国的重大事业。"③

邹衍阴阳五行学说的成功,挽救了占星术,也挽救了摇摇欲坠的神学天道信仰。到董仲舒生活的时代,阴阳五行学说已十分盛行,为当时的士人所广泛知悉。司马谈在论六家之要指时,就首推阴阳,将

---

① 徐复观:《徐复观论经学史二种》,上海书店出版社 2006 年版,第 171 页。
② 章启群:《两汉经学观念与占星学思想——邹衍学说的思想史意义探幽》,《哲学研究》2009 年第 1 期。
③ 胡适:《中国中古思想史长编》,安徽教育出版社 2006 年版,第 26 页。

阴阳家列为六家之首,说:"夫阴阳、儒、墨、名、法、道德,此务为治者也,直所从言之异路,有省不省耳。"(《史记·太史公自序》)可见汉初阴阳家之盛。在此社会思想环境下,董仲舒当然免不了深受影响,对此《汉书·五行志叙》曾说:"景武之世,董仲舒治《公羊春秋》,始推阴阳,为儒者宗。"

(四) 董仲舒的天人感应

汉初的许多知识精英都秉持天人感应的观念,贾谊就是其中最著名的例子,他在做太傅时告诫梁怀王说,"诬神而逆人,则天必败其事","诛杀不当辜,杀一匹夫,其罪闻皇天"(《新书·耳痹》),教育梁怀王要敬天爱人。但将天人感应思想发挥到极致,形成系统理论学说的则是董仲舒。董仲舒对儒学的神学化改造,即其天人感应学说,对中国过去两千余年的政治和法制产生了持久的影响,成为建构中国专制时代政治和法制的天道思想的核心。那么,董仲舒的天人感应学说主要包括哪些内容呢?

首先,董仲舒借助阴阳五行学说实现了从孔子到荀子开始的将神学之天还原为自然之天的反动,重新确立了天的最高主宰地位。董仲舒称:"《春秋》之法:以人随君,以君随天。"(《春秋繁露·玉杯》)"天者,百神之大君也。"(《春秋繁露·郊义》)"天子受命于天,诸侯受命于天子,子受命于父,臣妾受命于君,妻受命于夫。诸所受命者,其尊皆天也。"(《春秋繁露·顺命》)"天地者,万物之本、先祖之所出也。"(《春秋繁露·观德》)

其次,天是道德的,能养民、利民。"生育养长,成而更生,终而复始,其事所以利活民者无已。天虽不言,其欲赡足之意可见也。古之圣人,见天意之厚于人也,故南面而君天下,必以兼利之。"(《春秋繁

露·诸侯》)

再次，人副天数，天人是合一的，天与人是互相感应的。董仲舒从数和类的角度论证了人与天是一致的："观人之体一，何高物之甚，而类于天也"，"天地之符，阴阳之副，常设于身，身犹天也，数与之相参，故命与之相连也。"（《春秋繁露·人副天数》）"天亦有喜怒之气、哀乐之心，与人相副。以类合之，天人一也。"（《春秋繁露·阴阳义》）董仲舒还说：

> 人之为人本于天，天亦人之曾祖父也，此人之所以乃上类天也。人之形体，化天数而成；人之血气，化天志而仁；人之德行，化天理而义；人之好恶，化天之暖清；人之喜怒，化天之寒暑；人之受命，化天之四时。人生有喜怒哀乐之答，春秋冬夏之类也。喜，春之答也，怒，秋之答也，乐，夏之答也，哀，冬之答也。天之副在乎人，人之情性有由天者矣，故曰受，由天之号也。（《春秋繁露·为人者天》）

人是天的副本，人与天是相同、相感的，故人要效法天道，"与天同者大治，与天异者大乱"（《春秋繁露·阴阳义》）。借此，人道也就具有了上升为天道的机会，例如他说："君臣、父子、夫妇之义，皆取诸阴阳之道"，"故仁义制度之数，尽取之天"，"王道之三纲，可求于天。"（《春秋繁露·基义》）他将人间的礼仪制度，如三纲五常和人与人之间的尊卑贵贱，都上升到了天道的高度，而且"道之大原出于天，天不变，道亦不变"（《汉书·董仲舒传》），从而就为君主专制制度的万古永存提供了合法性的论证。

最后，董仲舒认为天子违背天意，不行仁义，天就会出现灾异进行谴责和警告；如果政通人和，天就会降下祥瑞以资鼓励。董仲舒说：

天地之物有不常之变者,谓之异,小者谓之灾。灾常先至而异乃随之。灾者,天之谴也;异者,天之威也。谴之而不知,乃畏之以威。《诗》云:"畏天之威。"殆此谓也。凡灾异之本,尽生于国家之失。国家之失乃始萌芽,而天出灾害以谴告之;谴告之而不知变,乃见怪异以惊骇之;惊骇之尚不知畏恐,其殃咎乃至。以此见天意之仁而不欲陷人也。谨案:灾异以见天意。天意有欲也,有不欲也。所欲、所不欲者,人内以自省,宜有惩于心;外以观其事,宜有验于国。故见天意者之于灾异也,畏之而不恶也,以为天欲振吾过,救吾失,故以此报我也。《春秋》之法,上变古易常,应是而有天灾者,谓幸国。孔子曰:"天之所幸,有为不善而屡极。"楚庄王以天不见灾,地不见孽,则祷之于山川曰:"天其将亡予邪? 不说吾过,极吾罪也。"以此观之,天灾之应过而至也,异之显明可畏也。此乃天之所欲救也,《春秋》之所独幸也,庄王所以祷而请也。圣主贤君尚乐受忠臣之谏,而况受天谴也。(《春秋繁露·必仁且智》)

又说:

日月食,并告凶,不以其行。有星茀于东方,于大辰,入北斗,常星不见,地震,梁山、沙鹿崩,宋、卫、陈、郑灾,王公大夫篡弑者,《春秋》皆书以为大异。(《春秋繁露·奉本》)

在回答汉武帝的策问时,董仲舒说:"臣谨案《春秋》之中,视前世已行之事,以观天人相与之际,甚可畏也。国家将有失道之败,而天乃先出灾害以谴告之;不知自省,又出怪异以警惧之;尚不知变,而伤败乃至。以此见天心之仁爱人君而欲止其乱也。自非大亡道之世者，天尽欲扶持而全安之，事在强勉而已矣。"（《汉书·董仲舒传》）并说："王正，则元气和顺，风雨时，景星见，黄龙下；王不正，则上变天，贼气并见。"（《春秋繁露·王道》）汉武帝问："灾异之变，何缘而起？"董仲舒策对说："刑罚不中，则生邪气；邪气积于下，怨恶畜于上。上下不和，则阴阳缪戾而妖孽生矣。此灾异所缘而起也。"（《汉书·董仲舒传》）[1] 董仲舒承袭了墨家关于人的命运取决于自身主观表现的思想，国家治理的好坏，是遭受灾异还是获得祥瑞，均取决于君王自身是否效法天，是否行仁义。他说："《春秋》之道，奉天而法古。"（《春秋繁露·楚庄王》）"故圣人法天而立道，亦溥爱而亡私，布德施仁以厚之，设义立礼以导之。"（《汉书·董仲舒传》）

　　董仲舒之所以提出天人感应的学说，除了有前述思想资源可凭借外，更为根本的是为了回应当时的现实政治需求。为了维持大一统，需要强化君权，削弱地方诸侯国王的势力，故有必要"屈民而伸君"（《春秋繁露·玉杯》），以消除分裂。但君主的极权导致了严重的社会后果，秦的暴政就是典型的教训。为了限制君权，给人民以活路，必须"屈君而伸天"（同上），用天的权威来限制和约束君权，给皇帝戴上精神枷锁。董仲舒重新提出天命论，是现实政治客观需要使然。董仲舒将一切归之于天，用天贯通一切，以天为基础建构起了一

----

[1] 董仲舒对灾异的解释当然是有现实指向的。《汉书·刑法志》载："今郡国被刑而死者，岁以万数，天下狱二千余所，其冤死者多少相覆，狱不减一人，此和气所以未洽者也。原狱刑所以蕃若此者，礼教不立，刑法不明，民多贫穷，豪桀务私，奸不辄得，狱犴不平之所致也。"董仲舒对西汉承袭的暴秦酷法很有意见，借机发挥，以表达对西汉初沿袭法家法治的不满。而董仲舒的这个说法对后世刑事司法影响十分深远，成为以后诸多法律制度和司法实践的理论渊源。

个庞大的思想体系,徐复观称其思想为"天的哲学的完成",①从而使
儒学具有了一个神学的形而上的天。朱熹后来说"吾儒本天"(《朱
熹集·答张敬夫》),真是再准确不过了,对此宋明理学需要做的主要
工作只是贯通天道与性命而已。

　　董仲舒的天人感应和灾异谴告学说被西汉王朝采纳,成为官方
统治学说的重要组成部分。②建初四年(79),东汉王朝为了统一经
学而召开白虎观会议,会后由班固撰写的《白虎通义》,沿袭了董仲舒
《春秋繁露》比附的手法,将君臣、父子、夫妇之义与天地星辰、阴阳五
行等各种自然现象相比附,用以神化专制秩序和等级制度,董仲舒的
诸多思想在《白虎通义》中得到了重申,成为官方的正统学说。东汉
末年的儒学大师郑玄完全接受了董仲舒的天人感应学说,③将其作为
自身研习和诠释儒家经典的指南。董仲舒给他身后的世界留下了巨
大的思想遗产,仅就西汉而言,徐复观认为巨大的影响就有三:"第一
是他对《公羊传》的特殊见解,一转手而出现了许多有关的纬书,宏
扬扩大,在何休《解诂》以前,殆已成为《公羊传》的定论;一直流传
到近代治《公羊》学的人,都未发现与《公羊传》本义天壤悬隔。而《公
羊》学又是曾经盛极一时的今文学派的支柱。此一影响,对仲舒而言,
虽然是间接的,但确是真实而巨大的。第二是因他言阴阳灾异,经刘

<hr>

① 徐复观:《先秦儒家思想的转折及天的哲学的完成》,《两汉思想史(第2卷)》,
　华东师范大学出版社2001年版。
② 当然反对的声音从来就没有断绝过。不只是无神论者,就一般的官吏阶层
　而言,出于推卸责任的考虑,他们也是不大欢迎这一理论的。比董仲舒晚生
　二十余岁的桑弘羊就认为水旱灾害是自然现象,"殆非独有司之罪也"(《盐
　铁论·水旱)。
③ 成其圣:《体察天道维护治道传承学道——论郑玄之圣人情结和拯世情怀》,
　《中国文化研究》1999年第4期。

向、刘歆父子而形成《汉书》的《五行志》，成为而后史学中非常怪特的一部分，使不经之谈历二千年而不绝。第三，因为他把阴阳五行的思想，牵附到《春秋》与《洪范》中去，以构成他的天的哲学中的一部分，由此以言天人感应与灾异，便引发出眭孟、夏侯始昌、夏侯胜、京房、翼奉、李寻这一批人，各附其所学以组成奇特的天人灾异之说，这是经学发展的一大转折。"①

二、象与数

天道对于人事而言十分重要，但天不会言说和书写，孔子即说："天何言哉！四时行焉，百物生焉。天何言哉！"（《论语·阳货》）天不能直接与人交流，告诉人相关道理，那么天意是如何显现的？ 天是如何向人传达其意志的呢？ 中国古人认为天传达意志的首选方式即是象。"天垂象，见吉凶，圣人象之；河出图，洛出书，圣人则之。"（《周易·系辞上传》）"观乎天文，以察时变；观乎人文，以化成天下。"（《周易·贲卦·象传》）《孟子·万章上》云："天不言，以行与事示之而已矣。"上天不说话，只是用行为和事情来示意罢了。中国古人所崇拜的圣人正是通过观察天象来窥探到天意以及天体运行的规律的，中国古代的宗教家就是凭借天象所预示的吉凶来指导人事。

---

① 徐复观：《两汉思想史（第 2 卷）》，第 259—260 页。董仲舒的天人感应和灾异谴告学说导致了两汉谶纬迷信的盛行，由于谶纬本是人为制作的，常被一些人利用来散布改朝换代的政治预言，统治者逐渐认识到其中的危险，魏晋以后屡加禁止。

[前 525 年]冬,有星孛于大辰,西及汉。申须曰:"彗所以除旧布新也。天事恒象,今除于火,火出必布焉。诸侯其有火灾乎?"梓慎曰:"往年吾见之,是其征也,火出而见。今兹火出而章,必火入而伏。其居火也久矣,其与不然乎?火出,于夏为三月,于商为四月,于周为五月。夏数得天,若火作,其四国当之,在宋、卫、陈、郑乎?宋,大辰之虚也;陈,大皞之虚也;郑,祝融之虚也,皆火房也。星孛及汉,汉,水祥也。卫,颛顼之虚也,故为帝丘,其星为大水,水,火之牡也。其以丙子若壬午作乎?水火所以合也。若火入而伏,必以壬午,不过其见之月。"郑神灶言于子产曰:"宋、卫、陈、郑将同日火,若我用瓘斝玉瓒,郑必不火。"子产弗与。(《左传·昭公十七年》)

鲁国的大夫申须根据有彗星在大辰星边出现西面到达银河的天象,推断出诸侯将有火灾的结论,鲁国的大夫梓慎则进一步推断出如果发生火灾,将由宋、卫、陈、郑四个国家承受。郑国的神灶推算也当如此,向郑国执政子产提出用瓘斝、玉瓒进行祭祀以避免火灾的建议。不大信天命,认为"天道远,人道迩"的子产不以为然,没有同意。这一记载表明,天的权威、天道的神秘性在子产这样的人面前已有所动摇,但是"天事恒象",天象与人事在当时大多数士人心目中是有密切联系的,对此大家甚至可能还分享着一些共同的"知识",不然不会作出几乎相同的预测。

宗教的天命和天道学说,经董仲舒的提炼,最终形成了系统的天人感应学说,天人之际的问题非但没有消解,而且再度强化。董仲舒的学生司马迁在《史记》中讲:

自初生民以来,世主曷尝不历日月星辰?及至五家、三代,绍而明之，内冠带，外夷狄，分中国为十有二州，仰则观象于天，俯则法类于地。天则有日月，地则有阴阳。天有五星，地有五行。天则有列宿，地则有州域。三光者，阴阳之精，气本在地，而圣人统理之。幽厉以往，尚矣。所见天变，皆国殊窟穴，家占物怪，以合时应，其文图籍禨祥不法。是以孔子论六经，纪异而说不书。至天道命，不传；传其人，不待告；告非其人，虽言不著。昔之传天数者：高辛之前，重、黎；于唐、虞，羲、和；有夏，昆吾；殷商，巫咸；周室，史佚、苌弘；于宋，子韦；郑则裨灶；在齐，甘公；楚，唐眜；赵，尹皋；魏，石申。夫天运，三十岁一小变，百年中变，五百载大变；三大变一纪，三纪而大备：此其大数也。为国者必贵三五。上下各千岁，然后天人之际续备。（《天官书》）

司马迁首先肯定了君主们观察推度日月星辰的运行是天经地义的事情，进一步指出各国各家对天象和人事应验的解说各异，不足为法，故孔子为了避免误导后学，编次六经，只记异象，不记关于应验的解说，也不轻易传授天命天道之事。历代均有传授天数的著名人士，治国的人一定要重视天运的变化，考察上下各千年的情况，然后天人之间的关系才能进一步完备。虽然司马迁肯定孔子不轻言天人应验的做法，其所著《天官书》中也没有大谈天人应验的问题，但是仍然保留了诸如此类的话：

> 日变修德，月变省刑，星变结和。凡天变，过度乃占。国君强大，有德者昌；弱小，饰诈者亡。太上修德，其次修政，其次修救，其次修禳，正下无之。夫常星之变希见，而三光之占亟用。日月晕適，云风，此天之客气，其发见亦有大运。然其与政事俯仰，最近天人之符。此五者，天之感动。为天数者，必通三五。

终始古今,深观时变,察其精粗,则天官备矣。

在司马迁看来,天象与人事的对应仍然是天官学说的重要内容。司马迁之后的历代史官都十分重视天象记录,其中魏收更是一个极端的例子。他在《魏书》中一改班固《汉书》将日晕五星之类事放在《天文志》,薄蚀彗孛之类现象放在《五行志》的做法,而创设《天象志》,将天空中出现的各种变异现象都列入其中,"其应征符合,随而条载,无所显验则阙之云"(《魏书·天象志一》)。将其所认为的天象与人事应征符合的都记录下来,那些没有明显效验的情况就略去,其《天象志》实则"天事恒象"的具体历史呈现和表达,完全突破了孔子不轻言天人应验的教导。后世史官再无人续写《天象志》,又回到了孔子谨慎的主张上来,例如《新唐书·五行一》云:

> 夫所谓灾者,被于物而可知者也,水旱、螟蝗之类是已。异者,不可知其所以然者也,日食、星孛、五石、六鹢之类是已。孔子于《春秋》,记灾异而不著其事应,盖慎之也。以谓天道远,非谆谆以谕人,而君子见其变,则知天之所以谴告,恐惧修省而已。若推其事应,则有合有不合,有同有不同。至于不合不同,则将使君子怠焉,以为偶然而不惧。此其深意也。盖圣人慎而不言如此,而后世犹为曲说以妄意天,此其不可以传也。故考次武德以来,略依《洪范五行传》,著其灾异,而削其事应云。

虽然轻言天人应验之事是不明智的表现,但也很少有人公开否定"天事恒象"。《宋史·天文一》云:"夫不言而信,天之道也。天于人君有告戒之道焉,示之以象而已。"天是不说话的,通过天象来告诫人君道理。

天象具体包括哪些内容呢？

首先是星象，即日月星辰等天体在宇宙间分布运行的情况。中国古人相信天上的星官各有职守，世间的人事常常在天空中有相对应的星象，观察这些星象的变化即可推知人事。司马迁即说："有句圈十五星，属杓，曰贱人之牢。其牢中星实则囚多，虚则开出。"（《史记·天官书》）这是用星象变化推度全国的刑事犯罪情况。司马迁在此所说形如连环的十五星，即后世的贯索星官。《隋书·天文上》称贯索为九星，[①] 是"贱人之牢也。一曰连索，一曰连营，一曰天牢，主法律，禁暴强也。牢口一星为门，欲其开也。九星皆明，天下狱烦。七星见，小赦；五星，大赦。动则斧锧用，中空则更元。"中国古人认为贯索主法律，禁强暴，贯索星出现较多则天下牢狱繁多，故贯索星稀成了当时人们所欲求的目标。当然负责狱讼的还有其他的一些星座，例如《晋书·天文中》记载的天纪九星，"在贯索东，九卿也。主万事之纪，理怨讼也。明则天下多辞讼，亡则政理坏，国纪乱，散绝则地震山崩"。对于天纪九星，《宋史·天文二》也有类似的记载。关于主管狱讼的星象，《晋书·天文上》还有"大理，主平刑断狱也"，"天牢六星，在北斗魁下，贵人之牢也"，"爟北四星曰内平，平罪之官，明刑罚"，"左角为天田，为理，主刑"这类的说法。同时，不但星象预示了人事，相关官员和人事的变化也会反过来影响星象的变化。例如《宋史·天文二》就有诸如"大理二星，在宫门左，一云在尚书前，主平刑断狱。明，则刑宪平，不明，则狱有冤酷。客星犯之，贵臣下狱；色黄，赦；白，受戮；赤黄，无罪；守之，则刑狱冤滞，或刑官有黜。彗犯，狱

---

① 司马迁可能将天牢六星与贯索九星相加而得出十五星的结论，故其十五星的说法就包括了"贱人之牢"和《后汉书·天文中》中的"贵人之牢"。

官忧;流星,占同。云气入,黄白,为赦;黑,法官黜"的文字。正因为认为一定的星象预示着一定的人事发生,所以占星家就成了预测学家,故有"昔在庖牺,观象察法,以通神明之德,以类天地之情,可以藏往知来,开物成务"(《晋书·天文上》),"天道以星象示废兴,则甘、石所以先知也。是以祥符之兆可得而言,妖讹之占所以征验"(《隋书·五行上》)之类的言论。

其次是四时,即一年四季的季节和气候变化。《周易·节卦》就讲"天地节而四时成",天地自然正是有所节制才形成一年四季。《礼记·月令》更是将一年十二个月时令的变化和应当从事的工作作了较为细致的交代,并逐一指出违反时令将会导致的灾异。《月令》本是战国时阴阳家的一篇重要著作,《吕氏春秋》前十二纪将其逐月收录,作为十二纪之纲,汉初儒家又将它收入《礼记》中,其后遂成为儒家经典,其法四时的观念被中国古人看成不刊之论。《礼记》就云:"天有四时,春夏秋冬,风雨霜露,无非教也。"(《孔子闲居》)

此外,阴阳五行、灾异和祥瑞等也是天象的重要表现形式。翻阅典籍,诸如"天道之大者在阴阳"(《汉书·董仲舒传》),"臣闻天道之所大,莫大于阴阳"(《晋书·戴邈传》),"天道之大者在于阴阳"(《唐会要》),"五行,天道也"(《宋史·食货上一》)之类的言论十分寻常。而灾(旱灾、水灾、虫灾等)异(山崩、地震、母鸡报晓等异常现象)和祥瑞(嘉禾、灵芝、甘露、龙凤、瑞草等)更是董仲舒天人感应理论中不可缺少的元素。天针对君王的言行,或报以灾异,或报以祥瑞,灾异和祥瑞正是天意的表达。

除了象,数也是天表达意志的重要方式。《淮南子·缪称训》云:"欲知天道,察其数。"中国古人占筮求卦,主要凭借的是阴阳数、爻数,董仲舒在《春秋繁露·人副天数》中正是从数与类的角度来论证

"天人一也"。《隋书·经籍志》云："历数者，所以揆天道，察昏明，以定时日，以处百事，以辨三统，以知厄会，吉隆终始，穷理尽性，而至于命者也。"中国古人认为历数以自然界的运行规律为准则，观察天昏天明，以确定时辰日子，深入探究事物的义理，透彻了解人的本性，就可达到天命。后周时，世宗让王朴制定历法，王朴上奏说："天道之动，则当以数知之。数之为用也，圣人以之观天道焉。"(《新五代史·司天考》)天道的变化，应当根据数来推知，圣人正是通过数来观天道的。历法本来就是天道的记载，故而历法的制定要依靠数数。

《左传·僖公十五年》载韩简云："物生而后有象，象而后有滋，滋而后有数。"物体产生以后才有形象，有了形象后才能滋生，滋生后才有数字。这道出了象与数的关联，即先有象后有数，数离不开象，象凭借数而得以精确。中国古人认为将象、数结合即可窥探天意，言吉凶祸福，从而产生了"术数"(也称"数术")这样的学问，即观察自然界可注意的现象，来推测人的气数和命运。《汉书·艺文志》记载了天文、历谱、五行、蓍龟、杂占、形法六种术数方法，并云："数术者，皆明堂羲和史卜之职也。"但史官久废，除天文、历谱外，后世称术数者，一般专指星占、卜筮、六壬、奇门遁甲、命相、拆字、起课、堪舆(风水)、占候等。

三、道法自然

在唯心主义的神学天道观盛行的同时，中国古代唯物主义的天道观也在悄然滋长。在中国上古时代，天除了具有主宰者的意义外，还指人头顶上的天穹，即"苍苍者"，《尔雅》就将天释为"穹苍，苍天也"，天具有物质性。《老子》中的天基本上是唯物主义的物质之天和自然之天，例如"天地尚不能久，而况于人乎"（《二十三章》），"天地相合，以降甘露"（《三十二章》）之类的话中，天一点神秘色彩都没有。在道家的哲学体系中，天并不是最高的范畴，道才是万物的本源。道"先天地生"，"知常，容，容乃公，公乃全，全乃天，天乃道，道乃久"（《十六章》），老子还说"不窥牖，见天道"（《四十七章》）。他所讲的天道只是自然界的变化规律。

《庄子》中的天也是指自然物质的天。庄子偶尔将天与地并举，大多数时候将天与人相对，例如他说："知天之所为，知人之所为者，至矣。"（《大宗师》）并说："无为为之之谓天。"（《天地》）"何谓天？何谓人？……牛马四足，是谓天，落马首，穿牛鼻，是谓人。"（《秋水》）"事兼于义，义兼于德，德兼于道，道兼于天。"（《天地》）这些天都是指与人相对的大自然。所以张岱年说："《庄子》书中所谓天，有广狭二义。在天地二字相连并提的时候，所谓天指与地对待的物质之天。这是狭义。在以天与人对照或单提天的时候，所谓天指广大的自然。这是广义。这个广义的天，可以叫作'自然之天'。"[1]

荀子受道家的影响，其所谓的天也主要是指自然之天。荀子说："天行有常，不为尧存，不为桀亡。"（《荀子·天论》）比道家走得更远的是，荀子不但指出天行是一个自然的过程，而且提出要"明于天人之分"，"制天命而用之"（同上），社会的命运、国家的治乱不在于天，而在于是否遵循礼，即"国之命在礼"（同上）。

董仲舒的天人感应和灾异谴告学说导致了两汉谶纬迷信的盛行，不少有识之士起来反对儒学的神学化。东汉时的桓谭就曾进谏

---

[1] 《张岱年全集（第5卷）》，第83页。

光武帝不应以谶纬来决断事情。王充更是站在唯物主义的立场对天人感应和灾异谴告学说进行激烈的批判，认为"天地合气，万物自生"（《论衡·自然》），"夫天者，体也，与地同"（《论衡·祀义》），明确指出天与地同是体，从气的本原论证了天的物质性。他还认为，灾异是气化所致，并非什么天的作为。他说："夫天无为，故不言。灾变时至，气自为之。"（《论衡·自然》）认为"谴告之言，衰乱之语也"（《论衡·物势》）。东汉末年的政论家仲长统也力倡"人事为本，天道为末"，他说："然则王天下、作大臣者，不待于知天道矣。所贵乎用天之道者，则指星辰以授民事，顺四时而兴功业，其大略也。吉凶之祥，又何取焉？故知天道而无人事者，是巫医卜祝之伍，下愚不齿之民也；信天道而背人事者，是昏乱迷惑之主，覆国亡家之臣也。"（《群书治要·〈昌言〉治要》）他对神学的天道观持批判的态度，认为可取法的天道只是自然的日月星辰运行而已。唐时的柳宗元也坚持唯物主义的天道立场，认为元气是宇宙的本原，天与地都是元气的不同表现形态。他说："天地，大果蓏也；元气，大痈痔也；阴阳，大草木也。其乌能赏功而罚祸乎？功者自功，祸者自祸，欲望其赏罚者大谬；呼而怨，欲望其哀且仁者，愈大谬矣。"（《天说》）他否认天具有赏功罚罪、赏善罚恶的功能，认为天与人是"不相预"的，是相分的，天命神权学说都是欺骗百姓的把戏，"用夸诬于无知之氓"（《贞符》），"盖以愚蚩蚩者耳"（《断刑论下》）。而刘禹锡认为柳宗元的《天论》仍然未尽天人之际的奥义，于是作《天论》三篇，对柳说进一步发挥，同样坚持唯物主义的立场，提出了"天与人交相胜，还相用"的著名命题。他说：天之道在生植，其用在强弱；人之道在法制，其用在是非。"（《天论上》）他在肯定"人之能，天亦有所不能"的前提下，进一步分析了"人之能胜天之实"（同上）是在于自然界存在着客观规律和必然趋势之故。"人能胜乎天者,法也。"(同上)北宋的张载也坚持以唯物主义的立场解释天,他认为天就是太虚:"由太虚,有天之名。"(《正蒙·太和》)并说"天大无外"(同上),天囊括整个宇宙。张载理解的天,有广狭二义,狭义指太虚,广义指宇宙的全体。元明清三代唯物主义者对于天的理解,基本上不出乎上述诸位的思想。

关于唯物主义的天道观,上面只是提要钩玄式的介绍,其目的是向读者指明两点:

一、虽然神学的天道观,特别是董仲舒的天人感应和灾异谴告学说一直是中国古代官方的正统学说,并在民间拥有广大的信众,是建构中国古代政治和法制的重要思想资源,与之对立的思想虽然始终处于边缘,[①] 然而却是一直存在着的,对神学天道观有所怀疑的更是大有人在。例如司马迁在《史记·伯夷列传》中发出的天道之惑,就很具有代表性,他说:

> 或曰:"天道无亲,常与善人。"若伯夷、叔齐,可谓善人者非邪?积仁絜行如此而饿死!且七十子之徒,仲尼独荐颜渊为好学。然回也屡空,糟糠不厌,而卒蚤夭。天之报施善人,其何如哉?盗跖日杀不辜,肝人之肉,暴戾恣睢,聚党数千人横行天下,竟以寿终。是遵何德哉?此其尤大彰明较著者也。若至近世,

---

① 在道家基础上发展起来的道教陷入了神学的泥潭,抛弃了老庄的唯物主义趋向的天道观,儒家经典即使从五经增加到十三经,《荀子》一书也没有进入,而王充、刘禹锡、柳宗元仕途都不得意,唯物主义天道观的信守者的命运大致都如此。思想的正确与思想的事功常常是相分离的,正确的思想未必就比错误的思想影响和事功大,唯物主义的天道观比唯心主义的神学天道观当然更接近客观事实,但其在历史上的影响却远不如后者。

操行不轨,专犯忌讳,而终身逸乐,富厚累世不绝。或择地而蹈之,时然后出言,行不由径,非公正不发愤,而遇祸灾者,不可胜数也。余甚惑焉,傥所谓天道,是邪非邪?

司马迁以历史事实对"天道无亲,常与善人"的命题提出了有力挑战,并不由自主地怀疑是否真的存在神学的天道。翻阅史籍,我们常可见到诸如"小人之虑,遂以为天道难知,为善未必福,而为恶未必祸也"(《新唐书·则天皇后中宗》)的抱怨,表明神学天道观实际并未被所有人信奉。

二、中国古代唯物主义者也讲天道,只不过他们的天是自然的物质之天,其天道主要是讲自然规律,自然规律当然也是不能违背的,正所谓"夫春生、夏长、秋收、冬藏,此天道之大经也,弗顺,则无以为天下纪纲。故曰'四时之大顺,不可失也'"(《汉书·司马迁传》)。中国古代的唯物主义者也是要求尊崇、顺应和效法天道的,道家特别崇尚效法自然,要求剔除人为,老子说:"人法地,地法天,天法道,道法自然。"(《老子·二十五章》)对于效法天道,《庄子·天运》云:"天有六极五常,帝王顺之则治,逆之则凶。"帝王顺应天道发展的规律就天下太平,违背天道发展的规律就会产生祸乱。只是他们所讲的天道与神学的天道不同而已,故这种自然规律意义上的天道观同样参与了中国古代政治和法制的建构,在中国古代的立法和执法上留下了它的痕迹。在主张法天道上,神学天道观与唯物主义的自然天道观是一致的,正应了"天下百虑而一致,同归而殊途"(《周易·系辞下》)、"万物并育而不相害,道并行而不相悖"(《中庸》)的说法。

四、法天道

"天道至教"（《礼记·礼器》），天道的运行规律是对人的最高教诲。无论是儒家、墨家，还是道家和阴阳家，[①] 都主张敬畏、顺从和效法天道，同时无论是神学的天道观，还是唯物主义的自然天道观，都也不例外。人道要依循于天道，同时天道的事功最后也只能通过人道表达出来，天道与人道是互相贯通的，天道下降为人道，并最后转化为治道，三纲五常等人道向上也可转化为天道。故法天而治就成为中国古代独特的政治和法律思想传统。

与这一政治和法律思想传统相应的，首先是将尧、舜、禹、汤、文、武等先王描述成效法天道的楷模。孔子对尧效法天道的行为大加礼赞，说："大哉，尧之为君也！唯天为大，唯尧则之。"（《论语·泰伯》）墨子讲父母、学、君三者，莫可以为治法，"然则奚以为治法而可？故曰：莫若法天。天之行广而无私，其施厚而不德，其明久而不衰，故圣王法之"（《墨子·法仪》）。墨子的圣王是法天道的，并举例说："非独子墨子以天之志为法也，于先王之书《大夏》之道之然：'帝谓文王：予怀明德，毋大声以色，毋长夏以革。不识不知，顺帝之则。'"（《墨子·天志下》）将文王说成是效法天志、顺帝之则的典范。董仲舒也说："故圣王法天，贤者法圣，此其大数也。"（《春秋繁露·楚庄王》）"三代圣人不则天地，不能至王。"（《春秋繁露·奉本》）明朝皇帝在

---

① 法家的部分文献也认同法天道，像《管子·形势》即云："其功顺天者天助之，其功逆天者天违之。天之所助，虽小必大；天之所违，虽成必败。顺天者有其功，逆天者怀其凶，不可复振也。"

给衍圣公孔希学的诰书中即称："古之圣人,自羲、农至于文、武,法天治民,明并日月,德化之盛莫有加焉。"(《明史·儒林三》)古之圣人法天治民成为一种固定的说法,一种常识性的知识。

其次,儒术获得独尊地位后,便成为官方解释天道的教材和工具,即所谓"《春秋》之道,奉天而法古"(《春秋繁露·楚庄王》),"《六艺》者,王教之典籍,先圣所以明天道,正人伦,致至治之成法也"(《汉书·儒林传》)。

最后,迫使历代帝王人人竞相标榜效法天道。董仲舒曾说:"君命顺,则民有顺命;君命逆,则民有逆命。"(《春秋繁露·为人者天》)君主的命令顺应天命,人民就顺从他的命令;君主的命令违背天命,人民就违背他的命令。在众人叫喊着法天的思想文化背景里,一个君王要维持自身统治的合法性,要赢得众人的拥戴和服从,不标榜自己的一切言行是符合天道的基本上是不可能的。大臣也每每以效法天道进谏,诸如"天子之义,必纯取法天地,而观于先圣"(《汉书·魏相传》),"王者动作终始必法于天者,以其运行不息也"(《旧唐书·刘蕡传》),"圣人法天地以顺动,故万举万全"(《金史·董师中传》),"君道法天,亦若持衡然"(《清史稿·储麟趾传》)之类的言论充满奏章和史册。不少君王的名号中即有"法天"二字,例如唐宪宗在位时群臣上尊号为"元和圣文神武法天应道皇帝"(《旧唐书·宪宗下》),五代后唐明宗李嗣源的徽号为"圣明神武广运法天文德恭孝皇帝"(《旧五代史·明宗纪十》),宋宁宗的徽号为"法天备道纯德茂功仁文哲武圣睿恭孝皇帝"(《宋史·宁宗一》),辽太宗耶律德光的尊号为"睿文神武法天启运明德章信至道广敬昭孝嗣圣皇帝"(《辽史·太宗下》),夏国创建人李继迁的尊号为"应运法天神智仁圣至道广德孝光皇帝"(《宋史·夏国上》),元太祖铁木真被元人称为"法天启运圣武皇帝"

（《元史·太祖》），明英宗被尊称为"法天立道仁明诚敬昭文宪武至德广孝睿皇帝"（《明史·英宗前纪》），而清高宗被尊称为"法天隆运至诚先觉体元立极敷文奋武钦明孝慈神圣纯皇帝"（《清史稿·高宗本纪一》）。当然这里所列并非全部，但已足见中国古代帝王对法天之认同和重视，法天治民确系中国古代政治和法制的传统，中国古代政治家追求的理想。

"顺天者昌，逆天者亡"（《十大经·姓争》），"法天地之位，象四时之行，以治天下"（《管子·版法解》），法天治民是中国古人的共识和常识，但是究竟应当如何法天呢？法天在治道上如何落实呢？对此，中国古人有明确的答案，那就是"象天所为为制度"（《春秋繁露·度制》）。象天而制礼、象天而制刑，将天道下贯到礼仪和法制之中，或者说用礼仪和法制来再现天道，即"圣人既躬明哲之性，必通天地之心，制礼作教，立法设刑，动缘民情，而则天象地"（《汉书·刑法志》）。

关于象天而制礼，中国古代典籍中有许多论述，例如："礼以顺天，天之道也。"（《左传·文公十五年》）"夫礼，天之经也，地之义也，民之行也。"（《左传·昭公二十五年》）"夫礼必本于天。"（《礼记·礼运》）"夫礼，先王以承天之道，以治人之情，故失之者死，得之者生。"（同上）"大礼与天地同节。"（《礼记·乐记》）"凡礼之大体，体天地，法四时，则阴阳，顺人情，故谓之礼。"（《礼记·丧服四制》）"古之制礼也，经之以天地，纪之以日月，参之以三光，政教之本也。"（《礼记·乡饮酒义》）《汉书·刑法志》云："圣人因天秩而制五礼。"天道是制定礼的依据，在中国古代是不刊之论。

关于象天而制刑，典籍中也有案可查，例如："天讨有罪，五刑五用哉！"（《尚书·皋陶谟》）天惩罚有罪的人，制定了墨、劓、刖、宫、大辟五种等级不同的刑罚,五刑被视作天的意志。班固也认为《尚书》中"天讨有罪"即"因天讨而作五刑"(《汉书·刑法志》),并解释"象刑惟明"时说:"言象天道而作刑,安有菲屦赭衣者哉?"(同上)所谓施行象刑,唯在严明,是说象征上天之道来制定刑罚,哪里有什么以草鞋代替刖刑,用赭衣象征死刑呢?《隋书·刑法志》云:"夫刑者,制死生之命,详善恶之源,翦乱诛暴,禁人为非者也。圣王仰视法星,旁观习坎,弥缝五气,取则四时,莫不先春风以播恩,后秋霜而动宪。"刑法是掌握生死大权,审察善恶源流,翦除祸乱,惩罚凶暴,禁止人们为非作歹的制度。圣明的君王仰面注视主宰刑法的星辰,旁观卜辞研究卦象,弥补缝合五行之气,取法于春夏秋冬四季,无不播散恩德比和煦的春风还要早,施行刑法比肃杀的秋霜还要晚。宋人王化基曾云:"国家立制,动必法天。"(《宋史·王化基传》)可以说这是对国家依据天道制作法律制度的最简洁明了的表达。

对于中国古代据天道而制作法律的现象,学者们已多有议论,例如有学者说:"中国古代立法将法理与天道贯通起来,认为法本天理,天道是法理的根源。"[1] 也有学者指出:"中国传统法律几乎全部的内容都可以用'天道'思想附会、解释;法律以维护'天'的秩序为己任,以'承天意以从事'的'天子'的利益为根本着眼点;追求'天理'重于对'私益'的人的保护等等。""'天道'思想非但是中国历代法律的精神,也是整个中华法系的灵魂。"[2] 这些说法当然没有大的问题,因为天道表面上是在谈天,但实际上是在讲天与人的关系,即所谓"善言天者必有征于人"(《荀子·性恶》)。君应当如何做君(君道),

---

[1] 范忠信:《中国法律传统的基本精神》,山东人民出版社2001年版,第5页。

[2] 郭成伟、孟庆超:《论"天道"观对中国传统法律的影响》,《政法论坛》2003年第5期。

臣应当如何做臣(臣道),父母兄弟夫妇姐妹应当如何相处(人伦),等等,天道正是通过下沉而转化为人道,表现为礼仪和法制,具体影响人事,从而对中国古代的政治和法律起到了建构作用,成为中国古代政治和法制的终极根源。

五、顺人情

礼法合于天道便具有了合法性,但天道玄远,象数的解读难有定论,天意不易完全察知,于是早在西周初期,统治精英就提出了保民的问题,不但要敬天,而且要保民,尤为可贵的是,他们发明了民与天之间的奇特联系:民意即天意,民心即天心。对此梁启超曾说:"天之意志何从见? 托民意以见。此即天治主义与民本主义之所由结合也。"[①] 察民意即知天心,在不能确知天道时即观民心之向背,于是中国古代政治和法制建构的依据从天上又返回到了人间,礼法不但要合天道,还要顺人情。

关于民与天的关系,《尚书》中有诸多的论述,后世学者从这里发现了民本主义的源头。经常被人称引的句子有:"天矜于民,民之所欲,天必从之。"(《泰誓上》)"惟天惠民。"(《泰誓中》)"天视自我民视,天听自我民听。"(同上)"民可近,不可下。民惟邦本,本固邦宁。"(《五子之歌》)"天聪明,自我民聪明。天明畏,自我民明畏,达于上下,敬哉有土。"(《皋陶谟》)前文已提及,商王祖庚肜祭高宗武丁时,有野鸡落在鼎耳上鸣叫,引起了商王的恐惧,老臣祖己趁机教导:"王司敬民,

---

① 《梁启超论先秦政治思想史》,第37页。

罔非天胤,典祀无丰于昵。"(《高宗肜日》)祖己劝诫商王祖庚不但要敬天,而且要敬重民众,因为他们无不都是上帝的后代。祖己的言说特别有意思,有通向平等和民主的潜质,但这个说法在后世基本被废弃不提,只有君王才是天的儿子(天子),而普通民众都是凡夫俗子。①

《泰誓》《五子之歌》都属于《古文尚书》中的篇目,均系后人的伪作,《皋陶谟》虽然载于《今文尚书》,但顾颉刚认为也是战国到秦汉间的伪作,《高宗肜日》也系东周人的追记,故今日《尚书》中这几篇反映民本主义思想的文献所记载的并非商人和西周人的想法,大致应属于春秋战国时期人们的思想。但《尚书·酒诰》云:"古人有言曰:人无于水监,当于民监。"君主不应当以水为镜,而应该以民为镜。《酒诰》篇的真实性鲜有人提出质疑,表明西周初年确实是存在重民思想的。而春秋战国时期的文献中,关于民本主义的言论就更加普遍了:"夫民,神之主也,是以圣王先成民而后致力于神。"(《左传·桓公六年》)"所谓道,忠于民而信于神也。"(同上)"民者,君之本也。"(《左传·桓公十四年》)"国将兴,听于民,将亡,听于神。"(《左传·庄公三十二年》)"天生民而树之君,以利之也。"(《左传·文公十三年》)"故尧、舜之位天下也,非私天下之利也,为天下治天下也。"(《商君书·修权》)"桀、纣之失天下也,失其民也;失其民者,失其心也。得天下有道:得其民,斯得天下矣。"(《孟子·离娄上》)"民为贵,社稷次之,君为轻。"(《孟子·尽心下》)"天之立君,以为民也。"(《荀子·大略》)"君者,舟也;庶人者,水也。水则载舟,水则覆舟。"(《荀子·王制》)"汤武革命,顺乎天而应乎人。"(《易·革·象辞》)虽然

---

① 从人人都是上天(帝)的后代,到只有皇帝才是天的儿子,这是中国先秦思想史上发生的重大转变,是中国专制主义思想诞生过程中的重大思想事件,但是对此目前学界还缺乏系统的研究。

在实际的政治中未必能够做得到以民或以人为本,但是作为一种政治正确的知识在中国古代社会被确立了起来,贞观十一年(637),侍御史马周向唐太宗上疏时开口即说:"治天下者,以人为本。"(《贞观政要·择官》)

既然天要听民的,民意即天意,统治者治国理政,立法和执法时就必须重视民意,顺应人情。对于民、天道和治道的关系,宋高宗殿试策问士人时出的论题概括得最为精当:"治道本天,天道本民。"(《宋史·胡铨传》)治道本于天,天道本于民,故归根结底治道本于民。宋明理学将传统的天道置换成天理,于是中国古代的法制就产生了如何处理天理、国法和人情这三者关系的问题。天理是国法的制定依据,国法当然不得抗拒天理,但天理本于人情,故司法者最终只得遵从人情而行事。陈顾远曾说:"我国往昔学者之天道观念,颇与欧洲法学家之自然法观念相类似。"[①] 就神学的天道而言,此言确实不差,但是由于中国古代政治的早熟,民本思想发达,法得顺人情,使中国的自然法——天道最终跌落为世俗的人情,丧失了超验的维度,也使依据其制定的法律失去了应有的刚性。历史表明,中国的天道未能起到西方自然法那样的历史作用。

六、君权至上

原始氏族社会解体,国家产生,原来的部落首领变成高高在上

---

① 陈顾远:《天道观念与中国固有法系之关系——关于中国固有法系回顾之三》,《中华法学杂志》1937 年新编第 1 卷第 9 期。

的统治者,在各方面都拥有普通民众所不具有的特权。例如殷王就自称"予一人","惟予一人有佚罚。"(《尚书·盘庚上》)孟子曾说:"尺地莫非其有也,一民莫非其臣也。"(《孟子·公孙丑上》)所有土地都是商王的,所有的人都是商王的臣仆。周王君临天下,称天子,有所谓"溥天之下,莫非王土;率土之滨,莫非王臣"(《诗经·小雅·北山》)的说法,但由于政治结构的简单,原始氏族贵族民主制的遗风尚存,周王的权力也不是完全绝对的。特别是春秋战国时期,王室衰落,周王的权力更是日渐缩小,而各诸侯国出于争霸和兼并战争的需要竞相招揽贤才,视为师友,而不敢视之为臣。直到秦王嬴政翦除六国,一统天下,自称始皇帝,其命为"制",其令为"诏",自称曰"朕",分天下以为三十六郡,郡置守、尉、监,一法度衡石丈尺,车同轨,书同文字,"天下之事无大小皆决于上"(《史记·秦始皇本纪》),建立起君主专制制度,君权达到了空前强大的程度。而随着中国君主专制制度的发展,明清时君权更是趋于绝对化。

在中国古代君主专制体制中,君主拥有至高无上的权威,"君人者,国之元,发言动作,万物之枢机。"(《春秋繁露·立元神》)"为人主者,居至德之位,操杀生之势,以变化民。"(《春秋繁露·威德所生》)

首先,法自君出,君主掌握着最高的立法权。《管子·任法》云:"有生法,有守法,有法于法。夫生法者,君也。守法者,臣也。法于法者,民也。"在中国古代,大臣只有奉君主的命令才能制定法律,大臣制定的法律只有经皇帝同意并下诏颁布才能生效。有时君主还亲自制定法律,例如明《大诰》就是朱元璋亲手编定的。同时君主所颁布的诏、令、敕、诰、谕等,所作的任何决定、说过的任何话,都具有法律效力,君主可以任意修改、废止法律,是名副其实的"口衔天宪",所以事实上一切法律都可以说是君王的法律,即王法。

其次，君主掌握着最高行政权力。中国古代的君主通过奏事、朝议、刺察等形式掌握全国军政信息，以谕、旨、策、制、诏、诰、戒、朱批等形式直接指挥国家的行政活动，以廷议和集议的方式决定国家大事，并直接任命国家的主要官员，还运用监察机关对百官进行监察，使整个国家机器都处于其直接掌控之下。

再次，君主掌握着最高司法权。国家重要的司法官员都是君主任命的，君主可以过问一切案件，在中国古代有不少君主喜欢亲自审案，独自决定对一些重大案件的处理。例如秦始皇，"昼断狱，夜理书，自程决事"（《汉书·刑法志》）；"光武中兴，留心庶狱，常临朝听讼，躬决疑事"；东汉明帝，"常临听讼观录洛阳诸狱"（《晋书·刑法志》）；陈文帝陈蒨，"性明察，留心刑政，亲览狱讼，督责群下，政号严明"；隋文帝，"每季亲录囚徒。常以秋分之前，省阅诸州申奏罪状。三年，因览刑部奏，断狱数犹至万条"（《隋书·刑法志》）；宋太宗，"常躬听断，在京狱有疑者，多临决之，每能烛见隐微"（《宋史·刑法一》）；此外君主还拥有法外用刑、法外施恩的特权。

最后，任何冒犯和危及君权的人和事都将遭受到严厉的制裁。任何冒犯君主的言行都是重大的犯罪行为。《北齐律》首创"重罪十条"，隋《开皇律》又在"重罪十条"的基础上发展出"十恶之条"，重点打击直接针对君主的谋反、谋大逆、大不敬等犯罪，其后历代法典均相继沿用。法律对十恶处罚极其重，而且不得赦免，即所谓的"十恶不赦"。

在历史上中国发生了许多类似汤武"顺天应人"的革命，但是君权的至上性却从未动摇，即使有一些异端的声音 ① 发出也无济于事，

---

① 黄宗羲在《明夷待访录·原君》中说"天下之大害，君而已矣"，提出"以天下为主""君为客"的主张，是最突出的例子。

而这一切都归功于中国神学化的天道观为君权至上提供了一整套信仰和话语的支撑系统,提供了在中国古人看来关于君权至上的最强有力的论证,在神学天道观没有被打破之前,君主专制和君权至上都是不可动摇的。具体来说,神学化的天道观为君权至上提供了以下三个方面的论证。

君权神授 在中国,君权神授的思想也许比天和天命的观念产生得还早,《史记·五帝本纪》云:"黄帝者……生而神灵,弱而能言,幼而徇齐,长而敦敏,成而聪明。"在人们眼中黄帝就是一个神。夏商统治者为其"受命于天"炮制的根据是,其祖先就是上帝的子孙。《诗经·玄鸟》即言"天命玄鸟,降而生商",殷人认为其始祖契为神燕所生,实乃受命于天。周人的至上神为天,周王称自己为天子(天的儿子),将王权神化,例如《诗经·周颂·时迈》云:"时迈其邦,昊天其子之,实右序有周。"《礼记·曲礼下》称:"君天下曰天子。"

而将君主作为天的儿子,将君权神授加以系统化理论化的则是董仲舒,对此他有许多系统的论述。董仲舒说:"故德侔天地者,皇天右而子之,号称天子。"(《春秋繁露·必仁且智》)"《春秋》之法,以人随君,以君随天。"(《春秋繁露·玉杯》)"圣人何其贵者?起于天。至于人而毕。"(《春秋繁露·天地阴阳》)"王者承天意以从事。"(《春秋繁露·奉本》)"唯天子受命于天,天下受命于天子,一国则受命于君。"(《春秋繁露·为人者天》)他解释王字说:"古之造文者,三画而连其中,谓之王。三画者,天、地与人也,而连其中者,通其道也。取天地与人之中以为贯而参通之,非王者庸能当是?是故王者唯天之施,施其时而成之,法其命而循之诸人,法其数而以起事,治其道而以出法,治其志而归之于仁。"(《春秋繁露·王道通三》)君主作为天的儿子,授命于天,因此君主要视天为父,向天尽孝道,所以董仲舒十分重视祭祀,特别是郊祭,他说:"已受命而王,必先祭天,乃行王事。"(《春秋繁露·四祭》)"《春秋》之义,国有大丧者,止宗庙之祭,而不止郊祭,不敢以父母之丧废事天地之礼也。"(《春秋繁露·郊祭》)对于认为百姓中大多数人贫穷,有的人非常饥饿寒冷就不举行郊祭的说法,董仲舒驳斥说:"天子父母事天,而子孙畜万民。民未遍饱,无用祭天者,是犹子孙未得食,无用食父母也。言莫逆于是,是其去礼远也。"(《春秋繁露·郊祭》)"天子号天之子也,奈何受为天子之号而无天子之礼? 天子不可不祭天也,无异人之不可以不食父。为人子而不事父者,天下莫能以为可。今为天之子而不事天,何以异是? "(同上) 所以每年的郊祭是不能免的。汉成帝刚即位,丞相匡衡、御史大夫张谭就上奏说:"帝王之事莫大乎承天之序,承天之序莫重于郊祀,故圣王尽心极虑以建其制。"(《汉书·郊祀志》)可见董仲舒的学说已深入人心,成为日常的知识和制度。唐玄宗也曾宣称:"维天生人,立君以理,维君受命,奉天为子。"(《纪泰山铭》)

《五经通义》解释为何要祭祀天地时说:"王者所祭天地何? 王者父事天,母事地,故以子道也。"这种与皇帝乃天之子的思想相连的封神、祭祀活动,是历代史书中的重要内容,《史记》有《封禅书》,《汉书》有《郊祀志》,《后汉书》有《祭祀志》,《晋书》《南齐书》和《宋书》均有《礼志》,《隋书》和《旧唐书》有《礼仪志》,《新唐书》有《礼乐志》,《旧五代史》和《宋史》有《礼志》,《元史》有《礼乐志》,《明史》和《清史稿》有《礼志》。历代帝王均通过各种祭祀、礼仪活动来宣示自己是"奉天承运",其统治具有合法性。

作民父母 君王针对天是儿子,但相对于民却是父母。用拟人化的父母子女关系美化和掩盖君主的统治,是中国古代政治精英的又一项发明,而这项发明显然来自对人间自然生活的观察,即对自然天道的体认。《尚书·洪范》称"天乃锡禹洪范九畴,彝伦攸叙",上帝赐给禹九种大法,治理国家的常理就安定了下来。这九畴中的第五畴就是"建用皇极",即建立至高无上的统治原则,而诸多准则中就包括"天子作民父母,以为天下王",天子是以作为民众父母的身份从而成为天下的君王的。《诗经·小雅·南山有台》中也有"乐只君子,民之父母"的说法,称得道君子是民众的父母。君主作民的父母的说法在战国时代已较盛行,孟子云:"为民父母,使民盻盻然,将终岁勤动,不得以养其父母,又称贷而益之,使老稚转乎沟壑,恶在其为民父母也?"(《孟子·滕文公上》)"兽相食且人恶之,为民父母,行政不免于率兽而食人,恶在其为民父母也?"(《孟子·梁惠王上》)指责作为民之父母的君主不行仁政,没有一点作为民之父母的样子。在后世的文献中称君主为民之父母就十分稀松平常了,君主常常自己也这样讲,例如汉文帝主张废除肉刑,其重要的理由就是对犯罪的臣民施用肉刑,不应该是作为父母的君主的行为。他说:"夫刑至断支体,刻肌肤,终身不息,何其刑之痛而不德也!岂称为民父母之意哉?"(《汉书·刑法志》)君主作为民的父母有养育民众的责任,故有牧民、养民等说法,人君有时又被称为人牧,例如《孟子·梁惠王上》中就有"今夫天下之人牧,未有不嗜杀人者也"一语。臣子也常常称"陛下子育群生"(《隋书·刑法志》)。

君主作为民之父母当然应该对民众仁慈宽厚,与此同时,民众也应当对君主尽父母之礼,尽忠尽孝,即"王者居宸极之至尊,奉上天之宝命,同二仪之覆载,作兆庶之父母。为子为臣,惟忠惟孝"(《唐律疏义·名例》)。在君权日益强化的情况下,与孔子所主张的"君使臣以礼,臣事君以忠"(《论语·八佾》)相反,后世更加强调作臣民的要对君主进愚忠,即无条件的忠诚。"臣虽愚蠢,以为事君之道,唯当竭节尽忠，奋不顾身，量力受任，临事制宜。苟利社稷，死生以之。"
(《晋书·王濬传》)"臣之事君，惟思尽忠而已，不应复计利钝。"(《晋
书·范弘之传》)"大臣之义，本在忘己。"(《晋书·陆晔传》)此类的
话充斥史册，即使君主要臣民的命，臣民也得"谢主隆恩"。

君为阳、臣民为阴　君主有了天的儿子和民的父母的身份，君
主专制制度的拥护者仍嫌理论上过于单薄，他们还用阴阳五行学说
来作更加深入的论证。董仲舒说："王道之三纲，可求于天"，"君臣、
父子、夫妇之义，皆取诸阴阳之道。君为阳，臣为阴；父为阳，子为阴；
夫为阳，妇为阴。"(《基义》)阳贵阴贱，阳尊阴卑，君、父、夫是臣、
子、妻的统治者正是天道的体现和要求。班固更将董仲舒的理论发
挥为"三纲法天、地、人……君臣法天，取象日月屈信归功天也。父
子法地，取象五行转相生也。夫妇法人，取象六合阴阳有施化端也"
(《白虎通义·三纲六纪》)，借以表明符合天道的三纲若日月五行，
万古永存。

七、官制象天

根据法天道的总精神，人事和治道均应该与天道一致，官制当
然也不能例外。"法天地，立百官。"(《汉书·艺文志》)"王者法天
而建官。"(《后汉书·王符传》)官制必须完全依照天道来建构和运
行。前文已介绍过，天意是通过星象、四时、阴阳、天数等显现出来
的，官制效法天道(即官制象天)实际就是要效法星象、四时、阴阳、
天数等。具体而言，《周礼》一书是根据官制象天的精神就官制设置
所作的思想实验，对官制象天进行系统理论阐述的著作主要是董仲

舒《春秋繁露》中的《官制象天》和《五行相生》等诸篇,并且官制象天的思想在中国古代历朝的官制实践中均有所体现。下面就择其要点作一介绍。

(一) 按照天地四时和阴阳五行来设置职官的《周礼》

按照天地四时和阴阳五行来设置职官的最典型文献,莫如《周礼》。《周礼》在汉初称为《周官》,大概在王莽摄政时期被称为《周礼》,《汉书》称之为《周官经》。《周礼》是一部专门讲官制的书,作者不可考,但绝非西周时的作品。它大致成书于战国时期,汉初河间献王从民间献书所得,内容上虽然有战国人主观构拟的成分,但也参照了春秋时期的官制,[①] 并非完全虚构。该书本是一部未完成的书,只有五章,缺《冬官》一章,后人将《考工记》补入《周礼》,使全书体系始得完备。现存《周礼》共六章,其第一章《天官冢宰》,天官属于"治官",主管宫廷;第二章《地官司徒》,地官是"教官",主管教育;第三章《春官宗伯》,春官是"礼官",主管礼事;第四章《夏官司马》,夏官是"政官",主管军政;第五章《秋官司寇》,秋官是"刑官",主管刑法;第六章《冬官考工记》,冬官本为事官,主管事典,但以《考工记》补缺后仅限于工事。除了天地四时,据学者研究,《周礼》中还包含了大量的阴阳五行思想,天官与地官相对即是阴阳的表现,地官与春夏秋冬四

---

① 有学者研究认为,通过对春秋时期列国官制的清理,并以之与西周官制及《周礼》所记载的职官系统仔细比较,可以发现春秋时期的官制无论在整体格局上,还是在各职官的官称和具体职掌上,都较西周时期更接近于《周礼》。《周礼》作者应是一位熟悉春秋官制的政治设计家,他在很大程度上将其所熟悉的这套职官系统纳入自己的政治理想的蓝图中,由此断定《周礼》的成书年代不会早于春秋末叶,或当为战国前期。参见沈长云、李晶:《春秋官制与〈周礼〉比较研究——〈周礼〉成书年代再探讨》,《历史研究》2004 年第 6 期。

官即构成五行之象,《周礼》设官分职的总框架,即六官之制,是按照阴阳五行学说的理论构建的。[①]总之,《周礼》是按照法天道、官制象天的原则来设置职官的典型,是以人法天的理想国纲领。

《周礼》在王莽时曾设过博士,后被尊为经,系儒家十三经之一,历代都有人研习,《周礼》六官的设置对后世官制产生了较大的影响。北周时期曾完全按照《周礼》设置六官,即天官府,置大冢宰;地官府,置司徒;春官府,置宗伯;夏官府,设司法;秋官府,置司寇;冬官府,设司空。隋唐开始设置的吏、户、礼、兵、刑、工六部,也有《周礼》六官的影子,例如吏部尚书就被人称为"吏部天官",户部尚书就被人称为"地官尚书",礼部尚书就被人称为"春官尚书",兵部尚书就被人称为"夏官尚书",刑部尚书就被人称为"秋官尚书",工部尚书就被人称为"冬官尚书"。而且法天地四时建官制成了人们的一般性知识,诸如"王者法天而建官"(《潜夫论·忠贵》)、"先王顺天地四时以建六卿"(《辽史·刑法志上》)之类的话,常见之于典籍。

(二) 董仲舒对官制象天的论述

假如说《周礼》只是将官制象天作为其行动的指南,将其内化为职官设置的指导思想,那么董仲舒则对法天置官、官制象天的理论进行了系统的阐述。董仲舒认为天数、人形与官制三者之间是相通的,官制象天即是说天子建立官制要取象于天,以天为法,对此他在《官制象天》篇中进行了系统的阐述:

> 王者制官,三公、九卿、二十七大夫、八十一元士,凡百二十
> 人,而列臣备矣。吾闻圣王所取,仪法天之大经,三起而成,四转

---

① 彭林:《〈周礼〉五行思想新探》,《历史研究》1990 年第 3 期。

而终，官制亦然者，此其仪与！三人而为一选，仪于三月而为一时也；四选而止，仪于四时而终也。三公者，王之所以自持也。天以三成时，王以三自持。立成数以为植而四重之，其可以无失矣。备天数以参事，治谨于道之意也。此百二十臣者，皆先王之所与直道而行也。是故天子自参以三公，三公自参以九卿，九卿自参以三大夫，三大夫自参以三士。三人为选者四重，自三之道以治天下，若天之四重，自三之时以终始岁也。一阳而三春，非自三之时与？而天四重之，其数同矣。天有四时，时三月；王有四选，选三臣；是故有孟、有仲、有季，一时之情也；有上、有下、有中，一选之情也。三臣而为一选，四选而止，人情尽矣。人之材固有四选，如天之时固有四变也。圣人为一选，君子为一选，善人为一选，正人为一选，由此而下者，不足选也。四选之中，各有节也。是故天选四时，十二而天变尽矣。尽人之变，合之天，唯圣人者能之，所以立王事也。

何谓天之大经？三起而成日，三日而成规，三旬而成月，三月而成时，三时而成功。寒暑与和，三而成物；日月与星，三而成光；天地与人，三而成德；由此观之，三而一成，天之大经也，以此为天制。是故礼三让而成一节，官三人而成一选：三公为一选，三卿为一选，三大夫为一选，三士为一选，凡四选三臣，应天之制，凡四时之三月也。是故其以三为选，取诸天之经；其以四为制，取诸天之时；其以十二臣为一条，取诸岁之度；其至十条而止，取诸天之端。

何谓天之端？曰：天有十端，十端而止已。天为一端，地为一端，阴为一端，阳为一端，火为一端，金为一端，木为一端，水为一端，土为一端，人为一端，凡十端而毕，天之数也。天数毕于十，王者受十端于天，而一条之率，每条一端以十二臣，如天之每终一岁以十二月也。十者天之数也，十二者岁之度也。用岁之度，条天之数，十二而天数毕。是故终十岁而用百二十月，条十端亦用百二十臣，以率被之，皆合于天。其率三臣而成一慎，故八十一元士为二十七慎，以持二十七大夫，二十七大夫为九慎，以持九卿；九卿为三慎，以持三公；三公为一慎，以持天子。天子积四十慎，以为四选，选一慎三臣，皆天数也。是故以四选率之，则选三十人，三四十二，百二十人，亦天数也。以十端率之，十端积四十慎，慎三臣，三四十二，百二十人，亦天数也。以三公之劳率之，则公四十人，三四十二，百二十人，亦天数也。故散而名之为百二十臣，选而宾之为十二长，所以名之虽多，莫若谓之四选十二长。然而分别率之，皆有所合，无不中天数者也。

求天数之微，莫若于人。人之身有四肢，每肢有三节，三四十二，十二节相持，而形体立矣；天有四时，每一时有三月，三四十二，十二月相受，而岁数终矣；官有四选，每一选有三人，三四十二，十二臣相参，而事治行矣。以此见天之数，人之形，官之制，参相得也。人之与天，多此类者，而皆微忽，不可不察也。

天地之理，分一岁之变以为四时，四时亦天之四选已。是故春者少阳之选也，夏者太阳之选也，秋者少阴之选也，冬者太阴之选也。四选之中，各有孟、仲、季，是选之中有选，故一岁之中有四时，一时之中有三长，天之节也。人生于天而体天之节，故亦有大小厚薄之变，人之气也。先王因人之气，而分其变以为四选。是故三公之位，圣人之选也；三卿之位，君子之选也；三大夫之位,善人之选也;三士之位,正直之选也。分人之变以为四选,选立三臣,如天之分岁之变以为四时,时有三节也。天以四时之选与十二节相和而成岁,王以四位之选与十二臣相砥砺而致极,道必极于其所至,然后能得天地之美也。

董仲舒认为,上天的常规是三月一季,四季一年,效法月、季、年的变化规律,君王制定官制,设置三公、九卿、二十七大夫、八十一元士,总计一百二十人就使群臣具备了。官制把三人作为一组来进行选拔,因为上天的常规是三种事物能完成一种事功;将经过四次选拔作为制度,因为四季一年;把十二个臣子条贯为一系列,因为十二月一年。上天共有天、地、阴、阳、火、金、木、水、土、人十个端绪,君王也从上天那里接受这十个端绪。十二个月为一年,每个端绪就把十二个臣子条贯为一系列,十个端绪共计就是一百二十个臣子,一百二十个臣子正是上天的数目。而人的身体同样也能解释职官的这个天数,因为人有四肢,每肢有三节,共计十二节,官制每次选拔三人,经过四次选拔,也是共计十二人。上天由四季的选择划分与十二个阶段的互相调和而构成一年,君王则依靠四种官位的选拔和十二个臣子的相互磨炼而达到政治上的最高境界。故天的数目、人的形体和官制三者是相互补充完成的,官制象天实际也是董仲舒天人感应思想的一种表达。

除了从天数的角度论证官制象天,董仲舒还从五行的角度来比附政事和官职,他说:"列官置吏,必以其能,若五行……官职之事,五行之义也。"(《春秋繁露·天地阴阳》)"五行者,五官也,比相生而间相胜也。故为治,逆之则乱,顺之则治。"(《春秋繁露·五行相生》)五行指五种官职,相邻近的就相生,相间隔的就相胜,治理天下，违背这个法则就会导致天下混乱，顺从这个法则就能使天下安定。

东方者木，农之本。司农尚仁，进经术之士，道之以帝王之路，将顺其美，匡捄其恶，执规而生，至温润下，知地形肥硗美恶，立事生财，因地之宜，召公是也。亲入南亩之中，观民垦草发淄，耕种五谷。积蓄有余，家给人足。仓库充实，司马实谷。司马，本朝也。本朝者，火也，故曰木生火。

南方者火，本朝也。司马尚智，进贤圣之士，上知天文，其形兆未见，其萌芽未生，昭然独见存亡之机、得失之要、治乱之源，豫禁未然之前，执矩而长，至忠厚仁，辅翼其君，周公是也。成王幼弱，周公相，诛管叔、蔡叔以定天下。天下既宁，以安君官。官者，司营也。司营者，土也，故曰火生土。

中央者土，君官也。司营尚信，卑身贱体，夙兴夜寐，称述往古，以厉主意，明见成败，微谏纳善，防灭其恶，绝源塞隙，执绳而制四方，至忠厚信，以事其君，据义割恩，太公是也。应天因时之化，威武强御以成。大理者，司徒也。司徒者，金也，故曰土生金。

西方者金，大理，司徒也。司徒尚义，臣死君而众人死父。亲有尊卑，位有上下，各死其事，事不逾矩，执权而伐。兵不苟克，取不苟得，义而后行，至廉而威，质直刚毅，子胥是也。伐有罪，讨不义，是以百姓附亲，边境安宁，寇贼不发，邑无狱讼，则亲安。执法者，司寇也。司寇者，水也，故曰金生水。

北方者水，执法，司寇也。司寇尚礼，君臣有位，长幼有序，朝廷有爵，乡党以齿，升降揖让，般伏拜谒，折旋中矩，立则磬折，拱则抱鼓，执衡而藏，至清廉平，赂遗不受，请谒不听，据法听讼，无有所阿，孔子是也。为鲁司寇，断狱屯屯，与众共之，不敢自专。是死者不恨，生者不怨，百工维时，以成器械。器械既成，以给司农。司农者，田官也。田官者木，故曰水生木。

司农是掌农政的官，为后世户部尚书的别称。司马是掌军政、军赋、马政的执政大臣，相传商代已设，为天子五官之一，西周为三公之一，《周礼》列为六卿之一，为夏官。司营即司空，掌管土木工程的辅政大臣，相传商代已设，为天子五官之一，西周为三公之一，《周礼》列为六卿之一，为冬官。司徒是掌管民户、土地、徒役的辅政大臣，相传商代已设，为天子五官之一，西周为三公之一，《周礼》列为六卿之一，为地官。司寇掌刑狱、纠察等，夏代即已设立，《周礼》列为六卿之一，为秋官。根据董仲舒《春秋繁露·五行相生》篇的描述，五官与五行的对应关系如下：

> 东方——木——司农——仁——木生火
>
> 南方——火——司马——智——火生土
>
> 中央——土——司营——信——土生金
>
> 西方——金——司徒——义——金生水
>
> 北方——水——司寇——礼——水生木

董仲舒根据五行学说对五官作了全新的诠释，五官的设置是根据五行的原理进行的，五官因循五行的相生原理而相互依存和促进。但到此，董仲舒仍然感觉意犹未尽，因为五行不但相生，而且相胜（即相克），根据五行相胜的原理，五官之间应存在互相监督制约的关系，他在《春秋繁露·五行相胜》篇中写道：

木者,司农也。司农为奸,朋党比周,以蔽主明,退匿贤士,绝灭公卿,教民奢侈,宾客交通,不劝田事,博戏斗鸡,走狗弄马,长幼无礼,大小相虏,并为寇贼,横恣绝理,司徒诛之,齐桓是也。行霸任兵,侵蔡,蔡溃,遂伐楚,楚人降伏,以安中国。木者,君之官也。夫木者,农也;农者,民也,不顺如叛,则命司徒诛其率正矣,故曰金胜木。

火者,司马也。司马为谗,反言易辞以谮愬人,内离骨肉之亲,外疏忠臣,贤圣旋亡,谗邪日昌,鲁上大夫季孙是也。专权擅政,薄国威德,反以愍恶谮愬其贤臣,劫惑其君。孔子为鲁司寇,据义行法,季孙自消,堕费、郈城,兵甲有差。夫火者,大朝,有邪谗荧惑其君,执法诛之。执法者,水也,故曰水胜火。

土者,君之官也,其相司营。司营为神,主所为皆曰可,主所言皆曰善。謟顺主指,听从为比,进主所善,以快主意,导主以邪,陷主不义。大为官室,多为台榭,雕文刻镂,五色成光。赋敛无度,以夺民财;多发繇役,以夺民时;作事无极,以夺民力。百姓愁苦,叛去其国,楚灵王是也。作干溪之台,三年不成,百姓罢弊而叛,及其身弑。夫土者,君之官也,君大奢侈,过度失礼,民叛矣。其民叛,其君穷矣,故曰木胜土。[①]

金者,司徒也。司徒为贼,内得于君,外骄军士,专权擅势,诛杀无罪,侵伐暴虐,攻战妄取,令不行,禁不止,将率不亲,士卒不使,兵弱地削,令君有耻,则司马诛之,楚杀其司徒得臣是也。得臣数战破敌,内得于君,骄蹇不恤其下,卒不为使,当敌而弱,

---

[①] 此处应该是脱漏了一些关于司农诛杀不道司营的文字,否则不能得出"木胜土"的结论。

以危楚国,司马诛之。金者,司徒。司徒弱,不能使士众,则司马诛之,故曰火胜金。

水者,司寇也。司寇为乱,足恭小谨,巧言令色,听谒受赂;阿党不平,慢令急诛,诛杀无罪,则司营诛之,营荡是也。为齐司寇,太公封于齐,问焉以治国之要,营荡对曰:"任仁义而已。"太公曰:"任仁义奈何?"营荡对曰:"仁者爱人,义者尊老。"太公曰:"爱人尊老奈何?"营荡对曰:"爱人者,有子不食其力;尊老者,妻长而夫拜之。"太公曰:"寡人欲以仁义治齐,今子以仁义乱齐,寡人立而诛之,以定齐国。"夫水者,执法司寇也。执法附党不平,依法刑人,则司营诛之,故曰土胜水。

董仲舒是中国古代较早系统论述官员之间互相制衡问题的思想家。司农对应的是木,司农干坏事,就会受到司徒的诛杀,司徒对应的是金,故曰金胜木。司马对应的是火,司马用邪语谗言来惑乱君主,司寇就将其诛杀,司寇对应的是水,故曰水胜火。司营对应的是土,司营作奸犯科,滋长君主的私欲,以致其越礼节,百姓反叛君主,使君主穷途末路,为此,司农就诛杀司营,故曰木胜土。司徒对应的是金,司徒干坏事,司马就会将其诛杀,司马对应的是火,故曰火胜金。司寇对应的是水,司寇做坏事,司营就会将其诛杀,司营对应的是土,故曰土胜水。五行相胜与五官的相互制约关系如下:

金胜木——司徒制约司农

水胜火——司寇制约司马

木胜土——司农制约司营

火胜金——司马制约司徒

土胜水——司营制约司寇

董仲舒从五行相胜出发推演出司徒(金)、司农(木)、司空(土)、司寇(水)和司马(火)五种官职之间是相互制约的。董仲舒的五官与五行的对应相生相克的理论虽然在后世直接运用的时候并不多，但其相生相克的思想却对后世的官制有较大影响。

(三) 根据星象设置官署和职官

中国古人认为天上的星官对应世间的人事，法天道而设官的具体做法之一就是按照星官来设置相应的官署和职官。汉代的知识精英就认为，"天设三光以照记，天子立公卿以明治。"(《盐铁论·相刺》)上天设置日、月、星三光来照耀天下，故天子设立公卿来申明治国之道。前文已提及，中国古人认为贯索星官主管刑狱，为了效法天道，中国古代就有按照贯索星官来建筑和命名法司官衙的事例。例如洪武十七年(1384)，大明王朝就在南京太平门外的钟山北面新建刑部、都察院和大理寺三法司署衙，并将其命名为"贯城"，朱元璋在诏书中称："贯索七星① 如贯珠，环而成象名天牢。中虚则刑平，官无邪私，故狱无囚人；贯内空中有星或数枚者即刑繁，刑官非其人；有星而明，为贵人无罪而狱。今法天道置法司，尔诸司其各慎乃事，法天道行之，令贯索中虚，庶不负朕肇建之意。"(《明史·刑法二》)朱元璋模仿天道设置法司，他希望诸法司要各司其职，按天道行事，让天牢中空，不要负其造作之意。这一诏书十分清楚地表明法天道而建官的意识在明人心目中仍然十分强烈，他们不但将其作为信念和知识，而且付诸行动。

----

① 贯索星官共九颗星，朱元璋的诏书有误。

八、尊卑贵贱

在原始氏族社会中,生产力水平低下,生活困苦,但是人与人之间却是平等的,人们之间法律地位的不平等是伴随阶级和国家的产生而出现的现象。在夏商周奴隶社会中,整个社会分裂为奴隶主和奴隶两大阶级,奴隶只是奴隶主的财产,当然谈不上与奴隶主的平等问题,而且奴隶主阶级内部也存在着等级差别,即所谓"天有十日,人有十等,下所以事上,上所以共神也。故王臣公,公臣大夫,大夫臣士,士臣皂,皂臣舆,舆臣隶,隶臣僚,僚臣仆,仆臣台,马有圉,牛有牧,以待百事"(《左传·昭公七年》)。西周建立起了一套完整的封建宗法制度,按照"封建亲戚,以蕃屏周"(《左传·僖公二十四年》)的原则,周天子自封为天下的"大宗",将周王室的亲戚故旧封为各国诸侯和卿大夫,称为小宗,这就构成了一个以周天子及各国诸侯为中心的庞大统治集团。维持这个集团秩序的就是周礼,其核心内涵就是"亲亲"和"尊尊"。"亲亲"要求父慈、子孝、兄友、弟恭;"尊尊"要求下服从上。周礼就是当时社会差等的制度表达。春秋时期,周王室衰落,各种僭越周礼、无视等级名分的行为时常发生,一心维护周礼的孔子就曾发出"八佾舞于庭,是可忍也,孰不可忍也"(《论语·八佾》)的愤怒,但周礼在话语上仍然是具有合法性的,常常成为诸侯国之间除战争之外的重要斗争工具。故中国先秦时期的诸子百家,实际都生活在等级社会之中,他们在思考和设计自身的治道主张时,都必须正视法律差等这一基本社会事实,对社会等级合理与否表明自身的态度。

文献表明,先秦诸子大多数都认同人与人之间的不平等,他们建构了一套细致绵密的理论对"定尊卑、别贵贱"加以论证,将贵贱差等建立在天道的基础之上,几乎使人"心悦诚服",全然失去反思和反抗的能力。[①] 下面笔者就对儒道墨法四家对社会等级和尊卑贵贱的相关理论论述作一简要的介绍。

(一) 儒家

儒家明确主张法律等差是合理的。虽然孔子讲"仁者爱人",要求"泛爱众",但儒家的爱是建立在等差基础上的爱,儒家对社会等级是持积极支持态度的。孔子对维护等级名分的周礼钟爱有加,处处维护周礼,甚至要求学生做到"非礼勿视,非礼勿听,非礼勿言,非礼勿动"(《论语·颜渊》)。孟子对社会等级和人与人之间的不平等也是持肯定态度的,他说:"有天爵者,有人爵者。"(《孟子·告子上》)"劳心者治人,劳力者治于人;治于人者食人,治人者食于人,天下之通义也。"(《孟子·滕文公上》)并认为"父子有亲,君臣有义,夫妇有别,长幼有叙,朋友有信"(同上) 的伦常是圣人的教导。荀子也极力主张人与人之间的不平等是合理的,他说:"少事长,贱事贵,不肖事贤,是天下之通义也。有人也,势不在人上而羞为人下,是奸人之心也。"(《荀子·仲尼》)"故尚贤使能,等贵贱,分亲疏,序长幼,此先王之道也。故尚贤使能,则主尊下安;贵贱有等,则令行而不流;亲疏有分,则施行而不悖;长幼有序,则事业捷成而有所休。"(《荀

---

① 当然中国历史上也出现过诸如"王侯将相宁有种乎"(《史记·陈涉世家》),"法分贵贱贫富,非善法也。我行法,当等贵贱,均贫富"(《三朝北盟会编》卷一三七) 之类的思想,但都未能居于主导地位,未能对社会制度的构建产生决定性的影响。

子·君子》）"故先王案为之制礼义以分之,使有贵贱之等,长幼之差,知愚、能不能之分,皆使人载其事而各得其宜,然后使悫禄多少厚薄之称,是夫群居和一之道也。"（《荀子·荣辱》）荀子称赞尧"让贤,以为民,泛利兼爱德施均。辨治上下,贵贱有等明君臣。"（《荀子·成相》）并用养和别来定义礼,荀子说:"故礼者,养也。君子既得其养,又好其别。曷谓别？曰:贵贱有等,长幼有差,贫富轻重皆有称者也。"（《荀子·礼论》）以礼明贵贱、别等差是儒家的基本立场。

《墨子》对儒家的等差之爱有较为确当的描述,其云:"义可厚,厚之；义可薄,薄之。谓伦列。德行、君上、老长、亲戚,此皆所厚也。为长厚,不为幼薄。亲厚,厚；亲薄,薄。亲至,薄不至。义,厚亲不称行而顾行。"（《墨子·大取》）在儒家看来,依据道义可以厚爱的,就厚爱；可以薄爱的,就薄爱。有德行者、君上、长者、亲戚,这些都是要厚爱的。厚爱长者,也不薄爱幼者。近亲要厚爱；远亲要薄爱。依据儒家的道义,厚爱至亲,无需以至亲的行为为标准,而是要由亲疏关系的类别来决定。

尤为重要的是,儒家还试图从天道中寻找现实社会中的尊卑贵贱依据,将尊卑贵贱说成是天道使然。孔子相信天命,孔门十哲之一的子夏留有"死生有命,富贵在天"（《论语·颜渊》）的名言,将生与死、富与贵都看成是天命使然,开创了从天道中寻找尊卑贵贱根据的传统。荀子所讲的天主要是自然之天,用天作比附,将尊卑贵贱看作自然规律。荀子说:"君臣、父子、兄弟、夫妇,始则终,终则始,与天地同理,与万世同久,夫是之谓大本。"（《荀子·王制》）将君臣、父子、兄弟、夫妇之间的尊卑上下关系视同与天地一样长久。同时荀子还从天道中去寻找尊卑贵贱的成因,他说:"分均则不偏,势齐则不壹,众齐则不使。有天有地而上下有差,明王始立而处国有制。夫两贵之不能相事,两贱之不能相使,是天数也。势位齐而欲恶同,物不能澹则必争;争则必乱,乱则穷矣。先王恶其乱也,故制礼义以分之,使有贫富贵贱之等,足以相兼临者,是养天下之本也。"(同上)名分相同就不能有所偏重,权势相同就不能统一,众人平等就不能互相役使。有天有地就有上下的差别,圣明的君王一开始当政,处理国事就有了一定的等级制度。两个同样富贵的人不能互相侍奉,两个一样卑贱的人不能相互役使,这是自然的道理。权势地位相同了,喜好与厌恶也相同,财物不能满足就互相争斗,争斗就会混乱,混乱就一定会穷困。先王厌恶这种混乱,所以制定礼义,使人们有贫富贵贱的差别,这是养育天下的根本。

(二) 道家

道家崇尚自然无为,对尊卑贵贱问题不是十分留意。老子还经常批判儒家的礼,说:"故失道而后德,失德而后仁,失仁而后义,失义而后礼。夫礼者,忠信之薄,而乱之首也。"(《老子·三十八章》)孔子崇尚的"别贵贱,序尊卑"的礼被老子说成了祸乱的开始。但从有限的相关论述来看,道家也是认同社会等级的,更没有试图去改变人与人之间尊卑贵贱的想法,例如老子就说:"始制有名。名已既有,夫亦将知止,知止,所以不殆。"(《老子·三十二章》)老子也认同现实中存在的各种名分和地位。

庄子倡言相对主义,这对现存礼制有消解作用,例如他借河伯之口说:"以道观之,物无贵贱;以物观之,自贵而相贱;以俗观之,贵贱不在己。以差观之,因其所大而大之,则万物莫不大;因其所小而小之,则万物莫不小。"(《庄子·秋水》)他对儒家的仁义礼智信进行了解构,说:"至礼有不人,至义不物,至知不谋,至仁无亲,至信辟金。"

(《庄子·庚桑楚》)但《庄子》中也保留了认同尊卑贵贱等级名分的段落,例如《庄子·天道》中就有这样的话:"君先而臣从,父先而子从,兄先而弟从,长先而少从,男先而女从,夫先而妇从。夫尊卑先后,天地之行也,故圣人取象焉。天尊地卑,神明之位也;春夏先,秋冬后,四时之序也。万物化作,萌区有状,盛衰之杀,变化之流也。夫天地至神,而有尊卑先后之序,而况人道乎!"其将君臣、父子、兄弟、长少、男女、夫妇的尊卑先后看作圣人取象于天地运行的结果,天地是最为神明的,天地都有尊卑先后的关系,人道当然也就有尊卑先后了。他不但认同了现实社会中的尊卑贵贱,而且从天道中为其寻找根据,其观点和论证方式几乎与儒家没有什么区别。①

(三) 墨家

墨家反对等差,主张兼爱,要求人们爱别人就像爱自己,对待别人就像对待自己,没有任何区别地相亲相爱。墨子云:"圣人以治天下为事者也,不可不察乱之所自起。当察乱何自起? 起不相爱。"(《墨子·兼爱上》)"若使天下兼相爱,爱人若爱其身,犹有不孝者乎? 视父、兄与君若其身,恶施不孝? 犹有不慈者乎? 视弟子与臣若其身,恶施不慈? 故不孝、不慈亡有。犹有盗贼乎? 故视人之室若其室,谁窃? 视人身若其身,谁贼? 故盗贼亡有。犹有大夫之相乱家、诸侯之相攻国者乎? 视人家若其家,谁乱? 视人国若其国,谁攻? 故大夫之相乱家、诸侯之相攻国者亡有。"(《墨子·兼爱上》)"若使天下兼相爱,国与国不相攻,家与家不相乱,盗贼无有,君臣父子皆能孝慈,若

---

① 《庄子》的外、杂篇多伪作是学者们的共识,属于外篇的《天道》很可能是受儒家思想影响的庄子的后学所作。

此则天下治。"(同上)墨子说:"凡天下祸篡怨恨,其所以起者,以不相爱生也,是以仁者非之。既以非之,何以易之? 子墨子言曰:以兼相爱、交相利之法易之。"(《墨子·兼爱中》)墨家"兼相爱、交相利"的主张,使人看到了平等、博爱的曙光,为消除尊卑贵贱提供了潜在的理论资源。

但是如果认为墨家就是主张消除尊卑贵贱的,则大错而特错,在维护社会等级秩序上,墨家与儒家没有太大的区别。首先,墨家也将忠孝友悌作为追求的目标,墨子说:"又与为人君者之不惠也,臣者之不忠也,父者之不慈也,子者之不孝也,此又天下之害也。"并说:"为人君必惠,为人臣必忠,为人父必慈,为人子必孝,为人兄必友,为人弟必悌。故君子莫若欲为惠君、忠臣、慈父、孝子、友兄、悌弟,当若兼之不可不行也。"(《墨子·兼爱下》)其次,墨家主张尚同,并在《墨子·尚同》篇中给我们描述了一个"百姓-里长-乡长-国君-天子-天"的等级结构,主张将众人之义最终都归同到天,墨家没有反对等级差别的意思。最后,墨子肯定人们存在智愚、贵贱、贤不肖、贫富等差别,他说:"自贵且智者,为政乎愚且贱者,则治;自愚且贱者,为政乎贵且智者,则乱。是以知尚贤之为政本也。故古者圣王甚尊尚贤而任使能,不党父兄,不偏贵富,不嬖颜色。贤者举而上之,富而贵之,以为官长;不肖者抑而废之,贫而贱之,以为徒役。"(《墨子·尚贤中》)并且说:"是故义者,不自愚且贱者出,必自贵且知者出。曰:谁为知? 天为知。然则义果自天出也。今天下之士君子之欲为义者,则不可不顺天之意矣!"(《墨子·天志下》)故墨家同样承认存在着贵与贱、贫与富的区别,并不反对社会地位上的等差,只是主张爱无等差而已。

(四) 法家

法家是君主专制制度的衷心拥护和支持者,对人与人之间的尊卑贵贱和等级是不持任何反对意见的。前文已提及,商鞅不但精通法家思想,而且曾受儒家思想影响,对帝道和王道也较为精通,其见秦孝公时最先面陈的就是帝道和王道,只是由于秦孝公不感兴趣,才向其献上法家的霸道,商鞅当然不会反对等级和尊卑贵贱。韩非师从荀子,接受了荀子的等级和尊卑贵贱思想。韩非曾说:"臣之所闻曰:'臣事君,子事父,妻事夫。三者顺则天下治,三者逆则天下乱,此天下之常道也。'"(《韩非子·忠孝》)认为臣子侍奉君主,儿子侍奉父亲,妻子侍奉丈夫,顺从这三条原则,天下就大治,违背这三条原则,天下就大乱,这是天下永恒不变的原则。可以说韩非是中国历史上较早明确宣扬后世所谓"三纲"的思想家,他的"臣事君,子事父,妻事夫"说显然为后来的董仲舒所继承和发扬。韩非还说:"义者,君臣上下之事,父子贵贱之差也,知交朋友之接也,亲疏内外之分也。臣事君宜,下怀上宜,子事父宜,贱敬贵宜,知交友朋之相助也宜,亲者内而疏者外宜。"(《韩非子·解老》)在他看来,义是指君臣上下的关系,父子贵贱的差别,知己朋友的交往,亲疏内外的分别。臣子侍奉君主恰如其分,儿子侍奉父亲恰如其分,卑贱的侍奉尊贵的恰如其分,知己朋友的相互帮助恰如其分,与血缘关系亲近、疏远的人保持距离也恰如其分。其说法与儒家没有实质性的差别。

综上,中国春秋战国时期的儒道墨法四家基本上都认同社会等级和尊卑贵贱,当然这也不会令人感到奇怪,因为社会现实即是如此。生活在一个等级社会中,从小习得的就是等级、尊卑、贵贱观念,要对等级、尊卑、贵贱提出批判和反对实非易事,加之当时的社会主题是富国强兵、王霸天下，批判和反对等级、尊卑、贵贱并不是最重大的社会问题，也缺乏现实基础。董仲舒吸收墨法以及阴阳五行学说研习《公羊春秋》，最终建立了以天为终极根据的整个理论体系，以天道解释一切，将三纲五纪(班固的《白虎通义》完善为三纲六纪) 的人道原则说成是天道原则，使等级和尊卑贵贱在理论上变得不可动摇。董仲舒说："天子受命于天，诸侯受命于天子，子受命于父，臣妾受命于君，妻受命于夫，诸所受命者，其尊皆天也，虽谓受命于天亦可。"(《春秋繁露·顺命》) 天子、诸侯，儿子、父亲，男女奴仆、主人，妻子、丈夫，所有接受命令的人，他们所尊敬的都是天，说他们是从天那里接受命令也是可以的。而且董仲舒还将阴阳学说运用于"三纲"的论证上，他说："天道之常，一阴一阳。"(《春秋繁露·阴阳义》) 而"君臣、父子、夫妇之义，皆取诸阴阳之道。君为阳，臣为阴，父为阳，子为阴；夫为阳，妻为阴。"(《春秋繁露·基义》) 故"王道之三纲，可求于天"(同上)。旨在统一经学的《白虎通义》后来基本上承袭了董仲舒的上述思想，其"三纲六纪"完全取法于董仲舒的"三纲五纪"之说，云："三纲者，何谓也？ 谓君臣、父子、夫妇也。""三纲法天、地、人，六纪法六合。君臣法天，取象日月屈信归功天也。父子法地，取象五行转相生也。夫妇法人，取象六合阴阳有施化端也。"(《白虎通义·三纲六纪》)"三纲六纪"都是天道，等级、尊卑、贵贱也就是天经地义的事情。

九、法律差等

"古者天子建国，诸侯立家，自卿大夫以至于庶人各有等差，是以民服事其上,而下无觊觎。"(《汉书·游侠传》)社会等级、人与人之间的尊卑贵贱,都是天道的体现,而天道又是绝对权威的,不得有任何违反,否则就会遭受天谴,所以对等级和尊卑贵贱就必须坚决遵循,体现和表达在礼仪和法制之中。诸如"古者制礼,别尊卑贵贱"(《汉书·韦贤传》),"古者衣服车马贵贱有章,以褒有德而别尊卑"(《汉书·王吉传》),"夫舆服之制,取法天地,则圣人创物之智,别尊卑,定上下"(《宋史·舆服一》),"但能别尊卑,差贵贱,即是制度"(《清史稿·李栖凤传》)之类的言论,正是贵贱差等思想的衍生物。前文已指出,儒家是提倡等级、尊卑和贵贱的,故法律的儒家化在很大程度上也就体现为法律的差等化、"三纲五常"化,下面笔者就对其在中国古代法制中的具体表现略作介绍。

(一) 贵族官僚享有法制特权

在中国古代,君权至上,君主居于社会等级的顶端,法自君出,君主本人并不受法律的约束,可以对法律任意进行修改和废除,故君主实际居于法律之外,并不存在对君主适用法律的问题,君主之下的贵族官僚和平民才是法律适用的对象。相对于平民百姓而言,贵族官僚在法律上拥有一系列特权。

关于贵族的特权,在反映西周和春秋时期部分官制的《周礼》中就有相关的记载:"凡诸侯之狱讼,以邦典定之。凡卿大夫之狱讼,以邦法断之。凡庶民之狱讼,以邦成弊之。"(《周礼·秋官·大司寇》)凡诸侯之间的诉讼,用王国的六典来审定。凡卿大夫之间的诉讼,用王国的八法来评断。凡庶民之间的诉讼,用王国的八成来判断。"凡命夫、命妇,不躬坐狱讼。凡王之同族有罪,不即市。"(《周礼·秋官·小司寇》)凡命夫、命妇,审判时不亲自到场对坐受审。凡是王的同族人有罪,不到市朝行刑。"以八辟丽邦法,附刑罚:一曰议亲之辟,二曰议故之辟,三曰议贤之辟,四曰议能之辟,五曰议功之辟,六曰议贵之辟,七曰议勤之辟,八曰议宾之辟。"(同上)用八种议罪法附以王国的八法来议论减罪,而后再付诸刑罚:一是对王的亲族的议罪法,二是对王的故旧的议罪法,三是对廉吏的议罪法,四是对有道艺者的议罪法,五是对有大功勋者的议罪法,六是对地位尊贵者的议罪法,七是对勤劳国事者的议罪法,八是对宾客的议罪法。[①]"唯王之同族与有爵者,杀之于甸师氏。"(《周礼·秋官·掌戮》)只有王的同族和有爵位的人,在甸师氏那里处死。"公族其有死罪,则磬于甸人","公族无宫刑。"(《礼记·文王世子》)公族犯罪可秘密处死,对其不适用宫刑。从这些有限的文字即可看出,对于贵族,在适用法律、参与诉讼的方式、行刑的地点和执行人等方面,法律均给予了特别的照顾。

《礼记·曲礼上》云:"礼不下庶人,刑不上大夫。"现据学者考证,《曲礼》成篇于春秋末战国初,整理编集者可能是曾子或其弟子,[②]那么"礼不下庶人,刑不上大夫"实际在春秋末战国初之前即已变成了法制原则。对此战国末期的荀子曾有一个类似的说法,他说:"由士以上则必以礼乐节之,众庶百姓则必以法数制之。"(《荀子·富国》)士以上一定要用礼乐节制他们,普通百姓一定要用法律制度制约他们。[③]士庶异法是中国法制的古老传统。秦汉以降的历代王朝,为士

---

① 周之八辟后来到汉代发展出了八议制度,成为中国专制时代维护贵族官僚特权的一项重要制度,参见龙大轩:《八议成制于汉论考》,《法学研究》2012年第2期。

② 王锷:《〈礼记〉成书考》,中华书局2007年版,第102—110页。

③ 当然,这不是说对于大夫就绝对不能适用刑罚,对于庶人就绝对不能适用礼,而只是说有所偏向和取舍,参见俞荣根:《儒家法思想通论》,广西人民出版社1998年版,第117—125页。

庶异法注入了许多新的因素,例如汉文帝接受贾谊规劝,"大臣有罪,皆自杀,不受刑"(《汉书·贾谊传》)。还陆续建立了许多新的制度,比较常规化的制度有议、请、减、赎、当、免等,对此《唐律》[①] 有系统的规定,历代相沿承袭。

除此之外,对贵族官僚通常还有各种临时性的优待条件,例如,熙宁七年(1074),宋神宗诏令:"品官犯罪,按察之官并奏劾听旨。毋得擅捕系、罢其职奉。"(《宋史·刑法一》)给官员在刑事侦查上以特权。政和年间,宋徽宗下诏:"品官犯罪,三问不承,即奏请追摄;若情理重害而拒隐,方许枷讯。"(同上)官员犯罪,审讯时严格限制使用刑讯手段。"命官无杖、黥法"(《宋史·刑法三》),官员犯罪不杖责、刺面。明朝规定:"功臣及五品以上官禁狱者,许令亲人入侍,徒流者并听随行,违者罪杖。"(《明史·刑法一》)明朝宪宗即位后还敕三法司:"中外文武群臣除赃罪外,所犯罪名纪录在官者,悉与湔涤。"(《明史·刑法二》)建立了清除官员犯罪记录的制度。清朝规定:"文武官犯笞、杖,则分别公私,代以罚俸、降级、降调,至革职而止。"(《清史稿·刑法二》)中国古代的法律对贵族和官僚给予的关照可谓无微不至。

(二) 男女不平等

中国古人认为男是阳,女是阴,阳尊阴卑,故男尊女卑。在此观念支配下,中国古代社会男女在法律上地位极其不平等。中国古代的礼制和法律始终全面贯穿和体现着男尊女卑、三从四德等纲常伦理的原则和精神,政权、族权、父权和夫权是强加在妇女头上的四座

[①] 本书所谓唐律皆指流传至今的唐永徽律。

大山,妇女常常并不享有独立的法律人格。"妇人,从人者也:幼从父兄,嫁从夫,夫死从子。"(《礼记·郊特牲》)妇人是顺从人的人,一生都要服从男人的管制。在政治上,妇女一般不具有参政和参加社会活动的权利,妇女不能参加科举考试,不能当官,中国历史上只出现过武则天一个女皇帝。在民事法律地位上,妇女没有婚姻自由权,没有财产权和继承权,在家庭中处于附属地位,行为能力和人身自由亦受到限制。在刑法上,妇女与男子同罪异罚。《唐律》规定:"诸殴伤妻者,减凡人二等;死者,以凡人论。殴妾折伤以上,减妻二等。若妻殴伤杀妾,与夫殴伤杀妻同。(皆须妻、妾告,乃坐。即至死者,听余人告。杀妻,仍为'不睦'。)过失杀者,各勿论。"(三百二十五条)"诸妻殴夫,徒一年;若殴伤重者,加凡斗伤三等;(须夫告,乃坐。)死者,斩。媵及妾犯者,各加一等。(加者,加入于死。)过失杀伤者,各减二等。即媵及妾詈夫者,杖八十。若妾犯妻者,与夫同。媵犯妻者,减妾一等。妾犯媵者,加凡人一等。杀者,各斩。(余条媵无文者,与妾同。)"(三百二十六条)夫犯妻妾,量刑从轻;而妻妾犯夫,量刑从重,这是贯彻始终的法律原则。在诉讼中,妇女不能成为独立的诉讼主体,法律完全禁止妻子对丈夫的诉讼,严禁妇女私和,符合"七出"条件,丈夫可以单方面出妻,而妻子无任何相应的权利。

当然法律有时也会给妇女一定的关照。例如汉景时曾发诏令要求在法令中写明孕者未乳者"颂系之"(《汉书·刑法志》),北魏太武帝拓跋焘时规定:"妇人当刑而孕,产后百日乃决。"(《魏书·刑罚志》)《唐律》规定:"诸妇人犯死罪,怀孕,当决者,听产后一百日乃行刑。若未产而决者,徒二年;产讫,限未满而决者,徒一年。失者,各减二等。其过限不决者,依奏报不决法。"(四百九十四条)"诸妇人怀孕,犯罪应拷及决杖笞,若未产而拷、决者,杖一百;伤重者,依前人不合捶拷法;产后未满百日而拷决者,减一等。失者,各减二等。"(四百九十五条)元代法律规定:"诸孕妇有罪,产后百日决遣,临产之月,听令召保,产后二十日,复追入禁。"(《元史·刑法四》)但这些有限的关照不能从根本上改变男女在法律上不平等的状况。[1]

(三) 良贱异法

在中国古代,不但有贵族官僚和百姓之分,而且百姓内部还有良、贱之分。良即平民,包括士农工商等。贱,指贱民,又分为杂户、官户和部曲、奴婢三等。"一准乎礼"的《唐律》就充分地体现了良贱异法的立法精神。《唐律》规定:"诸官户、部曲(称部曲者,部曲妻及客女亦同)、官私奴婢有犯,本条无正文者,各准良人。"(四十七条)官私奴婢犯罪,只有在涉及罪名所在律条没有关于这些人处罚的特别规定的情况下,才适用一般人的办法。一般情况下,法律都对贱民的法律适用作出了明确的规定,从而使良贱适用不同的法律。"奴婢贱人,律比畜产"(四十七条疏义),故"即同主奴婢自相杀,主求免者,听减死一等"(四十七条),奴婢下贱,在法律中与牲口相同,相杀虽然应该偿命,主人请求免死,准许减等免死。

在婚姻方面,禁止良贱通婚。和平四年(463)十二月,北魏皇帝拓跋濬下诏说:"夫婚姻者,人道之始。是以夫妇之义,三纲之首,礼之重者,莫过于斯。尊卑高下,宜令区别。然中代以来,贵族之门多

---

[1] 不过需要指出的是,"孝"与"长幼有序"的"例外条规"冲淡甚至排除了"男尊女卑"原则的适用。中国古代社会和法律上出现了一种可以名之为"母权"的现象,妇女地位也不能一概以"卑下"视之。参见黄嫣梨:《中国传统社会的法律与妇女地位》,《北京大学学报》1997 年第 3 期。

不率法,或贪利财贿,或因缘私好,在于苟合,无所选择,令贵贱不分,巨细同贯,尘秽清化,亏损人伦,将何以宣示典谟,垂之来裔?今制皇族、师傅、王公侯伯及士民之家,不得与百工、伎巧、卑姓为婚,犯者加罪。"(《魏书·高宗纪》)《唐律》的规定更加完备:"以婢为妾者,徒一年半。"(一百七十八条)"诸与奴娶良人女为妻者,徒一年半;女家,减一等。离之。其奴自娶者,亦如之。主知情者,杖一百;因而上籍为婢者,流三千里。即妄以奴婢为良人,而与良人为夫妻者,徒二年(奴婢自妄者,亦同)。各还正之。"(一百九十一条)"诸杂户不得与良人为婚,违者,杖一百。官户娶良人女者,亦如之。良人娶官户女者,加二等。即奴婢私嫁女与良人为妻妾者,准盗论;知情娶者,与同罪。各还正之。"(一百九十二条)

　　刑罚方面,良贱同罪异罚。一则贱民与良民互犯适用不同的法律。"诸部曲殴伤良人者(官户与部曲同),加凡人一等。(加者,加入于死。)奴婢,又加一等。若奴婢殴良人折跌支体及瞎其一目者,绞;死者,各斩。其良人殴伤杀他人部曲者,减凡人一等;奴婢,又减一等。若故杀部曲者,绞;奴婢,流三千里。"(三百二十条)二则主奴互犯适用不同的法律。"诸部曲、奴婢谋杀主者,皆斩。谋杀主之期亲及外祖父母者,绞;已伤者,皆斩。"(二百五十四条)部曲、奴婢谋杀旧主者,"流二千里;已伤者,绞;已杀者,皆斩"(二百五十五条)。而与此形成鲜明对比的是,"诸奴婢有罪,其主不请官司而杀者,杖一百。无罪而杀者,徒一年。(期亲及外祖父母杀者,与主同。下条部曲准此。)"(三百二十一条)。"诸主殴部曲至死者,徒一年。故杀者,加一等。其有愆犯,决罚致死及过失杀者,各勿论。"(三百二十二条)"诸部曲、奴婢过失杀主者,绞;伤及詈者,流。即殴主之期亲及外祖父母者,绞;已伤者,皆斩;詈者,徒二年;过失杀者,减殴罪二等;伤者,又减一等。殴主之缌麻亲,徒一年;伤重者,各加凡人一等;小功、大功,递加一等。(加者,加入于死。)死者,皆斩。"(三百二十三条)"诸殴缌麻、小功亲部曲奴婢,折伤以上,各减杀伤凡人部曲奴婢二等;大功,又减一等。过失杀者,各勿论。"(三百二十四条)"诸部曲、奴婢詈旧主者,徒二年;殴者,流二千里;伤者,绞;杀者,皆斩;过失杀伤者,依凡论。即殴旧部曲、奴婢,折伤以上,部曲减凡人二等,奴婢又减二等;过失杀者,各勿论。"(三百三十七条) 法律对贱民犯主及亲从重处罚,而对主及亲犯贱民处罚从轻。

在诉讼方面,《唐律》禁止部曲和奴婢告发主人,否则给以严惩。贞观二年(628),唐太宗曾对侍臣讲:"比有奴告主谋逆,此极弊法,特须禁断。假令有谋反者,必不独成,终将与人计之;众计之事,必有他人论之,岂藉奴告也? 自今奴告主者,不须受,尽令斩决。"(《贞观政要·刑法》)后来《唐律》吸收此意见,规定:"诸部曲、奴婢告主,非谋反、逆、叛者,皆绞;(被告者同首法。) 告主之期亲及外祖父母者,流;大功以下亲,徒一年。诬告重者,缌麻,加凡人一等;小功、大功,递加一等。即奴婢诉良,妄称主压者,徒三年;部曲,减一等。"(三百四十九条)

宋元明清,沿袭《唐律》,在良贱异法上只有更加细微的进化,而没有根本的改变。宋时刑部评议认为:"佃客犯主,加凡人一等。主犯之,杖以下勿论,徒以上减凡人一等。"(《宋史·刑法一》) 元朝法律则规定:"诸奴杀伤本主者,处死。诸奴诟詈其主不逊者,杖一百七,居役二年,役满日归其主。诸奴故杀其主者,凌迟处死。诸奴殴死主婿者,处死。""诸主奸奴妻者,不坐……诸奴奸主女者,处死……诸强奸主妻者,处死。"(《元史·刑法三》)"诸奴殴詈其主,主殴伤奴致死者,免罪。诸故杀无罪奴婢,杖八十七,因醉杀之者,减一等。诸殴死拟放良奴婢者,杖七十七。……诸良人以斗殴杀人奴,杖一百七,征烧埋银五十两。诸良人戏杀他人奴者,杖七十七,征烧埋银五十两。……诸地主殴死佃客者,杖一百七,征烧埋银五十两。"(《元史·刑法四》)元朝新设立的"干名犯义"罪,禁止奴婢告发自己的主人,对于被告作自首处理,对于告发的人则给予惩罚,直到清末变法修律,经过激烈讨论,才最终退出历史舞台。

(四) 五服制罪

五服指的是五种丧服,是中国古代礼治中为死去的亲属服丧的制度,由重至轻分别为:斩衰(子为父、妇为夫之父之类)、齐衰(子为母,妇为夫之母之类)、大功(为同堂兄弟、为姑姊妹适人者之类)、小功(为伯叔祖父母、为再从兄弟之类)、缌麻(为族兄弟、为族曾祖父母之类),其服丧的时间分别为:三年、三年、九个月、五个月和三个月。孔颖达曾对五服"上取象于天,下取法于地"做了明确解说,他说:"天地之气,三年一闰,是三年者取象于一闰。一期物终,是一期者取象于一周。九月者,以象阴阳之数,又象三时而物成也。五月以象五行。三月者,取于天地一时而气变。皆法于天地。"(《礼记正义》三年问疏)五服能区分亲属之间血缘关系的远近以及尊卑关系。

五服制罪源于《晋律》,《晋律》规定:"峻礼教之防,准五服以制罪也。"(《晋书·刑法志》)严筑礼教道德规范的堤防,依照儒家制定的五等丧服制度,确定犯罪的轻重。具体来说就是:服制愈近,即血缘关系越亲,以尊犯卑者,处刑愈轻;反之,处刑愈重。服制愈远,即血缘关系疏远者,以尊犯卑,处刑相对加重;以卑犯尊,相对减轻。五服制罪的用意在维护家族的等级制。《晋律》首创的五服制罪为以后历代沿袭,直至清末方废。

十、严防冤滥

根据天人感应的理论,天子言行失当,国家政事出现差错,上天就会进行谴告,直至降下灾难。司法事关人们的身家性命,历来为民情所重,故也是天人感应理论运用的重要场域。墨子就曾说:"天子赏罚不当,听狱不中,天下疾病祸福,霜露不时。"(《墨子·天志下》)天子的奖赏和惩罚不恰当,断案不合理,上天就会降下疾病灾害,霜雪雨露不按时。汉儒董仲舒建立了系统的天人感应理论,在他看来,天心与人心是相通的,人的痛苦天也必然感同身受,人遭受冤枉和酷刑,就会心生怨恨,怨恨积累就会导致阴阳失调,五行错乱,灾异也就随之而至。所以董仲舒提出,好的司法者应像孔子那样,"至清廉平,赂遗不受,请谒不听,据法听讼,无有所阿",达到"死者不恨,生者不怨"(《春秋繁露·五行相生》)的效果。只有"死者不恨,生者不怨",方能消除司法参与人的怨恨,消除灾异产生的根源。董仲舒的天人感应、灾异谴告学说对中国后世的司法产生了重大的影响。

(一) 中国古人认为灾异与司法有莫大的关系,司法不当常常会导致灾异发生

中国古代的统治者认为,司法失误导致灾异发生的情形主要有如下两种:

一是刑法适用过严、过滥或不得当。例如,"和帝永元五年六月,郡国三雨雹,大如鸡子。是时和帝用酷吏周纡为司隶校尉,刑诛

深刻。"(《后汉书·五行三》)将降下大如鸡蛋的冰雹归之于和帝任命酷吏周纡为司隶校尉,刑法严酷所致。又如,贞观十一年(637)下大雨,谷水泛滥,冲进洛阳城门,涌入洛阳宫,平地水深五尺,冲毁宫庙佛寺十九处,淹没七百余户人家,唐太宗说:"朕之不德,皇天降灾。将由视听弗明,刑罚失度,遂使阴阳舛谬,雨水乖常。"李世民将水灾的原因部分归之于适用刑罚过度。又如,开运二年(945),秘书省著作郎边珝上密封奏章,建议各道委长吏五天一次当面共同录问罪囚,其立论依据就是"虑有涉于淫刑,即恐伤于和气"(《旧五代史·刑法志》),担心滥刑伤害和合之气。明侍讲刘球向英宗条上十事,其中即言:"天降灾谴,多感于刑罚之不中。"(《明史·刑法二》)将刑罚适用不当看成上天降灾谴责的原因所在。

　　二是冤狱。中国古人认为"人命关天",^①官员司法冤死人命,上天就会降下灾异,以示惩戒,不但相关故事在民间广为流传,而且相关正史中也不乏记载。

　　　　东海有孝妇,少寡,亡子,养姑甚谨,姑欲嫁之,终不肯。姑谓邻人曰:"孝妇事我勤苦,哀其亡子守寡。我老,久累丁壮,奈何?"其后姑自经死,姑女告吏:"妇杀我母。"吏捕孝妇,孝妇辞不杀姑。吏验治,孝妇自诬服。具狱上府,于公以为此妇养姑十余年,以孝闻,必不杀也。太守不听,于公争之,弗能得,乃抱其具狱,哭于府上,因辞疾去。太守竟论杀孝妇。郡中枯旱三年。

① 只有深刻理解中国古人思想世界中冤狱与天谴的关联,才能明白"人命关天"这句话在中国古代社会的真实含义。对于卑贱的百姓,特别是奴婢,权贵将其视为畜生,其生命并不值几个钱,然而一旦让其遭受冤屈,则可能惊动上天,降下灾异,故没有比冤死人命更大的事情。

后太守至,卜筮其故,于公曰:"孝妇不当死,前太守强断之,咎党在是乎?"于是太守杀牛自祭孝妇冢,因表其墓,天立大雨,岁孰。(《汉书·于定国传》)

于定国后来作过廷尉和丞相,并被封侯,可直接影响到国家政策和法律的执行,他对灾异谴告的迷信当然就有非凡的意义了,而其崇高的司法声誉又使得这个故事广为流布,影响深远。几乎相同的故事还出现在《后汉书·孟尝传》中,只是地点变成了上虞,原来大旱三年变成了两年。

妇女蒙冤而致大旱的故事还见于《晋书·列女传》:

陕妇人,不知姓字,年十九。刘曜时嫠居陕县,事叔姑甚谨,其家欲嫁之,此妇毁面自誓。后叔姑病死,其叔姑有女在夫家,先从此妇乞假不得,因而诬杀其母,有司不能察而诛之。时有群鸟悲鸣尸上,其声甚哀,盛夏暴尸十日,不腐,亦不为虫兽所败,其境乃经岁不雨。曜遣呼延谟为太守,既知其冤,乃斩此女,设少牢以祭其墓,谥曰孝烈贞妇,其日大雨。

史官将这些故事有板有眼地记载在正史中,表明这正是当时社会的正统思想,全社会对冤狱谴告基本上深信不疑。

贞观五年(631),李百药著文劝喻太子李承乾说:"狱讼不理,有生死之异涂;冤结不伸,乖阴阳之和气。"(《贞观政要·规谏太子》)如果诉讼不能公正审理,涉案的人就会有生、死两种不同的结果;如果冤案得不到昭雪,天地阴阳之气就不会和谐。陈子昂在对武则天的奏书中说:"冤人吁嗟,感伤和气;和气悖乱,群生疠疫,水旱随之,则有凶年。人既失业,则祸乱之心怵然而生矣。顷来亢阳愆候,云而不雨,农夫释耒,瞻望嗷嗷,岂不由陛下之有圣德而不降泽于人也?
傥旱遂过春,废于时种,今年稼穑,必有损矣。陛下可不敬承天意,以
泽恤人?"(《旧唐书·刑法志》)张九龄在上书中也讲:"乖政之气,
发为水旱。天道虽远,其应甚迩。昔东海枉杀孝妇,天旱久之。一吏
不明,匹妇非命,则天昭其冤。况六合元元之众,县命于县令,宅生于
刺史,陛下所与共治,尤亲于人者乎!若非其任,水旱之沴,岂唯一妇
而已。"(《新唐书·张九龄传》)长兴元年(930)二月,后唐明宗李嗣
源在诏令中说:"欲通和气,必在伸冤。"(《旧五代史·刑法志》)将伸
冤看作贯通上下和合之气的关键。宋真宗也曾说:"一夫受冤,即召
灾沴。"(《宋史·刑法一》)清人黄贞麟在安徽凤阳作推官期间,遇大
旱,祷雨未应,便怀疑是"沉冤未雪,上干天和"所致,"于祷雨坛下,
立判诸大狱,三日果雨"(《清史稿·黄贞麟传》)。遇到灾异就考虑
是否存在冤狱已成为中国古人的思维定式。

(二)灾异常会促使中国古代的统治者反思自身政治和司法上的得失

根据董仲舒天人感应的学说,皇帝失德、司法冤滥就会导致灾
异,故一旦有灾异现象发生,皇帝们就会反省自身施政的得失,采取
相关补救措施。例如,建武二十二年(46)九月戊辰,发生大地震,
南阳最为严重,刘秀下诏说:"夫地者,任物至重,静而不动者也。而
今震裂,咎在君上。鬼神不顺无德,灾殃将及吏人,朕甚惧焉。其令
南阳勿输今年田租刍稿。遣谒者案行,其死罪系囚在戊辰以前,减
死罪一等;徒皆弛解钳,衣丝絮。赐郡中居人压死者棺钱,人三千。
其口赋逋税而庐宅尤破坏者,勿收责。吏人死亡,或在坏垣毁屋之
下,而家羸弱不能收拾者,其以见钱谷取佣,为寻求之。"(《后汉

书·光武帝纪第一下》）刘秀一方面将罪过归之于自身，另一方面安抚灾民，派使者去南阳巡视，对那些在地震前在押的死刑囚犯，减死罪一等，囚犯都取下脚镣，允许他们穿丝絮衣服。

正始元年（504）六月，宣武帝元恪"以旱故见公卿以下，引咎责躬。又录京师见囚，殊死以下皆减一等；鞭杖之坐，悉原之"（《北史·魏本纪第四》）。由于大旱，皇帝接见群臣，引咎自责，又甄别京师现拘囚徒，给判处死罪以下的罪人全部减刑一等；判定鞭杖拷打的罪人，全部给予宽免。

贞观八年（634），陇右山崩，大蛇屡见，山东及江、淮多大水。唐太宗询问侍臣，秘书监虞世南回答说："又山东之雨，虽则其常，然阴潜过久，恐有冤狱，宜断省系囚，庶或当天意。且妖不胜德，修德可以销变。"（《贞观政要·灾祥》）虞世南认为雨水更多恐是冤案所致，故为了符合天意，应审查在押的囚犯，唐太宗认为他说得对，"因遣使者赈恤饥馁，申理冤讼，多所原宥"（同上）。仪凤三年（678）四月丁亥朔，唐高宗李治"以旱，避正殿，亲录囚徒，悉原之"（《旧唐书·高宗下》）。因为大旱，皇帝避离正殿，亲自审理囚徒，全部宽免了他们。神龙元年（705）七月二十七日，洛水上涨，毁坏百姓房屋二千多家，皇帝下诏让九品以上的官员直言极谏，右卫骑曹宋务光上疏说："夫灾变应天，实系人事，故日蚀修德，月蚀修刑，若乃雨旸或愆，则貌言为咎，雩禜之法，在于礼典。"（《旧唐书·五行》）他认为虽然灾变应天，实关系于人事，所以发生日食要修德，发生月食要修刑，至于晴雨失时，则应采取雩祭、禜祭的办法。

天福四年（939）五月，后晋开国皇帝石敬瑭在诏书中说："刑狱之难，古今所重，但关人命，实动天心，或有冤魂，则伤和气。应诸道州府，凡有囚徒，据推勘到案款，一一尽理，子细检律令格敕。其间或有疑者,准令文讞,大理寺亦疑,申尚书省,省寺明有指归,州府然后决遣。"(《旧五代史·刑法志》)恐司法不当致伤和气,广顺三年(953)四月乙亥,后周太祖郭威在敕书中讲:

> 朕以时当化育,气属炎蒸,乃思缧绁之人,是轸哀矜之念,虑其非所,案鞫淹延,或枉滥穷屈而未得申宣,或饥渴疾病而无所控告。以罪当刑者,惟彼自召,法不可移;非理受苦者,为上不明,安得无虑。钦恤之道,夙宵靡宁。应诸道州府见系罪人,宜令官吏疾速推鞫,据轻断遣,不得淹滞。仍令狱吏,洒扫牢狱,当令虚歇;洗涤枷械,无令蚤虱,供给水浆,无令饥渴。如有疾患,令其家人看承,囚人无主,官差医工诊候,勿致病亡。循典法之成规,顺长赢之时令,俾无淹滞,以致治平。

皇帝出于对天谴的惶恐,而留意于犯罪嫌疑人和囚犯的处遇,要求避免司法淹滞,改善囚犯的待遇,实在是善莫大焉。

太平兴国年间有一年,"自春涉夏不雨,[宋]太宗意狱讼冤滥。会归德节度推官李承信因市葱笞园户,病创死。帝闻之,坐承信弃市"(《宋史·刑法二》)。从春季到夏季久旱不雨,宋太宗认为是狱讼有冤枉过滥的缘故,恰逢归德节度推官李承信依仗官势抽打菜农,致人重伤而死。宋太宗就判处李承信杀头弃市的刑罚,李可以说成了天人感应学说的殉葬品。天圣七年(1029)的春天,京城下雨,整月连绵不断,宋仁宗担心有冤狱,"遂命赦天下"(《宋史·刑法三》)。

明朝英宗时,"刑部尚书魏源以灾旱上疑狱,请命各巡抚审录。从之。无巡抚者命巡按"(《明史·刑法二》)。魏源因为旱灾将疑案奏上,请求皇帝命令各巡抚复审罪囚。皇帝听从了他的建议,没有巡抚的地方指派巡按从事这项工作。明世宗即位七个月后，"因日精门灾，疏理冤抑，命再问缓死者三十八人"（同上）。日精门发生的火灾，使被判处死缓的 38 人的案件获得了再审的机会。隆庆四年（1570）夏因为大旱，皇帝"诏诸司停刑"（《明史·五行三》）。崇祯十一年（1638）冬，"以彗见，停刑"（《明史·刑法二》）。

中国幅员辽阔，地理、气候条件复杂，每年水灾、旱灾、地震、台风、风雹、雪灾、山体滑坡、泥石流、病虫害、火灾等自然、地质灾害频发。这些古人眼中的灾异现象，都常常引发统治者的恐慌，促使其反思政治与司法的得失，并积极采取诸如"下罪己诏""录囚""虑囚"、[①]清查冤案、改善罪囚待遇、赦免等措施，来避免遭到上天进一步的惩罚，这对中国古代相关司法参与人的命运产生了实质性的影响。故天人感应理论在中国古代司法场域的运用具有非凡的意义，在一定程度上消解了司法中的黑暗与残暴。

(三) 天人感应、灾异谴告学说在司法场域的运用，促使中国古代的统治者建立了一系列常规化的制度来严防冤滥

首先，是健全和完善了审判机构和制度，为民众提供司法救济的渠道和途径。中国西周时就有司法审判机关"司寇"，春秋战国时代大多数诸侯国都设有"司寇"这一审判机关，孔子即做过鲁国的司寇。秦国的中央审判机关则称为"廷尉"，秦统一六国后"廷尉"成

---

① 录囚与虑囚有别。汉代录囚意在理冤，汉以后录囚发生了变更，一是录囚已不再为地方长官的一种"常职"，二是录囚之权已呈渐归皇帝独占之势，三是录囚之宗旨已从理冤而向单纯的悯恤囚徒的方面演化，于是便出现了虑囚这一新的术语，参见马作武：《"录囚""虑囚"考异》，《法学评论》1995 年第 4 期。

为秦王朝的中央审判机关,后负责监察百官的御史大夫及下属御史也拥有了部分审判权,成了第二中央审判机关。汉代在廷尉、御史台的基础上,又增加了尚书台这一审判机关,致使中国古代的三法司初露端倪。为了贯彻落实慎刑的思想,汉以降中国古代中央的审判机构日渐完善,在唐朝时正式确立了大理寺、御史台和刑部三个法司,审判和复核分离,五代、宋和元沿袭。明洪武十五年(1382)朱元璋改御史台为都察院,三法司变更为大理寺、都察院和刑部,与唐宋时期相比,三司的职掌略有调整,刑部由原来的复核机关变成了最高审判机关,而大理寺主要负责案件的复审或复核,都察院主要负责纠察。清"世祖入主中夏,仍明旧制。凡诉讼在外由州县层递至于督抚,在内归总于三法司。然明制三法司,刑部受天下刑名,都察院纠察,大理寺驳止。清则外省刑案,统由刑部核覆。不会法者,院寺无由过问,应会法者,亦由刑部主稿。在京讼狱,无论奏咨,俱由刑部审理,而部权特重"(《清史稿·刑法三》)。在完善司法审判机构的过程中,奏谳、"录囚"、死刑复核、复奏、回避制度、"三司会审"和"九卿会审"等制度也陆续建立了起来。明朝还出现了朝审制度,清朝则在明朝朝审的基础上发展出了秋审和朝审制度。根据"[孟夏]断薄刑,决小罪,出轻系"(《礼记·月令》)的说法,为了疏通监狱,减少犯人的瘐死,明清还发明了热审制度。而为了疏通监狱,防止犯人因为饥寒而死,明朝还创设了寒审制度。这些均在一定程度上改善了犯人的处境。

其次,有条件地允许当事人越诉、直诉,使冤假错案的当事人及其家属有获得救济的机会。有学者指出,古代中国人民权益救济渠道,主要有按照国家行政层级逐级申控的救济途径、通过巡回监察机构接受申控的救济途径、告御状与君王直接干预的救济途径、特许"越诉"的非常救济途径等四类情形。① 前两种算是较为常规的救济途径,在此笔者只重点谈越诉和直诉问题。中国古代的统治者一方面不喜欢民众诉讼,另一方面又怕出现冤假错案以致遭受天谴,故在做出相应限制后有条件地允许人们越诉、直诉。越诉即越级告诉。直诉是指向皇帝或中央一级司法机构提起告诉或申诉的制度。《周礼》中即有直诉的记载:"右肺石,达穷民焉。"(《秋官·朝士》)朝门右边设置肺石,用以使穷苦无告之民的冤辞能够上达。"凡远近惇独老幼之欲有复于上,而其长弗达者,立于肺石三日,士听其辞,以告于上,而罪其长"(《秋官·大司寇》)。凡远近孤独无靠或年老、幼弱之民想要向上申诉冤屈,而他们的长官不予转达的,就来到肺石上站三天,然后由朝士听他们诉说冤屈,以报告朝廷,惩罚他们的长官。直诉,汉有击鼓和上书,西晋正式创建了"挝登闻鼓"的制度,并为后世历代沿袭,唐朝又增加了邀车驾和匦,宋朝设立登闻鼓院,元朝有乘舆诉(即唐之邀车驾)。明代的直诉制度与唐类似,"登闻鼓,洪武元年置于午门外,一御史日监之,非大冤及机密重情不得击,击即引奏。后移置长安右门外,六科、锦衣卫轮收以闻。旨下,校尉领驾帖,送所司问理,蒙蔽阻遏者罪"(《明史·刑法二》)。清代的直诉又称"京控",不过适用条件更加严格。

对于直诉一般是不加处罚的,只有在特定情况下才加以处罚,例如《唐律》规定:"其邀车驾诉,而入部伍内,杖六十。(部伍,谓入导驾仪仗中者。)"(三百五十九条)只有在拦车驾告诉的人进入了车驾前导之仪仗中才对其进行处罚。对于越诉,中国古代的法律一般

---

① 范忠信:《古代中国人民权益损害的国家救济途径及其精神》,《现代法学》2010年第4期。

是要加以惩罚的，例如《唐律》就规定"诸越诉者及受者，各笞四十"
（三百五十九条）。只有在非常特殊的情况下越诉才是合法的，例如
宋孝宗隆兴元年（1163）明饬州县，"应婚田之讼，有下户为豪强侵
夺者，不得以务限为拘。如违，许人户越诉"（《宋会要·刑法》三之
四十八）。

最后，注意司法官吏的选拔，对徇私舞弊、贪赃枉法的人进行严
惩。为了防止冤滥，历代统治者都十分重视司法官员的选拔。隋文
帝开皇六年（586），"敕诸州长史已下，行参军已上，并令习律，集京
之日，试其通不"（《隋书·刑法志》），要求各州长史以下、行参军以
上的官吏，都要学习法律，在京城集会的时候，测试他们是否已通晓。
宋真宗曾说："所虑四方刑狱官吏，未尽得人。"并对宰相说："执法之
吏，不可轻授。有不称职者，当责举主，以惩其滥。"宋高宗时"大理
率以儒臣用法平允者为之"（《宋史·刑法二》），大理寺的官员都由
执法公平和允当的儒臣担任。历代中央司法机关的重要司法官员基
本上都是皇帝亲自任命的，一般要求其正直守法，精通司法事务，故
有诸如"有清一代，于刑部用人最慎。凡总办秋审，必择司员明慎习
故事者为之。或出为监司数年，稍回翔疆圻，入掌邦宪，辄终其身，故
多能尽职"（《清史稿》卷三五二）的评论。

对官员贪污实施严惩，北魏文成帝拓跋濬时规定，"诸司官赃二
丈皆斩"（《魏书·刑罚志》），各部门官员贪污两丈布帛就要处死。
对官员的日常行为，法律也有所规范，例如元代就规定："诸官吏在
任，与亲戚故旧及礼应追往之人追往者听，余并禁之。""诸职官于所
部非亲故及理应往复之家，辄行庆吊之礼者，禁之。违者罪之。""诸
职官到任，辄受所部赆见仪物，比受赃减等论。诸职官受部民事后致
谢食用之物者，笞二十七，记过。"其目的就是杜绝官员与人建立交

换关系,影响公正执法。对官员受财更是严加禁止,即使不枉法也要处罚,元代法律规定:"不枉法者,殿三年,再犯不叙,无禄者减一等。"(《元史·刑法一》)清代法律规定:"枉法赃有禄人八十两,无禄人及不枉法赃有禄人一百二十两,俱实绞"(《清史稿·刑法一》),对贪墨之人严加处罚。

十一、司法时令

时令是天象的重要表现,故顺时令是效法天道的重要内容之一,其具体要求就是守时,即在一年四季、二十四节令中行其所适宜的事情。这种顺天时之令的思想,可能最早起源于农业生产,《逸周书·大聚解》就有"禹之禁,春三月,山林不登斧,以成草木之长;夏三月,川泽不网罟,以成鱼鳖之长"的记载。人们发现只有在适宜的时令播种和生产才能获得相应的收获,违反时令,农业生产就会遭受损失。春秋战国时期,人们已普遍具有了顺天时的观念,《左传》中已有诸如"礼以顺时"(《成公十六年》)的提法,《管子》的《四时》篇则明确提出,"不知四时,乃失国之基",并指出"春行冬政则雕,行秋政则霜,行夏政则欲""夏行春政则风,行秋政则水,行冬政则落""秋行春政则荣,行夏政则水,行冬政则耗""冬行春政则泄,行夏政则雷,行秋政则旱",要求按照阴阳和时令安排政事。正是在这样的思想文化背景下才有了像《月令》这样以四时为总纲、十二月为细目,按月记述天文历法、自然物候、物理时空以及王者应行政令的著作。《吕氏春秋》将《月令》作为十二纪之纲,可见对其推崇备至,汉初儒家学者又将《月令》收入《礼记》中,使其从阴阳家的著作摇身一变成了儒家经典,故顺天时也就成了中国传统思想文化的重要内容之一。

法制是政事的重要内容,根据法天、守时令的要求,一切法制活动当然也得遵从时令和阴阳的规律而行。《左传》中就有"赏以春夏,刑以秋冬"(《襄公二十六年》)的提法,《周礼》则将掌管刑杀的司寇称为秋官,《管子·四时》更明确提出:"是故阴阳者,天地之大理也,四时者,阴阳之大经也。刑德者,四时之合也。刑德合于时,则生福;诡则生祸。"将刑德与四时的相符问题正式提出了出来。《月令》则进一步明确、细化:

> [仲春之月]命有司省囹圄,去桎梏,毋肆掠,止狱讼。
>
> [孟夏之月]断薄刑,决小罪,出轻系。
>
> [孟秋之月]命有司修法制,缮囹圄,具桎梏,禁止奸,慎罪邪,务搏执。命理瞻伤、察创、视折、审断。决狱讼,必端平。戮有罪,严断刑。天地始肃,不可以赢。
>
> [仲秋之月]乃命有司,申严百刑,斩杀必当,毋或枉桡;枉桡不当,反受其殃。
>
> [仲冬之月]其有相侵夺者,罪之不赦。……涂阙廷门闾,筑囹圄,此所以助天地之闭藏也。

顺天时的思想后来被董仲舒在他的天人感应理论中加以推崇和发挥,明确提出"四时之副"的命题,他说:

> 天之道,春暖以生,夏暑以养,秋清以杀,冬寒以藏。暖暑清寒,异气而同功,皆天之所以成岁也。圣人副天之所行以为政,故以庆副暖而当春,以赏副暑而当夏,以罚副清而当秋,以刑副

寒而当冬。庆赏罚刑,异事而同功,皆王者之所以成德也。庆赏罚刑与春夏秋冬,以类相应也,如合符。故曰:"王者配天,谓其道。"天有四时,王有四政,四政若四时,通类也,天人所同有也。庆为春,赏为夏,罚为秋,刑为冬。庆赏罚刑之不可不具也,如春夏秋冬不可不备也。庆赏罚刑,当其处,不可不发;若暖暑清寒,当其时,不可不出也。庆赏罚刑各有正处,如春夏秋冬各有时也。四政者,不可以相干也,犹四时不可相干也。四政者,不可以易处也,犹四时不可易处也。故庆赏罚刑有不行于其正处者,《春秋》讥也。(《春秋繁露·四时之副》)

董仲舒主张法天,就要以人事中的庆赏罚刑来配天的春夏秋冬四季,按照春庆、夏赏、秋罚、冬刑的规律而行,不能乱了时令。在其著名的《天人三策》中,则明确提出:"春者,天之所以生也;仁者,君之所以爱也;夏者,天之所以长也;德者,君之所以养也;霜者,天之所以杀也;刑者,君之所以罚也。"(《汉书·董仲舒传》)不过需要指出的是,董仲舒本人并没有将这种完全按照时令而行赏罚的思想教条化,他在《春秋繁露·如天之为》中说:"若留德而待春夏,留刑而待秋冬也,此有顺四时之名,实逆于天地之经。""天非以春生人,以秋杀人也。当生者曰生,当死者曰死,非杀物之义待四时也。""且天之欲利人,非直其欲利谷也。除秽不待时,况秽人乎!"董仲舒认为君主应该效法天道来治理人事,将人类的感情变化与天气的四季变化相比配,在春夏秋冬四季分别施行仁爱、宽大、刑杀、清明的政治,但人道对天道的效法不应当仅追求机械简单的相配,君主在治理政事时应当根据实际情况来采取相应的措施,不应拘泥死守赏以春夏和刑以秋冬的教条。他在此问题上对阴阳家的超越,后来常常被人有意无意地忽视了。

与董仲舒同时代的司马谈,在评论阴阳家时曾说:"尝窃观阴阳之术,大祥而众忌讳,使人拘而多所畏;然其序四时之大顺,不可失也。"并进一步解释说:"夫阴阳四时、八位、十二度、二十四节各有教令,顺之者昌,逆之者不死则亡。未必然也,故曰'使人拘而多畏'。夫春生夏长,秋收冬藏,此天道之大经也,弗顺则无以为天下纲纪,故曰'四时之大顺,不可失也'。"(《史记·太史公自序》)司马谈对阴阳家的评价可能代表了后世绝大多数人的看法,人们未必真的相信对于时令是"顺之者昌,逆之者不死则亡",但是如果有可能还是会尽可能恪守"四时之大顺"的。时令对中国古代法制的介入产生了中国古代历史上的"司法时令说",其对中国古代刑事案件的行刑时间和民事诉讼受案时间产生了重大的影响,前者产生了秋冬行刑的制度,后者产生了务限制度。

(一) 秋冬行刑

在中国古代,对行刑时间没有限制的大概只有秦朝了,秦朝奉行法家的法治学说,实行"四时行刑"制度,一年四季都可执行死刑。"四时行刑"后来被看成是秦之"虐政"(《后汉书·陈宠传》)。汉承秦制,最初对刑法的执行时间也没有特别的讲究,据《汉书·韩彭英卢吴传》载,汉初刘邦夷韩信、彭越三族都是在春夏时节。汉武帝采纳董仲舒的建议独尊儒术后,阴阳家和董仲舒新儒学中的时令思想日益被统治者所重视,秦朝"四时行刑"的做法逐渐被改变,将行刑时间改为秋冬。汉宣帝时,"选于定国为廷尉,求明察宽恕黄霸等以为廷平,季秋后请谳"(《汉书·刑法志》),即至迟到汉宣帝时,汉代也开始实行每年秋季的最后一个月将重大的疑难案件上报皇帝请求定罪的制度,死刑的执行也改为秋冬进行。元和二年(85),东汉章帝下诏说:"朕咨访儒雅,稽之典籍,以为王者生杀,宜顺时气。其定律,无以十一月、十二月报囚。"(《后汉书·章帝纪》)将原来冬季三个月都可审理囚犯的制度,改为只在农历十月进行,即"汉旧事断狱报重,常尽三冬之月,是时帝始改用冬初十月而已"(《后汉书·陈宠传》)。

汉以降历代法制虽有损益,但秋冬行刑的思想和做法基本上沿袭至清末。《清史稿·刑法二》曾云:"然自汉以来,有秋后决囚之制。唐律除犯恶逆以上及奴婢、部曲杀主者,从立春至秋分不得奏决死刑。明弘治十年奏定真犯死罪决不待时者,凌迟十二条,斩三十七条,绞十二条;真犯死罪秋后处决者,斩一百条,绞八十六条。顺治初定律,乃于各条内分晰注明,凡律不注监候者,皆立决也;凡例不言立决者,皆监候也。自此京、外死罪多决于秋,朝审遂为一代之大典。"这个说法大概是不错的。

唐朝《狱官令》规定:"从立春后至秋分,不得奏决死刑。"对违者要加以处罚:"诸立春以后、秋分以前决死刑者,徒一年。"(《唐律》四百九十六条)《旧唐书·于志宁传》记载,永徽二年(651),李弘泰诬告太尉长孙无忌获罪,皇帝下诏令不待行刑之时就立即斩首处死。于志宁上疏谏阻,认为诬告不是恶逆,依法应到秋分处决。他用《左传》"赏以春夏、刑以秋冬"、《礼记·月令》、董仲舒的天人感应和阴阳学说论证了农历正月不应该执行刑法。唐高宗李治采纳了他的意见,可见在唐朝大多数时候秋冬行刑制度还是得到了认真执行。

宋朝大致沿袭了唐朝的做法,殿中侍御史赵湘曾向宋真宗上书建议,"望以十一月、十二月内,天下大辟未结正者,更令详覆;已结正者,未令决断",即恢复东汉章帝时的做法。真宗看了奏章说:"此诚嘉事。然古今异制,沿革不同,行之虑有淹滞,或因缘为奸矣。"(《宋史·刑法一》)真宗最终没有采纳赵湘的建议。

春秋行刑的做法也被金人接受,大定十二年(1173),金世宗下诏要求"立春后、立秋前,及大祭祀,月朔、望,上、下弦,二十四气,雨未晴,夜未明,休暇并禁屠宰日,皆不听决死刑"(《金史·刑志》)。

元明清均有秋冬行刑的制度。元朝法律规定:"诸职官于禁刑之日决断公事者,罚俸一月,吏笞二十七,记过。"(《元史·刑法一》)明代法律规定,立春以后、秋分以前不得执行死刑,停刑之日为初一、初八、十四、十五、十八、二十三、二十四、二十八、二十九、三十。"若立春以后、秋分以前决死刑者,杖八十。其犯十恶之罪应死及强盗者,虽决不待时,若于禁刑日而决者,笞四十。"(《明律·刑律·断狱》)成化十年(1474)正要处决犯人的时候,冬至节快到了,特下命令过节后再处决,但不久给事中又说冬至以后行刑不合适,于是皇帝下诏等到来年冬月再行刑(《明史·刑法二》)。明嘉靖年间,还发生过世宗朱厚熜因为怀疑执法官员有意不按时上奏罪囚请旨,"废义而市恩",以致迫近冬至使罪犯得不到及时行刑而削去刑部尚书吴山的职务,降级调用刑科给事中刘三畏等的事情。清代既有停审的规定,也有停刑的规定。停审之例为"每年正月、六月、十月及元旦令节七日,上元令节三日,端午、中秋、重阳各一日,万寿圣节七日,各坛庙祭享、斋戒以及忌辰素服等日,并封印日期,四月初八日,每月初一、初二日,皆不理刑名。然中外问刑衙门,于正月、六月、十月及封印日期、每月初一、二等日不尽如例行也",停刑之例为"每年正月、六月及冬至以前十日,夏至以前五日,一应立决人犯及秋、朝审处决重囚,皆停止行刑"(《清史稿·刑法三》)。

当然秋冬行刑从来就不是绝对的,例外的事和规定始终存在。隋文帝曾在六月发怒,要用棒打死人,遭到了大理少卿赵绰的诤谏:"季夏之月,天地成长庶类。不可以此时诛杀。"文帝应对说:"六月虽曰生长,此时必有雷霆。天道既于炎阳之时震其威怒,我则天而行,有何不可!"(《隋书·刑法志》)此事例一方面表明"赏以春夏,刑以秋冬"的思想已深入人心,另一方面也表明董仲舒的天人感应学说存在缺陷,留有任意比附的空间。

历代对秋冬行刑常有例外的规定,例如《唐律》四百九十六条《疏义》云:"犯'恶逆'以上及奴婢、部曲杀主者,不拘此令。"宋代进一步扩大了例外的规定,天禧四年(1020),宋真宗下诏说:"天下犯十恶、劫杀、谋杀、故杀、斗杀、放火、强劫、正枉法赃、伪造符印、厌魅咒诅、造妖书妖言、传授妖术、合造毒药、禁军诸军逃亡为盗罪至死者,每遇十二月,权住区断,过天庆节即决之。"(《宋史·刑法一》)上引金世宗的同一诏书也特意指出"惟强盗则不待秋后"(《金史·刑志》)。元朝初年并没有认真执行秋冬行刑的制度,元世祖八年(1271),尚书省臣建议说:"在先重囚待报,直至秋分已后施行,每半年内多趱下淹住。议得以后重囚,经省部推问,再交监察御史覆审,无冤,不待秋分逐旋施行。"(《新元史·刑律下》)元世祖采纳了这一建议。万历中,左都御史吴时来申明律例六条,其中之一就是:"在京恶逆与强盗真犯,虽停刑之年,亦不时处决。"(《明史·刑法一》)

秋冬行刑完全是法天顺时思想的产物,除了略带有利于保障农时外,并没有科学性可言。唐人柳宗元曾明确表示反对,认为:"夫圣人之为赏罚者非他,所以惩劝者也。赏务速而后有劝,罚务速而后有惩。"他主张:"必使为善者不越月逾时而得其赏,则人勇而有劝焉。

为不善者不越月逾时而得其罚,则人惧而有惩焉。为善者日以有劝,为不善者月以有惩,是驱天下之人而从善远罪也。"(《柳宗元集·断刑论下》),可惜这种意见没有被采纳。

(二)务限制度

中国先民很早就开始了农业生产活动,遵守时令对于农业生产来说具有十分重要的意义,这一点很早就被人所认识到。孔子就曾明确指出,治理国家要"使民以时"(《论语·学而》),不要妨碍百姓从事农业生产,只能在民闲时征调劳动力。孟子也强调治国应"不违农时""勿夺其时"(《孟子·梁惠王上》),将其看作行王道的基本要求。董仲舒也将"不夺民时,使民不过岁三日"(《春秋繁露·王道》)说成是五帝三王之治天下取得良好效果的重要原因。公孙弘在回答汉武帝的对策中也讲:"不夺民时,不妨民力,则百姓富。"(《汉书·公孙弘传》)贞观五年(631),为了不误农时,唐太宗不顾阴阳家二月为吉的说法,将皇太子举行冠礼的时间由二月改到了十月,他说:"阴阳拘忌,朕所不行,若动静必依阴阳,不顾理义,欲求福佑,其可得乎?若所行皆遵正道,自然常与吉会。且吉凶在人,岂假阴阳拘忌? 农时甚要,不可暂失。"(《贞观政要·务农》)不顾阴阳吉凶,对于中国古人来说,需要极大的毅力和勇气,由此可见其对农时的重视。甚至有些人相信,"夺民农时"会导致灾异。《宋书·五行一》云:"田猎不宿,饮食不享,出入不节,夺民农时,及有奸谋,则木不曲直,谓木失其性而为灾也。""使民以时",保护农民的农业生产时间,成为汉以降历代统治者治民的基本方针,正是在这种政治思想文化背景下,产生了农忙期间不受理民事诉讼的务限制度。

据考证,唐开元二十五年(737)的《杂令》是目前所能见到关于"农忙止讼"规定的最早法律文献。① 广顺三年(953),后周太祖郭威给各州赐诏令说:"于入务不行者,令俟务开系;有理须伸者,速期疏决。俾皆平允,无至滞淹。"(《旧五代史·刑法志》)显德四年(957)七月,郭威在诏令中又说:"准令,诸论田宅婚姻,起十一月一日至三月三十日止者。州县争论,旧有厘革,每至农月,贵塞讼端。近闻官吏因循,由此成弊,凡有诉竞,故作逗遛,至时而不与尽辞,入务而即便停罢,强猾者因兹得计,孤弱者无以自伸。起今后应有人论诉陈词状,至二月三十日权停。若是交相侵夺、情理妨害、不可停滞者,不拘此限。"(《旧五代史·世宗纪四》)后周在执行务限法的过程中已出现了一些弊端,郭威痛斥有些官吏墨守务限法的成规,致使奸人得逞,势单力薄的人无力申诉冤屈。要求从今以后凡是有人呈递状子进行指控,到二月三十日暂时停止,但是如果是交相侵夺、妨害情理、不能积压的案件,就不受这条律令的约束。这一方面将务限延长了一个月,另一方面为了保护诉权又做出了不受务限法约束的例外规定。

宋朝沿袭了唐以来的务限制度的立法精神,《宋刑统》卷十三《户婚律》"臣等参详"条规定:"所有论竞田宅、婚姻、债负之类,取十月一日以后,许官司受理,至[次年]正月三十日住接词状,三月三十日以前断遣须毕。如未毕,具停滞刑狱事由闻奏。如是交相侵夺及诸般词讼,但不干田农人户者,所在官司随时受理断遣,不拘上件月日之限。"绍兴二年(1132),宋高宗颁发的《绍兴令》又规定:

---

① 参见郑显文:《中国古代"农忙止讼"制度形成时间考述》,《法学研究》2005年第3期。但岳纯之认为不能因此就误认为"农忙止讼"制度首创于开元二十五年(737)令,参见氏著《中国古代农忙止讼制度的形成时间试探》,《南开学报》2011年第1期。

"诸乡村以二月一日后为入务,应诉田宅、婚姻、负债者勿受理。十月一日后为务开。"(《宋会要·刑法》三之四十六)务限法的适用造成了部分民众诉讼的困难,于是朝廷又规定了一些不受务限法限制的例外情况:"应人户典过田产,如于入务限内年限已满,备到元钱收赎,别无交互不明,并许收赎。如有词诉,亦许官司受理。"(《宋会要·刑法》三之四十六)同时宋孝宗隆兴元年(1163)再次明饬州县:"应婚田之讼,有下户为豪强侵夺者,不得以务限为拘。如违,许人户越诉。"(《宋会要·刑法》三之四十八)元代承袭了宋代的务限制度,将受理民事诉讼的时限称为"停务"。

清代有"农忙止诉"制度,《清史稿·刑法三》云:"其农忙停审,则自四月初一日至七月三十日,一应户婚、田土细故,不准受理,刑事不在此限。"通常,县、府在衙门前会挂上"农忙止讼"的牌了以晓谕之。不过有文献表明,这一项制度执行得并不怎么好,康熙五十一年(1712),赵申乔在向皇帝的奏疏中请求"每岁农忙,京师当遵例停讼",而康熙回答说:

> 农忙停讼,听之似有理,实乃无益。民非独农也,商讼则废生理,工讼则废手艺。地方官不滥准词状,准则速结,讼亦少矣。若但四月至七月停讼,而平日滥准词状,又复何益?且此四月至七月间,或有奸民诈害良善,冤向谁诉?八月以后,正当收获,亦非闲时。福建、广东四季皆农时,岂终岁停讼乎?读书当明理,事有益于民,朕即允行,否则断乎不可也。(《清史稿·赵申乔传》)

康熙对"农忙止诉"制度的反对言之成理,不过此项制度并没有因此而废止,乾隆五年(1740)修订的《清律例》三百三十四条"告状不受理"所附"条例"还是规定:"每年自四月初一日至七月三十日,时正农忙,一切民词,除谋反、叛逆、盗贼、人命及贪赃坏法等重情,并奸牙、铺户骗劫客货,查有确据者,俱照常受理外,其一应户婚、田土等细事,一概不准受理。自八月初一日以后,方许听断。若农忙期内受理细事者,该督抚指名题参。"

十二、英雄神话

天道为中国古代社会政治和法制的建构提供了依据,提供了合法性的论证和说明,同时也提供了批判现实的思想武器,给人们提供了改造社会的动力和勇气。一个人一旦信仰天道,效法天道,并为实现天道而斗争,那么他就不再是一个平庸的人,而是一个富有传奇色彩的英雄。在天道观念的支配下,中国古代法制创造了不少现代人难以理解的英雄神话。

(一) 诚信守法的英雄

诚信在中国古人的心目中具有特别崇高的地位,因为诚信是天道的重要内容,或者说在中国古人看来,诚信就是天道本身。这在儒家的天道观中表现得特别突出,《论语》总共二十篇,就有十三篇中讲到诚信问题,"信"字共三十八见。"子以四教:文、行、忠、信"(《述而》),其言不虚,原始儒家对诚信的强调真是到了无以复加的地步。假如说孔子本人只是从伦理的角度强调诚信的重要,那么孔门后学则将诚信直接上升到天道的高度。《中庸》云:"至诚如神","诚者天之道也;诚之者人之道。诚者不勉而中,不思而得,从容中道,圣人也。

诚之者,择善而固执之者也。"子思(据传《中庸》为孔子孙子子思所作)直接用"天之道"来诠释"诚"。儒家思孟学派的另一位大师孟子也完全接受了这一思想,他说:"是故诚者天之道也,思诚者人之道也。至诚而不动者未之有也,不诚未有能动者也。"(《孟子·离娄上》)而先秦儒家的最后一位大师荀子虽然对思孟学派颇有微辞,但也大讲诚信,他说:"诚信如神,夸诞逐魂。"(《荀子·致士》)又说:"君子养心莫善于诚,致诚则无它事矣。唯仁之为守,唯义之为行。诚心守仁则形,形则神,神则能化矣。诚心行义则理,理则明,明则能变矣。变化代兴,谓之天德。天不言而人推高焉,地不言而人推厚焉,四时不言而百姓期焉。夫此有常以至其诚者也。"(《荀子·不苟》)诚信成了养心之道,成了天地四时的表现,荀子用"诚"将天道与人道统一起来。

宋明理学沿着思孟学派的思路,将天道与性命贯通起来,而"诚"正是贯通天道与性命的重要环节。周敦颐在《通书》中讲:"圣者,圣人之本。'大哉乾元,万物资始',诚之源也。'乾道变化,各正性命',诚斯立焉。纯粹至善者也。"(《诚上第一》)"圣,诚而已矣。诚,五常之本,百行之源也。静无而动有,至正而明达也。五常百行,非诚非也,邪暗塞也。故诚则无事矣。"(《诚下第二》)诚是天之道,人效法天道即成人道,圣人正是效法天道诚信的楷模。程颐也讲:"天下万古,人心物理,皆所同然,有一无二,虽前圣后圣,若合符节,是乃所谓诚,诚即天道也。"(《经说》卷八)后人评价程颐说"其学本于诚"(《宋史·道学一》)。朱熹则用天理来诠释诚,他说:"诚者真实无妄之谓,天理之本然也。"(《中庸章句》)故将诚信作为天道或天理,是以儒家为主体的中国古代政治思想文化的重要传统之一。诸如"臣闻天道贵信"(《汉书·杜周传》),"夫不言而信,天之道也"(《宋史·天文一》)之类的言论,常见于典籍。

　　诚信是天道,而天道是法制的依据,那么法制自然就要奉守诚信原则了,故从天道过渡到诚信的法制原则在中国古人看来是再自然不过的事情了。例如咸和初年发生大旱,晋成帝司马衍诏令众官各自陈述求雨的意见,虞预即说:"臣闻天道贵信,地道贵诚。诚信者,盖二仪所以生植万物,人君所以保乂黎蒸。是以杀伐拟于震电,推恩象于云雨。刑罚在于必信,庆赏贵于平均。"(《晋书·虞预传》)虞预即由天道贵于信实、地道贵于真诚,推演出刑罚的关键在于有信、庆赏贵在平均的结论。从诚信的角度出发,一些儒臣甚至还得出皇帝本人也应该守法的结论,例如孙伏伽在上表劝谏唐高祖时就说:"但法者,陛下自作之,还须守之,使天下百姓信而畏之。"(《旧唐书·孙伏伽传》)当然在专制体制下,这些言论的实际作用并不大,不过在中国古代确实存在一些极端信奉天道诚信思想的人,他们创造了今天不可再复制的诚信司法神话。

　　　　[曹摅任临淄县令]狱有死囚,岁夕,摅行狱,愍之,曰:"卿等不幸致此非所,如何?新岁人情所重,岂不欲暂见家邪?"众囚皆涕泣曰:"若得暂归,死无恨也。"摅悉开狱出之,克日令还。掾吏固争,咸谓不可。摅曰:"此虽小人,义不见负,自为诸君任之。"至日,相率而还,并无违者,一县叹服,号曰圣君。(《晋书·良吏传·曹摅》)

　　新年临近,曹摅打开狱门让死囚们全部回家过年,而这些死囚犯都在规定的日期回来了,没有一人逃跑,曹摅对囚犯们的信任,以及囚犯们的守信,堪称佳话,故众人皆称曹摅为圣人。

　　开皇末，[王伽]为齐州行参军，初无足称。后被州使送流囚李参等七十余人诣京师。时制，流人并枷锁传送。伽行次荥阳，哀其辛苦，悉呼而谓之曰："卿辈既犯国刑，亏损名教，身婴缧绁，此其职也。今复重劳援卒，岂独不愧于心哉！"参等辞谢。伽曰："汝等虽犯宪法，枷锁亦大辛苦。吾欲与汝等脱去，行至京师总集，能不违期不？"皆拜谢曰："必不敢违。"伽于是悉脱其枷，停援卒，与期曰："某日当至京师，如致前却，吾当为汝受死。"舍之而去。流人咸悦，依期而至，一无离叛。上闻而惊异之，召见与语，称善久之。于是悉召流人，并令携负妻子俱入，赐宴于殿庭而赦之。（《隋书·循吏传·王伽》）

　　王伽押送重囚犯解除其械具，让其自行定期在京师汇集以便执行刑罚，结果众囚犯都按期达到了指定地点，没有一人逃跑。王伽对囚犯的信任以及众囚犯的守信令隋文帝感动不已，在殿庭宴请众囚犯及其家人，并将其全部赦免。

　　类似精彩的司法诚信故事在唐太宗身上也发生过一次。《旧唐书·太宗下》记载：贞观六年（632）十二月辛未，太宗"亲录囚徒，归死罪者二百九十人于家，令明年秋末就刑。其后应期毕至，诏悉原之"。对此事《新唐书·刑法》也有记载："[贞观]六年，亲录囚徒，闵死罪者三百九十人，纵之还家，期以明年秋即刑；及期，囚皆诣朝堂，无后者，太宗嘉其诚信，悉原之。"虽然新旧《唐书》对囚犯数量的记载有较大出入（相差一百人），但此事的真实性定毋庸置疑。死囚犯被放回家，让其一年后再回来受刑，结果一年后囚犯们都回来了，没有一人逃跑，囚犯们的诚信令唐太宗感动，将其全部赦免。

　　[吕元膺]出为蕲州刺史，颇著恩信。尝岁终阅郡狱囚，囚

有自告者曰:"某有父母在,明日元正不得相见。"因泣下。元膺悯焉,尽脱其械纵之,与为期。守吏曰:"贼不可纵。"元膺曰:"吾以忠信待之。"及期,无后到者,由是群盗感义,相引而去。(《旧唐书·吕元膺传》)

吕元膺同情囚犯,除去囚犯的刑具,放他们回家与亲人共同过大年,到了约定的期限,囚犯们都按期回到了监狱,没有一个迟到的,强盗都被吕元膺的义举感动,纷纷离开蕲州。

这四个故事中司法当事人的诚信均达到了神化的程度,诚信使囚犯们瞬间成了英雄。[①] 而皇权的介入,让囚犯们的命运经常发生峰回路转的改变。其实,使故事呈现戏剧性的正是专制体制本身,皇帝如果没有生杀予夺的权力,不能够随意赦免犯罪人,故事就将失去大半的精彩性。

(二) 寻求正义的英雄

除了"诚"外,公而无私是天道的另一品质。孔子曾说:"天无私覆,地无私载,日月无私照。"(《礼记·孔子闲居》)孔子眼中的天是大公无私的,不偏袒任何事物。墨子也曾说:"然则奚以为治法而可?故曰:莫若法天。天之行广而无私,其施厚而不德,其明久而不衰,故圣王法之。"(《墨子·法仪》)墨子认为天最值得效法的地方之一即

---

① 当然唐太宗的纵囚行为,也许不能与曹摅、王伽和吕元膺的故事相提并论。专制国家力量强大,逃跑很可能会被再次抓回来杀头;善恶报应观念流行,只要让皇帝一感动即可获得赦免释放的可能性(而且这种可能性还极大)等,都是使囚犯们不逃跑的重要原因,也就是说囚犯们的诚信行为也许在当时的历史情景下正是最理性的选择。欧阳修后来撰写《纵囚论》一文,指陈唐太宗纵囚是标新立异,逆情干誉,求取令名而已,并不值得后世效法,可谓得之。

其"行广而无私"。《吕氏春秋》云:"阴阳之和,不长一类。甘露时雨,不私一物。万民之主,不阿一人。"(《吕氏春秋·贵公》)认为天地是大公无私的,平等地关爱万物。董仲舒将人事的一切都归之于天,认为人的一切行为都应取法于天道,而他眼中的天正是博爱平等无私的天,他说:"臣闻天者群物之祖也,故遍覆包函而无所殊,建日月风雨以和之,经阴阳寒暑以成之。故圣人法天而立道,亦溥爱而亡私,布德施仁以厚之,设谊立礼以导之。"(《汉书·董仲舒传》)受到汉族文化影响的少数民族也接受了这一观念,耶律曷鲁曾对辽太祖讲:"天道无私,必应有德。"(《辽史·耶律曷鲁传》)而且这种观念在中国古代历久弥新,清人储麟趾在奏书中还在讲:"然往来推行,久而必复其常者,天道之无私也。"(《清史稿·储麟趾传》)

天道无私落实到司法上,即成为相关当事人不惜一切代价伸张正义、讨回公道信仰的依据和精神动力,使中国历史上出现了许许多多不畏强权,百折不挠去实现司法正义的英雄人物。为了雪冤不远千里、万里进京城直诉,例如衡方厚妻程氏"诣阙伸冤,徒行万里,崎岖逼畏,滨于危亡"(《旧唐书·列女传》)。为了引起皇帝或官方对自身冤情的重视,不少当事人采取髡发、割耳、劓面、钉手等自残行为,《旧唐书·来俊臣传》云:"诸蕃长诣阙割耳劓面讼冤者数十人,乃得不族。"由于自残的泛滥,统治者后来不得不严加禁止。[1] 但为了伸冤,官方设置再高的救济条件一些人也毫无畏惧,欣然前往。

> 诸娥,山阴人。父士吉,为粮长。有黠而捕赋者,诬士吉于官,论死,二子炳、焕亦罹罪。娥方八岁,昼夜号哭,与舅陶山长走京师诉冤。时有令,冤者非卧钉板,勿与勘问。娥辗转其上,几死,

---

[1] 张全民:《中国古代直诉中的自残现象探析》,《法学研究》2002年第1期。

事乃闻,勘之,仅戍一兄。而娥伤重卒,里人哀之,肖像配曹娥庙。(《明史·列女传一》)

面对伸冤者不在钉板上躺卧即不予调查的酷法,年仅八岁的诸娥竟然义无反顾,在钉板上翻滚,沉冤得雪,但诸娥也为此失去了生命。

又如年仅十八岁的贺上林,获知父亲以事忤知县,系狱,将杀之,立志伸冤:

> 闻巡抚将上官,涉江溯淮,迎舟呼,驺从呵之,不得前,乃发愤投水,发没数寸,复跃起大呼。巡抚见,令救,已死,检其衣,得白父冤系状。巡抚按部黜知县,释天叙出狱,乡人为立贺孝子祠。(《清史稿·孝义传二》)

为了替父伸冤,贺上林不顾自身的性命,结果溺水而亡。实现正义的代价是沉重的,为此常常需要献出生命,但有天道信仰的支撑,中国古人常常从容为之。[①]

(三) 替天行道

在中国古人的思想世界里,天是道德的,高尚的,天道是大公无私的,是正义的化身,但天道不会自动实现,天道的呈现需要人去维护和执行,即孔子所说的"人能弘道,非道弘人"(《论语·卫灵公》)。在通常的情况下,这个执行天道的人不是别人,正是君主以及作为其助手的各级官僚,当皇帝昏庸,官僚贪污腐败,不能主张公道、伸张正

---

① 当然支配中国古人行动逻辑的思想是多元的,在上述两个案例中,除了讨回公道的天道信仰外,儒家所倡导的孝以及亲人间的情感等,都是当事人能够作出英雄举动的原因。

义的时候，一些侠客和绿林好汉就会站出来，打出"替天行道"的旗号。《水浒传》中梁山好汉的故事正是这样的例子，他们杀富济贫，为小民伸张正义、主持公道，一下子变成了民众的救星。在中国古代，不但侠客和绿林好汉常常打出"替天行道"的招牌，土匪也常常打出"替天行道"的旗号，以获得民众的认同，争取到一定的合法性。这种源于天道观念的替天行道思想及实践，为中国法制开放出了一个私力救济的传统，当民众对皇帝和官员失望之余，就会寄希望于一位侠客帮助他们复仇和雪洗冤屈。

第二章　神　道

在古代汉语中,神道是一个多义词,既可指墓道,例如"禹既嗣为博陆侯,太夫人显改光时所自造茔制而侈大之。起三出阙,筑神道"(《汉书·霍光传》),也可指神异之术,例如"左慈字元放,庐江人也。少有神道"(《后汉书·方术传下·左慈》),也可指神灵、神祇,例如"比干,纣之忠臣也;倘神道有知,明我以忠见杀"(《唐语林·补遗一》),也可指鬼神赐福降灾神妙莫测之理,即神明之道,在此意义上有时可代指天道,例如"观天之神道,而四时不忒,圣人以神道设教而天下服矣"(《易·观卦·彖传》)。在本书中,笔者所讲的神道正是指这种鬼神赐福降灾之道,以及人们侍奉鬼神之道。

和天道一样,神道之所以能够起到建构中国古代政治和法制的作用,能够对人事发挥影响,实际也是通过人道这一中介实现的,神道正是通过转化为人道而发挥效用的。在本章中笔者将探讨中国古人的鬼神观念对中国古代法制建构的具体影响。神道是以鬼神信仰为基础的,没有鬼神信仰神道就失去了根基,故在此之前,有必要先来探讨一下中国古代的鬼神信仰问题。

一、鬼神信仰

在很早的时候中国先民就有了鬼神信仰。据传黄帝时已有了相当正式的鬼神祭祀活动,黄帝"万国和,而鬼神山川封禅与为多焉"(《史记·五帝本纪》)。黄帝对鬼神山川封神祭祀的事情,在历代帝王中规模是最大的。黄帝的孙子帝颛顼高阳,"依鬼神以制义,治气以教化,洁诚以祭祀"(同上),按照山川的神灵来制定义理,用洁诚的心来祭祀鬼神。黄帝的曾孙帝喾高辛,"明鬼神而敬事之"(同上),明了鬼神并恭敬地侍奉他们。而"禹伤先人父鲧功之不成受诛,乃劳身焦思,居外十三年,过家门不敢入。薄衣食,致孝于鬼神"(《史记·夏本纪》),大禹对鬼神很是孝敬,不敢有所怠慢。《礼记·表记》记载,孔子曾讲过诸如"夏道尊命,事鬼敬神而远之","殷人尊神,率民以事神,先鬼而后礼","周人尊礼尚施,事鬼敬神而远之"之类的话,故夏商周三代都是信奉鬼神的,只是对鬼神的态度和策略有所不同而已。

殷墟卜辞表明,殷人不但有鬼神的信仰,而且已经有了至上神"帝"的观念。周人用"天"取代了殷人的"帝","天"变成了新的最高主宰者。但在此情况下,中国先民并没有建立起一元化的信仰世界,除了天神外,周人相信还存在众多位阶比"天"低的鬼神,他们也有神通,只是都要服从天,受天统率而已。例如墨子就说:"古之今之为鬼,非他也,有天鬼,亦有山水鬼神者,亦有人死而为鬼者。"(《墨子·明鬼下》)到墨子生活的时代,天神、地祇、人鬼三个鬼神系统已成型,《周礼》的记载表明这三个鬼神系统已实现了制度化,其云:"大宗伯之职,掌建邦之天神、人鬼、地示之礼,以佐王建保邦国。"(《春官·大宗伯》)周王设置礼官大宗伯,就是让其来掌管对于天神、人鬼、地神的祭祀之礼,以辅佐王建立和安定天下各国。在整个周朝,无论是西周还是东周,都有许多祭祀活动来维持和表达当时人们的鬼神信仰。秦汉以降,鬼神信仰不但没有从人们的思想世界中消退,反而随着中国本土道教的创立,佛教和其他宗教的传入,鬼神谱系越来越庞杂,信仰越来越多元化。虽然"中国哲学中从无以证明神的存在为务者",[①]然而鬼神问题是所有中国古代人都不得不正视的社会思想存在。

首先,中国历代传世文献中均有鬼神的记载,甚至不乏专门研究和讨论鬼神的书籍,鬼神文化是中国传统文化的重要组成部分,鬼神问题是每位中国古代人都必须面对的重要话题。

殷人卜辞中就有不少关于鬼神的记载。现存较为古老的文献《诗经》中有不少关于鬼神的言论,例如:"神之听之,终和且平。"(《小雅·伐木》)"为鬼为蜮,则不可得。"(《小雅·何人斯》)"先祖是皇,神保是飨。"(《小雅·楚茨》)"田祖有神,秉畀炎火。"(《小雅·大田》)"惠于宗公,神罔时怨,神罔时恫。"(《大雅·思齐》)"靡神不举,靡爱斯牲。"(《大雅·云汉》)"维岳降神,生甫及申。"(《大雅·崧高》)"怀柔百神,及河乔岳。"(《周颂·时迈》)春秋战国时代的文献,除了《商君书》等少数几部外,其他基本上都或多或少地提及或讨论过鬼神。

秦以降,历代均有不少讲神仙鬼怪的书籍。《汉书·艺文志》《隋书·经籍志》《新唐书·艺文志》《宋史·艺文志》等均开列了不少

---

① 张岱年:《中国哲学大纲》,第 10 页。

研讨鬼神志怪的书籍。二十六史中没有一部未谈及鬼神,可以说几乎每一部正史中都有关于鬼神的生动故事记载。在中国古代,鬼神是必须而且也确实受到了认真对待的话题。鬼神也是各类中国古代文艺作品中的重要主题之一,《山海经》《搜神记》和《聊斋志异》等是民众喜闻乐见、专门讲鬼神故事的文学作品,关于鬼神的各类民间传说更是不计其数。

其次,在先秦诸子中,儒、道、墨、阴阳诸家都公开讨论鬼神问题,而且墨家和阴阳家对鬼神均深信不疑。

儒家虽然对鬼神有所保留,但也十分重视鬼神问题,将其视作治国的一个基本问题。《论语》中就有不少孔子谈论鬼神的记载,例如:"非其鬼而祭之,谄也。"(《为政》)"禹,吾无间然矣。菲饮食而致孝乎鬼神,恶衣服而致美乎黻冕,卑宫室而尽力乎沟洫。禹,吾无间然矣!"(《泰伯》)"祭如在,祭神如神在。"(《八佾》)孔子间或对鬼神大加赞赏,例如:"鬼神之为德,其盛矣乎! 视之而弗见,听之而弗闻,体物而不可遗,使天下之人齐明盛服,以承祭祀,洋洋乎如在其上,如在其左右。《诗》曰:'神之格思,不可度思,矧可射思。'夫微之显,诚之不可掩,如此夫。"(《中庸》)

"克己复礼"是孔子的梦想,恢复周礼是孔子一生的政治追求,而在儒家看来,礼实与鬼神有莫大的关联。一则鬼神是制定礼的依据之一。"是故夫礼,必本于天,殽于地,列于鬼神,达于丧、祭、射、御、冠、昏、朝、聘。"(《礼记·礼运》)"礼也者,合于天时,设于地财,顺于鬼神,合于人心,理万物者也。"(《礼记·礼器》)礼是根据天道,仿效地理,取法于鬼神,顾及人情而制定的,除了天地和人心外,鬼神是制定礼的重要参考因素。二则侍奉鬼神是礼的重要功能。"是故礼者,君之大柄也,所以别嫌明微,傧鬼神,考制度,别仁义,所以治政安君也。"(《礼记·礼运》)"故礼义也者……所以养生送死,事鬼神之大端也。"(同上)"祷祠祭祀,供给鬼神,非礼不诚不庄。"(《礼记·曲礼》)礼的重要价值之一就体现在侍奉鬼神上。《说文解字》将礼诠释为"所以事神致福也",确实较为恰当。礼与刑是中国古代治国的两种重要手段,鬼神对于礼有如此大的影响,"故圣人参于天地,并于鬼神以治政也"(同上)。儒家尊崇的圣人正是参照天地、比照鬼神来治国理政的,在治国理政方面鬼神的地位仅次于天地,是统治者不得不重视的力量。

在道家的思想体系中"道"是最高的范畴,是本原,统率一切,万物都要服从和遵循道。① 虽然老子的道具有唯物主义倾向,但是老子也并没有否认鬼神的存在,《老子》八十一章五千余言,其中就有两章讲到鬼神。《老子》说:"神得一以灵""谓神无以灵,将恐歇。"(《三十九章》)"以道莅天下,其鬼不神;非其鬼不神,其神不伤人;非其神不伤人,圣人亦不伤人。"(《六十章》)虽然老子强调的是鬼神也必须服从道,鬼神也只有得到道才能灵验,但是老子不否认鬼神的存在是明确无疑的。庄子继承了老子的诸多思想,对于鬼神,庄子同样不予否认,《庄子》中就多次谈及鬼神,例如:"夫徇耳目内通而外于心知,鬼神将来舍,而况人乎!"(《人间世》)"吾敬鬼尊贤,亲而行之,无须臾离居。"(《山木》)"神鬼神帝,生天生地。"(《大宗师》)"通于一而万事毕,无心得而鬼神服。"(《天地》)"是故鬼神守其幽,日月星辰行其纪。"(《天运》)"当是时也,阴阳和静,鬼神不扰,四时得节,万物不伤,群生不夭,人虽有知,无所用之,此之谓至一。"(《缮性》)

---

① 道家关于万物都要服从和统一于道的思想也被《周易》部分认同,例如《周易·谦卦》讲:"天道亏盈而益谦,地道变盈而流谦,鬼神害盈而福谦,人道恶盈而好谦。"天、地、鬼神和人都遵循了"谦受益、满招损"的规律。

从这些言论来看,庄子是相信存在鬼神的。正是道家从未否认鬼神,所以道家思想才能够成为后来道教的理论渊源之一。

在先秦诸子中,墨家对鬼神的信仰是最坚定不移的。《墨子》一书曾有《明鬼》上、中、下三篇,上篇和中篇已佚失,现仅存下篇,但从这仅存的下篇即可见墨家崇尚和信仰鬼神是十分坚定的。后人评价墨家"宗祀严父,是以右鬼"(《汉书·艺文志》),"右鬼神而非命"(《隋书·经籍三》),其言不虚。

战国中晚期兴起,被司马谈列为六家之首,后来成为道教重要思想来源的阴阳家,其对于鬼神的信仰与墨家相比则有过之而无不及,或者说其对鬼神的信仰是诸家中最接近信仰的本意的。墨家主要是基于功利而大谈鬼神,阴阳家以天象推人事,动辄言人吉凶,其背后是以鬼神信仰为支撑的。对于阴阳家,班固曾有这样的评价:"阴阳家者流,盖出于羲和之官,敬顺昊天,历象日月星辰,敬授民时,此其所长也。及拘者为之,则牵于禁忌,泥于小数,舍人事而任鬼神。"(《汉书·艺文志》)放弃人事而从事鬼神迷信,正是班固眼中阴阳家的重要特点之一。

儒、道、墨和阴阳四家学说是建构中国古代人们精神世界的重要思想资源,四家都言鬼神,所以鬼神问题是讨论中国古代思想世界、讨论中国古代法制绕不开的话题。后世道教的产生,佛教、基督教、伊斯兰教等的传入,则进一步强化了鬼神问题的重要性。

再次,鬼神是中国古代君主们在实际治理国家与社会时考量的重要因素,无论是否信仰鬼神,君主们每年都要举行祭祀鬼神的活动,以获取其统治的合法性,祭祀鬼神是中国古代最重要的政治活动之一。

汉文帝曾在诏书中讲:"间者数年比不登,又有水旱疾疫之灾,朕甚忧之。愚而不明,未达其咎。意者朕之政有所失而行有过与?乃天道有不顺,地利或不得,人事多失和,鬼神废不享与?"(《汉书·文帝纪》)天道、地利、人事和鬼神是其权衡政治得失的参考变量。《汉书》上甚至有"若乃不敬鬼神,政令逆时,则水失其性。雾水暴出,百川逆溢,坏乡邑,溺人民,及淫雨伤稼穑,是为水不润下"(《汉书·五行志》)的说法,史官将不敬鬼神与水失其性酿成灾害的因果关联正儿八经地书写在正史中,作为一种官方正统知识向后人传承。《晋书·礼上》也讲:"崇高天地,虔敬鬼神,列尊卑之序,成夫妇之义,然后为国为家,可得而治也。"虔敬鬼神被看成治家治国的重要基础和前提。

虽然鬼神是虚假的,但是生长和浸淫在鬼神文化环境中的君主们自然是或多或少地接受了鬼神的信仰和关于鬼神的话语,历代迷信鬼神的帝王史不绝书。秦始皇曾"使韩终、侯公、石生求仙人不死之药"(《史记·秦始皇本纪》)。燕人卢生出使海边回来,上报鬼神之事,并进上"亡秦者胡也"的谶语,秦始皇"乃使将军蒙恬发兵三十万人北击胡,略取河南地"(同上)。秦始皇虽为一代霸主,智勇过人,但在迷信鬼神上也不免俗。"孝武皇帝初即位,尤敬鬼神之祀。"(《史记·孝武本纪》)汉武帝雄才伟略,同样信奉鬼神。"成帝末年颇好鬼神。"(《汉书·郊祀志》)南朝宋太宗刘彧"末年好鬼神,多忌讳,言语文书有祸败凶丧疑似之言应回避者,犯即加戮"(《南史·宋本纪下》)。隋文帝晚年"尤崇尚佛道,又素信鬼神"(《隋书·刑法志》)。唐太宗是不怎么相信鬼神的,但也有"朕闻黄银多为鬼神所畏"(《旧唐书·杜如晦传》)这样的话语传世。明世宗朱厚熜"嗣位,惑内侍崔文等言,好鬼神事,日事斋醮"(《明史·佞幸邵元节传》)。那些不相信鬼神的皇帝,同样会沿袭先王的道路,本着"国之大事,在祀与戎"(《左传·成公十三年》)的精神,设置礼官,每年例行祭祀鬼神,通过祭祀活动以获取统治的合法性。祭祀鬼神活动是当时重要的政治活动,故对于君王的祭祀活动,历代史官都将其作为大事,认真地记载在史书之中。

最后,假如说在知识精英中还存在无神论者,还有人公开反对鬼神信仰,那么在中国古代的广大下层民众中,纯粹不相信鬼神的人就几乎找不到了。

愚昧正是迷信的渊薮,历来鬼神信仰在下层民众中都很有市场,官方和民间的各种祭祀活动也不断强化了这种信仰。毛泽东曾说中国人受到四种权力系统的支配,其中之一即是"由阎罗天子、城隍庙王以至土地菩萨的阴间系统以及由玉皇上帝以至各种神怪的神仙系统——总称之为鬼神系统(神权)"[1]的统治,事实上确实如此。当然中国古代底层社会也不乏个别强人,为了一时之利不惜干些装神弄鬼、盗墓等的勾当,但他们的立场从来就不是坚定的,随时有倒向鬼神信仰一边的可能。基层社会绝大多数人都相信鬼神有奖善罚恶的功能,而所谓善恶的标准被儒家化后,鬼神也就成了中国古代统治者在基层社会推行儒教的重要工具。

二、无神论

在鬼神信仰盛行的同时,中国大致从春秋时期开始就有了无神论思想的萌芽。荀子《天论》的问世,标志着理论化和系统化无神论

---

[1]《毛泽东选集(第1卷)》,人民出版社1991年版,第31页。

思想的诞生,从此有神论和无神论就长期处于交织、斗争的过程之中,^① 其形态是异常复杂的。不但存在代表人物、思想阵营的对立和冲突,而且即使在同一个人物身上,也常常同时有无神和有神两种观念。在中国古代世俗社会中,很难找到一个自始至终彻底的无神论者,也很难找到一个自始至终彻底的有神论者。以荀子为例,一方面他将天还原为物质之天,否定天对人事的主宰性,提出了"制天命而用之"的人定胜天的光辉思想,另一方面又讲"人之命在天"(《荀子·天论》),认为个人的命运还是由上天主宰着,无神论的思想并不彻底。韩愈也是一个典型,他继承了孔孟的唯心主义思想,具有有神论的因素,又反对宗教迷信,冒死谏止唐宪宗迎佛骨。所以范文澜评价说:"韩愈思想分成两截,半截唯心,半截接近唯物。"^② 中国古代著名的无神论者大致都是如此。这当然是不足为怪的,鬼神文化弥漫于社会的每一个角落,置身其间的个体完全不受到影响是不可能的,而且思想问题历来较为复杂,每个人的思想都处于不断发展变化之中。下面就让笔者先来谈谈知识精英中关于鬼神信仰分化的具体情况。

春秋时期,伴随着人自身价值的发现,人本、民本思想兴起,加之

---

① 有学者指出,二者贯彻始终的斗争焦点集中于鬼神的有无,并围绕以下几个方面展开:一是天与天人关系。即是否有超自然并具有人格与意志的主宰者——天(上帝),及其能否干预人事之争。二是形神关系。即神灭与神不灭,人死后有无独立于人体之外的灵魂,有鬼与无鬼之争。三是宗教神学与反宗教神学,斗争涉及神学世界观、现世与来世、现实人间与彼岸世界等神秘说教之争。四是封建世俗迷信与反封建世俗迷信的斗争(参见王友三:《中国无神论史研究的几个问题》,《世界宗教研究》1999年第4期)。由于天人关系在第一章中已讨论过,在本章中笔者主要讨论其他三个方面。

② 范文澜:《中国通史简编(第3编第2册)》,人民出版社1965年版,第723页。

社会动荡，善遭厄运而恶交好运的现象层出不穷，善恶报应无征，上天"惩恶扬善"的信仰日渐动摇，疑天怨天思潮盛行，"天道远，人道迩"已出现在像子产那样开明的当政者口中，作为主宰者的天的权威性下降。人们对天都不再像以前那样敬畏，对受天统率的鬼神就更缺少敬畏了。公元前 712 年，"郑伯使卒出豭，行出犬、鸡，以诅射颍考叔者。君子谓：郑庄公失政刑矣。政以治民，刑以正邪，既无德政，又无威刑，是以及邪。邪而诅之，将何益矣！"（《左传·隐公十一年》）当时的人们已认为，郑庄公不重视人事（德政和威刑）而相信鬼神诅咒之类的事情是很荒唐的。

在这种思想背景下，社会精英对于鬼神的信仰日渐发生分化。一部分人直接质疑鬼神的存在，无神论的思想开始萌芽。儒家内部出现了像公孟子那样持无鬼神说的无神论者。《墨子·公孟》记载："公孟子谓子墨子曰：有义不义，无祥不祥。"又说："公孟子曰：无鬼神。"荀子的门人为荀子有大德而无大位鸣不平，埋怨说："天地不知，善桀、纣，杀贤良。比干剖心，孔子拘匡，接舆避世，箕子佯狂，田常为乱，阖闾擅强。为恶得福，善者有殃。"（《荀子·尧问》）

到墨子生活的战国初年，持无鬼说的人已有相当的影响，所以信奉鬼神的墨子才有必要撰写《明鬼》，大力阐发无鬼说的危害，以维持人们对鬼神的信仰。当然即使是墨子这样对鬼神深信不疑的人，于人事也较为重视，他心目中的鬼神已不再是决定事情成败的唯一主宰。

> 子墨子有疾，跌鼻进而问曰："以鬼神为明，能为祸福，为善者赏之，为不善者罚之。今先生圣人也，何故有疾？意者先生之言有不善乎？鬼神不明知乎？"子墨子曰："虽使我有病，何遽不

明? 人之所得于病者多方,有得之寒暑,有得之劳苦。百门而闭
一门焉,则盗何遽无从入?"(《墨子·公孟》)

面对善恶报应无征的事实,墨子只能对原来鬼神"惩恶扬善"的
说法加以适当的修改,说鬼神是能对人施以祸福的,但祸福多端,鬼
神祸福只是其中一种情形而已。人患病的原因很多,除了鬼神外还
有其他多种原因,就像有一百道门,只关闭了一道,怎么可能杜绝盗
贼的进入呢? 墨子很雄辩,暂时化解了鬼神信仰的危机,但鬼神作为
人事唯一主宰者的地位在他的说法中已荡然无存。

法家的无神论倾向则更为明显。韩非认为迷信占卜是治国的
邪术,他说:"用时日,事鬼神,信卜筮,而好祭祀者,可亡也。"(《韩非
子·亡征》)办事挑选吉日良辰,侍奉鬼神,迷信卜筮而喜好祭神祀祖,
国家可能会灭亡。"龟策鬼神不足举胜,左右背乡不足以专战。然而
恃之,愚莫大焉。"(《韩非子·饰邪》) 在韩非看来,用卜筮鬼神来推
断战争胜负,认为星体在天空的方位能决定战争的结果,是再愚蠢不
过的事情了。并认为信奉鬼神对国家治理具有极大的危害性,"故恃
鬼神者慢于法,恃诸侯者危其国"(同上)。依仗鬼神保佑就会忽视法
治,信奉鬼神不利于推行法治,韩非的法治蓝图里并没鬼神的位置。

鬼神之说难以经受住逻辑思辨的拷问,[①] 故在知识精英中,无神

---

① 《战国策·秦策》载,秦宣太后爱魏丑夫,将死,想让其殉葬,魏丑夫不情愿,庸
芮就代其游说宣太后。庸芮问太后人死后是否有知觉,太后说无知觉,庸芮
说既然无知觉为什么白白地把自己喜欢的人和没有知觉的人同葬呢? 并进
一步强调说,如果人死有知觉,那先王早就不知道有多生气了,太后补救过失
还来不及,哪还有时间去私爱魏丑夫? 宣太后完全被庸芮说服了,最终放
弃了让魏丑夫殉葬的打算。这个事例表明,鬼神信仰确实存在诸多逻辑上不
能自圆其说的地方,战国时代的权力和知识精英们对其已多有保留。

论思想代有传人。司马迁曾说："学者多言无鬼神,然言有物。"(《史记·留侯世家》) 司马迁时代的学者不相信鬼神的已不在少数,甚至成了一种风气,不然司马迁不会如此说话。发源于春秋时期的无神论思想,后被荀子、王充、何承天、范缜、柳宗元、刘禹锡、张载、陈亮、叶适、罗钦顺、王廷相、王夫之等人继承并发挥光大,形成了一个思想传统。当然这个思想传统只是在知识精英中有一定影响,而未被广大民众接受,也没有对立法产生多少实质性的作用,但其对中国古代执法和司法活动的影响却是巨大的。它使中国古代的权力精英(司法官员) 广泛利用民众的鬼神信仰来侦查破案成为可能,对此笔者将在下一节中再作具体说明。

知识精英中的另一部分人则像孔子那样,不彻底否定鬼神,但是重人事而轻鬼神,对鬼神敬而远之。《论语》的记载表明,孔子并不否定鬼神的存在,但他对鬼神的态度却相当理性,一点儿也不迷信。樊迟问知,孔子说:"务民之义,敬鬼神而远之,可谓知矣。"(《论语·雍也》) 季路问如何侍奉鬼神,孔子说:"未能事人,焉能事鬼? " 季路又问怎样看待死,孔子说:"未知生,焉知死? "(《论语·先进》) 与事鬼相比,孔子更重视事人,与死相比,孔子更重视生。孔子不语"怪、力、乱、神"(《论语·述而》)。孔子十分理性务实,主要精力都在人道和人事上,主要关注的是人们的世俗生活,对于鬼神等超验的事情从来都是敬而远之。

儒家"敬鬼神而远之",重人事兼言鬼神、主人道不舍神道的理性主张,后来为历代明智的统治者所接受,成了处理鬼神问题的正确知识。

一则不迷信鬼神,对鬼神报以理性态度的人和事受到了人们的赞扬。例如,鸿嘉三年(前18),赵飞燕诬陷许皇后、班婕妤行妇人媚道,诅咒后宫,甚至谩骂皇上。许皇后获罪被废,审问班婕妤时,她从容应对说:"妾闻'死生有命,富贵在天'。修正尚未蒙福,为邪欲以何望? 使鬼神有知,不受不臣之诉;如其无知,诉之何益? 故不为也。"(《汉书·外戚传·孝成班婕妤》)鬼神知与不知均无益,唯尽人事而已,班婕妤对鬼神的理性态度受到了汉成帝的赞许,赏赐黄金百斤。东晋时庾翼镇守武昌,因为当地多次出现所谓妖怪的事情,又有猛兽入官府,于是想将镇所迁移到乐乡以辟邪。对此迷信鬼神的行径,王述给庾冰写信去劝阻,说:"若是情邪,则天道玄远,鬼神难言,妖祥吉凶,谁知其故! 是以达人君子直道而行,不以情失。"(《晋书·王述传》)王述认为天道幽远,鬼神之事说不清楚,妖祥吉凶,原因难明,君子直道而行即可,不要因为迷信鬼神而失常。贞观二年(628),唐太宗对身边的大臣说:"神仙事本是虚妄,空有其名。秦始皇非分爱好,为方士所诈,乃遣童男童女数千人,随其入海求神仙。方士避秦苛虐,因留不归,始皇犹海侧踟蹰以待之,还至沙丘而死。汉武帝为求神仙,乃将女嫁道术之人,事既无验,便行诛戮。据此二事,神仙不烦妄求也。"并说:"君天下者,惟须正身修德而已,此外虚事,不足在怀。"(《贞观政要·慎所好》)唐太宗的说法代表了中国古代知识精英关于帝王处理鬼神时应持有的正确立场和态度。史官将这些事情记载下来,就是希望后世君主们效法。

二则劝谏并保证自己的君王不沉迷于鬼神,逐渐成为中国古代作臣子应尽的责任。例如,唐中宗即位,以江湖术士郑普思为秘书监,李邕即上书谏阻:"唯尧、舜二帝,自古称圣,臣观所得,故在人事,敦睦九族,平章百姓,不闻以鬼神之道理天下。"(《旧唐书·李邕传》)韩愈劝谏唐宪宗拒迎佛骨,也正是这类情形。大定二十七年(1187),当迷信佛道的金世宗说鬼神虽不可窥测却有相关感应时,徒单克宁即劝谏说："神之所佑者正也，人事乖，则弗享矣。报应之来皆由人事。"（《金史·徒单克宁传》）徒单克宁及时将金世宗的视线从鬼神引导到人事上来，以避免其陷入迷信的深渊而不能自拔。让自己的君主远离鬼神迷信，以避免奸邪之人利用鬼神迷信干出祸国殃民的事情，日渐成为臣子们的基本责任。

　　而那些喜欢谈论鬼神、迷信鬼神的君主则受到了后人的嘲笑和批评。汉文帝即是一例。据《汉书·贾谊传》，汉文帝一年多没有见到贾谊，很是想念，于是将其召回长安。文帝因为对鬼神之事有所感触，就向贾谊询问鬼神的原本，贾谊详细讲述其中的道理，一直谈到到深夜，文帝听得津津有味，不知不觉移坐到了席的前端。唐代诗人李商隐后来写下一首名叫《贾生》的著名诗篇，讽刺汉文帝"可怜夜半虚前席，不问苍生问鬼神"。汉文帝成了反面教材，在后世被人多次提及，例如金代第四位皇帝完颜亮问杨伯雄鬼神事，杨伯雄即用汉文帝的事迹劝喻他："汉文帝召见贾生，夜半前席，不问百姓而问鬼神，后世颇讥之。陛下不以臣愚陋，幸及天下大计，鬼神之事，未之学也。"（《金史·杨伯雄传》）

　　儒家语录"子不语：怪、力、乱、神"，"敬鬼神而远之"，以及"国之将兴，听于民；将亡，听于神"（《左传·庄公三十二年》）之类的言论，成为后世大臣们对迷信鬼神的君主进行劝谏时使用的基本思想资源和话语。例如，北魏时面对"民多绝户而为沙门"的社会现实，李场在奏书中就依据儒家礼教精神驳斥佛教的不是，并痛斥佛教乃为鬼教：

　　　　礼以教世，法导将来，迹用既殊，区流亦别。故三千之罪，莫大不孝，不孝之大，无过于绝祀。然则绝祀之罪，重莫甚焉。安

得轻纵背礼之情,而肆其向法之意也？正使佛道,亦不应然,假
令听然,犹须裁之以礼。一身亲老,弃家绝养,既非人理,尤乖礼
情,堙灭大伦,且阙王贯。交缺当世之礼,而求将来之益,孔子云
"未知生,焉知死",斯言之至,亦为备矣。安有弃堂堂之政,而从
鬼教乎！又今南服未静,众役仍烦,百姓之情,方多避役。若复
听之,恐捐弃孝慈,比屋而是。(《魏书·李玚传》)

沙门都统僧暹等憎恨李玚将佛教说成鬼教,以李玚诽谤诋毁佛法向
灵太后哭诉,太后责备李玚,李玚又自我申辩说：

窃欲清明佛法,使道俗兼通,非敢排弃真学,妄为訾毁。且
鬼神之名,皆通灵达称,自百代正典,叙三皇五帝,皆号为鬼。天
地曰神祇,人死曰鬼。《易》曰"知鬼神之情状";周公自美,亦云
"能事鬼神";《礼》曰"明则有礼乐,幽则有鬼神"。是以明者为
堂堂,幽者为鬼教。佛非天非地,本出于人,应世导俗,其道幽隐,
名之为鬼,愚谓非谤。且心无不善,以佛道为教者,正可未达众
妙之门耳。(同上)

李玚反对和驳斥佛教的"弹药"均是儒家提供的,儒家经典正是其立
论的根据。同样,韩愈劝谏唐宪宗拒迎佛骨,反对佛教,使用的也是
儒家的思想学说。

佛本夷狄之人,与中国言语不通,衣服殊制。口不道先王之
法言,身不服先王之法服,不知君臣之义、父子之情。假如其身
尚在,奉其国命,来朝京师,陛下容而接之,不过宣政一见,礼宾
一设,赐衣一袭,卫而出之于境,不令惑于众也。况其身死已久,
枯朽之骨,凶秽之余,岂宜以入宫禁！孔子曰："敬鬼神而远之。"

古之诸侯,行吊于国,尚令巫祝先以桃茢,祓除不祥,然后进吊。
今无故取朽秽之物,亲临观之,巫祝不先,桃茢不用,群臣不言其
非,御史不举其失,臣实耻之。乞以此骨付之水火,永绝根本,断
天下之疑,绝后代之惑,使天下之人,知大圣人之所作为出于寻
常万万也。岂不盛哉! 岂不快哉! 佛如有灵,能作祸祟,凡有殃
咎,宜加臣身。上天鉴临,臣不怨悔。(《旧唐书·韩愈传》)

韩愈从儒家学说中所获得的思想和学术自信使其对佛毫无畏惧,实
在是令人钦佩! 儒家主张"敬鬼神而远之",意在避免因为鬼神而误
了人事,是有现实政策和法律指向的。"析言破律,乱名改作,执左道
以乱政,杀","假于鬼神、时日、卜筮,以疑众,杀。"(《礼记·王制》)
儒家主张对利用歪门邪道祸害政权和假托鬼神祸福、时日吉凶、卜
筮休咎疑惑民众的人处以死刑。唐代时,桓彦范甚至以孔子名义明
确提出"执左道以乱政者杀,假鬼神以危人者杀"(《旧唐书·桓彦
范传》)。

事实上,只有不危害其统治的鬼神信仰才能获得提倡和支持,未
被官方认可的淫寺、淫祀都要取缔。《礼记·曲礼下》对各等级人的
祭祀对象和范围作了明确规定:"天子祭天地,祭四方,祭山川,祭五
祀,岁遍。诸侯方祀,祭山川,祭五祀,岁遍。大夫祭五祀,岁遍。士
祭其先。凡祭,有其废之,莫敢举也;有其举之,莫敢废也。非其所祭
而祭之,名曰淫祀,淫祀无福。"不该祭祀而祭祀的,就叫淫祀,淫祀
不会带来福气。在儒家这一思想指导下,历代都间或有废除淫祀的
运动。例如,神龟二年(519),北魏孝明帝元诩即"诏除淫祀,焚诸杂
神"(《北史·魏本纪》)。建德三年(574),北周武帝宇文邕下诏要求
"初断佛、道二教,经像悉毁,罢沙门、道士,并令还俗。并禁诸淫祀,

非祀典所载者,尽除之"(《北史·周本纪下》)。太建十四年(582),陈后主陈叔宝下诏说:"僧尼道士,挟邪左道,不依经律,民间淫祀妖书诸珍怪事,详为条制,并皆禁绝。"(《陈书·后主》)武德九年(626),唐太宗"诏私家不得辄立妖神,妄设淫祀,非礼祠祷,一皆禁绝。其龟易五兆之外,诸杂占卜,亦皆停断。"(《旧唐书·太宗上》)治平三年(1066)夏四月丙午,宋英宗赵曙"诏有司察所部左道、淫祀及贼杀善良不奉令者,罪毋赦"(《宋史·英宗本纪》)。康熙二十五年(1686)五月丁亥,"诏毁天下淫祠"(《清史稿·圣祖本纪》)。

而废除淫祀,打击利用鬼神作奸犯科之举,移风易俗,也常常成为循吏和良吏的重要政绩之一,对此相关记载不绝于书。"其巫祝有依托鬼神诈怖愚民,皆案论之。"(《后汉书·第五伦传》)"其俗少学者而信巫鬼,均为立学校,禁绝淫祀,人皆安之。"(《后汉书·宋均传》)"后起为镇南将军、武康令。愈厉廉节,除淫祀,正身率职,民甚称之。"(《梁书·良吏何远传》)"修之不信鬼神,所至必焚房庙。"(《南史·毛修之传》)"[开元]十七年(729),迁房州刺史。州带山谷,俗参蛮夷,好淫祀而不修学校。景骏始开贡举,悉除淫祀。"(《旧唐书·良吏韦景骏传》)"俗好淫祀,轻医药,重鬼。旻下令禁之。"(《宋史·范旻传》)"蜀民尚淫祀,病不疗治,听于巫觋,惟清擒大巫笞之,民以为及祸。他日又加箠焉,民知不神。然后教以医药,稍变风俗。"(《宋史·李惟清传》)"所至平冤狱,毁淫祀,修废堰,民甚德之。"(《明史·胡广传》)"毁境内淫祠,以其材茸学宫。"(《明史·王科传》)"调江都,兼署泰州,毁淫祠百余区,改为义学。"(《清史稿·周际华传》)"毁淫祠,岁旱,勤赈务。"(《清史稿·齐彦槐传》)

正是中国古代知识精英中无神论的存在,使鬼神与中国古代法制的关系变得复杂起来。假如说只存在有神论,人人都相信鬼神,那么神道于政治和法制的建构作用就相对简单多了,直接将宗教经典法律化即可。例如伊斯兰国家即是如此,《古兰经》既是宗教经典,也是伊斯兰国家的法典,这样法律的执行就有了世俗国家政权和神权的双重保障。中国古代社会情况的复杂之处正在于:普罗大众较为迷信鬼神,而精英人士(包括知识精英和权力精英)常不大信奉鬼神或者不把鬼神当回事,这就使统治者在鬼神问题上采取了较为矛盾的立场。一方面由于其不迷信鬼神,奉行重人事而轻鬼神的原则,当鬼神信仰危及其统治时不惜坚决打击和镇压;另一方面,又充分利用民众的鬼神信仰,广泛地进行神道设教,使鬼神信仰为自身的统治服务。

三、神道设教

"神道设教",最早出自《易·观卦·象传》:"观天之神道,而四时不忒,圣人以神道设教而天下服矣。"正确理解"神道"二字是理解这句话的关键,而对于"神道"二字,历来有两种解释:一是将其解释成为神明之道,[1] 二是将其解释成为自然之道,即自然规律。[2] 现在有学者试图会通两者,认为神道具有两层含义,神明之道是其表,自然之道(自然规律)是其里。[3] 无论是神明之道还是自然之道,此处

---

① 高亨:《周易大传今注》卷二,齐鲁书社 1979 年版,第 214 页。
② 黄寿棋、张善文:《周易译注》,上海古籍出版社 1989 年版,第 173 页。
③ 陈望衡:《玄妙的太和之道:中国古代哲人的境界观》,天津教育出版社 2002年版,第 267—280 页。

的"神道"实际都可用"天道"来代替,神道实际就是天道。① 当"神道设教"脱离了《易·观卦·象传》上下文的语境,在日益广泛的运用中,人们不断地对其赋予新的含义,不再仅限于天道,而包括了天以外的一切鬼神之道,人们也日渐将"神道设教"理解成为圣人(统治者)创设鬼神信仰,并用其来教化民众。明代学者丘濬即是这样理解的,其《大学衍义补》云:"一是虔敬地对待鬼神;二是还要以此教化民众:然教必以祭祀为主者,以神道设之,使民知畏敬故也。由是观之,则圣人制为祭祀之礼者,非但以致吾之诚、报神之德而已也。而实因之以设民之教,使咸安其分,尽其职以报乎上焉。"

在鬼神信仰十分普遍的中国古代社会,神道设教作为社会控制的手段是十分有效的。一些人可能不怕官府(例如绿林好汉、土匪和起义的农民),不怕道德的谴责(例如流氓),但却无一不害怕鬼神的惩罚。神道设教的独特优势,使其得到了中国古代知识界的广泛推崇和赞赏,不但获得了有神论者——信奉各种宗教和鬼神的人士的拥护,而且获得了那些不迷信鬼神的儒者以及历代无神论者——例如荀况、王充、范缜、王夫之等的支持。在神道设教上,中国古代的精英阶层达成了广泛的共识。

首先,有神论者相信鬼神能惩恶扬善,施加人以祸福,故十分重视鬼神的教化作用。

墨子就是一位典型的代表。墨子信奉鬼神,认为天下之所以变得混乱不堪,原因就在于众人不相信鬼神具有"奖贤而罚暴"的能力。

> 逮至昔三代圣王既没,天下失义,诸侯力正。是以存夫为人君臣上下者之不惠忠也,父子弟兄之不慈孝弟长贞良也。正

---

① 参见《辞海》(第六版缩印本),上海辞书出版社 2010 年版,第 1661 页。

长之不强于听治，贱人之不强于从事也。民之为淫暴寇乱盗贼，
以兵刃、毒药、水火退无罪人乎道路率径，夺人车马、衣裘以自利
者，并作由此始，是以天下乱。此其故何以然也？则皆以疑惑
鬼神之有与无之别，不明乎鬼神之能赏贤而罚暴也。今若使天
下之人偕若信鬼神之能赏贤而罚暴也，则夫天下岂乱哉！（《墨
子·明鬼下》）

墨子认为，假如天下人都相信鬼神是可以奖赏贤能、惩罚残暴的人，
那么天下就不会混乱了，故相信鬼神的存在是一件于社会和国家治
理意义非凡的事情。于是墨子接着以《春秋》《周书》《商书》《夏书》
和《诗经》上关于鬼神的记载来力辩鬼神之存在，对主张无鬼说的人
展开批判。墨子的经验在今天看来是存在问题的，因为论据本身即不
可靠，但是墨子用心良苦，他看到了鬼神在教化和社会国家治理上的
重要作用。墨子一开始即是从功利主义的角度，而非从宗教信仰的角
度来确证鬼神的，墨子说：

　　尝若鬼神之能赏贤如罚暴也。盖本施之国家，施之万民，实
所以治国家、利万民之道也。若以为不然，是以吏治官府之不洁
廉，男女之为无别者，鬼神见之；民之为淫暴寇乱盗贼，以兵刃、
毒药、水火退无罪人乎道路，夺人车马、衣裘以自利者，有鬼神见
之。是以吏治官府不敢不洁廉，见善不敢不赏，见暴不敢不罪。
民之为淫暴寇乱盗贼，以兵刃、毒药、水火退无罪人乎道路，夺车
马、衣裘以自利者，由此止。是以莫放幽闲，拟乎鬼神之明显，明
有一人畏上诛罚，是以天下治。（《墨子·明鬼下》）

墨子希望人们相信鬼神的存在，因为鬼神对于社会和国家的治理实

在是具有莫大的好处。在此基础上,墨子对祭祀活动给予了充分的肯定,认为即使人死后不会化为鬼,不会享受祭品,祭祀活动本身仍然是有意义的,因为其"犹可以合欢聚众,取亲于乡里"(同上)。墨家重视的是神道设教的事功。

后世的道教、佛教、基督教和伊斯兰教等宗教,当然都是主张有神论的,都肯定世界上存在鬼神,而且它们的神都具有惩恶扬善的功能。各类宗教教义劝人顺天安命,行善积德,尽忠尽孝,不反抗现存统治秩序,有利于维护社会的稳定和安宁,故被历代统治者所容纳,成为统治者实施神道设教的工具。当然,当宗教教义不利于其统治时,统治者是不会坐视不理的。贞观五年(631),唐太宗说:"佛道设教,本行善事,岂遣僧尼道士等妄自尊崇,坐受父母之拜?损害风俗,悖乱礼经,宜即禁断,仍令致拜于父母。"(《贞观政要·礼乐》)唐太宗不能容忍和尚、尼姑、道士不跪拜自己父母的行为,对其严加禁止,要求他们必须跪拜自己的父母,将儒家的孝道引入佛教和道教之中,实际上是对佛教和道教作了儒家化的改造。宋真宗时,素来不喜欢佛教的陈恕请求废除译经院,宋真宗说:"三教之兴,其来已久,前代毁之者多矣,但存而不论可也。"(《宋史·陈恕传》)宋真宗这一态度表明,大概到宋代,儒道释已能和平相处,对现实统治已不再构成威胁了。

其次,对鬼神态度暧昧,主张"敬鬼神而远之",反对迷信鬼神的儒家也十分赞同神道设教。

孔子是否相信存在鬼神,历来是一大聚讼不休的话题。从儒家的一些话语来看,确实令人生疑,孔子云:"祭如在,祭神如神在。""吾不与祭,如不祭。"(《论语·八佾》)据传子贡曾问孔子人死后是否有知,孔子回答说:"吾欲言死之有知,将恐孝子顺孙妨生以送死;吾欲言死之无知,将恐不孝之子弃其亲而不葬。赐不欲知死者有知与无知,非今之急,后自知之。"(《孔子家语·致思》)孔子在人死后是否有知这个问题上左右为难,欲言又止,他深知贸然肯定和否定都存在负面影响,不利于教化的推行。实际上,"子不语:怪、力、乱、神"(《论语·述而》),"夫子之言性与天道,不可得而闻也"(《论语·公冶长》),与此正相类似。孔子在意的是神道设教,对鬼神是否存在这个问题本身并不感兴趣。《礼记·祭义》云:"文王之祭也,事死者如事生,思死者如不欲生。"荀子也讲:"祭者,志意思慕之情也,忠信爱敬之至矣,礼节文貌之盛矣,苟非圣人,莫之能知也。圣人明知之,士君子安行之,官人以为守,百姓以成俗。其在君子以为人道也,其在百姓以为鬼事也。"又说:"卜筮视日,斋戒修涂,几筵、馈荐、告祝,如或飨之,物取而皆祭之,如或尝之;毋利举爵,主人有尊,如或觞之;宾出,主人拜送,反易服,即位而哭,如或去之。哀夫!敬夫!事死如事生,事亡如事存,状乎无形影,然而成文。"(《荀子·礼论》)儒家重视的是祭祀中所表现出来的敬畏、庄重的态度,而不是鬼神本身。

荀子还有个别更为明显的无神论言论,例如他曾说:"雩而雨,何也?曰:无何也,犹不雩而雨也。日月食而救之,天旱而雩,卜筮然后决大事,非以为得求也,以文之也。故君子以为文,而百姓以为神。以为文则吉,以为神则凶也。"(《荀子·天论》)求神的祭祀求雨、占卜等活动,荀子认为那只是政事的文饰罢了,并告诫说将其视作文饰就吉利,视作求神就凶险。即是说那些表面上看来是在求神的祭祀活动都是愚弄百姓的,做给百姓看的,如果自己也相信,并陷入其中,那就大错特错了。荀子还说:"凡人之有鬼也,必以其感忽之间、疑玄之时正之。"(《荀子·解弊》)凡是人认为有鬼,一定是他精神恍惚、神志迷乱的时候。这些说法已与无神论者的言论无异。

较早明确否认儒家信奉鬼神的是墨家,《墨子·公孟》篇嘲笑儒家"执无鬼而学祭礼,是犹无客而学客礼也,是犹无鱼而为鱼罟也",并称儒家的道术足以丧失天下,其中第一条就是"儒以天为不明,以鬼为不神,天鬼不说,此足以丧天下"。后来宋儒声称鬼神为二气之良能者,对此魏源就明确指出,这实际是执无鬼说,没有看到"鬼神之说,其有益于人心,阴辅王教者甚大,王法显诛所不及者,惟阴教足以儆之"(《魏源集·默觚上·学篇一》)的功用,故魏源认为宋儒的做法是矫枉过正,与六经相违。实际大多数无神论者都是从小接受儒家经典教育而成长起来的,大多都熟知儒家典籍,而其最终选择了无神论,是与先秦儒家对鬼神的态度分不开的。

　　但事实上,正是不迷信鬼神的儒家对神道设教最上心,用功最勤,是神道设教最强有力的提倡者。孔子说:"合鬼与神,教之至也。""因物之精制为之极,明命鬼神,以为黔首,则百众以畏,万民以服。"(《礼记·祭义》)孔子的得意门生曾子也说:"慎终追远,民德归厚矣。"(《论语·学而》)而儒家的礼正是首先为祭祀天地鬼神而准备的:"天下之礼,致反始也,致鬼神也,致和用也,致义也,致让也。致反始,以厚其本也;致鬼神,以尊上也;致物用,以立民纪也;致义,则上下不悖逆矣;致让,以去争也。合此五者,以治天下之礼也,虽有奇邪而不治者,则微矣!"(《礼记·祭义》)儒家重视祭祀正是看重其教化作用,祭祀是礼的要求,有利于维持差等的社会秩序。有学者曾指出:"儒家的祭祀,原来只是道德的延续,而不是宗教的祈求。一般宗教的祈祷,都是为了求福,而儒家的祭祀,则完全为了报恩。祭天是为了报本反始,祭祖是为了追养继孝,祭百神是为了崇德报功。"[1] 儒家并不是因为信奉鬼神而祭祀鬼神。与其说儒家祭祀是

---

① 唐端正:《儒家的天道鬼神观》,《孔子研究》1986 年第 2 期。

重视鬼神,而不如说是重视祭祀所代表的神道设教本身。在儒家看来,祭祀者是否真的相信鬼神并不重要,重要的是通过庄重严肃的祭祀活动对人施加教化作用。

最后,中国古代大多数无神论者也肯定神道设教的价值。王充曾说:"凡祭祀之义有二,一曰报功,二曰修先。报功以勉力,修先以崇恩。力勉恩崇,功立化通,圣王之务也。"(《论衡·祭意》)王充不信鬼神,但不反对祭祀,肯定祭祀有报答功劳、敬奉祖先的作用,能勉励有为之人和有恩德之人,达致动员社会、凝聚人心、稳定秩序的作用,故祭祀是"圣王之务",不可免除。同样,以《神灭论》闻世的范缜,虽然否定存在鬼神,但也充分肯定神道设教的积极作用,从其与曹舍人的对答中可见一斑:

> 难曰:"今论所云,皆情言也,而非圣旨。请举经记以证圣人之教。《孝经》云:'昔者周公郊祀后稷以配天,宗祀文王于明堂以配上帝。'若形神俱灭,复谁配天乎?复谁配帝乎?"

> 答曰:"若均是圣达,本自无教;教之所设,实在黔首。黔首之情,常贵生而贱死。死而有灵,则长畏敬之心;死而无知,则生慢易之意。圣人知其若此,故庙、祧、坛、墠以笃其诚心,肆筵授几以全其囷已;尊祖以穷郊天之敬;严父以配明堂之享。且忠信之人,寄心有地;强梁之子,兹焉是惧。所以声教煦于上,风俗淳于下,用此道也。故《经云》:'为之宗庙,以鬼享之',言用鬼神之道致兹孝享也。'春秋祭祀,以时思之',明厉其追远,不可朝死夕忘也。子贡问死而有知,仲尼云:'吾欲言死而有知,则孝子轻生以殉死;吾欲言死而无知,则不孝之子弃而不葬。'子路问事鬼神,夫子云:'未能事人,焉能事鬼?'适言'以鬼享之',何故

不许其事邪？死而有知，轻生以殉是也。何故不明言其有，而作此悠漫以答邪？研求其义，死而无知，亦已审矣。宗庙郊社，皆圣人之教迹，彝伦之道，不可得而废耳。"(《弘明集》卷九《答曹舍人》)

范缜认为虽然鬼神是不存在的，但祭天祀祖有利于教化、陶冶百姓，纯洁风俗，所以宗庙郊社祭祀之礼是不可废除的。

难曰："且无神而为有神，宣尼云天可欺乎？今稷无神矣，而以稷配，斯是周旦其欺天乎？既其欺天，又其欺人，斯是圣人之教以欺妄。以欺妄为教，何达孝子之心，厉偷薄之意哉？"

答曰："夫圣人者，显仁藏用，穷神尽变。故曰圣达节而贤守节也。宁可求之蹄筌，局以言教？夫欺者谓伤化败俗，导人非道耳。苟可以安上治民，移风易俗，三光明于上，黔黎悦于下，何欺妄之有乎？请问汤放桀，武伐纣，是弑君非邪？而孟子云：'闻诛独夫纣，未闻弑君也。'子不责圣人放弑之迹，而勤勤于郊稷之妄乎？郊丘明堂，乃是儒家之渊府也，而非形神之滞义，当如此何邪？"(《弘明集》卷九《答曹舍人》)

范缜认为虽然不存在鬼神，但祭祀并不欺妄。所谓欺妄，是指伤风败俗，用歪门邪道引诱人。而祭祀能够安国治民，移风易俗，使上下喜悦安乐，又怎么能够称之为欺妄呢？圣人擅长通权达变，汤武革命不是弑君，祭祀当然也就不是欺妄了，宗庙郊社祭祀之礼，不可废除。

唐代著名的无神论者柳宗元，他身为御史时也"主祀事"，不反对祭祀活动，对于祭祀，他认为圣人的用心正是"非于神也，盖于人也"(《柳河东集·褅说》)，祭祀完全是为了人，而不是为了鬼神。明代的王廷相也是有名的无神论者,同样不反对神道设教,他说:"圣王神道设教,所以辅政也。其弊也,渎于鬼神而淫于感应。"(《王廷相集·慎言·御民》)王廷相虽然认为神道设教存在渎于鬼神和沉迷于天人感应的弊端,但对其辅政作用是充分肯定的。明清之际的王夫之也是如此。他曾说:"盖鬼神者,君子不能谓其无,而不可与天下明其有。……不能谓其无,《六经》有微辞焉,郊庙有精意焉,故妄者可托也。"(《读通鉴论·汉武帝二二》)又说:"圣人以神道设教,阴以鬼来,我以神往,设之不妄,教之不勤,功无俄顷而萌消积害,圣人固不得已而用之。"(《王船山遗书·周易外传·观卦》)其对神道设教的治理功用恋恋不舍。

对于神道设教,人们向来认为它主要是一种愚民政策,统治者本身并不大相信鬼神,只是利用被统治者的迷信而因势利导,防止其作奸犯科。但近年有学者认为神道设教是"儒者在信仰鬼神存在的基础上,用鬼神来教化百姓,'非心知其不然而姑为是言以设教也'",[1]使我们有必要对神道设教的实质再作必要的探讨。

历史是纷繁复杂的,任何简单的论断都可能有失偏差,特别是涉及信仰问题更是如此。对于鬼神,历史上的君王不外乎三种态度,一是迷信鬼神的,二是压根不相信的,三是将信将疑的。自始至终迷信鬼神的除了像梁武帝那样的宗教徒外,并不多见,这种情况当然不是中国历史上君王的主流。而压根就不相信鬼神的,即纯粹的无神论者,在中国历代君王之中可能找不出一个来。故大多数君王实际对鬼神都处于时信时疑、将信将疑的状态,认为鬼神处于有无之间,而这正是儒家"敬鬼神而远之"所期望的状态,唐太宗对佛教的态度正

①　李申:《中国儒教论》,河南人民出版社2005年版,第135页。

是这种情形。

> 太宗常临朝谓奕曰:"佛道玄妙,圣迹可师,且报应显然,屡
> 有征验,卿独不悟其理,何也?"奕对曰:"佛是胡中桀黠,欺诳夷
> 狄,初止西域,渐流中国。遵尚其教,皆是邪僻小人,模写庄、老
> 玄言,文饰妖幻之教耳。于百姓无补,于国家有害。"太宗颇然之。
> (《旧唐书·傅奕传》)

傅奕是唐初反对佛教的著名人士,武德七年(624)曾上疏唐高祖请
求废除佛教,此处他是老调重弹,但唐太宗对其佛教"于百姓无补,
于国家有害"的说法并不反感,反而颇以为然。又据《贞观政要·赦
令》载:

> 长孙皇后遇疾,渐危笃。皇太子启后曰:"医药备尽,今尊体
> 不瘳,请奏赦囚徒并度人入道,冀蒙福佑。"后曰:"死生有命,非
> 人力所加。若修福可延,吾素非为恶者;若行善无效,何福可求?
> 赦者,国之大事,佛道者,上每示存异方之教耳。常恐为理体之
> 弊,岂以吾一妇人而乱天下法?不能依汝言。"

长孙皇后与李世民是患难夫妻,共同生活了二十余年,对李世民的了
解是很少有人能及的。在她的印象中,唐太宗对佛教是很不放心的,
经常担心其成为治国的弊端,更不用说信奉了。但贞观十九年(645),
玄奘西游归来至京师长安,"太宗见之,大悦,与之谈论。于是诏将
梵本六百五十七部于弘福寺翻译,仍敕右仆射房玄龄、太子左庶子许
敬宗,广召硕学沙门五十余人,相助整比"(《旧唐书·方伎传·僧玄
奘》)。唐太宗对玄奘翻译佛学的支持,不能说明他全信奉佛教,只能
表明他对佛教有了更多同情的了解,认识到佛教有助其统治。

正是这样一种对鬼神时信时疑、将信将疑的状态,使神道设教常常成为统治者愚民的工具和策略。一方面,君王对鬼神表现出的偶或信仰常常激发起更多民众对鬼神狂热的信仰。元和十四年(819)正月,唐宪宗派宦官杜英奇押领三十名宫人,手持香花,前往临皋驿迎接佛骨。所迎接的佛骨从光顺门进入皇宫,在宫中留放三天,再送回原寺庙。唐宪宗的这一举动,即令"王公士庶,奔走舍施,唯恐在后。百姓有废业破产、烧顶灼臂而求供养者"(《旧唐书·韩愈传》)。另一方面,正是由于统治者对鬼神未达到迷信的程度,大多数时候能够理性地对待鬼神,故方能没有多少心理障碍地利用民众的鬼神信仰达成自己的政治目的。郭沫若就曾指出:"周人之继承殷人的天的思想只是政策上的继承,他们是把宗教思想视为了愚民政策。自己尽管知道那是不可信的东西,但拿来统治素来信仰它的民族,却是很大的一个方便。自然发生的原始宗教成为有目的的一个骗局。所以《表记》上所说的'周人事鬼敬神而远之',是道破了这个实际的。"[1] 周公用殷人的天命思想来统治殷人,并用天命的转移来论证周取代殷统治的合法性,可谓历史上第一次大规模神道设教愚民策略的运用。

明确指责五帝三王运用神道设教愚民的则是秦始皇的那班大臣们。秦始皇登上琅邪山,造琅邪台,立石树碑,武城侯王离、通武侯王贲等在海上参与评议皇帝的功德,大家都说:

> 古之帝者,地不过千里,诸侯各守其封域,或朝或否,相侵暴乱,残伐不止,犹刻金石,以自为纪。古之五帝三王,知教不同,法度不明,假威鬼神,以欺远方,实不称名,故不久长。其身未殁,诸侯倍叛,法令不行。今皇帝并一海内,以为郡县,天下和平。

① 《郭沫若全集·历史编(第1卷)》,第335页。

> 昭明宗庙,体道行德,尊号大成。群臣相与诵皇帝功德,刻于金
> 石,以为表经。(《史记·秦始皇本纪》)

为了抬高秦始皇,大臣们不惜贬低五帝三王,揭其借鬼神之威欺骗远方的老底。这可能是中国历史上官方第一次公开宣称神道设教不过是骗局而已。

当然,将神道设教作为政治策略的人和事,在中国历史上还有许多。例如,秦二世元年七月,陈胜、吴广等人被征调去守卫渔阳,结果赶上天下大雨,道路不通,不能按期到达。依照当时法律规定,失期当斩,横竖都是一个死,于是二人商议起事:

> 乃行卜。卜者知其指意,曰:"足下事皆成,有功。然足下卜
> 之鬼乎!"陈胜、吴广喜,念鬼,曰:"此教我先威众耳。"乃丹书
> 帛曰"陈胜王",置人所罾鱼腹中。卒买鱼烹食,得鱼腹中书,固
> 以怪之矣。又间令吴广之次所旁丛祠中,夜篝火,狐鸣呼曰"大
> 楚兴,陈胜王"。卒皆夜惊恐。旦日,卒中往往语,皆指目陈胜。
> (《史记·陈涉世家》)

陈胜和吴广在起义前先行占卜,说明他们对鬼神还是有一定信仰的,但在卜者指点下所实施的一系列意在取得威望的装神弄鬼行为,就纯粹是工具性的了,与信仰一点边都不沾,在此处神道被陈胜和吴广拿来作为动员民众起义的工具。

刘邦为了使人追随自己,也编制了诸如他是蛟龙的儿子、面相贵不可言、醉斩大蛇(白帝之子)、所居上常有云气等神迹,事在《史记·高祖本纪》,兹不赘述。又如《后汉书·隗嚣传》载:

> 嚣既立,遣使聘请平陵人方望,以为军师。望至,说嚣曰:"足

下欲承天顺民,辅汉而起,今立者乃在南阳,王莽尚据长安,虽欲以汉为名,其实无所受命,将何以见信于众乎?宜急立高庙,称臣奉祠,所谓'神道设教',求助人神者也。且礼有损益,质文无常。削地开兆,茅茨土阶,以致其肃敬。虽未备物,神明其舍诸。"

军师方望告诉隗嚣,要想上承天意下顺百姓,辅助汉室起兵,应当赶快建立汉高祖庙,并以臣子礼进行祭祀,如此神道设教,才能使人信服。隗嚣采纳了方望的建议,神道设教被运用来作为军事斗争的策略。

宋真宗策划的一次封禅可以说是一次最为典型的神道设教行为。为了镇服四海,向外国夸耀显示自己获得了天命,宋真宗让人伪造所谓天降祥瑞,但又怕王旦反对,"遂召旦饮,欢甚,赐以尊酒,曰:'此酒极佳,归与妻孥共之。'既归发之,皆珠也。由是凡天书、封禅等事,旦不复异议"(《宋史·王旦传》)。宋真宗为了封禅,不惜用珠宝收买大臣王旦,使其不持异议。参与封禅仪式的皇帝以及大臣们当然都知道是怎么回事,如果他们真的相信存在鬼神的话,怎么敢有此欺骗之举?纯粹是表演给外人看的而已!所以钱锺书评论说:"夫设教济政法之穷,明鬼为官吏之佐,乃愚民以治民之一道。"[1] 神道设教实际只是用"愚民"的办法来统治人民的一种策略而已,如果只看到其治民之效,不见其愚民之非,是不正确的。

正是看穿了神道设教不过是一场把戏,历史上不乏劝谏君王不要搞神道设教的大臣,明初的解缙即是一例。他在上书朱元璋的著名《大庖西封事》中建议:驱逐身强力壮的和尚、道士,使他们恢复人的纲常伦理;对念经诵咒狂妄荒诞的加以火刑,以便杜绝他们的欺瞒

---

[1] 钱锺书:《管锥编(一)》上卷,三联书店2001年版,第35页。

诓骗;清除装神弄鬼的巫师,破除山神野鬼的祭祀。在同一封事中,解缙进一步建议:

> 陛下天资至高,合于道微。神怪妄诞,臣知陛下洞瞩之矣。然犹不免所谓神道设教者,臣谓不必然也。一统之舆图已定矣,一时之人心已服矣,一切之奸雄已慑矣。天无变灾,民无患害。圣躬康宁,圣子圣孙继继绳绳。所谓得真符者矣。何必兴师以取宝为名,谕众以神仙为征应也哉。(《明史·解缙传》)

解缙明确提出没有必要用神道来推行教化,因为一统的天下已经确定了,一代的人心已经顺服了,一切的奸雄已经慑服了。上天没有变故灾害,百姓没有忧患祸害,皇帝身体健康平安,皇子皇孙承继不绝。就像那些相信天命的人所说的那样已得到了符命,没有必要以取宝为名发动军队,以神仙为应验晓谕人民了。像解缙这样的儒臣虽然从儒家典籍中继授了鬼神的概念,但对鬼神的态度十分理性,基本谈不上信仰,更不用说迷信了,故方才能看穿神道设教的实质。

学者李申说:"查遍中国历史,几乎找不到一个不信神的儒者。"[①] 对此笔者基本表示同意。绝对的无神论者,没有一点鬼神概念的人,在中国古代社会是找不到的,但说儒者都是在信仰鬼神存在的基础上实施神道设教的,神道设教时内心都是真诚信奉鬼神的,不带有主观欺骗的成分,则恐不完全符合历史事实。可能真实的情况正是那些对鬼神将信将疑的儒者,辅助其主子导演了中国历史上大多数神道设教的活动,其对民众的欺骗和愚弄是不能抹杀的。

---

① 李申:《中国儒教论》,第 133 页。

四、法制表达

统治者无论是真心实意信奉鬼神，还是基于神道设教做做样子，鬼神在中国古代的法制中都留下了不可磨灭的印迹，下面笔者就对中国古代那些受鬼神信仰影响的法制作一钩玄提要式的介绍。

首先，国家建立了祭祀制度。《左传》云："祀，国之大事也。"（《文公二年》）"国之大事，在祀与戎。"（《成公十三年》）孔子也曾说："郊社之礼，所以事上帝也。宗庙之礼，所以祀乎其先也。明乎郊社之礼，禘尝之义，治国，其如示诸掌乎！"（《中庸》）他将郊社和宗庙祭祀的重要性提高到了无以复加的地步，认为只要明白了"郊社"和"禘尝"祭礼的意义，治国就像看手掌上的东西一样容易。鉴于祭祀的重要，人们开始制定一些法律来加以规范，故有了诸如"郊止乎天子，而社止于诸侯，道及士大夫"（《荀子·礼论》）之类的说法。中国专制时代，法律日益健全，历代都建立了各项正式的祭祀制度，对祭祀的范围、等级和规格作出了明确的规定。为了对天神、地祇、人鬼进行祭祀，还制定有专门的祭礼，设置有像礼部这样专门主管祭祀的政府部门，配置相关的官员，常年主持祭祀活动，祭祀制度成为中国古代法律制度的重要组成部分。这些制度在历朝的《会典》中一般都有具体的规定，而二十六史中的礼志部分一般也都有具体记载，其繁琐程度足以让人望而却步。

其次，国家确认了一些神祇来帮助法制的贯彻执行。《礼记·曲礼》云："敬鬼神，畏法令。"鬼神可助国法的执行。西汉至明清的监狱均将舜时的法官皋陶奉为狱神，狱官上任的第一件事就是参拜狱神皋陶。刚刚被关进监狱、出狱或被释放,以及死刑犯在临刑前,都要朝拜狱神皋陶。城隍在唐代以前本主管自然灾异、战争胜败等,其后则开始主管阴间死人的生活,元明清时期又兼理阴阳两界的善恶赏罚,既监察老百姓,又监察官僚,还可帮助侦查和破案。

再次,鬼神信仰为中国古代神明裁判提供了基础。对于疑难案件,中国早期主要采取神明裁判的方式解决,传说中有一种神兽名叫"廌",能辨别曲直,在审理案件时,它能用角去触理曲的人。①《墨子·明鬼下》中有一个神明裁判的精彩故事:

> 齐庄君之臣有所谓王里国、中里徼者,此二子者,讼三年而狱不断。齐君由谦杀之恐不辜;犹谦释之,恐失有罪。乃使之人共一羊,盟齐之神社,二子许诺。于是泏洫,㓠羊而漉其血。读王里国之辞既已终矣,读中里徼之辞未半也,羊起而触之,折其脚,祧神之而槁之,殪之盟所。

王里国和中里缴打官司三年都弄不清谁是谁非,于是齐庄公对其实施神判,让两人共同出一只羊,在土地神祭坛前盟誓,由土地神决定谁为罪犯,两人都答应了。齐庄公下令让人挖了一个地穴,割下羊头,将羊血洒到地穴中。宣读王里国的誓词时羊无反应,宣读中里缴的誓词时,被割去了头的羊却跳起,撞击中里缴的脚,意即神不相信他的誓词,认定中里缴是有罪的。

除了这种所谓神兽和在神面前盟誓的裁判方法外,占卜也是中国古代使用较多的神判方法。《礼记·曲礼上》云:"龟为卜,策为筮。

---

① 杨鸿烈考证,关于"廌"的形状有多种说法,包括像牛说、像羊说、像鹿说、像麟说、像熊说等,参见氏著《中国法律思想史》,第19—21页。

卜筮者,先圣王之所以使民信时日,敬鬼神,畏法令也;所以使民决嫌疑,定犹与也。故曰:'疑而筮之,则弗非也;日而行事,则必践之。'"占卜是用来使人民判断嫌疑、决定犹豫的,当遇到疑难案件,分不清是非时,占卜应当是中国古人很容易想到的办法。

　　伴随城隍神信仰的强化,元明清三代司法官员常常利用当事人对鬼神的信仰,凭借城隍来辅助侦查破案。这样的故事不但散见于各种笔记和小说,《元史》《明史》和《清史稿》中也不乏相关记载。不过和早期神判不同的是,城隍常常只是办案的道具,而不再承担判决和执行的任务。

　　　　大德二年,[田滋]迁浙西廉访使。有县尹张彧者,被诬以赃,狱成,滋审之,但俯首泣而不语。滋以为疑,明日斋沐,诣城隍祠祷曰:"张彧坐事有冤状,愿神相滋,明其诬。"守庙道士进曰:"曩有王成等五人,同持誓状到祠焚祷,火未尽而去之,烬中得其遗稿,今藏于壁间,岂其人耶?"视之,果然。明日,诣宪司诘成等,不服。因出所得火中誓状示之,皆惊愕伏辜,张彧得释。(《元史·良吏传·田滋》)

田滋诣城隍祠祷,而截获相关证据,从而使案件水落石出,找到真凶。又如:

　　　　彰德富商任甲,抵睢阳,驴毙,令郃乙剖之,任以怒殴郃,经宿而死。郃有妻王氏、妾孙氏,孙诉于官,官吏纳任贿,谓郃非伤死,反抵孙罪,置之狱。王来诉冤,观音奴立破械出孙于狱,呼府胥语之曰:"吾为文具香币,若为吾以郃事祷诸城隍神,令神显于吾。"有睢阳小吏,亦预郃事,畏观音奴严明,且惧神显其事,乃

以任所赂钞陈首曰："郤实伤死,任赂上下匿其实,吾亦得赂,敢以首。"于是罪任商而释孙妾。(《元史·良吏传·观音奴》)

案件不待调查,相关犯罪人畏观音奴严明,惧怕神显其事而自首了。又如:

民娶妇,三日归宁,失之。妇翁讼婿杀女,诬服论死。璞祷于神,梦神示以麦字。[石]璞曰："麦者,两人夹一人也。"比明,械囚趣行刑。未出,一童子窥门屏间。捕入,则道士徒也。叱曰:"尔师令尔侦事乎?"童子首实,果二道士匿妇槁麦中。立捕,论如法。(《明史·石璞传》)

石璞向城隍神祷告,神托梦于他予以启示,从而破获案件。又如:

寡妇惟一子,为虎所噬,诉于[张]昺。昺与妇期五日,乃斋戒祀城隍神。及期,二虎伏庭下,昺叱曰:"执伤吾民,法当死。无罪者去。"一虎起,敛尾去。一虎伏不动,昺射杀之,以畀节妇。一县称神。(《明史·张昺传》)

张昺的故事近乎神话,想必是偶然巧合而已。又如:

有盗窃官钞,[谢]子襄檄城隍神。盗方阅钞密室,忽疾风卷堕市中,盗即伏罪。(《明史·循吏传·谢子襄》)

这个故事与神仙志怪小说无异,城隍被描述得神乎其神。这样的事情能被记载在正史中,足见明清时代大多数人对城隍神均深信不疑,像张廷玉这样的硕儒对城隍神也是较迷信的,不然他不会将这样的故事放进他主编的《明史》之中。清人汪辉祖也讲了一个他凭借城隍侦查案件的故事：

> 刘开扬者南乡土豪也，与同里成大鹏山址毗连。成之同族
> 私售其山与刘氏，大鹏讼于县，且令子弟先伐木以耗其息。开扬
> 虑讼负，会族弟刘开禄病垂死，属刘长洪等负之上山，激成族斗，
> 则委使殴毙为制胜之计。比至山而伐木者去，长洪等委开禄于
> 地。开扬使其子闰喜击开禄额颅，立毙，而以成族殴死具控。余
> 当诘开扬，辞色可疑，絷焉。已而大鹏词恳辨未殴而已，终不知
> 殴者主名。因并絷大鹏同至城隍庙。余先拈香叩祷，祷毕，命
> 大鹏、开扬并叩首阶下。大鹏神气自若，而开扬四体战栗，色甚
> 惧。余更疑凶手之不在成氏矣，然不敢有成见也。相验回时已
> 丙夜，复祷神，鞫两造于内衙。讫未得实。忽大堂声嘈嘈，起询
> 之，有醉者闯入，为门役所阻，故大哗。命之入，则闰喜也。开扬
> 大愕，跪而前曰："此子素不孝，请立予杖毙。"余令引开扬去，研
> 鞫闰喜，遂将听从父命击开禄至死颠末，一一吐实。质之开扬，
> 信然。长洪等皆俯首画供，烛犹未跋也。次日，复鞫闰喜投县
> 之故，则垂泣对曰："昨欲窜匿广西，正饮酒与妻诀，有款扉者，呼
> 曰：'速避去，县役至矣。'启扉出，一顾而黑者导以前，迨至县门，
> 若向后推拥者，是以哗。"夫闰喜，下手正凶也，牒中无名，而其
> 父开扬方为尸亲脱，俟长洪等吐供拘提，已越境飏去，安能即成
> 信谳？款扉之呼，其为鬼摄无疑也。（《学治臆说·敬城隍神》）

汪讲的故事相对真实，虽然他也提到了鬼神，但整个来看，实际主要
是将城隍庙作为办案的场所，虽然见刘开扬在城隍面前四肢发抖、神
色十分紧张，但仍然不敢先入为主。回到衙门再次审讯，也没有获得
实情，只是刘开扬的儿子闰喜醉酒后撞入衙来，经过审讯闰喜方获得

实情。虽然汪辉祖深信是城隍神帮助他破了案,但实际城隍在本案的办理过程中不过是办案的道具而已。世上疑难案件成千上万,偶有几件祷告于城隍后碰巧侦破,本不值得称奇,但在中国古代社会,少量的所谓神迹无疑足以进一步强化民众对鬼神的信仰。

又次,国家设立了管理宗教的机构,制定了宗教管理法规,对僧道进行管理,同时部分宗教教义和戒律对立法产生了较大的影响。唐代的《道僧格》是目前所知的中国第一部宗教法典,此后历代都有关于宗教管理方面的法规。有学者研究后指出,唐律、宋刑统、明律和清律中多处涉及确定僧道的法律地位、禁止擅自充任僧道、保护佛道神像、打击诬告僧道和诬告僧道行奸的行为的规定。[1] 宗教观念在法律中的体现则是无处不在,就是死刑分为斩、绞本身都是与人们的死亡宗教观念分不开的。中国古代重要的刑法制度"十恶",原本是佛教名词,后来进入律典成为法律名词。[2] 开皇二十年(600),隋文帝"诏沙门道士坏佛像天尊,百姓坏岳渎神像,皆以恶逆论"(《隋书·刑法志》)。和尚、道士毁坏佛像和天尊像,百姓毁坏山岳、江河所祀神像,都以恶逆论处。佛、道教有关"十斋日"的戒律被唐律吸收,唐时法律规定:"其大祭祀及致斋、朔望、上下弦、二十四气、雨未晴、夜未明、断屠日月及假日,并不得奏决死刑。"(《旧唐书·刑法志》)《唐律疏义·断狱》也规定:"其所犯虽不待时,若于断屠月及禁杀日而决者,各杖六十。待时而违者,加二等。"

最后,宗教观念对中国古代法律的执行产生了较大的影响。例如,南北朝以至唐宋时期法外酷刑的泛滥,就与佛教地狱观念的传播

[1] 王立民:《中国古代刑法与佛道教——以唐宋明清律典为例》,《法学研究》2002 年第 3 期。

[2] 张海峰:《唐律"十恶"一词的佛教渊源》,《现代法学》2012 年第 3 期。

有着密切的关系。正是佛教因果报应、轮回转世、轻视现世、追求来
生的思想,为酷刑在中国历史上的"复活"及其"合理化"提供了宗
教与伦理基础。[①] 而那些信奉宗教的君王给法律的执行则带来了直
接的影响,改变了不少人的命运。梁武帝在位 48 年共实施了 37 次
大赦,其中有几次大赦与受佛戒、舍身、设法会、设无遮大会之类的佛
事活动有关。辽兴宗耶律宗真好名,"喜变更,又溺浮屠法,务行小惠,
数降赦宥,释死囚甚众"(《辽史·刑法志下》)。元代盛行帝师制,帝
师以西域僧人充任,每岁因作佛事,则奏释轻重囚犯(见表 2-1),以
之祈福。当然这样做是有极大危害的,使犯罪者侥幸逃脱惩罚,而受
害者的冤屈得不到抚慰。故《元史·刑法一》云:"至于西僧岁作佛
事,或恣意纵囚,以售其奸宄,俾善良者暗哑而饮恨,识者病之。"明
代自嘉靖九年"举秋谢醮免决囚,自后或因祥瑞,或因郊祀大报,停刑
之典每岁举行"(《明史·刑法二》)。因为从事祭祀活动,而多次举
行停处死刑的仪式。明代皇帝斋戒也常会停刑,嘉靖三十六年(1557)
农历四月,奉天、华盖、谨身三座宫殿发生火灾,明世宗朱厚熜下诏引
咎修身斋戒五天,"止诸司封事,停刑"(《明史·世宗朱厚熜二》)。

表 2-1:元代修佛事释放罪囚情况

年　份	释放人数
元贞元年(1295)	大辟三人,杖以下四十七人
元贞二年(1296)	罪囚二十人
大德六年(1302)	四月己丑朔囚三十八,人给钞一锭;庚辰,释重囚疑重者

① 王晶波、王晶:《佛教地狱观念与中古时期的法外酷刑》,《敦煌学辑刊》2007
年第 4 期。

续表

年　份	释放人数
大德九年（1305）	上都囚三人
大德十一年（1307）	大辟囚三十人，杖以下百人
至大二年（1309）	大辟囚百人
皇庆二年（1313）	囚徒二十九人
延祐元年（1314）	择释狱囚，命中书省审察
延祐六年（1319）	大辟囚七人，流以下六人
至治三年（1323）	大辟囚三十一人，杖五十七以上六十九人
泰定三年（1326）	重囚三人
至顺二年（1331）	在京囚死罪者十人，杖罪四十七人
至顺三年（1332）	御史台所囚定兴刘县尹及刑部囚二十六人

注：《新元史·刑法下》说"皇庆三年，以作佛事，释囚徒二十九人"，"皇庆"
年号共用了两年，没有"皇庆三年"一说，查《元史》，有皇庆二年秋七月"癸巳，
以作佛事，释囚徒二十九人"的记载，想必是《新元史》的作者将"皇庆二年"
误作"皇庆三年"，此表已作了修改。延祐六年七月，皇姊大长公主祥哥剌吉作
佛事，释全宁府重囚二十七人，但是后来仁宗惩罚了相关阿法的官员，将犯人
全部追回重新关进监狱，故此表没有将其列入。

资料来源：《新元史·刑法下》。

五、承负与果报

　　神道对于中国古代法制的另一重大影响，就是它通过德与报等
一系列观念，对司法官员和诉讼参与人的心理产生了重大的影响，对

其诉讼行为产生了一定的规范和制约作用,在一定程度上弥补了技术条件欠缺对司法公正的不利影响。下面笔者先介绍一下中国早期的报应思想,以及道教的承负和佛教的因果报应学说,然后就其对中国古代司法官员和诉讼参与人的影响作一考察。

中国先民很早就有报应的观念。经过周初统治精英改革后的殷人天命学说本身就是一种报应的学说,有德者得到天命,无德者丧失天命,与其说是天在主宰人的命运,莫若说是人自身的言行在决定自己的命运。《尚书·吕刑》云:"狱货非宝,惟府辜功,报以庶尤。永畏惟罚,非天不中,惟人在命。天罚不极,庶民罔有令政在于天下。"办案时收受的财货不是宝物,那只是在聚集罪恶,将会招致民众的怨恨,国家也会惩治你。这种严厉的惩罚永远令人畏惧,这不是上帝对你们不公平,而是你们自绝其命。上帝如果对这些贪赃枉法的人不加以严惩,天下的民众就不能享有善政了。这无疑正是上天惩恶扬善思想在司法领域的运用和贯彻。

《左传·隐公元年》载郑庄公云:"多行不义必自毙。"《左传·昭公七年》云:"圣人有明德者,若不当世,其后必有达人。"《老子·七十九章》云:"天道无亲,常与善人。"《周易·坤卦·文言》则公开宣称:"积善之家,必有余庆;积不善之家,必有余殃。"韩非也说,"祸福随善恶"(《韩非子·安危》)是使国家安定的办法之一。善有善报、恶有恶报是中国先秦时期的一般性社会观念,以致出现了诸如周宣王杀杜伯遭到报应之类的故事。

> 周宣王杀其臣杜伯而不辜,杜伯曰:"吾君杀我而不辜,若以死者为无知,则止矣;若死而有知,不出三年,必使吾君知之。"其三年,周宣王合诸侯而田于圃,田车数百乘,从数千,人满野。

> 日中,杜伯乘白马素车,朱衣冠,执朱弓,挟朱矢,追周宣王,射之车上,中心折脊,殪车中,伏弢而死。(《墨子·明鬼下》)

《墨子》的作者用这个故事来论证鬼神的存在,申明"凡杀不辜者,其得不祥,鬼神之诛,若此之憯遫也"(《墨子·明鬼下》)的教义,并说他是从周《春秋》一书上见到这个故事的,即周《春秋》的作者已有了报应的观念。对此《墨子》的作者感到还不过瘾,又举了一个燕《春秋》上的故事:

> 昔者,燕简公杀其臣庄子仪而不辜,庄子仪曰:"吾君王杀我而不辜,死人毋知亦已,死人有知,不出三年,必使吾君知之。"期年,燕将驰祖。燕之有祖,当齐之社稷,宋之有桑林,楚之有云梦也,此男女之所属而观也。日中,燕简公方将驰于祖涂,庄子仪荷朱杖而击之,殪之车上。(《墨子·明鬼下》)

据说燕简公冤杀臣子庄子仪同样遭到了庄子仪鬼魂的报应。上述两个故事存在一个有趣的现象,即遭受报应的都是君王,先秦时期专制主义的思想还处于萌芽阶段,作臣子的受到冤枉还可对君王实施报复,君王本身也是报应的对象,这样的叙事在秦以后是罕见的。而在报应思想盛行的同时,"阴德"之类概念已在秦汉间产生。《新书·春秋》云:"有阴德者,天报以福。"《淮南子·人间训》云:"有阴德者必有阳报,有阴行者必有昭名。"所以说德与报本来就是中国早先固有的思想观念。

中国土生的道教,吸收了这些早先的思想,创造了承负的学说,即先人的善恶报应由其后人来承担。《太平经》云:"承者为前,负者为后。承者,乃谓先人本承天心而行,小小失之,不自知,用日积久,

相聚为多，今后生人反无辜蒙其过谪，连传被其灾，故前为承，后为负
也。负者，乃先人负于后生者也。"即先人犯错，后人遭殃。与之相反，
先人积德，后人就享福。为了让自己的子孙后代福祚绵长，先人必须
多积阴德。

东汉孝明帝时佛教传入中国，佛教认为，任何言行都有后果，恶
有恶报，善有善报。众生都在"三世"（前世、今世、来世）和"六道"（地
狱、饿鬼、畜生、人、天、阿修罗）中如同车轮一般转动循环不已。今世
的受苦与享福取决于前世的作恶和行善，而今世的行善或作恶又决
定了来世的享福或受苦。作恶多的人，死后会入地狱，来世变牛变马
继续受苦；行善多的人，死后便可以投胎到富贵人家，享受人间福禄，
甚至还可以超脱生死，进入天堂享受永福。

道教的天道承负说与佛教的因果轮回观念很快被中国古代普罗
大众所接受，是与中国固有的思想传统分不开的。《魏书・释老志》
谈及佛教时云："故其始修心则依佛、法、僧，谓之三归，若君子之三畏
也。又有五戒，去杀、盗、淫、妄言、饮酒，大意与仁、义、礼、智、信同，
名为异耳。"魏收用儒家君子的三畏（畏天命，畏大人，畏圣人之言）
来诠释佛教的三归，用儒家的五常（仁、义、礼、智、信）来诠释佛教
的五戒。类似说法在佛教传入中国的过程中很普遍，唐人张士衡就
讲："且善恶之报，若影随形，此是儒书之言，岂徒佛经所说。"（《旧唐
书・儒学上・张士衡传》）人们通常只能通过自身的概念和术语来理
解异域的文化和思想，翻译的过程实际就是运用自身的概念和术语
对异域思想和文化进行创造性改造的过程，佛学被译介到中国来的
过程当然也不例外。通过这样的比附，部分消除了中国古人对佛教
的芥蒂和排斥。随着道、释在中国的发展壮大，道教的天道承负说与
佛教的因果轮回观念在唐宋以后的中国社会广为流传，深入人心，几

乎形成了一个人人言报应的社会文化氛围。而这对中国古代的司法
产生了重要的影响。

首先,报应的宗教观念促使统治者高度重视刑事司法,特别是对
冤假错案的复查工作。善有善报恶有恶报的观念不但影响到了普通
民众,甚至皇帝也接受了这样的观念。贞观六年(632),唐太宗说:"朕
闻周、秦初得天下,其事不异。然周则惟善是务,积功累德,所以能保
八百之基。秦乃恣其奢淫,好行刑罚,不过二世而灭。岂非为善者福
祚延长,为恶者降年不永?"(《贞观政要·君臣鉴戒》)唐太宗对鬼
神有所保留,但是对报应则基本上不持怀疑态度,他建立死刑案件的
覆奏制度,京城的死刑案件实行五覆奏,京外的案件实行三覆奏,就
与他所持的这种报应观念分不开。武则天时的监察御史魏靖上书要
求复查来俊臣等人制造的冤假错案,奏书最打动武则天之处正是其
中所宣讲的报应之说。魏靖在奏书中讲他听说几个酷吏都遭到了报
应:"郭弘霸自刺而唱快,万国俊被遮而遽亡。霍献可临终,膝拳于项;
李敬仁将死,舌至于脐。皆众鬼满庭,群妖横道,惟征集应,若响随
声。"(《旧唐书·刑法》)郭弘霸被自己刺杀,万国俊被冤魂遮住而立
刻死亡,霍献可临终时,膝蜷曲到颈项,李敬仁将死,舌拖到肚脐,他
们都因先前的作恶而遭到了报应。这些说法对于相信鬼神的武则天
来说无疑很具有说服力。奏疏呈上后,武则天即命令凡是被来俊臣、
丘神勣等审讯,本人被处死、财产家口被没收的,让三司重新审问,有
冤屈被滥用刑罚的,都获得昭雪赦免。

其次,在承负和果报观念的支配下,不少司法官员产生了积阴
德的想法,主观上尽力避免冤滥,在一定程度减轻了司法的野蛮和
残酷。曾做过汉代廷尉和丞相的于定国,他的父亲就非常信奉承负
的说法,曾说:"我治狱多阴德,未尝有所冤,子孙必有兴者。"(《汉

书·于定国传》) 积阴德的思想无疑也影响到于定国,故其"决疑平法,务在哀鳏寡,罪疑从轻",司法时十分审慎,朝廷曾称赞说:"张释之为廷尉,天下无冤民;于定国为廷尉,民自以不冤。"(同上)班固在评论张汤家族时也特意提到阴德问题,云:"汤虽酷烈,及身蒙咎,其推贤扬善,固宜有后。安世履道,满而不溢。贺之阴德,亦有助云。"(《汉书·张汤传》)张汤虽然是一代酷吏,但到遭受陷害时还是推荐贤士表彰良善,因此有后人的兴旺。其次子张安世,持守正道,谦恭不骄。长子张贺,善积阴德,也有帮助。班固常拿阴德说事,表明这正是东汉时社会的主流思想。北魏名臣高允活了九十八岁,几乎是在没有痛苦的情况下离开人世的,他对人说:"吾在中书时有阴德,济救人命,若阳报不差,吾寿应享百年矣。"(《北史·高允传》)他自认为在中书省时积有阴德,救助过人命,按照阳报之说应该长命百岁。与其同时代的另一位北魏名臣李彪,"为中尉,号为严酷。以奸款难得,乃为木手,击其胁腋,气绝而复属者时有焉。又慰喻汾州叛胡,得其凶渠,皆鞭面杀之。及彪之病也,体上往往疮溃,痛毒备极"(《魏书·李彪传》)。魏收刻意写下这些文字,无疑是指陈司法严酷者不得好死,告诫后人司法时要宽恕,以免遭到报应。唐代士大夫积阴德的观念也十分强烈,曾做过宰相的陆元方临终前曾言:"吾阴德于人多矣,其后庶几福不衰矣。"(《旧唐书·陆元方传》)其为官念兹在兹的乃是积阴德。而《旧唐书》的作者称其之所以作《酷吏传》,就是要明示"天人报应","亦所以示惩劝也",让人们"前事不忘,将来之师"。宋人王彦超每戒诸子说:"吾累为统帅,杀人多矣,身死得免为幸,必无阴德以及后,汝曹勉为善事以自庇。"(《宋史·王彦超传》)眉州眉山人程之邵"曾祖仁霸,治狱有阴德"(《宋史·程之邵传》)。李韶的父亲李文饶为台州司理参军,经常对人说:"吾司臬多阴德,后有兴者。"(《宋史·李韶传》)司法官员追求阴德确实减少了冤滥,例如武则天时的徐有功就是杰出的事例。周兴、来俊臣等酷吏锻炼成狱,冤杀人无数,但徐有功无所畏惧,"诏下大理者,有功皆议出之,前后济活数十百家"(《旧唐书·徐有功传》)。宗教信仰甚至使专制体制下的少数官员,甘冒停薪、降职外调、坐监甚至以被告团伙罪嫌遭处死等风险,创造了中国古代司法独立的纪录。①

当然,司法官员为追求所谓阴德,便易出现宽纵犯罪人之弊。唐神龙年间的左台御史王志愔曾云:"窃见大理官僚,多不奉法,以纵罪为宽恕,以守文为苛刻。"(《旧唐书·王志愔传》)大理寺的官僚们大多不奉行法令,以放纵罪恶为宽恕,以遵守法令为苛刻,这与当时官员们刻意追求阴德无疑有莫大的关系。宋人高登就对片面追求所谓阴德提出了批评,他说:"阴德岂可有心为之! 杀人者死,而可幸免,则被死之冤何时而销?"(《宋史·高登传》)追求阴德而致使杀人的凶手被宽大,被杀者的冤情得不到昭雪,高登的批评当然是很有力的。对官员所谓积阴德的行为,个别皇帝也曾察觉,金世宗就是一例,他曾告诉他的宰相说:"王翛前为外官,闻有刚直名。今闻专务出罪为阴德,事多非理从轻。又巧幸偷安,若果刚直,则当忘身以为国,履正以无偏,何必卖法以徼福耶?"(《金史·王翛传》)金世宗对王翛专门力求开脱犯罪者以积阴德,出卖法令来祈求福气,使案子大多没有理由地从轻判决十分不满,认为这并非一个刚直的官员的行为。承负和果报观念使官员常常不得不为自己的后人和来世着想,卖法求名,故官员积阴德的行为实与国家利益存在一定冲突。金世宗看

---

① 对此可具体参阅卢建荣的《铁面急先锋——中国古代法官的血泪抗争》,中国政法大学出版社 2012 年版。

清了王脩辈的心思,故说:"人多言王脩能官,以朕观之,凡事不肯尽力,直一老奸耳。"(同上)

司法官员可以通过平反冤案、对罪犯作宽恕的处理来积阴德,使自己的子孙和来世受益,这确实是一种非常奇特的司法思想,它在某种意义上使案件的处理结果与官员的自身利益有了关联,司法官员的中立性受到了挑战,在司法中正确处理好公与私的关系就成为一大问题。对此,元代的赡思据说是典范:

> 赡思历官台宪,所至以理冤泽物为己任,平反大辟之狱,先后甚众,然未尝故出人罪,以市私恩。尝与五府官决狱咸宁,有妇宋娥者,与邻人通,邻人谓娥曰:"我将杀而夫。"娥曰:"张子文行且杀之。"明日,夫果死,迹盗数日,娥始以张子文告其姑。五府官以为非共杀,且既经赦宥,宜释之,赡思曰:"张子文以为娥固许之矣。且娥夫死及旬,乃始言之,是娥与张同谋,度不能终隐,故发之也,岂赦可释哉?"枢密判官曰:"平反活人,阴德也。御史勿执常法。"赡思曰:"是谓故出人罪,非平反也。且公欲种阴德于生者,奈死者何!"乃独上议刑部,卒正娥罪。其审刑当罪多类此。(《元史·儒学二·赡思》)

这一则材料很有意思,在元代官员看来,故意免除囚犯的罪行可以换取个人的恩惠,平反保全人命是积累阴德的行为。赡思之所以被认为是一名优秀的官员,就是因为他不刻意追求阴德,使自己获得那些持承负与果报宗教观念的人所认为的好处,而是依法追究犯罪者的法律责任,捍卫了法律的正义。

好的司法官员应当没有偏见,客观中立,不追求自己的私利。清代以擅长平反冤狱闻名的王士棻曾说:"刑官之弊,莫大于成见。听讼有成见,强人从我,不能尽其情,是客气也。断罪有成见,或偏于严明,因求能折狱名;或偏于宽厚,自以为阴德:皆私心也。"(《清史稿·王士棻传》)真是切中肯綮!

最后,承负与果报观念对于诉讼参与人也有重大的影响。由于怕遭受阴谴,许多人不敢轻易做出伤天害理的犯罪行为,证人不敢轻易撒谎冤枉好人。而且更为重要的是,人死有知、鬼神可实施报应的故事广泛流传,相关当事人动辄即以自杀等方式来伸冤。在中国古代,冤鬼伸冤的故事不是只在文学作品中才能见到,在正史中也常常会见到诸如此类的故事。

> [王忳]举茂才,除郿令。到官,至斄亭。亭长曰:"亭有鬼,数杀过客,不可宿也。"忳曰:"仁胜凶邪,德除不祥,何鬼之避!"即入亭止宿。夜中闻有女子称冤之声。忳咒曰:"有何枉状,可前求理乎?"女子曰:"无衣,不敢进。"忳便投衣与之。女子乃前诉曰:"妾夫为涪令,之官过宿此亭,亭长无状,贼杀妾家十余口,埋在楼下,悉取财货。"忳问亭长姓名。女子曰:"即今门下游徼者也。"忳曰:"汝何故数杀过客?"对曰:"妾不得白日自诉,每夜陈冤,客辄眠不见应,不胜感恚,故杀之。"忳曰:"当为汝理此冤,勿复杀良善也。"因解衣于地,忽然不见。明旦召游徼诘问,具服罪,即收系,及同谋十余人悉伏辜。遣吏送其丧归乡里,于是亭遂清安。(《后汉书·独行列传》)

女鬼向王忳诉冤,王忳了解案情后为其伸冤,故事本身的精彩程度并不让于《聊斋志异》《阅微草堂笔记》所记的志怪小说。

除了诉冤,正史中还有鬼魂报案的故事。

　　成化九年，[黄绂]迁四川左参议。久之，进左参政。按部
崇庆，旋风起舆前，不得行。绂曰："此必有冤，吾当为理。"风遂
散。至州，祷城隍神，梦若有言州西寺者。寺去州四十里，倚山
为巢，后临巨塘。僧夜杀人沉之塘下，分其资。且多藏妇女于
窟中。绂发吏兵围之，穷诘，得其状，诛僧毁其寺。(《明史·黄
绂传》)

旋风起于轿前，不能前行，黄绂认为是冤魂在报案，祈祷于城隍，梦中
仿佛有人说城西寺院，黄绂前去调查，发现了僧人作奸犯科的事情，
依法处置。在本故事中，与其说是冤魂和神灵指点黄绂破了案，不
如说是黄绂自身的鬼神信仰引导其采取了一系列追查犯罪行为的措
施，碰巧查获了相关犯罪行为。但中国古人不会如此看问题，即使是
知识精英也同样会相信冤魂报案的事情。这个故事被记载在正史上，
本身即说明了这一问题。

　　宗教学说使人们相信死后有知，使一部分人萌生在人世不能伸
冤就到阎王或天庭那儿去伸冤的想法，勇于赴死。例如，南宋时阆州
太守王惟忠于宝祐年间蒙冤被处死，临刑，对其朋友陈大方说："吾死
当上诉于天。"(《宋史·文苑·张即之传》)《宋史·列女传》载罗江
有母女二人寡居，涉杀人案，被承办官员严刑拷打，女儿受不了苦毒，
临死前探望母亲并讲"女今死，死将讼冤于天"，勘官李志宁疑其狱，
后查出真凶。蒙冤不白，以死诉于天的事例，在女性中较为常见，特
别是事关声誉和清白时。例如《明史·列女三》记载：

　　刘烈女，钱塘人。少字吴嘉谏。邻富儿张阿官屡窥之，一夕
缘梯入。女呼父母共执之，将讼官。张之从子倡言刘女诲淫，缚
人取财。人多信之。女呼告父曰："贼污我名，不可活矣，我当诉

> 帝求直耳。"即自缢。盛暑待验,暴日下无尸气。嘉谏初惑人言,
> 不哭。徐察之,知其诬也,伏尸大恸。女目忽开,流血泪数行,若
> 对泣者。张延讼师丁二执前说,女傅魂于二曰:"若以笔污我,我
> 先杀汝。"二立死。时江涛震吼,岸土裂崩数十丈,人以为女冤
> 所致。有司遂杖杀阿官及从子。

众人大多相信刘氏是以色相引诱张阿官借此讹人财物,当事人名声
受到污损,感觉到只有一死了之,然后到上天那里去陈述冤情,事情
的结局就像小说的情节那样最后沉冤得雪,实现了众人的愿望。这
样的故事被写进《列女传》,不用说,史官意在让人效仿。不只有女子
才会选择自杀的方式来伸冤,男性间或也会采取类似的行为,《清史
稿·孝义传二》载:

> 陈嘉谟,江苏兴化人。顺治初诸生。父弘道,为怨家所诬,
> 系扬州府狱。狱卒绝其饔馈,嘉谟求见父不得,知怨家计必杀之,
> 乃痛哭祷于神,自沉于水。明日,盐运使得嘉谟讼冤血书,而嘉
> 谟仆又诉失嘉谟。求其尸,七日得于钞关水次,植立风涛中,发
> 上指。遂出弘道狱,葬嘉谟,而抵诬告者罪。

陈嘉谟在无奈之下,选择了以自杀的方式为父伸冤,其行为感动了案
件承办官员,最终沉冤得雪。而他之所以如此,与其对城隍神的信仰,
与其相信人死后有知的宗教观念是分不开的。

关于鬼神与司法的关联,顾炎武曾有精辟论述:

> 国乱无政,小民有情而不得申,有冤而不见理,于是不得不
> 诉之于神,而诅盟之事起矣。苏公遇暴公之谮,则"出此三物,
> 以诅尔斯"。屈原遭子兰之谗,则"告五帝以折中,命咎繇而听"。

直至于里巷之人,亦莫不然。而鬼神之往来于人间者,亦或著其灵爽。于是赏罚之柄,乃移之冥漠之中。而蚩蚩之氓,其畏王铁,常不如其畏鬼责矣,乃世之君子,犹有所取焉,以辅王政之穷。今日所传地狱之说、感应之书,皆苗民诅盟之余习也。"明明棐常,鳏寡无盖",则王政行于上,而人自不复有求于神。故曰:有道之世,其鬼不神。(《日知录·卷二·罔中于信以覆诅盟》)

人世间的冤屈得不到昭雪,正义得不到伸张,小民只有寄希望于鬼神。鬼神信仰的盛行正是无道之世的表征,有道之世不需要鬼神,鬼神也就不灵验了。

第三章　人　　道

　　人道是人之道的简称，出现较早。如《老子·七十七章》："天之道，损有余而补不足。人之道，则不然，损不足以奉有余。"老子已将"天之道"和"人之道"作为相对待的事物提出来加以讨论。在古代汉语中，人道具有诸多含义，可用来指人事、人伦、为人之道，或社会规范，与天道相对。例如："有天道焉，有人道焉。"（《周易·系辞下》）"亲亲、尊尊、长长，男女之有别，人道之大者也。"（《礼记·丧服小记》）也可用来指男女交合，例如："古人男子三十而取，女子二十而嫁，使其气血充足，然后行其人道。"（《醒世姻缘传》第四十四回）也可用来代指男性生殖器，例如："唐六如知其必反，遂佯狂以处。宸濠遣人馈物，则倮形箕踞，以手弄其人道，讥呵使者。"（《智囊补·明智唐六如》）此外，人道还是佛教用语，指人界，佛教所谓的"六道"之一。

　　在本书中，笔者讨论的人道主要是指与天道相对的为人之道，即哲学意义上的人道。对于中国古代哲学上的人道，张立文曾说："指人、人的价值、伦理道德、人的认识（包括自然、社会、人生、思维规律）以及历史观点等，包括客体、主体以及主体对客体的认知。"[①] 就内涵

---

① 张立文：《中国哲学范畴发展史（天道篇）》，第4—5页。

而言,人道是由人的自然属性和人的社会属性所决定的人之规律和规则;从外延来讲,人道包括古往今来一切人的言论和作为,当然在本书中笔者只讨论中国古人的言论和作为。在中国古代社会,人分为君与民,故人道也就相应地分为君道和臣道。在本章中,笔者将探讨在中国古代所有人(君和民)都必须遵循的为人之道。

前面已讲过,无论是天道还是神道,都是通过转化为人道而对人事发挥作用的,即所谓"人道承天"(《魏书·房景先传》)。以天道推人道,以神道推人道,正是中国传统思想文化的一大特色。故天道和神道作为指导人言行的思想和原则本身也就是人道的重要渊源,关于天道和神道所蕴含的人道要求,笔者在前面两章中已作了介绍,故在本章中就不再重复,而只从人本身出发来言人道。

人道的来源除了天道和神道外,还有一个重要的来源就是人本身。伴随天与神权威的下降,中国古人逐渐认识到人类自身的力量,人们不但从天和神来思考人事,而且开始日渐学会就人来言人事,即从人本身出发来观察和思考人间的事务。孔子鲜言天道,重视事人和事生,开创了中国重人事的思想文化传统。仲长统曾讲:"唯人事之尽耳,无天道之学也","信天道而背人事者,是昏乱迷惑之主,覆国亡家之臣也。"(《群书治要·〈昌言〉治要》)认为国家的兴衰和治乱取决于"人事",而不在于"天道"。南北朝佛道盛行,但也不乏诸如"虽云天道,抑亦人谋"(《晋书·李势载记》)和"虽天道有盛衰,亦人事之工拙也"(《北史·突厥铁勒传》)之类的言论。而魏征曾云:"天道深远,或未易谈;吉凶由人,抑可扬榷","齐氏之败亡,盖亦由人,匪惟天道也。"(《北史·齐本纪下》)魏征认为天道深远,或许不容易谈论,吉凶由人,抑或可以评说,北齐的败亡,实在是由于人事所致,而不只是天命使然。正史一般代表了官方的立场和看法,这种看法大概就是初唐人的正统观念了。唐人刘禹锡宣扬人定胜天的思想,并说:"人能胜乎天者,法也。"(《天论上》)到明清时期,人们关于人事的看法更进化了,一些先进的思想家已具有了人道制约天道和鬼神的思想。面对雷击奉先殿这样的灾异,明人王廷相对嘉靖皇帝说:"人事修而后天道顺。"(《明史·王廷相传》)人事整治而后就能实现天道和顺,不只是天道决定人事,人事反过来也能影响天道。王夫之则进一步提出以人道率天道的命题,他说:"立人之道,曰仁与义,在人之天道也。由仁义行,以人道率天道也。"(《思问录·内篇》)故除了重视天道和鬼神外,中国古人还有一个重视人事的传统,人本身也是人道的重要渊源。

为人之道是任何人都不能回避的问题,连庄子都讲:"人而无以先人,无人道也。人而无人道,是之谓陈人。"(《庄子·寓言》)人如果没有才德学说先于人,那么就不能尽其为人之道。人如果没有为人之道,那就叫作老朽之人。在本章中,我们的主要任务就是立足于人本身,考察中国古人是如何由人本身出发来推演人道的,探讨由人的自然和社会属性而决定的人应当遵循的规律和规则,以及这些规律和规则的制度表达与对法制运作的要求。为此,必须先来看看中国古人是如何认识人,是如何看待人性问题的。

一、人性

人道是关于人的规律和规则,人性是关于人的本质属性。人性是人道母题中的一个重要方面,讨论人道,不能回避人性问题,特别是涉及人道与法制的关系问题时更是如此。因为任何制度设计都

是建立在一定的人性假设基础之上的,谈人道与法制,必谈人性与
法制。

中国先民很早就开始关注人性问题,流传至今最为久远的历史
文献汇编《尚书》已谈到"性"的问题,出现了一些有关性的词组,例
如"恒性"(《汤诰》)、"习与性成"(《太甲上》)、"天性"(《西伯戡黎》)、
"土性"(《旅獒》)、"节性"(《召诰》),等等。当然《汤诰》《太甲上》和《旅
獒》出自《古文尚书》,是被公认的后人伪作,《西伯戡黎》虽然是《今
文尚书》中的篇目,但顾颉刚认为其出自东周人的手笔,不是西周时
的作品,好在《召诰》的真实性无人怀疑,公认是西周初期的文献,故
在西周初人们已有了"节制习性"这样的观念。

到孔子生活的时代,人性已是一个很重要的知识问题,是学者研
究、学生学习的重要内容之一。孔子云:"性相近也,习相远也。"(《论
语·阳货》)孔子将性分为天性与习性,认为人们的天性是相同的,
但习性就千差万别了。孔子没有讲人性的善恶问题,对此子贡认为
孔子未将其关于人性的全部学问讲出来,说:"夫子之文章,可得而闻
也,夫子之言性与天道,不可得而闻也。"(《论语·公冶长》)子贡认
为孔子的讲授还没有满足其求知欲,说明那个时代的学生对于人性
已充满了探究的欲望。

孔子以降公开研讨人性的学者十分之多,人性成为中国传统哲
学的重要主题之一,[①]而无论是人情即人性,还是情生于性,基本上都

---

① 据学者考证,先秦诸子关于性、情、欲的关系有以下几种主要的观点:一是以
　情、欲为性,认为人的情感、欲望是人的本性,荀子大致就持此种观点,他说:
　"性者,天之就也;情者,性之质也;欲者,情之应也。"(《荀子·正名》)虽然表
　述上存在性、情、欲的差别,但在事实上性、情、欲是一个东西。二是以性为情
　的根本,情生于性,情是性的外现。郭店楚墓竹简《性自命出》篇所(转下页)

是儒家的观点。情为性之失则基本上是道家的说法,道家崇尚自然,反对任何人为,故对欲和情都持否定态度。先秦诸子关于性、欲、情的观点对后世影响很大,汉武帝罢黜百家独尊儒术后,后世学者没有不接受儒学教育的,故先秦儒家关于人性、人欲和人情的看法乃是后世众多学说的源头。无论是人情即人性,还是情生于性,都是以人性为根基的,故对于人性、人欲和人情三者,我们只需要重点讨论人性,附带提及人欲和人情即可。虽然各家看法存在诸多分歧,但是也存在不少共识。

(一) 大家都承认现实中的人通常是恶的,纯粹至善的圣人是罕见的

孔子认为人在天性上是相同的、平等的,后天的习性则有巨大的差别,故现实中的人的道德境界必然是各不相同的。孔子没有对天性的善恶作出评论,后继的思想家填补了这一空白,较为重要的学说有性善论、性恶论、性无善无恶论、性善恶混论四种。

孟子是性善论的重要代表。"孟子道性善,言必称尧舜。"(《孟子·滕文公上》) 孟子认为人之有别于禽兽的地方在于,人天生就具有仁义礼智四种善端。他说:"恻隐之心人皆有之,羞恶之心人皆有之,恭敬之心人皆有之,是非之心人皆有之。"(《孟子·告子上》)

(接上页) 讲的"性自命出,命自天降。道始于情,情生于性",大概就是这一派观点的代表性表达。三是将性与情相对立,认为情感的产生是人性的丧失,"凡民之生也,必以正平。所以失之者,必以喜乐哀怒"(《管子·心术下》),"凡人之生也,必以平正。所以失之,必以喜怒忧患"(《管子·内业》),大概就是这派观点的代表性表达。参见王威威:《先秦诸子论人性、人情与人欲之关系》,《华北电力大学学报》2011 年第 6 期。

"无恻隐之心非人也,无羞恶之心非人也,无辞让之心非人也,无是非之心非人也。"(《孟子·公孙丑上》)而"恻隐之心仁也,羞恶之心义也,恭敬之心礼也,是非之心智也。仁、义、礼、智非由外铄我也,我固有之也,弗思耳矣。"(《孟子·告子上》)仁义礼智四种善端是人天生固有的,不需要向外去寻求,故"人性之善也,犹水之就下也。人无有不善,水无有不下"(同上)。并且孟子对"人皆可以为尧舜"(《孟子·告子下》)的说法一点也不表示怀疑,他相信只要始终保持人内心自有的善端,人人都有希望成为尧舜。但是孟子仅肯定了人人都具有成为尧舜的潜质而已,并未认为人人都真的能够成为尧舜。孟子肯定人具有仁义礼智四种善端,但有善端并不等于人已善。孟子认为如果不能将四种善端加以扩充,那么甚至"不足以事父母"(《孟子·公孙丑上》),四种善端是"求则得之,舍则失之"(《孟子·告子上》),一个人最终是善是恶取决于自身后天的努力。故孟子虽然肯定了人有仁义礼智四种善端,但是他认为人性受到逼迫也会变恶,现实社会中绝大多数人仍然是恶的。他说:"尧舜,性之也;汤武,身之也;五霸,假之也。"(《孟子·尽心下》)尧舜是本性使然,商汤周武王是身体力行仁义,而五霸只是假仁假义了。"尧舜,性者也;汤武,反之也。"(同上)尧舜是天性,成汤、周武王只是返回了天性,其他绝大多数人在孟子看来实际是丧失了天性,堕入了罪恶的深渊。

　　荀子是中国古代人性恶的系统阐述者,他从孔子天性和习性二分的观念出发,认为人的天性是恶的,故人需要后天不断地学习来培养善良的品质。荀子首先肯定人充满了欲望,他说:"夫人之情,目欲綦色,耳欲綦声,口欲綦味,鼻欲綦臭,心欲綦佚。此五綦者,人情之所必不免也。"(《荀子·王霸》)欲望在荀子看来不过是人性的表现而已,天生充满欲望的人当然不可能说是善的了。"人之性恶,其善者伪也。"(《荀子·性恶》)人的本性是恶的,人之所以变得善良是人为作用的结果。荀子批评孟子的性善论,认为孟子的错误在于"是不及知人之性,而不察乎人之性、伪之分者也。凡性者,天之就也,不可学,不可事;礼义者,圣人之所生也,人之所学而能,所事而成者也。不可学、不可事而在人者谓之性;可学而能、可事而成之在人者谓之伪。是性、伪之分也。"(同上) 荀子认为,如果孟子注意到性与伪的区别,他就不会讲人的本性是善的了。[①] 在荀子看来,人的本性是恶的,人表现出来的善是人为(伪) 的结果,他说:"故圣人也者,人之所积也。"(《荀子·儒效》)圣人只是普通人长期积累的结果。君子与小人的区别是习性使然,"故人知谨注错,慎习俗,大积靡,则为君子矣。纵情性而不足问学,则为小人矣。"(同上) 人们知道举止谨慎,小心地对待风俗习惯,重视积累磨炼,就会成为君子;放纵情性而不好好学习,就会成为小人。借助性与伪的区分,荀子提出了一套化性起伪的理论,他说:"性也者,吾所不能为也,然而可化也;情也者,非吾所有也,然而可为也。注错习俗,所以化性也;并一而不二,所以成积也。习俗移志,安久移质,并一而不二,则通于神明,参于天地矣。"(同上) 本性不是人为造成的,然而可以转化它;积习不是固有的,然而可以形成。行为习俗,是用来改变本性的;专心一致,是

---

① 张岱年认为,孟子和荀子的人性论看似对立,实则是可兼容的,他说:"孟子言性善,乃谓人之所以为人的特质是仁义礼智四端。荀子言性恶,是说人生而完具的本能行为中并无礼义;道德的行为皆必待训练方能成功。孟子所谓性,与荀子所谓性,实非一事。孟子所注重的,是性须扩充;荀子所注重的,是性须改造。虽然一主性善,一主性恶,其实亦并非完全相反。究竟言之,两说未始不可相容,不过两说实有其很大的不同。"参见张岱年:《中国哲学大纲》,第191页。

用来形成积习的。行为习惯会改变人的意志,安于习俗时间长了就会改变人的气质,专心一致就会通于神明,和天地相匹配了。荀子说:"今使涂之人伏术为学,专心一志,思索孰察,加日县久,积善而不息,则通于神明,参于天地矣。故圣人者,人之所积而致矣。"(《荀子·性恶》)只要愿意努力进行化性起伪,"涂之人可以为禹"(同上)。荀子虽然认为人性是恶的,但认为人人都具有转变为禹的潜力。当然这是劝勉和安慰人的话,荀子本身也知道,没有几个人最终变成了禹。

告子是性无善无恶说的重要代表。告子的著述没有流传下来,但《孟子》中保留了他与孟子讨论人性的言论,告子曾对孟子说:"性犹湍水也,决诸东方则东流,决诸西方则西流。人性之无分于善不善也,犹水之无分于东西也。"(《孟子·告子上》)告子认为"生之谓性",人的本性犹"湍水""杞柳",可以任意塑造,无所谓善恶。近朱则赤,近墨则黑。这和《墨子·所染》的观点很相近,所染不同,其人性也就不同,而我们不能保证人人都能获得好的感染,故告子也不会告诉我们社会上的人都是或基本上是善的。

对于人性,汉儒董仲舒也作出了较为重要的理论贡献。一是他认为人性兼有仁、贪两面性,人性中既有善也有恶。其云:"人之诚,有贪有仁。仁、贪之气,两在于身。身之名,取诸天。天两有阴阳之施,身亦两有贪、仁之性。"(《春秋繁露·深察名号》)董仲舒认为人兼有贪、仁两性,这就像天道具有阴阳两个方面一样。为了说明性,董仲舒还用禾与米作喻,他说:"故性比于禾,善比于米:米出禾中,而禾未可全为米也;善出性中,而性未可全为善也。"(同上)性中包含着善,但是性并非全善,即是说性包含着善恶两种因素。而且董仲舒认为人性中善恶两种因素是相伴始终的,对此他曾说:"人受命于天,有善善恶恶之性,可养而不可改,可豫而不可去,若形体之可肥臞,而不可得革也。"(《春秋繁露·玉杯》)人从天那里获得生命,有喜欢善良、厌恶丑恶的本性,性中善的方面可以培养而不能改变,恶的方面可以预防而不能除去,就像人的形体可以有肥瘦的不同,但不能改变一样。董仲舒对人性的看法相对理性和悲观,已少了孟子和荀子那种"人皆可以为尧舜"和"涂之人可以为禹"的浪漫。后来扬雄发挥了董仲舒的思想,明确提出了性善恶混论的主张,扬雄说:"人之性也善恶混,修其善则为善人,修其恶则为恶人。"(《法言·修身》)人的性情,善与恶相互混杂。发扬其善的一面,就会成为善人,发扬其恶的一面,就会成为恶人。二是董仲舒首次提出了性的等级说,其云:"圣人之性,不可以名性;斗筲之性,又不可以名性;名性者,中民之性。"(《春秋繁露·实性》)他将性分为圣人之性、中民之性、斗筲之性三等。性的等级学说经过东汉的王充、荀悦的发展,到唐代韩愈时结出了硕果。韩愈提出了著名的性三品说:"性之品有上中下三:上焉者,善焉而已矣;中焉者,可导而上下也;下焉者,恶焉而矣。"并且认为:"上之性就学而愈明,下之性畏威而寡罪,是故上者可教而下者可制也。其品则孔子所谓'不移也'。"(《韩昌黎集·原性》)

当然中国古先贤对人性的探索并未就此终止,而是代有推陈出新。例如北宋张载主张"饮食男女,皆性也"(《正蒙·乾称下》),把人的物欲本能视为人的本性。南宋朱熹用"天理"来诠释人性,云:"在心唤做性,在事唤做理。"(《朱子语类》)清戴震认为"阴阳五行"之气为人之"本始而言谓之性"(《孟子字义疏证》)。而康有为认为人性系人的自然本质,并说人皆"求乐免苦"(《万木草堂口说》)。这些观点大致都可归入性善论、性恶论、性无善无恶论、性善恶混论四种中的某一种,故笔者对其不再深究。

在林林总总的中国古代人性论中,宋代以来影响最大的无疑是孟子的性善论了。唐时韩愈力倡孔子死后惟孟轲得其道统真传,经过王安石的努力,《孟子》在宋代由子部升为经部,孟子的性善说得到广为传播。宋末出现的启蒙读物《三字经》开篇即云:"人之初,性本善。"故自宋以降,性善说在读书人中间日渐成为主流。时至今日我们对作恶之人还常说"简直没有一点人性""完全丧失人性"之类的话,视"恶"为没有人性,实际上预设了人性应该是善的,可见孟子影响之一斑。但包括孟子的性善论在内,没有哪一种人性论肯定现实社会中的人全部或大多数是善的,即使是像道家这样较重视个体的修炼,思想较为出世的学派,从其有限的议论推之,其对大多数人的人性也基本上是持否定态度的。例如《老子·七十七章》云:"天之道,损有余而补不足。人之道,则不然,损不足以奉有余。"在老子眼中人道实在是谈不上什么崇高。又云:"故善人者,善人之师;不善人者,善人之资。"(《老子·二十七章》)"善者善之,不善者亦善之,得善矣。"(《老子·四十九章》)"道者,万物之注也,善人之葆也,不善人之所葆也。"(《老子·六十二章》)老子明确将人分为善良的与不善良的,老子从来就没有肯定人性是善的,相反,他充分注意到社会上有许多不善良的人。故中国传统知识精英关于现实社会中人性的基本判断实际是:圣人(尧、舜、禹、汤、文、武、孔子)已作古,君子不多见,小人遍地是。

(二) 大家都赞同对人施加引导和约束

正是因为大多数思想家都承认人性存在恶的因素,现实中"小人"占多数,故虽然大家在治道上观点各异,但是在对人性、人欲和人情要施加约束这一点上鲜有异议。[①]孔子说："夫礼,先王以承天之道,以治人之情。"(《礼记·礼运》)孔子认为礼是先王禀承天道,用来治理人的情欲的。荀子云："古者圣王以人性恶,以为偏险而不正,悖乱而不治,是以为之起礼义、制法度,以矫饰人之情性而正之,以扰化人之情性而导之也。"(《荀子·性恶》)圣王设立礼仪,制定法度,就是为了整饬人们恶劣的情性。又说："人生而有欲,欲而不得,则不能无求;求而无度量分界,则不能不争;争则乱,乱则穷。先王恶其乱也,故制礼义以分之,以养人之欲,给人之求,使欲必不穷于物,物必不屈于欲,两者相持而长,是礼之所起也。"(《荀子·礼论》)人的欲望导致了纷争和混乱,先王制礼的目的就是定纷止争。荀子虽然主张人性恶,认为人是充满欲望的动物,但是荀子对欲望的同情理解超过了后世许多的思想家,他说:

> 凡语治而待去欲者,无以道欲而困于有欲者也。凡语治而待寡欲者,无以节欲而困于多欲者也。有欲无欲,异类也,生死也,非治乱也。欲之多寡,异类也,情之数也,非治乱也。欲不待可得,而求者从所可。欲不待可得,所受乎天也;求者从所可,受乎心也。所受乎天之一欲,制于所受乎心之多,固难类所受乎天也。人之所欲,生甚矣;人之所恶,死甚矣。然而人有从生成死者,非不欲生而欲死也,不可以生而可以死也。故欲过之而动不及,

---

① 道家是个例外,道家称自然本性为"至尊"(《庄子·盗跖》),教人顺应自然、无知无识地生活下去,反对人为,对儒家所谓的道德规范都持否定态度。例如《庄子·天运》云："夫孝悌仁义,忠信贞廉,此皆自勉以役其德者也,不足多也。"孝、悌、仁、义、忠、信、贞、廉,这些都是用来自勉而有害于自然德性的,不值得赞美。道家是不主张对人性进行过多干预的,但对人欲和人情的评价则较负面,主张加以扼制,促使人回归本性。

心止之也。心之所可中理，则欲虽多，奚伤于治！欲不及而动过之，心使之也。心之所可失理，则欲虽寡，奚止于乱！故治乱在于心之所可，亡于情之所欲。(《荀子·正名》)

荀子认为，治理国家不能靠去掉人们的欲望或减少人们的欲望，欲望与治乱本身是不相干的。欲望只要符合道理，再多也不可怕；不符合道理，再少也会导致混乱。所以国家的治乱取决于心中想得到的是否符合道理，而不在于情感的欲望。而判断欲望是否符合道理，自然离不开礼义和法度。在荀子看来，正是人性恶，才需要制定礼义和法度来化性起伪，他说："圣人积思虑，习伪故，以生礼义而起法度，然则礼义法度者，是生于圣人之伪，非故生于人之性也。"(《荀子·性恶》)

对人性、人欲和人情要施加约束的思想，同样可见诸《礼记》。《礼记》的作者认为人有悲哀、快乐、喜悦、愤怒、崇敬、爱恋六种情感，但它们都不是人的本性，而是感受事物之后发生的，"是故先王慎所以感之者。故礼以道其志，乐以和其声，政以一其行，刑以防其奸。礼、乐、刑、政，其极一也，所以同民心而出治道也"(《乐记》)。人性、人欲和人情的偏失，需要用礼、乐、刑、政手段来加以矫正。《礼记》又讲："是故先王之制礼乐也，非以极口腹耳目之欲也，将以教民平好恶，而反人道之正也。"(同上) 先王制定礼乐，不是为了满足人们口腹耳目的欲望，而是用来教导人们懂得爱好什么，憎恶什么，从而返回到做人的正道上来。"是故先王之制礼乐，人为之节。"(同上) 节制人们的情欲，正是先王制定礼乐的目的。《礼记》还讲："司徒修六礼以节民性，明七教以兴民德，齐八政以防淫，一道德以同俗，养耆老以致孝，恤孤独以逮不足，上贤以崇德，简不肖以绌恶。"(《王制》) 司徒修习六礼来节制人民的情性,宣明七教来提高人民的德行,整齐八政来防止淫邪,规范道德来统一社会风俗,赡养老人来诱导人民孝敬长上,抚恤少而无父、老而无子的人来诱导人们帮助贫乏的人,尊重贤能的人以崇高道德,检举不听教化的人而摒弃邪恶。司徒为何要做这些工作呢? 皆因人之不完美。

董仲舒也认为人之性欲情是需要节制的。其云:"天有阴阳禁,身有情欲桎,与天道一也。"(《春秋繁露·深察名号》)天道中的阴气需要加以禁制,人身上的情欲也需要节制,这和天道是一样的。"天之禁阴如此,安得不损其欲而辍其情以应天?"(同上)天道对于阴气是这样的禁制,人又怎么能不节制自己的情欲从而与天道相适应呢? 那么由谁来节制人的情欲呢? 董仲舒认为这正是君王的职责。他说:"天生民性,有善质而未能善,于是为之立王以善之,此天意也。民受未能善之性于天,而退受成性之教于王;王承天意以成民之性为任者也。"(同上)那么君王用什么来节制人的情和欲呢? 董仲舒的回答是"度制"(即今天的制度),董仲舒说:"人欲之谓情,情非度制不节。"(《汉书·董仲舒传》)"若去其度制,使人人从其欲,快其意,以逐无穷,是大乱人伦而靡斯财用也。"(《春秋繁露·度制》)如果废弃制度,每个人放纵自己的欲望,无止境地追求快乐,那么就会使人伦大乱而浪费社会的财富。又说:"夫礼,体情而防乱者也。民之情,不能制其欲,使之度礼。"(《春秋繁露·天道施》)礼是以人的性情为根本并防止它发生混乱的,百姓的性情是不能控制自己的欲望的,故要用礼来约束他们的行为。

人性、人欲、人情需要礼仪和刑法来约束和节制,而人性、人欲、人情本身又是礼仪和刑法制定的根据之一。对此商鞅说:"圣人之为国也,观俗立法则治,察国事本则宜。不观世俗,不察国本,则其法立而民乱,事剧而功寡。"(《商君书·算地》)慎到说:"法,非从天下,非从地生。发于人间,合乎人心而已。"(《慎子·佚文》)荀子明确主张应根据人性的好恶来实施赏罚,要以人之所欲为赏,以人之所恶为罚,他说:"然则先王以人之所不欲者赏,而以人之欲者罚邪? 乱莫大焉。"(《荀子·正论》)如果先王用人们不想要的东西来奖赏,而用人们想要的东西来惩罚,混乱就将没有比这更大的了。其学生韩非则明确提出了"凡治天下,必因人情"(《韩非子·八经》)的主张。《礼记》亦云礼"顺人情"(《丧服四制》),礼是顺适人情而制定的。对此司马迁曾云:"观三代损益,乃知缘人情而制礼,依人性而作仪,其所由来尚矣。"(《史记·礼书》)观察夏、商、周三代礼制的增减,才知道要顺随人的性情制定礼典,依照人的习性制定仪范,这是由来已久的了。南朝宋人傅隆云:"原夫礼律之兴,盖本之自然,求之情理,非从天堕,非从地出也。"(《宋书·傅隆传》)礼仪法律的制定,都是本之自然,求之情理,不是从天上掉下来的,也不是从地下冒出来的。这句话基本上没有经过多大的改变,又出现在唐太宗身边大臣们的口中。贞观十四年(640),大臣们向唐太宗奏议说:"臣窃闻之,礼所以决嫌疑、定犹豫、别同异、明是非者也。非从天下,非从地出,人情而已矣。"(《贞观政要·礼乐》)当然关于法意和人情的相通,胡石壁有更为人熟知的名言:"法意、人情实同一体,循人情而违法意,不可也;守法意而拂人情,亦不可也。权衡于二者之间,使上不违于法意,下不拂于人情,则通行而无弊也。"(《名公书判清明集·典买田业合照当来交易或见钱或钱会中半收赎》)

法律的制定和运作要顺从人性、人情、人欲,故洞悉人性、人情、人欲就成为治国理政的要务。对此《礼记》的《礼运》篇有精彩的论述:"故圣人耐以天下为一家,以中国为一人者,非意之也。必知其情,辟于其义,明于其利,达于其患,然后能为之。"要想把天下团结为一家,把国家团结得如同一个人,就得了解人情,明白做人的义理,知道人的利益所在,清楚人的祸患是什么,然后才能做到。董仲舒也讲:"故明于情性,乃可与论为政。不然,虽劳无功。"(《春秋繁露·正贯》)只有了解人们性情的人,才可以跟他一起讨论为政的道理,否则徒劳无益。这话使人仿佛聆听到了柏克的那句名言:"我曾终生致力于使自己了解人性;否则我就不配担负起为人类服务的那份卑微的差事了。"①

那么人都有哪些性、情、欲呢?对此中国先贤有诸多的论述。孔子曾说:"富与贵,是人之所欲也","贫与贱,是人之所恶也。"(《论语·里仁》)孔子肯定了富和贵是人们所欲望的,贫和贱是人们所厌恶的。《管子》云:"大凡人之情,见利莫能勿就,见害莫能勿避。"(《管子·禁藏》)"民利之则来,害之则去。民之从利也,如水之走下。"(《管子·形势解》)商鞅云:"民之性,饥而求食,劳而求佚,苦则索乐,辱则求荣,此民之情也。"(《商君书·算地》)荀子云:"凡人莫不欲安荣而恶危辱。"(《荀子·儒效》)韩非则明确提出:"好利恶害,夫人之所有也。"(《韩非子·难二》)"喜利畏罪,人莫不然。"(同上)"夫安利者就之,危害者去之,此人之情也。"(《韩非子·奸劫弑臣》)《礼记》认为圣人用礼来治理人情和培养人义,而"何谓人情?喜、怒、哀、惧、爱、恶、欲,七者弗学而能。何谓人义?父慈、子孝、兄良、弟弟、夫义、妇听、长惠、幼顺、君仁、臣忠十者,谓之人义。"(《礼记·礼运》)又说:"饮食男女,人之大欲存焉。死亡贫苦,人之大恶存焉。"(同上)司马迁在《报任安书》中曾说:"夫人情莫不贪生恶死。"(《汉书·司马迁

---

① 柏克:《法国革命论》,何兆武等译,商务印书馆1998年版,第179页。

传》)不需要再引证更多的文献了,人们的价值判断虽然存在差异,但是好与坏,欲与恶,在许多方面是有基本共识的,富贵、快乐、安宁、荣耀、生命、健康等无疑是人人都希望得到的,而相反,贫贱、痛苦、危险、耻辱、死亡、疾病、饥饿、没有性生活等无疑是人人都不希望得到的。

二、赏罚

人的重要特点就是有欲望、有喜好,好利恶害,因此,对人施加其所喜好的东西就能调动其积极性,施加其所厌恶的东西就能使其产生畏惧,从而服从命令。正是因为人有欲望和好恶,赏罚成为治国的最基本的手段和工具。在此问题上,法、道、儒各家达成了高度的共识。

《商君书》云:

> 人生而有好恶,故民可治也。人君不可以不审好恶。好恶者,赏罚之本也。夫人情好爵禄而恶刑罚,人君设二者以御民之志,而立所欲焉。夫民力尽而爵随之;功立而赏随之。人君能使其民信于此如明日月,则兵无敌矣。(《错法》)

人生有好恶,故治道有赏罚,人之好恶是赏罚的人性基础,作为治道的赏罚完全是基于人性的理性计算,将天道和神道排除在外。在好恶与赏罚的关系问题上,韩非与商鞅基本上持完全一致的看法,他说:"凡治天下,必因人情。人情者,有好恶,故赏罚可用;赏罚可用,则禁令可立而治道具矣。"(《韩非子·八经》)治天下的要义在于根据人情来建立法治、实施赏罚,而法治之所以能够建立起来,赏罚之所以行得通,皆因为人有好恶之情。又说:"明主之道不然,设民所欲以求其功,故为爵禄以劝之;设民所恶以禁其奸,故为刑罚以威之。"(《韩非子·难一》)设置臣民所希望得到的东西来让他们为君主立功,所以用官爵俸禄来鼓励他们;设置臣民所厌恶的东西来禁止奸邪行为,所以制定刑罚来威慑他们。人性是治道的根据。韩非当然知道赏罚并非对所有人都管用,世上还有诸如"不畏重诛,不利重赏,不可以罚禁,不可以赏使"(《韩非子·奸劫弑臣》)的人,韩非认为这些人均是"无益之臣"(同上)。对于"无益之臣",韩非的建议就是从肉体上消灭他们,韩非说:"势不足以化则除之……赏之誉之不劝,罚之毁之不畏,四者加焉不变,则其除之。"(《韩非子·外储说右上》)

因为赏罚是人为的东西,所以道家对赏罚本身持有保留态度。在《庄子·天地》中我们看到了伯成子高对禹的批评:"昔尧治天下,不赏而民劝,不罚而民畏。今子赏罚而民且不仁,德自此衰,刑自此立,后世之乱自此始矣。"伯成子认为从前尧治理天下,不用奖赏而人民能自勉行善,不用惩罚而人民也害怕行恶。现在赏罚并用而人民却不仁爱,道德自此衰败下去,刑罚从此建立起来,后世的祸乱从此开始了。因为道家主张无为而治,故反对包括赏罚在内的人为之举,但如果谈及赏罚,也从人性寻找根据,道家著作《文子》①对赏罚就有类似的论述:

> 善赏者,费少而劝多;善罚者,刑省而奸禁;善与者,用约而为德;善取者,人多而无怨。故圣人因民之所喜以劝善,因民之所憎以禁奸;赏一人而天下趋之,罚一人而天下畏之,是以至赏

①《文子》以前是公认的伪书,但是1973年河北定县汉墓出土的竹简中有《文子》的残简,证明《文子》系西汉时已有的先秦古书。

不费，至刑不滥。圣人守约而治广，此之谓也。(《上义》)

尽量少行赏罚，如果要实行赏罚，则根据民众的喜好来劝善，根据民众的厌恶来禁奸，凭借的仍然是人性。

董仲舒的新儒学吸收了法家的东西，关于人之好恶与赏罚的关联，其言论与法家如出一辙：

> 民无所好，君无以权也；民无所恶，君无以畏也；无以权，无以畏，则君无以禁制也；无以禁制，则比肩齐势，而无以为贵矣。故圣人之治国也，因天地之性情，孔窍之所利，以立尊卑之制，以等贵贱之差。设官府爵禄，利五味，盛五色，调五声，以诱其耳目；自令清浊昭然殊体，荣辱踔然相驳，以感动其心。务致民令有所好，有所好，然后可得而劝也，故设赏以劝之；有所好，必有所恶，有所恶，然后可得而畏也，故设罚以畏之。既有所劝，又有所畏，然后可得而制。制之者，制其所好，是以劝赏而不得多也；制其所恶，是以畏罚而不可过也。所好多，则作福；所恶多，则作威。(《春秋繁露·保位权》)

董仲舒认为君主要顺从人民的好恶实行赏罚，因其所好而奖赏，因其所恶而惩罚，这样百姓就会劝善归德，畏威而不敢为非。

故在人性、赏罚和法治的关联上，中国古代的知识精英大致在西汉时已达成共识，使中国传统治道，在天道和神道之外，形成了另一个科学的人道传统：从人性出发来言治道策略。于是我们就看到，"天下大务，莫过赏罚二端，赏一人使天下人喜，罚一人使天下人服。但能二事得中，自然尽美"(《北齐书·杜弼传》)，"国家大事，惟赏与罚。赏当其劳，无功者自退。罚当其罪，为恶者戒惧。则知赏罚不可轻行也"(《贞观政要·封建》),"人主所以御天下者,赏罚而已"(《宋史·陈韡传》),"庆赏刑罚,国之大柄,二者不可偏废"(《新元史·刑法志上》),此类言论屡屡出现在中国古代君臣们的口中。

赏罚是重要的,但应当如何实施赏罚呢?对此中国古人作了许多思考。董仲舒说:"挈名责实,不得虚言,有功者赏,有罪者罚,功盛者赏显,罪多者罚重。"(《春秋繁露·考功名》)司马迁讲:"人道经纬万端,规矩无所不贯,诱进以仁义,束缚以刑罚。"(《史记·礼书》)唐太宗说:"赏当其劳,无功者自退;罚当其罪,为恶者戒惧。"(《贞观政要·择官》)魏征云:"善善而不能进,恶恶而不能去,罚不及于有罪,赏不加于有功,则危亡之期,或未可保,永锡祚胤,将何望哉?"(《贞观政要·诚信》)又云:"赏不以劝善,罚不以惩恶,而望邪正不惑,其可得乎?若赏不遗疏远,罚不阿亲贵,以公平为规矩,以仁义为准绳,考事以正其名,循名以求其实,则邪正莫隐,善恶自分。"(《贞观政要·择官》)说穿了就是要根据礼仪和制度的规定,依照人们的功和罪,使有功之人得到其所爱好的东西,有罪之人受到应有的处罚,即依法治国。对此于谨对北周孝闵帝宇文觉讲得再清楚不过了:"为国之道,必须有法。法者,国之纲纪,不可不正。所正在于赏罚。若有功必赏,有罪必罚,则为善者日益,为恶者日止。若有功不赏,有罪不罚,则天下善恶不分,下人无所措其手足。"(《北史·于谨传》)

可以说中国古代的每一个法律条文都是赏罚思想的具体化表达,而天道和神道只是为中国古人提供了关于是非、真理和正确知识的判准,即人们根据天道和神道提供的知识来决定好恶的标准,天道和神道同样要通过赏罚而得以外化和表达。下面笔者就选择几项在中国古代社会十分重要,而且又较为集中体现了赏罚思想的法律制度略作介绍。

(一) 考绩制度

考绩制度是指考查官员的政绩以决定对其进行提拔或贬退。《尚书·舜典》就有"三载考绩,三考黜陟幽明,庶绩咸熙"的说法。获得提拔常常是人之所欲,故"凡人主之所以劝民者,官爵也"(《商君书·农战》),而贬退常常是人之所恶,考绩制度正是建立在官员们的好恶之上,具有科学的依据,在实践中行之有效,故考绩制度历来为政治家所重视。

董仲舒对考绩制度有专门的研究,他说:"考绩之法,考其所积也。"(《春秋繁露·考功名》)考核官吏政绩的方法,就是考察他们所积累的功劳和过失。又说:

> 不能致功,虽有贤名,不予之赏;官职不废,虽有愚名,不加之罚。赏罚用于实,不用于名;贤愚在于质,不在于文。故是非不能混,喜怒不能倾,奸轨不能弄,万物各得其冥,则百官劝职,争进其功。(同上)

董仲舒认为应根据政绩而不是名声来决定官员的升迁,那样大家都会争相去建功立业。我们看到的完全是科学客观的理性精神,甚合法家法治之要旨。对于具体如何进行考绩,董仲舒也有思考:

> 考试之法:大者缓,小者急,贵者舒,而贱者促。诸侯月试其国,州伯时试其部,四试而一考。天子岁试天下,三试而一考。前后三考而黜陟,命之曰计。
>
> 考试之法,合其爵禄,并其秩,积其日,陈其实,计功量罪,以多除少,以名定实。先内弟之,其先比二三分,以为上中下,以考

进退,然后外集,通名曰进退。增减多少,有率为弟九,分三三列之,亦有上中下。以一为最,五为中,九为殿。有余归之于中,中而上者有得,中而下者有负。得少者以一益之,至于四,负多者以四减之,至于一,皆逆行。三四十二而成于计,得满计者绌陟之。

次次每计,各逐其弟,以通来数。初次再计,次次四计,各不失故弟,而亦满计绌陟之。初次再计,谓上弟二也;次次四计,谓上弟三也。九年为一弟。二得九,并去其六,为置三弟。六六得等,为置二。并中者得三,尽去之。并三三计得六,并得一计得六。此为四计也。绌者亦然。(同上)

中国古代没有哪个王朝是完全按照董仲舒的上述设计来考核官员的,但是历代王朝都重视考绩制度却是共通的,虽然制度多有损益。东汉时人们甚至将考绩黜陟与阴阳灾异联系了起来,马严就曾上书汉章帝刘炟说:"无功不黜,则阴盛陵阳。"(《后汉书·马援列传》)没有功绩的人不贬退,就会阴气太盛侵凌阳气。齐武帝萧赜时,"校核殿最,岁竟考课,以申黜陟"(《南齐书·武帝》)。太和十八年(494)九月壬申朔,北魏孝文帝元宏下诏说:"三载考绩,自古通经,三考黜陟,以彰能否。朕今三载一考,考即黜陟。欲令愚滞无妨于贤者,才能不拥于下位。各令当曹,考其优劣为三等。六品已下,尚书重问;五品已上,朕将亲与公卿论其善恶。上上者迁之,下下者黜之,中中者守其本任。"(《北史·魏本纪第三》)唐太宗时礼部侍郎李百药上书说:"内外群官,选自朝廷,擢士庶以任之,澄水镜以鉴之,年劳优其阶品,考绩明其黜陟。"(《贞观政要·封建》)宋高宗时,"台臣、士曹有所平反,辄与之转官"(《宋史·刑法二》)。御史谏臣、法官若对冤狱有所平反的，马上就给他们升迁。洪武五年（1372）六月癸巳，明朝刚刚建立不久，即"定六部职掌及岁终考绩法"（《明史·太祖二》），确定了六部的职责及年终考核实绩的方法。

当然考绩制度运用不当，也有负面的影响。贞观元年（627）唐太宗说："今法司核理一狱，必求深刻，欲成其考课。"（《贞观政要·刑法》）为了取得好的考核成绩，司法部门审理案件，总想把案子办得严峻苛刻。为此唐太宗常常担心："主狱之司，利在杀人，危人自达，以钓声价。"（《贞观政要·刑法》）在考绩制度之下，为了获得好的政绩而滥施杀刑，用危害他人的手段来使自己显达，干些沽名钓誉的事情，这样的人和事是在所难免的。解缙在向朱元璋上的万言书中说："近年以来，台纲不肃，以刑名轻重为能事，以问囚多寡为勋劳，甚非所以励清要、长风采也。"（《明史·解缙传》）正是因为考核，御史台才以审讯囚犯多为功劳。

（二）自首

自首是指行为人实施犯罪行为后，主动向官方坦白其犯罪事实的行为。基于好利恶害的人性，实施犯罪行为后，人人都有逃避法律制裁的动机，故让行为人主动投案和如实交代自身的犯罪行为本身是违反人性的，国家要想行为人自首，就必须给予其法律优待，减免其处罚。中国古代很早就建立了自首制度，《尚书·康诰》就有"既道极厥辜，时乃不可杀"的说法，主张对交代清楚自己罪行的人不适用死刑。后代也基本坚持了这一思想，使自首减刑成为通例。

秦时自首称为"自告"与"自出"，自告即告自己，"自出"即自己出来。汉代沿袭了秦制，有"律先自告除其罪"（《汉书·衡山王刘赐》）的规定。当然不是一概除罪，例如刘爽告其父亲衡山王刘赐谋反，被认为是不孝，仍然被处以弃市。张家山汉简《二年律令》中有"有罪先自告，各减其罪一等"和"罪人自出，若先自告，罪减"的规定。建武中元二年（57）十二月甲寅，东汉孝明帝下诏说："方春戒节，人以耕桑。其敕有司务顺时气，使无烦扰。天下亡命殊死以下，听得赎论：死罪入缣二十匹，右趾至髡钳城旦春十匹，完城旦春至司寇作三匹。其未发觉，诏书到先自告者，半入赎。"（《后汉书·显宗孝明帝纪》）对于犯罪后未被发觉，而诏书到达之前先行自首的人，可减半纳绢赎罪，体现了对自首者宽大的立法精神。建初七年（82）九月，东汉章帝刘炟下诏说："天下系囚减死一等，勿笞，诣边戍；妻子自随，占著所在；父母同产欲相从者，恣听之；有不到者，皆以乏军兴论。及犯殊死，一切募下蚕室；其女子宫。系囚鬼薪、白粲已上，皆减本罪各一等，输司寇作。亡命赎：死罪入缣二十匹，右趾至髡钳城旦春十匹，完城旦至司寇三匹，吏人有罪未发觉，诏书到自告者，半入赎。"（《后汉书·肃宗孝章帝纪》）规定在诏书到达之前自首的，按照罪行轻重交纳一半赎罪就行了，将自首的条件进一步放宽到诏令颁布之后。

唐代对自首的规定十分详细，《唐律》三十七条规定："诸犯罪未发而自首者，原其罪。（正赃犹征如法。）其轻罪虽发，因首重罪者，免其重罪；即因问所劾之事而别言余罪者，亦如之。即遣人代首，若于法得相容隐者为首及相告言者，各听如罪人身自首法；（缘坐之罪及谋叛以上本服期，虽捕告，俱同自首例。）其闻首告，被追不赴者，不得原罪。（谓止坐不赴者身。）即自首不实及不尽者，以不实不尽之罪罪之，至死者，听减一等。（自首赃数不尽者，止计不尽之数科之。）其知人欲告及亡叛而自首者，减罪二等坐之；即亡叛者虽不自首，能还归本所者，亦同。其于人损伤，（因犯杀伤而自首者，得免所因之罪，仍从故杀伤法。本应过失者，听从本。）于物不可备偿，（本物见在首者，听同免法。) 即事发逃亡,(虽不得首所犯之罪,得减逃亡之坐。) 若越度关及奸,(私度亦同。奸,谓犯良人。) 并私习天文者,并不在自首之例。"《唐律》的规定为后世所遵循,虽代有损益,但基本精神没有大的变化。例如,熙宁元年(1068) 八月,宋神宗下诏说:"谋杀已伤,按问欲举,自首,从谋杀减二等论。"(《宋史·刑法三》) 元代规定:"诸子盗父首、弟盗兄首、婿盗翁首,并同自首者免罪。"(《元史·刑法三》)

(三) 告奸

告奸即揭发犯罪人的罪行。通常人们对告奸并不会有积极性,法律要做的就是通过制度设计让其与自身的利益联系起来,告奸受奖,不告奸受罚,人们自然就会积极投身于告奸活动。告奸制度最早的系统创设者是商鞅。《商君书·开塞》云:"赏施于告奸,则细过不失。"商鞅在秦国变法时明确规定:"令民为什伍,而相牧司连坐,不告奸者腰斩。告奸者与斩敌首同赏。匿奸者与降敌同罚。"(《史记·商君列传》) 告奸是商鞅在秦国实施的变法的重要内容,对秦国的社会风俗产生了重大影响,对此贾谊说:"其俗固非贵辞让也,所上者告讦也。"(《新书·保傅》) 后来马端临也评论说:"鞅之术无他,特恃告讦而止耳。"(《文献通考·经籍考三十九》)

法家的另一位代表性人物韩非也对告奸倍加赞赏,他认为告奸正是让天下人都充当君主耳目的最好权势:"明主者,使天下不得不为己视,天下不得不为己听。故身在深宫之中而明照四海之内,而天下弗能蔽弗能欺者,何也? 暗乱之道废而聪明之势兴也。"(《韩非子·奸劫弑臣》) 商鞅本人的下场十分可悲,基本上就是死于他自己创设的告奸制度,但是韩非对商鞅的告奸之法仍然给予了充分的肯

定,他说:

> 商君说秦孝公以变法易俗而明公道,赏告奸,困末作而利本
> 事。当此之时,秦民习故俗之有罪可以得免,无功可以得尊显也,
> 故轻犯新法。于是犯之者其诛重而必,告之者其赏厚而信,故奸
> 莫不得而被刑者众,民疾怨而众过日闻。孝公不听,遂行商君之
> 法。民后知有罪之必诛,而告私奸者众也,故民莫犯,其刑无所
> 加。是以国治而兵强,地广而主尊。此其所以然者,匿罪之罚重
> 而告奸之赏厚也。此亦使天下必为已视听之道也。(《韩非子·奸
> 劫弑臣》)

商鞅变法取得了富国强兵的效果,在韩非看来这一切皆因其告奸法的成功实施,使隐瞒罪犯的刑罚重、而告发奸邪的奖赏丰厚,人人都不得不、都很乐意从事告奸活动,告奸正是使天下人均为君主视听的好办法。韩非主张在基层社会建立一张人人互相监控的网络,"伍、官、连、县而邻,谒过赏,失过诛"(《韩非子·八经》)。伍、闾、连、县各层组织的人像邻居一样,互相监督,告发坏人就奖赏,放过坏人就惩罚。

秦朝建立后,告奸法当然仍然在执行,汉代基本上沿袭了秦制,不过汉初统治者对亡秦的教训有所体悟。汉孝文帝时的将相都是从前的功臣,少华美而多朴实,以秦国灭亡的政治作为教训,定罪评议一定要宽厚,以议论他人的过失为耻,致使"化行天下,告讦之俗易"(《汉书·刑法志》)。汉初揭人隐私的习俗有所改变。但告奸仍然被作为统治策略为一些官员所运用。例如《汉书·韩延寿传》载赵广汉做颍川太守时,忧虑当地风俗喜欢聚朋结党,因此交结官吏和百姓,使他们互相告发,结果颍川告发成风,百姓多结仇成怨。

秦汉以降,历代法律虽有损益,但均有告奸制度。宋仁宗时强盗法规定:"能告群盗劫杀人者第赏之,及十人者予钱十万。"(《宋史·刑法一》)宋神宗熙宁四年(1071)制定的《盗贼重法》规定:"凡劫盗罪当死者,籍其家赀以赏告人……流罪会降者,配三千里,籍其家赀之半为赏……凡囊橐之家,劫盗死罪,情重者斩,余皆配远恶地,籍其家赀之半为赏。盗罪当徒、流者,配五百里,籍其家赀三之一为赏。"(同上)面对强盗挖掘坟墓,金世宗说:"功臣坟墓亦有被发者,盖无告捕之赏,故人无所畏。自今告得实者量与给赏。"(《金史·刑志》)金世宗认为只要奖赏告发人,挖掘别人坟墓的事情就可解决。《元史·刑法志》对元代告奸制度记载得较为详细,告奸广泛运用于打击各类行政和刑事违法行为,其主要手段就是重赏。

> 诸京师每日散粜官米,人止一斗,权豪势要及有禄之家,辄籴买者,笞二十七,追中统钞二十五贯,付告人充赏。(《元史·刑法一》)
>
> 诸卖买良人为倡,卖主买主同罪,妇还为良,价钱半没官,半付告者。(《元史·刑法二》)
>
> 诸犯私盐者,杖七十,徒二年,财产一半没官,于没物内一半付告人充赏。(《元史·刑法三》)
>
> 诸匿税者,物货一半没官,于没官物内一半付告人充赏。(《元史·刑法三》)
>
> 诸市舶金银铜钱铁货、男女人口、丝绵段匹、销金绫罗、米粮军器等,不得私贩下海,违者舶商、船主、纲首、事头、火长各杖一百七,船物没官,有首告者,以没官物内一半充赏。(《元史·刑法三》)

元代法律也规定,对于不告奸的人在特殊情况下也要加以重罚,强迫其告奸。

> 诸伪造盐引者斩,家产付告人充赏。失觉察者,邻佑不首告,杖一百。(《元史·刑法三》)
>
> 诸潜谋反乱者处死,安主及两邻知而不首者同罪,内能悔过自首者免罪给赏,不应捕人首告者官之。(《元史·刑法三》)
>
> 诸部内有犯恶逆,而邻佑、社长知而不首,有司承告而不问,皆罪之。(《元史·刑法三》)
>
> 诸私宰牛马者,杖一百,征钞二十五两,付告人充赏。两邻知而不首者,笞二十七。(《元史·刑法四》)

告奸制度强化了国家打击犯罪、维护社会治安的能力,故历代王朝均十分重视。不过从总体趋势来看,在奖赏和惩罚两手的运用上,近古更加重视通过奖赏来鼓励民众告奸,只有在特殊情况下才对不告奸的人进行处罚。

当然,告奸制度设置不当,可能会产生严重的负面影响,一些无赖借机讹人以邀赏,对此隋文帝时的草率立法即是明证:

> 是时帝意每尚惨急,而奸回不止,京市白日,公行掣盗,人间强盗,亦往往而有。帝患之,问群臣断禁之法,杨素等未及言,帝曰:"朕知之矣。"诏有能纠告者,没贼家产业,以赏纠人。时月之间,内外宁息。其后无赖之徒,候富人子弟出路者,而故遗物于其前,偶拾取则擒以送官,而取其赏。大抵被陷者甚众。帝知之,乃命盗一钱已上皆弃市。行旅皆晏起早宿,天下懔懔焉。(《隋书·刑法志》)

隋文帝诏令没收盗贼家的产业来奖赏告发人。结果一些无赖之徒钻法律的空子,等候在富人子弟出来行走的路上,故意在前面遗失物品,富人子弟偶尔拾取,就擒送官府而领取奖赏,结果很多人遭受陷害。隋文帝知道后不但不反思自己立法的草率,反而恼羞成怒地规定盗窃一钱以上的都在街市处死,结果行路的旅客都晚起早睡,天下人都畏惧不安。当然为了维护纲常,卑亲属告尊亲属是被禁止的,汉律有"亲亲得相首匿"的规定,《唐律》也有"同居相隐"的刑法原则,同时禁止奴婢告主人,并建立了与告奸制度配套而行的诬告反坐制度,使其不至于成为奸人手中的利器。

(四) 连坐制度

连坐制度是指一人犯法,其家属、亲族、邻居等连带受罚的制度。连坐使共同体内部成员对外集体承担责任,从而促使共同体内部的人们互相监督,大大节省了国家维持社会治安和打击犯罪的成本,提升了国家的治理能力。同时增加了违法成本,使人不敢轻易以身试法,这是单纯强调通过严厉的惩罚措施来扼制犯罪的最典型制度。

连坐在中国古代又称相坐、随坐、从坐、缘坐。《尚书·大禹谟》记载,舜奉行"罚弗及嗣"的政策,即惩罚不连带子孙。大致在商朝时有了这样的制度,《尚书·盘庚中》记载商王盘庚曾说:"乃有不吉不迪,颠越不恭,暂遇奸宄,我乃劓殄灭之,无遗育,无俾易种于兹新邑。"一人犯罪,子孙后人都要被处死,当然就是典型的连坐制度了。而秦国在秦文公二十年(前745)"法初有三族之罪"(《史记·秦本纪》),所谓三族,魏人如淳以为即父族、母族、妻族,魏人张晏以为即父母、妻子、同产(兄弟)。现在学者一般同意张晏的说法。公元前695年,秦武公"诛三父等而夷三族,以其杀出子也"(《史记·秦本纪》），秦武公追究三庶长谋杀秦出子之罪，对其处以夷灭三族的刑罚。据董仲舒的讲述，春秋时期的梁国也有连坐制度："梁内役民无已，其民不能堪，使民比地为伍，一家亡，五家杀刑。"（《春秋繁露·王道》）梁国曾让相邻的百姓五家结为一伍，只要有一个人逃了，五家之人全都要遭到连坐屠杀。《墨子·号令》篇在讲解防守城战期间的各项条例禁令时，也提出了连坐的制度构想：

> 诸有罪自死罪以上，皆逮父母、妻子、同产。
>
> 慎无敢失火，失火者斩其端，失火以为事者车裂。伍人不得，斩；得之，除。
>
> 围城之重禁：敌人卒而至，严令吏命无敢欢嚣、三最、并行、相视坐泣、流涕若视、举手相探、相指、相呼、相麾、相踵、相投、相击、相靡以身及衣、讼驳言语，及非令也而视敌动移者，斩。伍人不得，斩；得之，除。伍人逾城归敌，伍人不得，斩；与伯归敌，队吏斩；与吏归敌，队将斩。归敌者父母、妻子、同产，皆车裂。先觉之，除。当术需敌离地，斩。伍人不得，斩；得之，除。

连坐制度大概在战国初期已广泛运用于军事斗争中，不然《墨子》中不会出现如此众多和严密的制度设计。商鞅将李悝的《法经》带到了秦国，其变法大致是以《法经》为蓝本的，当然也加上了商鞅本人的创造。商鞅将"令民为什伍，而相牧司连坐"（《史记·商君列传》）作为变法的重要内容，司马贞索隐云："一家有罪而九家连举发，若不纠举，则十家连坐。"商鞅对连坐制度的独特功用有深刻认识，他的变法不是草率之举，他曾说："重刑而连其罪，则褊急之民不讼，很刚之民不斗，怠惰之民不游，费资之民不作，巧谀、恶心之民无变也。"（《商君书·垦令》）加重处罚力度，并且建立连坐制度，那些心胸狭窄、性格暴躁的人就不敢争吵斗嘴，凶狠强悍的人便不再敢打架斗殴，懒惰的人也不敢到处游荡，奢侈浪费的人也不敢再挥霍，善于花言巧语、心怀叵测的人就不敢再欺诈。在商鞅看来，连坐制度实在是妙不可言。后来韩非对连坐和告奸合用在治国"去微奸"中的重要作用进行了深入的解读，他说：

> 是故夫至治之国，善以止奸为务。是何也？其法通乎人情，关乎治理也。然则去微奸之道奈何？其务令之相规其情者也。则使相窥奈何？曰：盖里相坐而已。禁尚有连于己者，理不得相窥，惟恐不得免。有奸心者不令得忘，窥者多也。如此，则慎己而窥彼，发奸之密。告过者免罪受赏，失奸者必诛连刑。如此，则奸类发矣。奸不容细，私告任坐使然也。（《韩非子·制分》）

那种治理得最好的国家，善于把禁止奸邪作为首要任务，这是为何呢？因为禁奸的法律与人之常情相通，关系到治国的道理。既然如此，那么去掉那些不易察觉的奸邪行为的方法又是什么呢？那就是务必使民众互相窥探彼此的情况。然而使民众互相窥探的方法又是什么呢？就是同里的人犯罪，互相牵连受罚罢了。禁令倘若牵连到自己，从情理上讲不得不相互监视，唯恐别人犯罪，自己受到连坐。有奸邪想法的人不让他们隐蔽起来，因为监视的人很多。这样，民众自己小心谨慎，对别人加以监视，告发坏人的隐秘。告发奸邪者的人免罪受赏，有奸邪不报的人一定要连带受罚。这样，各种各样的坏人就被揭发出来。

终秦之世，夷三族和什伍连坐之制都存在，嫪毐（《史记·春申君列传》）、李斯（《史记·李斯列传》）、赵高（《史记·秦始皇本纪》）都先后被处以夷三族。"汉兴之初，虽有约法三章，网漏吞舟之鱼。然其大辟,尚有夷三族之令。"(《汉书·刑法志》)汉初沿袭了秦的夷三族和什伍连坐之制,汉高祖曾对试图谋杀他的贯高等人处以夷三族的刑罚(《史记·高祖本纪》),刘邦令萧何作九章之律,仍保留有"夷三族之令"(《后汉书·崔寔传》),淮阴侯韩信和梁王彭越皆以谋反的罪名被夷三族(《史记·高祖本纪》)。

公元前188年,汉孝惠帝崩,太子立为皇帝,年幼,吕后临朝称制,新皇帝元年(前187)春正月,吕后下诏说:"前日孝惠皇帝言欲除三族罪、妖言令,议未决而崩。今除之。"孝惠皇帝生前曾说过想废除重罪者灭"三族令"及"妖言令",议论未定而驾崩,吕后决定废除这两种法令以达成其遗愿。这是中国历史上首次宣布废除族诛制度。汉文帝仁厚,对连坐制度颇不以为然,曾下诏对丞相、太尉、御史说:"今犯法者已论,而使无罪之父、母、妻、子、同产坐之及收,朕甚弗取。"(《汉书·刑法志》)要求大臣们评议,最后诸大臣"请奉诏书除收帑诸相坐律令"(《史记·孝文本纪》),文帝"尽除收律、相坐法"(《汉书·刑法志》)。但后来新垣平谋逆,汉文帝仍然对其实施了夷三族(《史记·孝文本纪》),连坐制度事实上仍然没有被废除。汉武帝时,王温舒被夷三族。汉元、成帝时有"大逆无道,父母妻子同产无少长皆弃市"之律科。东汉时,丞相司直韦晃起兵诛曹操,兵败被夷三族。

文帝除收孥相坐律以来的两汉间,除"夷族之诛犹间用之"(《清史稿·刑法二》)外,基层社会亲戚邻里连坐的做法并没有完全消失。[1] 而曹魏时"改《贼律》,但以言语及犯宗庙园陵,谓之大逆无道,

---

[1] 在汉昭帝始元六年(前81)召开的盐铁会议上,文学们就批评说:"今以子诛父,以弟诛兄,亲戚相坐,什伍相连,若引根本之及华叶,伤小指之累四体也。"(《盐铁论·周秦》)

要斩,家属从坐,不及祖父母、孙。至于谋反大逆,临时捕之,或污潴,或枭菹,夷其三族,不在律令,所以严绝恶迹也"(《晋书·刑法志》)。曹魏政权修改《贼律》,只以言语冒犯宗庙园陵,称为大逆无道,腰斩,家属从坐,但不涉及祖父、祖母、孙辈。至于谋反大逆,则在事发的时候收捕,有的污潴,有的枭菹,诛灭三族,不写在律令中。家属从坐部分复兴。《晋律》规定:"减枭、斩、族诛、从坐之条,除谋反,適养、母出、女嫁皆不复还坐父母弃市。"(同上)减少枭、斩和族诛的从坐律条,除犯谋反罪的以外,被收养的子女和已出嫁的女子,都不再因为父母判处弃市而连坐。

梁武帝时规定:"其谋反、降叛、大逆已上皆斩。父子同产男,无少长,皆弃市。母妻姊妹及应从坐弃市者,妻子女妾同补奚官为奴婢。赀财没官。"(《隋书·刑法志》)谋反、降叛、大逆以上各罪都斩首。父子和同胞兄弟,无论长幼,都弃尸街市。母亲妻子姊妹及牵连获罪而应弃尸街市的,妻子女儿姬妾一同补充到奚官衙署作为奴婢,资产财物没收。"其缘坐则老幼不免,一人亡逃,则举家质作。"(同上)如果连坐则老幼都不能免罪,一个人逃亡,全家作为人质服劳役。人们普遍认为法律对官员宽大,而对百姓严厉,于是后来梁武帝下诏说:"自今捕谪之家,及罪应质作,若年有老小者,可停将送。"(同上)从今以后被逮捕并要遣送远方服役的人家,以及应该作为人质服劳役的罪人,如果有年老或年幼的,可以停止遣送。陈武帝时"复父母缘坐之刑"(同上),恢复了父母连坐的刑法。

隋文帝时曾"除孥戮相坐之法"(同上),即废除妻子儿女株连相坐的法律。连坐制度一直在摇摆之中,一切都取决于统治者的偏爱和意志。

唐朝立法相对完备,除反叛、恶逆、不道三罪实行连坐外,其他犯罪不实行连坐,而且对连坐人员的范围作了明确界定。《唐律》二百四十九条规定:"诸缘坐非同居者,资财、田宅不在没限。虽同居,非缘坐及缘坐人子孙应免流者,各准分法留还。(老、疾得免者,各准一子分法。)若女许嫁已定,归其夫。出养、入道及聘妻未成者,不追坐。(出养者,从所养坐。)道士及妇人,若部曲、奴婢,犯反逆者,止坐其身。"唐以降的各朝均有连坐制度,直到清朝末年沈家本变法修律时,还将废除缘坐制度作为改革的目标之一:

> 今律则奸党、交结近侍诸项俱缘坐矣,反狱、邪教诸项亦缘坐矣。一案株连,动辄数十人。夫以一人之故而波及全家,以无罪之人而科以重罪,汉文帝以为不正之法反害于民,北魏崔挺尝曰:"一人有罪,延及阖门,则司马牛受桓魋之罚,柳下惠膺盗跖之诛,不亦哀哉。"其言皆笃论也。今世各国,皆主持刑罚止及一身之义,与"罪人不孥"之古训实相符合。请将律内缘坐各条,除知情者仍坐罪外,其不知情者悉予宽免。余条有科及家属者,准此。(《清史稿·刑法二》)

连坐制度在恐吓和打击犯罪上实在是太有效了,故虽然先进的思想家和政治家一再指陈其弊,历代统治者均不愿将其完全废除。无他,连坐制度是专制统治的最得力工具之一罢了。

三、人伦

马克思曾说人是社会关系的总和。人不但具有生理等自然属性,而且具有社会属性。人不是孤零零地生活在这个世界上的,总是结群而居,总是和其他人发生着这样或那样的关系。人伦正是各种人际关系的指称,正是人的社会属性的重要表征,故也是人道的重要内容。在中国古代汉语中,"人道"的意义之一即指"人伦",在中国古代等级社会里,人伦具有特别重要的意义,是建构中国古代政治和法制的重要事实和思想资源。

"伦"字产生较早,在《尚书》中已多次出现。例如:"八音克谐,无相夺伦,神人以和。"(《舜典》)"惟天阴骘下民,相协厥居,我不知其彝伦攸叙。"(《洪范》)"外事,汝陈时臬司,师兹殷罚有伦。"(《康诰》)"刑罚世轻世重,惟齐非齐,有伦有要。"(《吕刑》)在这些句子中,"伦"字分别表示"次序"和"理"的意思。《论语》中也有"伦"字,例如:"欲洁其身,而乱大伦。"(《微子》)此处的"伦"已指伦理了。"言中伦,行中虑。"(同上)朱熹将此句中的"伦"字释意为"义理之次第也"(《四书集注》)。但"人伦"一词在战国以前的文献中还基本见不到,要到人们对人与人相处的伦理规范有相当的认识时才会有使用新术语的需求。

(一) 孔子及其弟子对人伦的探索

孔子虽然没有明确提出人伦这一术语,但对人伦的内容本身则作了不少的探索。孔子及其弟子提出了一系列诸如仁、义、礼、信、忠、孝等人与人相处的伦理规范。《论语》中孔子多次讲到仁,其中以樊迟问仁最为著名。"樊迟问仁,子曰:'爱人。'"(《颜渊》)孔子还直接提出了"泛爱众"的主张,说:"弟子入则孝,出则弟,谨而信,泛爱众,而亲仁。"(《学而》)仁就要"泛爱众",爱所有的人。并说:"巧言令色,鲜矣仁。"(同上)"苟志于仁矣,无恶也。"(《里仁》)"夫仁者己欲立而立人,己欲达而达人。"(《雍也》)孔子也多次讲到义:"不义而富且贵,于我如浮云。"(《述而》)"上好义,则民莫敢不服。"(《子路》)"君子义以为上,君子有勇而无义为乱,小人有勇而无义为盗。"(《阳货》)"见利思义。"(《宪问》)礼也是孔子十分重视的,孔子讲:"不知礼,无以立也。"(《尧曰》)"恭而无礼则劳,慎而无礼则葸,勇而无礼则乱,直而无礼则绞。"(《泰伯》)要求学生"非礼勿视,非礼勿听,非礼勿言,非礼勿动"(《颜渊》)。孔子及其弟子虽然没有直接提出"人伦"这一概念,但他们已有人伦的观念则是毋庸置疑的。子路曾说:"不仕无义。长幼之节,不可废也。君臣之义,如之何其废之?欲洁其身,而乱大伦。君子之仕也,行其义也。道之不行,已知之矣。"(《微子》)①此处使用了"大伦"这一概念。孔子与其弟子对君臣、父子、兄弟、夫妇和朋友等的人伦之道有诸多讨论。

君臣 臣对待君主要做到:"事君能致其身"(《学而》),即侍奉君主能献出自己的生命。"事君尽礼,人以为谄也。"(《八佾》)侍奉君主礼数要周全到人们认为谄媚的程度。"臣事君以忠"(同上),臣子以忠侍奉君主。"君赐食,必正席先尝之;君赐腥,必熟而荐之;君赐生,必畜之。伺食于君,君祭,先饭。疾,君视之,东首,加朝服,拖绅。君命召,不俟驾行矣。"(《乡党》)国君赐给食物,必定端正了座席先尝一点;国君赐给生肉,必定煮熟了才上供;国君赐给活物,必定畜养起来。陪同国君用餐,国君在饭前向先祖献祭,就先吃饭。患了重病,国君来探望,就头朝东,加盖朝服,放上绅带。国君有命令召见,不等车辆驾好就动身。"事君,敬其事而后其食。"(《卫灵公》)侍奉君主要尽心供职才受取俸禄。忠、敬、礼是作臣子的与君主的相处之道。

---

① 对这句话的认识存在分歧,朱熹曾说他在福州时看过宋初的手抄本,这句话是孔子对子路讲的(《四书集注》),但清代学者崔述认为将"行义"与"行道"分开来讲,不符合孔子的一贯主张,故其恐后人伪托(《洙泗考信录》卷三)。

君主对待臣要做到："君使臣以礼"（《八佾》），君主要以礼差使臣子。对于君臣关系，孔子强调"君君，臣臣"（《颜渊》），君主要像个君主，臣子要像个臣子，大家都要做符合自己身份的事情。

父子 子女侍奉父母要做到："事父母能竭其力"（《学而》），侍奉父母能竭尽其力。"父在，观其志；父没，观其行。三年无改于父之道，可谓孝矣。"（《学而》）父亲在世，观察其志向；父亲去世，观察其行为。三年不改变父亲的准则，可以说就是孝了。"事父母几谏，见志不从，又敬不违，劳而不怨。"（《里仁》）侍奉父母要婉转地劝谏，见到他们的意向是不听从，仍然恭敬而不违背，虽然忧虑但不怨恨。"父母在，不远游，游必有方。"（同上）父母在世不出远门，出游必须有定规。"父母之年，不可不知也。一则以喜，一则以惧。"（同上）父母的年岁不能不记住，一则是因此喜悦，一则是因此担心。孝是子女对待父母的基本道德规范，对于孝，孔子有诸多解释。孟懿子问孝，孔子说"无违"（《为政》），不违背。"生，事之以礼，死，葬之以礼，祭之以礼。"（同上）活着，以礼侍奉；死了，以礼安葬，以礼祭祀。孟武伯问孝，孔子说："父母，唯其疾之忧。"（同上）不令父母为子女担忧。子游问孝，孔子说："今之孝者是谓能养，至于犬马皆能有养，不敬，何以别乎？"（同上）现今的孝是指能奉养，人们对狗马都能有所饲养，不恭敬，就不能区别。子夏问孝，孔子说："色难。有事，弟子服其劳，有酒食，先生馔，曾是以为孝乎？"（同上）难的是子女经常保持和悦的脸色。有要做的事，子女替父母去代劳；有了酒和饭，让父母去吃喝，没有恭敬之心，这些还不能算做孝。《论语》中讨论父母对待子女的地方较少，但也有，诸如："子生三年，然后免于父母之怀。"（《阳货》）子女出生三年，才能脱离父母的怀抱，父母对子女必须尽抚养的义务。"少者怀之"（《公冶长》），长辈要给予晚辈以关怀。同时《论语》中也出现了"孝慈"(《为政》)的概念。可能是孔子认为父母爱护子女是人之本性,不值得特别强调,故讨论得较少。父母子女关系,孔子的总要求是"父父,子子"(《颜渊》),父亲要像父亲,儿子要像儿子。

兄弟 《论语》中"兄弟"一词共四见。孔子认为,处理兄弟关系的基本准则就是"友"(《为政》)和"怡怡"(《子路》),即兄弟之间应该和睦友好相处。而弟弟应该尊敬兄长,即"悌"。对此有子说:"孝弟也者,其为仁之本与!"孔子说:"弟子入则孝,出则悌。"(《学而》)

夫妇 《论语》中没有谈及夫妇关系问题,但《礼记》中保留了一些孔子关于如何处理夫妇关系的言论。鲁哀公问政于孔子,孔子提出了"夫妇别"(《哀公问》)的命题,夫妇重要是在有别。

朋友 孔子及其弟子认为,朋友之间的基本道德准则就是讲信用、互助、辅德、平等。子夏说:"与朋友交,言而有信。"(《学而》)子路说:"愿车马,衣轻裘,与朋友共,敝之而无憾。"(《公冶长》)子路愿把车马、衣裘与朋友共享,用坏了也不遗憾。朋友去世,没有人来安葬,孔子说:"于我殡。"(《乡党》)他愿意来办理丧事。对于朋友的馈赠,孔子认为即使是贵重如车辆马匹,只要不是祭肉,就不拜谢。曾子说:"君子以文会友,以友辅仁。"(《颜渊》)君子以学问来结交朋友,以朋友来辅助仁德。子贡问交友之道,孔子说:"忠告而善道之,不可则止,无自辱焉。"(同上)忠心地劝告并好好地引导他,不能做到就停止,不要使自己遭受耻辱。司马牛忧伤地说别人都有兄弟,唯独他没有,子夏告诉他说:"四海之内,皆兄弟也。君子何患乎无兄弟也。"(同上)

(二) 墨家对人伦的丰富

墨子曾受业于儒者,孔子及门人的人伦思想对他产生了重要的影响,他接受了孔子及其门人关于人伦的一系列德目和道德规范,并有所发展。一则墨子对孔子及其门人的人伦主张进行了全面系统集中的表达。墨子说:"为人君必惠,为人臣必忠;为人父必慈,为人子必孝,为人兄必友,为人弟必悌。故君子莫若欲为惠君、忠臣、慈父、孝子、友兄、悌弟。"(《墨子·兼爱下》)墨子将君惠、臣忠、父慈、子孝、兄友、弟悌作为人伦的应然状态,虽然对此孔子及门人早已有所论述,但是像这样集中系统的表达则是墨子的首创。二则墨子提出了兼爱的主张,为处理人际关系加入了崭新的思想元素。孔子虽然主张"爱人""泛爱众",但又主张"亲亲为大"(《中庸》)。人有亲疏之别,爱也就有厚薄之分。与孔子爱有等差的看法不同,墨子提出了兼爱的主张。墨子认为,"今若国之与国之相攻,家之与家之相篡,人之与人之相贼,君臣不惠忠,父子不慈孝,兄弟不和调"(《墨子·兼爱中》),是天下之大害,之所以如此,是人和人不相爱引起的,"若使天下兼相爱,国与国不相攻,家与家不相乱,盗贼无有,君臣父子皆能孝慈,若此则天下治"(《墨子·兼爱上》)。墨子的兼爱,要求视人如己,爱人如己,无所偏私,有利于发展出一种平等友爱的人际关系,无疑是一种崭新的主张。

(三) 孟子对人伦的开拓

从现有文献来看,"人伦"一词最先出现在《孟子》一书中,[①] 该书有多处论及人伦问题。

> 内则父子,外则君臣,人之大伦也。父子主恩,君臣主敬。(《公孙丑下》)

---

① 张岱年也同意此看法,参见氏著《人伦与独立人格》,《北京大学学报》1990 年第 4 期。

这句话出自齐国的大夫景丑嘴里,并非孟子讲的,大致代表了孟子生活的时代一般士人的人伦观念。君臣和父子关系受到了重视,那个时代的人们已开始直接正视人伦这一问题了,故景丑使用了"人之大伦"这样的说法。

> 设为庠、序、学、校以教之。庠者养也,校者教也,序者射也。夏曰校,殷曰序,周曰庠,学则三代共之,皆所以明人伦也。人伦明于上,小民亲于下。有王者起,必来取法,是为王者师也。(《滕文公上》)

这是滕文公向孟子询问如何治理国家时,孟子对他的回答,在此孟子直接使用了"人伦"这一概念,并且提出了学校教育的目的就是"明人伦"这一对后世影响深远的命题。①

> 人之有道也,饱食、暖衣、逸居而无教,则近于禽兽。圣人有忧之,使契为司徒,教以人伦:父子有亲,君臣有义,夫妇有别,长幼有叙,朋友有信。(同上)

这是孟子在滕国对陈相讲的。孟子在此处将其所主张的人伦的内容明确做了阐释,提出了"父子有亲,君臣有义,夫妇有别,长幼有叙,朋友有信"的著名五伦学说。人伦包括处理父子间、君臣间、夫妇间、长幼间和朋友间的关系,而处理这些关系的准则就是亲、义、别、

---

① 学校教育的目的就是明人伦的思想在子夏身上已有萌芽,子夏曾说:"贤贤易色,事父母能竭其力,事君能致其身,与朋友交,言而有信。虽曰未学,吾必谓之学矣。"(《论语·学而》)子夏认为对于能侍奉好父母、君主,与朋友交往守信用的人,即使没有学习过,也可称之为学习过了,易言之,学习的目的不过就是使人能正确处理好这些关系。

叙和信。当然孟子的五伦说也是有源头的，子思所著的《中庸》曾云：
"天下之达道五，所以行之者三。曰君臣也、父子也、夫妇也、昆弟也、
朋友之交也，五者天下之达道也。知、仁、勇三者，天下之达德也。"天
下的通理有五条，所用来实行这五条通理的有三德。君臣关系之理，
父子关系之理，夫妇关系之理，兄弟关系之理，朋友交结关系之理，这
五条就是天下的通理；智慧、仁爱、勇敢，这三项是天下的通德，是用
来实行五理的。子思的五达道即孟子的五伦。

> 圣人，人伦之至也。欲为君尽君道，欲为臣尽臣道，二者皆
> 法尧舜而已矣。不以舜之所以事尧事君，不敬其君者也；不以尧
> 之所以治民治民，贼其民者也。(《离娄上》)

在孟子看来，像尧舜这样的圣人是践行人伦的楷模，是大家应当
效法的榜样，实践人伦就是要最终成为像尧舜那样的圣人。这个"圣"
不是说社会地位高，而是说尽到了所属社会关系所要求的"伦"，即是
说为父则尽父道，为子则尽子道，为夫则尽夫道，为妻则尽妻道，为君
则尽君道，为臣则尽臣道。处在什么社会地位上，即尽所应尽之道，
这样的人就是圣人。

(四) 荀子对人伦的探索

孟子之后对人伦的探讨并没有停止，荀子对人伦也多有探讨，荀
子认为礼是处理人伦的基本准则，当然各种人伦之间所遵循的礼是
不同的：

> 请问为人君？曰：以礼分施，均遍而不偏。请问为人臣？曰：
> 以礼侍君，忠顺而不懈。请问为人父？曰：宽惠而有礼。请问为

人子？曰：敬爱而致文。请问为人兄？曰：慈爱而见友。请问为
人弟？曰：敬诎而不苟。请问为人夫？曰：致功而不流，致临而
有辨。请问为人妻？曰：夫有礼则柔从听侍，夫无礼，则恐惧而
自竦也。此道也，偏立而乱，俱立而治，其足以稽矣。(《君道》)

做君主的要公平而不偏私，做臣子的要忠诚顺从而不松懈。做父亲
的要宽厚慈爱而合乎礼，做儿子的要敬爱而非常有礼貌。做哥哥的
要慈爱而友善，做弟弟的要恭敬顺从而不马虎。做丈夫的要努力做
事而不放荡，尽力亲近妻子而又夫妻有别；做妻子的，当丈夫遵守礼
义，就温柔顺从侍奉他，当丈夫不遵守礼义，就害怕担心而自己严敬。
荀子对君、臣、父、子、兄、弟、夫、妇各自提出了相应的礼义要求和伦
理规范。又说：

礼之于正国家也，如权衡之于轻重也，如绳墨之于曲直也。
故人无礼不生，事无礼不成，国家无礼不宁。君臣不得不尊，父
子不得不亲，兄弟不得不顺，夫妇不得不欢，少者以长，老者以
养。(《大略》)

虽然这里主要是在强调礼的重要性，但荀子借机再次阐发了他
关于君臣、父子、兄弟和夫妇、长幼的相处之道。而且荀子将这些伦
理准则上升到与天地同久的高度，他说："君臣、父子、兄弟、夫妇，始
则终，终则始，与天地同理，与万世同久，夫是之谓大本。"(《荀子·王
制》)君臣、父子、兄弟、夫妇之间的伦理关系，与天地同理，与万世并
存，这就叫作最大的根本。同时，在诸多人伦中，荀子特别强调君臣、
父子和夫妇三种人伦。他说："若夫君臣之义，父子之亲，夫妇之别，
则日切瑳而不舍也。"(《荀子·天论》)君臣之间的道义，父子之间的

亲爱,夫妇之间的分别,要每天琢磨而不能舍弃,这为后世的"三纲"作了铺垫。

(五) 三纲五常的确立

秦汉之际,关于人伦的探讨仍然在进行,相关研究成果在《吕氏春秋》和《礼记》中留存了下来。《吕氏春秋》云:

> 先王所恶,无恶于不可知。不可知,则君臣、父子、兄弟、朋友、夫妻之际败矣。十际皆败,乱莫大焉。凡人伦,以十际为安者也,释十际则与麋鹿虎狼无以异,多勇者则为制耳矣。不可知,则知无安君、无乐亲矣,无荣兄、无亲友、无尊夫矣。(《慎行论·壹行》)

在吕不韦门客的心目中,君臣、父子、兄弟、朋友、夫妻是主要的人伦类型,并提出了"十际"的概念。五伦关系,十种身份,各自都有自身的伦理要求,五伦十际作为一种新的人伦理论已面世。

《礼记》将十际的伦理要求进一步明晰为"十义",使其又向前推进了一步,《礼记·礼运》云:"父慈、子孝、兄良、弟弟、夫义、妇听、长惠、幼顺、君仁、臣忠十者,谓人之义。"对于五伦中的每一方都有具体的伦理要求。

此外,《礼记》在人伦方面还有一些局部的拓展。例如:"为人君止于仁,为人臣止于敬,为人子止于孝,为人父止于慈,与国人交止于信。"(《大学》)此处虽然只提及了君臣、父子和国人三伦,但是它将守信这一朋友间的准则推广适用到了与一切国人交往上,是一大进步。又如,它还明确提出了"七教"的说法,而所谓"七教",即"父子、兄弟、夫妇、君臣、长幼、朋友、宾客"(《礼记·王制》)。要求在整个社会推广有关父子、兄弟、夫妇、君臣、长幼、朋友、宾客等七种关系的教化,拓宽了孟子以来的五伦。

但董仲舒使人伦类型日益丰富的趋势发生了逆转,他不提七教,也不强调五伦,他从这众多的人伦中特别突出君臣、父子和夫妇。他说:"君臣、父子、夫妇之义,皆取诸阴阳之道。君为阳,臣为阴;父为阳,子为阴;夫为阳,妻为阴。"(《春秋繁露·基义》)他提出了"三纲"的概念,说:"循三纲五纪,通八端之理,忠信而博爱,敦厚而好礼,乃可谓善,此圣人之善也。"(《春秋繁露·深察名号》)称能够遵循"三纲五纪"的原则,通晓三纲和五纪八端的道理,忠信而又博爱,敦厚而又懂礼,才算是善,才是圣人所说的善。不过董仲舒没有直接对"三纲"作出解释,《礼纬·含文嘉》最先对"三纲"作了解释,云:"君为臣纲,父为子纲,夫为妻纲。"《白虎通义·三纲六纪》对其加以官方确认,云:"三纲者,何谓也? 谓君臣、父子、夫妇也",最终使三纲的内容法定了下来。

董仲舒重视君臣、父子、夫妇三种人伦,除了与其接受的阴阳学说甚是吻合外,君、父、夫尊,臣、子、妇卑具有悠久的传统,在他生活的时代早已是一种常识了。例如韩非就曾说:"臣之所闻曰:'臣事君,子事父,妻事夫。三者顺,则天下治;三者逆,则天下乱。'此天下之常道也。"(《韩非子·忠孝》)韩非的老师荀子对君臣、父子、夫妇的人伦准则也有论述,他说:"无君以制臣,无上以制下,天下害生纵欲。"(《荀子·富国》)"君者,国之隆也;父者,家之隆也。隆一而治,二而乱。"(《荀子·致士》)"请问为人妻? 曰:夫有礼则柔从听侍,夫无礼则恐惧而自竦也。"(《荀子·君道》)荀子对君权、父权和夫权给予了极高的重视,使其凌驾于臣、子和妇之上。当然这些思想也都不是荀子的原创,前面笔者已介绍过,孔子及其弟子对君臣、父子和夫妇的人伦关系多有讨论,在孔子"君君、臣臣、父父、子子"的言论中我们已可隐约看到"三纲"的影子。而且当鲁哀公问政时,孔子曾说:"夫妇别,父子亲,君臣严,三者正则庶物从之矣。"(《礼记·哀公问》)夫妇有别,父子相亲,君臣庄重。这三种关系端正了,各种事情都从而上正道了。孔子特别将君臣、父子和夫妇三种人伦突出出来,距离"三纲"已不远了。① 当然诸如"溥天之下,莫非王土;率土之滨,莫非王臣"(《诗经·小雅·北山》)之类的诗歌,和"父不祭子,夫不祭妻"(《礼记·曲礼》)、"妇人从人者也,幼从父兄,嫁从夫,夫死从子。夫也者,夫也。夫也者,以知帅人者也"(《礼记·郊特牲》)这类的礼仪,早已使君尊臣卑、父尊子卑、夫尊妻卑之类的观念,在董仲舒那个时代的人们心目中定了根。董仲舒的"贡献"在于将君臣、父子、夫妇三种人伦用"三纲"这个新名词统合起来,并运用阴阳学说加以新的论证,用他的话来说即"王道之三纲,可求于天"(《春秋繁露·基义》),将"君为臣纲,父为子纲,夫为妻纲"三种人伦规范上升到天道的高度,成为不可动摇的永恒伦理准则。②

董仲舒的另一理论突破是他赋予了传统"五常"以新意,在回答

---

① 有学者考证,《哀公问》是孔子的著作,大概成篇于春秋末期至战国初期,参见王锷:《〈礼记〉成书考》,第25—29页。如果这个说法成立,董仲舒"三纲"的提法直接受孔子《哀公问》中言论的启发也未可知。

② 梁启超曾说:"后世动谓儒家言三纲五伦,非也。儒家只有五伦,并无三纲。"(参见《梁启超论先秦政治思想史》,第89页)先秦儒家从未有"三纲"的说法,而且其所说的君臣、父子和夫妇三伦关系的内涵也与"三纲"形同而实异。先秦儒家所讲的五伦是相对待的关系,即"父慈、子孝、兄良、弟弟、夫义、妇听、长惠、幼顺、君仁、臣忠",虽然肯定君尊臣卑、父尊子卑、夫尊妻卑,但君权、父权和夫权还不是绝对的,君、父和夫也负有相应的对待义务(即仁、慈、义)。而"三纲"中的君权、父权和夫权已受到了法家绝对化的忠孝观的影响,变成较为绝对化的权力了,君、父和夫对于臣、子和妇只享有权利而不负任何义务,故在此意义上梁任公所言不虚。

汉武帝的策问时董仲舒说:"夫仁、谊、礼、知、信五常之道,王者所当修饬也;五者修饬,故受天之祐,而享鬼神之灵,德施于方外,延及群生也。"(《汉书·董仲舒传》)仁、义、礼、智、信是五种恒久不变的道,这是王者应培养整饬的。这五种道能培养整饬好,就能得到天的保佑,鬼神也来赞助他接受祭祀,恩德就会普及到国外,扩大到一切生命。董仲舒对传统的"五常"概念(金、木、土、火、水)进行了改造,^①赋予其仁、义、礼、智、信的新意。当然仁、义、礼、智、信这五常也并非全是董仲舒的原创,孟子就曾有"君子所性,仁义礼智根于心"(《孟子·尽心上》)的说法,认为仁、义、礼、智是君子的本性,而且这个本性根植于君子的内心。孟子认为人的本性中只有恻隐之心(仁)、羞恶之心(义)、辞让之心(礼)、是非之心(智)四种善端,故没有在人的本性中给"信"预留下位置。董仲舒在孟子仁、义、礼、智基础上增加了"信",使四善端变成了五常。当然不用说,仁、义、礼、智、信作为德目都源自孔子及孔子的前辈。

　　"三纲"为处理纵向的社会上下统属关系提供了伦理准则,"五常"为处理横向的社会朋友关系提供了伦理准则,"三纲五常"为建立一个上下尊卑有序的统治秩序提供了伦理规范,迎合了中国古代专制统治的需要,故成为中国古代"整齐人道",处理人际关系的基本原则,受到了历代统治者的普遍重视。例如,贞观十七年(643),房玄龄就对唐太宗说:"仁、义、礼、智、信,谓之五常,废一不可。能勤行之,甚有裨益。"(《贞观政要·诚信》)元世祖还是藩王时,询问窦默应当如何治理国家,"默首以三纲五常为对"(《元史·窦默传》),窦默的

---

① 例如《庄子·天运》中就有"天有六极五常"的说法,其"五常"指金、木、水、火、土。

说法深得元世祖的赞赏,忽必烈也认为,为人之道没有比三纲五常更重要的了。

最先将三纲与五常并提的是东汉后期的经学大师马融,他在注解《论语·为政》中的"子曰,殷因于夏礼,所损益可知也。周因于殷礼,所损益可知也"一句时说:"所因,谓三纲五常;所损益,谓文质三统。"这虽与孔子本意相去甚远,但标志着人们已开始将纲纪与处理这些纲纪的道德原则结合起来加以认识。唐代还出现了诸如"五常三纲"(《旧唐书·李纾传》)的说法。五代以来,"三纲五常"(《旧五代史·明宗纪》)就基本上成为固定表达,并一直沿用到清末。清帝退位之前,清末中、小学教育改革,三纲五常的教育也未中断,仍然有读经、讲经一科:"《学务纲要》载中、小学宜注意读经以存圣教一节,其言曰:'外国学堂有宗教一门,中国之经书即是中国之宗教。学堂不读经,则是尧、舜、禹、汤、文、武、周公、孔子之道,所谓三纲五常,尽行废绝,中国必不能立国。'"(《清史稿·选举二·学校二》)

"三纲五常"作为中国汉代以来最重要的伦理规范,不但指导了社会的道德建设,指导了中国古代的学校教育,而且实际上成为中国古代立法、执法和司法的基本指导思想和原则,在中国古代的立法、执法和司法中留下了深深的烙印。由于涉及面十分宽广,在此我们不可能展开全面的考察,下面笔者只对君臣和父子这两类人伦所倡导的忠和孝在中国古代立法和司法中的表达作一概览式的介绍。因为夫妇关系的法律表达在第一章中已作过简略的介绍,故本章中就不再重复。中国君主立法,只是为了维护专制统治,以捍卫君权和父权,故对于君臣和父子关系而言,中国古代的法律和司法重点强调的只是臣忠和子孝,而君仁和父慈只是道德要求,大多数时候在嘴上讲讲而已,并没有成为法律上的强制要求。特别是南宋理学家罗从彦提出"天下无不是底父母",[①] 陈埴提出"天下无不是底君"之后,[②] 将君权和父权都绝对化了,臣和子对于君与父只有单方面的义务,而没有权利可言。故对于君臣和父子关系,只需要考察一下臣对君的忠,子对父的孝就行了,没有必要再花精力去深究其他方面。

四、忠孝

中国古代先民很早就有了孝的观念,传说中的舜就是一位大孝子,周初建立的以血缘为纽带的宗法制度,更使孝成为一种正式的人伦规范和礼仪制度,而周公本人更是后世标榜的忠孝楷模。《尚书》中多处谈及"孝",例如:"元恶大憝,矧惟不孝不友。"(《康诰》)"肇牵车牛,远服贾,用孝养厥父母。"(《酒诰》)"汝肇刑文武,用会绍乃辟,追孝于前文人。"(《文侯之命》)同样,在《诗经》中也可见到"孝"的踪影,例如:"於乎皇考,永世克孝。"(《周颂·闵予小子》)"绥予孝子。"(《周颂·雕》)《康诰》《酒诰》和《文侯之命》都是《今文尚书》中的篇目,其真实性毋庸置疑。《周颂》是《诗经》中为人所公认的西周初年的作品,故西周初年"孝"已为统治者高度重视当无疑议。"忠"的历史也很悠久,应该说几乎与王权同时产生,有了君臣之别就有了

---

① "天下无不是底父母"后来写进了《幼学琼林·兄弟》,成为妇孺皆知的名言。
② 陈埴的老师朱熹说得稍为圆融些,朱熹云:"臣子无说君主不是底道理,此便见得是君臣之义处。"(《朱子语类》卷十三)

"忠"的问题。①

　　先秦诸子虽然在治道上存在诸多分歧,但是没有一家反对孝与忠,在提倡忠孝上是高度的一致。儒家十分重视孝与忠,孔子说:"夫孝,德之本也,教之所由生也。"(《孝经·开宗明义章》)又说:"夫孝,天之经也,地之义也,民之行也。"(《孝经·三才章》)仁是孔子学说的核心,而孔子的学生有若说:"孝弟也者,其为仁之本与!"(《论语·学而》)孝悌是仁的根本,孝悌在儒家学说中的地位是崇高的。当然孔子和孟子眼中的君权还不是绝对的,孟子告诉齐宣王说:"君之视臣如手足,则臣视君如腹心;君之视臣如犬马,则臣视君如国人;君之视臣如土芥,则臣视君如寇仇。"(《孟子·离娄下》)君主对臣要以礼相待。在忠与孝的关系上,儒家倡导孝子必是忠臣的理论,把原来为血缘关系的"孝"和非血缘关系的"忠"联系在一起,儒家认为事亲孝事君必忠,孝子是忠臣的后备人选。孔子说:"夫孝,始于事亲,中于事君,终于立身。"(《孝经·开宗明义章》)事亲、事君都是实现孝的途径和方式。又说:"君子之事亲孝,故忠可移于君。"(《孝经·广扬名》)在家中侍奉父母能竭尽孝道,也就能对君竭尽忠诚。"出则事公卿,入则事父兄。"(《论语·子罕》)出仕事奉公卿,在家事奉父兄,事奉父兄与事奉公卿的道理是相同的。孔子的学生有若说:"其为人也孝悌,而好犯上者,鲜矣;不好犯上而好作乱者,未之有也。"(《论语·学而》)孝悌具有重要的政治功能和价值。孟子也说:"壮者以暇日修其孝悌忠信,入以事其父兄,出以事其长上。"(《孟子·梁惠王

_____

① 关于忠,先秦文献就有诸多论述,例如《国语·晋语》云:"事君不贰是谓臣,好恶不易是谓君。""委质为臣,无有二心。委质而策死,古之法也。君有烈名,臣无叛质。"《战国策·秦策》云:"为人臣不忠当死,言不审亦当死。"忠君很早就被视为做臣子的本分。

上》)反之,"不孝,则事君不忠,莅官不敬,战陈无勇,朋友不信。"(《汉书·杜钦传》)"忠臣以(顺)事其君,孝子以(顺)事其亲,其本一也。"(《礼记·祭统》)忠臣用顺来侍奉国君,孝子用顺来侍奉双亲,二者在根本上是一致的。

老子讲:"六亲不和,有孝慈。"(《老子·十八章》)"绝仁弃义,民复孝慈。"(《老子·十九章》)孝慈是道家所欲追求的目标,道家是肯定孝道的。同时老子也讲:"国家昏乱,有忠臣。"(《老子·十八章》)"夫礼者,忠信之薄,而乱之首。"(《老子·三十八章》)虽然道家对儒家的仁义礼智等不以为然,但对忠的价值也是肯定的。

墨家对忠孝的肯定不亚于儒家。《墨子》云:"孝,利亲也。"(《经上》)又说:"君臣相爱,则惠忠。父子相爱,则慈孝。"(《兼爱中》)"为人君必惠,为人臣必忠,为人父必慈,为人子必孝,为人兄必友,为人弟必悌。"(《兼爱下》)墨子认为国家的祸患有七种,其中之一就是"所信者不忠,所忠者不信"(《七患》),墨家将孝和忠视为可欲追求的目标。

对于孝与忠,纵横家也同样完全认同。例如苏秦对楚王曾说:"仁人之于民也,爱之以心,事之以善言。孝子之于亲也,爱之以心,事之以财。忠臣之于君也,必进贤人以辅之。"(《战国策·楚策三》)

法家的情况要特殊些,在法家的眼中常只有法律,与法律相比其他东西都是第二位的。例如《商君书》就将"曰礼乐,曰《诗》《书》,曰修善,曰孝弟,曰诚信,曰贞廉,曰仁义,曰非兵,曰羞战"(《靳令》)称为六种虱害,认为国家有这十二种东西,君主就没有办法让民众从事农耕作战,国家一定会贫穷直到被削弱。表面看来,商鞅及其后学对孝似乎不大感冒,实际不然,商鞅还是肯定孝的,只是在他看来孝不能成为依法治国的障碍,在这个前提下,孝还是有价值的。例如他说:"忠臣孝子有过,必以其数断。"(《商君书·赏刑》)又说:"所谓义者,为人臣忠,为人子孝,少长有礼,男女有别;非其义也,饿不苟食,死不苟生。此乃有法之常也。圣王者,不贵义而贵法。法必明,令必行,则已矣。"(《商君书·画策》)商鞅认为只要有法律并认真执行,忠孝等所谓的义就自然而然地实现了,他并不反对忠孝,只是更强调法。而对于"忠君",商鞅绝对是不持任何异议的,曾说:"下卖权,非忠臣也,而为之者,以末货也。"(《商君书·农战》)"如此,则臣忠君明,治著而兵强矣。"(《商君书·错法》)"授官予爵不以其劳,则忠臣不进。"(《商君书·修权》)韩非同样高度认同忠孝,而且对忠孝作出了专制主义的解释,为后世君权和父权的绝对化提供了思想资源,他说:"天下皆以孝悌忠顺之道为是也,而莫知察孝悌忠顺之道而审行之,是以天下乱。"他批评说:"孔子本未知孝悌忠顺之道也。"他要做的是让大家对忠和孝有一个"正确"的看法,他认为儒家的孝子和贤臣只会给父亲和君主带来祸害,他主张:"所谓忠臣,不危其君;孝子,不非其亲。"(《韩非子·忠孝》)父亲和君主是绝对正确和权威的,作为臣子和儿子在任何情况下都不应该反对君主和父亲。故法家对忠孝的强调,与其他学派比较起来实际是有过之而无不及。

到秦统一六国前夕,人们对子孝、臣忠已达成了广泛的共识,使之成为君臣、父子相处的基本伦理规范。对此《吕氏春秋·孝行》云:"凡为天下,治国家,必务本而后末……务本莫贵于孝。人主孝,则名章荣,下服听,天下誉;人臣孝,则事君忠,处官廉,临难死;士民孝,则耕芸疾,守战固,不罢北。夫孝,三皇五帝之本务,而万事之纪也。夫执一术而百善至、百邪去、天下从者,其惟孝也!"并说:"事君不忠,非孝也。"战国末期的知识精英已将私人伦理原则的孝上升到了治国之本的高度,并将孝与忠联系起来,故汉代标榜以孝治天下,将孝上升为治国之本并非偶然。历代统治者都大张旗鼓地宣扬忠孝,将忠孝贯穿到社会生活的各个方面,最终使忠孝成为中国古代法制的指导思想之一。[①] 根据忠孝的人道原则,中国古代先后创建了一系列的法律制度,下面择其要者略作介绍。

(一) 十恶

"夫人道所重,莫过君亲,君亲所系,忠孝而已。"(《晋书·儒林传·范弘之传》)人道所注重的,没有比君王、父母更大的了。与君王、父母联结在一起的仅是忠与孝而已。忠与孝作为基本的人伦规范,在中国古人看来具有重要的价值,需要加以特别的保护,与此相应,不忠和不孝即被视作具有严重的社会危害性,需要运用刑罚手段严厉地制裁。《尚书·康诰》云:"元恶大憝,矧惟不孝不友。"不孝不友的人被认为是首恶罪大的人。孔子曾说:"五刑之属三千,而罪莫大于不孝。"(《孝经·五刑章》)大概在孔子生活的时代,对于不孝的人一般要处以死刑。《荀子·宥坐》记载:

> 孔子为鲁司寇,有父子讼者,孔子拘之,三月不别。其父请止,孔子舍之。季孙闻之不说,曰:"是老也欺予,语予曰:'为国家必以孝。'今杀一人以戮不孝,又舍之。"

[①] 在古代中国,忠孝一直是主流价值观念和意识形态之一,但这并不等于没有受到任何挑战。相反,不断有人起来对其合法性提出质疑,特别是在被余英时称之为中国思想史上第二次大"突破"的汉末至南北朝时期,周孔"名教"受到了老庄"自然"的挑战,忠和孝均受到了冲击,参见氏著《中国文化史通释》,三联书店 2012 年版,第 12—15 页。当然这些反对的声音最后都被镇压和吞没了。

从鲁国权贵季孙的抱怨来看,当时对于不孝的人一般是要处以死刑的,孔子正是因没有对与父亲打官司的不孝儿子处以死刑,方才引起了季孙的抱怨。在《周礼》作者设计的法治蓝图中,司徒的职责之一就是用乡中的八种刑罚来纠察万民,而这八种刑罚就包括"不孝之刑"(针对不孝的刑罚)、"不睦之刑"(针对不睦九族的刑罚)、"不姻之刑"(针对不亲爱姻戚的刑罚)、"不弟之刑"(针对不友爱兄弟的刑罚)等(《地官·大司徒》)。不孝、不睦、不姻和不弟已是刑罚重点打击的对象。专制皇帝既是臣民们的君,又是臣民们的父,拥有父和君双重身份,故臣民们对于皇帝必须无条件地尽忠、尽孝,即所谓"王者居宸极之至尊,奉上天之宝命,同二仪之覆载,作兆庶之父母。为子为臣,惟忠惟孝"(《唐律疏义·名例》)。故任何侵犯君主的言行都是犯罪,都需要严厉制裁。秦朝法律对不忠处以酷刑,李斯自诬谋反,最后被处以夷三族。汉代对不孝不忠的处罚同样十分严厉,韩信和彭越均因涉嫌谋反而被夷三族,衡山王的太子刘爽因为告父王谋反不孝,被处斩首示众。

《北齐律》总结历代立法经验,将历代重点打击的犯罪归纳为十项,首次于律中开列"重罪十条":一曰反逆,二曰大逆,三曰叛,四曰降,五曰恶逆,六曰不道,七曰不敬,八曰不孝,九曰不义,十曰内乱。犯此十恶者,不在八议论赎之限。其打击的犯罪包括两类:一是不忠于皇帝和国家的行为,二是不孝不义等有违伦理道德和社会秩序的犯罪行为。《北周律》虽不立十恶之目,但也有重恶逆、不道、大不敬、不孝、不义、内乱之罪名。隋《开皇律》采北齐之制,置十恶之条,一曰谋反,二曰谋大逆,三曰谋叛,四曰恶逆,五曰不道,六曰大不敬,七曰不孝,八曰不睦,九曰不义,十曰内乱。犯十恶及故杀人狱成者,虽会赦,犹除名。"十恶"中涉及侵犯以皇帝为代表的专制统治的有谋反、谋大逆、谋叛、大不敬和不义五项,侵犯家庭伦理的有恶逆、不孝、不睦、内乱和不义等五项,而侵犯一般社会秩序的严重犯罪只有"不道"一项,故"十恶"实际重点保护的是忠和孝等伦理价值。《唐律疏义》同样将"十恶"置于篇首,并疏曰:"五刑之中,十恶尤切,亏损名教,毁裂冠冕,特标篇首,以为明诫。其数甚恶者,事类有十,故称'十恶'。"唐以降,历代沿袭未改,"十恶"成为中华法系最具特色的法律制度之一,也是忠孝思想在中国古代法律中的集中体现。

(二) 复仇

"人道莫先乎孝。"(《宋史·张忠恕传》) 子女对父母有孝顺的义务,如果父母为人所杀,那么根据孝的要求,子女就有为父母报仇的义务。而为了维护社会秩序,国家有垄断合法暴力的天然需求,[1] 私人的复仇与国家的法制具有内在的不可调和性,故复仇的大量存在彰显了中国古代伦理和法制的紧张关系。

一方面,国家大力宣扬子女有为父母复仇的伦理义务。"子不复仇,非子也。"(《春秋公羊传·隐公十一年》) 成篇于春秋末期战国前期的《礼记·曲礼》云:"父之仇,弗与共戴天。兄弟之仇,不反兵。交游之仇,不同国。"对于父亲的仇人,和他不共戴天。对于兄弟的仇人,要随时携带兵器以便遇即刺杀之。对于朋友的仇人,不和他同住在一国。在这种思想的激荡下,战国期间复仇风气十分盛行。对此孟子曾有感而发:"吾今而后知杀人亲之重也:杀人之父,人亦杀其

---

[1] 韦伯的国家定义包括三个要素:一套制度或曰机构(institutions);以特定的领土为界域;垄断了合法使用暴力的权力。其中第三个要素最重要。See John A. Hall & G. John Ikenberry, *The State*, University of Minnesota Press, 1989, pp.1-2.

父;杀人之兄,人亦杀其兄。然则非自杀之也,一间耳。"(《孟子·尽心下》)为了避免自己的父兄因别人复仇而被杀,自己最好不要去杀害别人的父兄。复仇的言论充斥儒家的典籍,汉武帝以来伴随这些儒家的典籍陆续被列为学官,设立博士以传授,为父母复仇也就日渐作为一种正统观念为社会所普遍接受。

另一方面,私自复仇确实给社会稳定带来了不小的破坏作用。所以国家在很早就有规范复仇的冲动。对于复仇,《周礼》的作者提出了这样的制度设计:"凡杀人有反杀者,使邦国交仇之。凡杀人而义者,不同国,令勿仇,仇之则死。"(《地官·调人》)凡官吏依法诛杀有罪的人而被杀的亲属有敢报复杀人的,就使天下各国都把他当作仇人捕杀。凡杀人而符合义理的,就使杀人者与被杀者之家不要同住在一国,劝令被杀者之家不要报仇,如果报仇就判死刑。"凡报仇雠者,书于士,杀之无罪。"(《秋官·朝士》)凡报仇的人,事先书面报告司法官,杀死仇人就无罪。这个制度设计兼顾了复仇的伦理需要和国家维持社会秩序的现实需求,虽然赞同复仇,但也表明《周礼》作者认为国家应将复仇纳入国家的统治秩序中,对其进行管理和监控。汉初刘邦约法三章,其一曰"杀人者死",复仇杀人是法律所禁止的,尽孝与守法的冲突不可避免。

东汉建初年间,有人受到侮辱,他的儿子把侮辱者杀了,肃宗降旨赦免他儿子的死刑,从此以后便形成惯例。当时便将这些议论确定下来,即为《轻侮法》。该法试图将复仇杀人合法化,但遭到了张敏的反对,他上书驳议说:"《春秋》之义,子不报仇,非子也。而法令不为之减者,以相杀之路不可开故也。"不被采纳。稍后又上书说:"臣伏见孔子垂经典,皋陶造法律,原其本意,皆欲禁民为非也。未晓《轻侮》之法将以何禁?必不能使不相轻侮,而更开相杀之路,执宪之吏复容其奸枉。议者或曰:'平法当先论生。'臣愚以为天地之性,唯人为贵,杀人者死,三代通制。今欲趣生,反开杀路,一人不死,天下受敝。记曰:'利一害百,人去城郭。'夫春生秋杀,天道之常。春一物枯即为灾,秋一物华即为异。王者承天地,顺四时,法圣人,从经律。愿陛下留意下民,考寻利害,广令平议,天下幸甚。"(《后汉书·张敏传》)张敏用天道说事,最后东汉和帝采纳了他的意见,废除了《轻侮法》,国家继续保留法律和伦理的矛盾。不过赦免制度为缓解二者的矛盾提供了一条出路,一般的依法处置,皇帝认为情有可原的则赦免。

> 酒泉庞淯母者,赵氏之女也,字娥。父为同县人所杀,而娥兄弟三人,时俱病物故,仇乃喜而自贺,以为莫己报也。娥阴怀感愤,乃潜备刀兵,常帷车以候仇家。十余年不能得。后遇于都亭,刺杀之。因诣县自首。曰:"父仇已报,请就刑戮。"禄福长尹嘉义之,解印绶欲与俱亡。娥不肯去。曰:"怨塞身死,妾之明分;结罪理狱,君之常理。何敢苟生,以枉公法!"后遇赦得免。州郡表其闾。太常张奂嘉叹,以束帛礼之。(《后汉书·列女赵娥传》)

这个故事表明东汉时国家对私人复仇是严禁的,私自杀死仇家要处死刑,故故事中的所有人都陷入了法律和伦理的两难:依据孝的伦理要求,子女必须为父复仇,但是依据国家法律,杀人者死。赵娥选择了复仇,并愿意领受处罚,在她心目中尽孝高于保全自身的生命。案件承办人禄福长尹嘉,他首先想到的就是和赵娥一起逃走:如果他直接依法处罚赵娥,就将背负处罚孝子的恶名,无法容身于世间;如果他放弃对赵娥的处罚,就是失职,无法向朝廷交代。逃走是回避两难困境的理性选择。赵娥不同意逃走,甘愿受罚,方才解除了尹嘉的两难困境。朝廷的大赦使这种困境最后戏剧性地得到化解,出现了众人期待的结局。州郡对赵娥进行了表彰,太常张奂还给赵娥送来束帛,孝道最终英雄凯旋,战胜了国家的法律,即在国家和社会主流的意识形态中,为了弘扬孝道可暂时牺牲法律秩序。史官将这个故事写入书中,当然是意在弘扬孝道,让人效法。各方面的共谋,最终促成了复仇故事的不断再生产。

复仇给社会治安带来了较大的负面影响。黄初四年(233)春正月,魏文帝曹丕下诏说:"丧乱以来,兵革未戢,天下之人,互相残杀。今海内初定,敢有私复仇者皆族之。"(《三国志·魏书·文帝纪》)对复仇处以族诛的刑罚,这是有史以来关于复仇的最严厉禁令。但后来的《曹魏律》不再严厉禁止复仇,而是有条件地允许,规定:"贼斗杀人,以劾而亡,许依古义,听子弟得追杀之。会赦及过误相杀,不得报仇。"(《晋书·刑法志》)凡凶残斗殴杀人,凶手因被查究而逃亡,则许可依据古代经义,听任被害者子弟追杀复仇。如遇颁发赦令,以及杀人出于过失,就不能够报仇。这个规定具有一定的合理性,国家对私人复仇有条件的认同,增强了国家打击犯罪的能力。

但官方对复仇的容忍,常常导致冤冤相报无休止的局面。例如,《南齐书·孝义朱谦之传》载,南朝齐人朱谦之母亲的坟墓为族人朱幼方燎火所焚,朱谦之成年后杀死朱幼方,案件上报给皇帝,齐世祖萧赜嘉其义,对其不加处罚,结果朱幼方的儿子为报父仇就杀死了朱谦之,而朱谦之的哥哥为其报仇又杀死了朱幼方的儿子。鉴于私人复仇的弊端,北周时曾"初除复仇之法,犯者以杀论"(《隋书·刑法志》),废止了原复仇杀人告于法不坐的法令,为报仇而杀人的人,与通常杀人同样论罪。法律在与孝道的对抗中暂时获得了胜利,国家为了维护统治秩序暂时将儒家复仇的学说抛到了一边。但后来《北周律》又规定:"若报仇者,告于法而自杀之,不坐。"(同上) 如果是报仇,诉讼于法令而后自行杀死仇人的,不治罪,否则要加以处罚,重申了《周礼》关于复仇的制度设想。但公开宣传自己要复仇,常难以达成目的,故那些幼弱的复仇人一般不会诉讼于法令,而是自己私下行动。

> 孝女王舜者,赵郡人也。父子春,与从兄长忻不协。齐亡之际,长忻与其妻同谋杀子春。舜时年七岁,有二妹,粲年五年,璠年二岁,并孤苦,寄食亲戚。舜抚育二妹,恩义甚笃。而舜阴有复仇之心,长忻殊不为备。妹俱长,亲戚欲嫁之,辄拒不从。乃密谓二妹曰:"我无兄弟,致使父仇不复,吾辈虽女子,何用生为!我欲共汝报复,汝竟何如?"二妹皆垂泣曰:"唯姊所命。"夜中,姊妹各持刀逾墙入,手杀长忻夫妇,以告父墓,因诣县请罪。姊妹争为谋首,州县不能决。文帝闻而嘉叹,特原其罪。(《北史·列女传》)

本故事中复仇的主人翁是幼弱的女子,她们为了达成复仇的目的只能秘密实施私力救济,而不可能诉诸官府,她们要复仇只能承受法律的制裁。不过,她们尽孝而又不逃避国家法律处罚的英雄举动,在统治者看来是完美的道德化身,故隋文帝最后赦免了她们的罪行。在隋代复仇仍然为法律所禁止,但赦免制度使孝道(礼)间或可以战胜法律。

> 王君操,莱州即墨人也。其父隋大业中与乡人李君则斗竞,因被殴杀。君操时年六岁,其母刘氏告县收捕,君则弃家亡命,

追访数年弗获。贞观初，君则自以世代迁革，不虑国刑，又见君
操孤微，谓其无复仇之志，遂诣州府自首。而君操密袖白刃刺
杀之，刳腹取其心肝，啖食立尽，诣刺史具自陈告。州司以其擅
杀戮，问曰："杀人偿死，律有明文，何方自理，以求生路？"对曰：
"亡父被杀，二十余载。闻诸典礼，父仇不可同天。早愿图之，久
而未遂，常惧亡灭，不展冤情。今大耻既雪，甘从刑宪。"州司据
法处死，列上其状，太宗特诏原免。（《旧唐书·孝友传》）

这个故事中复仇的主角是位孤微的男子，但其复仇的意志和方式令
人震惊。他的复仇举动来源于《礼记·曲礼》中"父之仇，弗与共戴天"
的教化，但这时国家对私自复仇的排斥已更加强烈，案件承办官员依
法对其判处死刑，唐太宗最后行使乾纲独断的权力才使其获得了生
路。史官之所以记录这个故事，想来并非因复仇故事本身的精彩（类
似的故事在中国古代定会不少），而在于皇帝最终介入了这个案件的
处理，从而使事件在古人看来具有非凡的意义。①

　　当然复仇的人也未必全都能够得到皇帝的赦免。开元二十三年
（735），张瑝和张琇兄弟二人为报父仇杀死了杨万顷，深得众人的同
情，中书令张九龄也想免去他们的死罪，但是裴耀卿、李林甫坚持说：
"国法不可纵报仇。"唐玄宗深以为然，下敕书说："张瑝等兄弟同杀，
推问款承。律有正条，俱各至死。近闻士庶，颇有喧词，矜其为父复
仇，或言本罪冤滥。但国家设法，事在经久，盖以济人，期于止杀。各

---

① 绛州孝女卫无忌为父复仇，"太宗嘉其孝烈，特令免罪，给传乘徙于雍州，并给
田宅，仍令州县以礼嫁之"（《旧唐书·列女传》）。之所以有此恩遇，全因为"巡
察大使、黄门侍郎褚遂良以闻"，如果事情不能被皇帝听闻，其结果必然是依
法服诛。

申为子之志,谁非徇孝之夫,展转相继,相杀何限!咎繇作士,法在必行;曾参杀人,亦不可恕。不能加以刑戮,肆诸市朝,宜付河南府告示决杀。"(《旧唐书·孝友传》)在此国法战胜了伦理道德,不过,对张瑝和张琇兄弟二人处以杖决,使其拥有完尸,算是宽大了。唐玄宗要求告示民众,说明当时社会对复仇还是相当同情的,儒家的孝道已深入人心。

元和六年(811),富平县人梁悦,为报父仇杀死仇人秦果,到县里投案请罪。唐宪宗下敕书说:"复仇杀人,固有彝典。以其申冤请罪,视死如归,自诣公门,发于天性。志在徇节,本无求生之心,宁失不经,特从减死之法。宜决一百,配流循州。"唐宪宗主张对复仇的不处死刑,但也不得赦免,比照死刑减轻处罚。职方员外郎韩愈不同意,上书说:"复仇,据礼经则义不同天,征法令则杀人者死","盖以为不许复仇,则伤孝子之心,而乖先王之训;许复仇,则人将倚法专杀,无以禁止其端矣。"为了缓减礼与法的冲突,韩愈建议:"凡有复父仇者,事发,具其事由,下尚书省集议奏闻。酌其宜而处之,则经律无失其指矣。"(《旧唐书·刑法志》)韩愈建议,对于复仇,法律不明文规定处罚意见,而待临时再由大臣们议决,以实现个案的公正,有合理性,但没有完全解决礼与法的矛盾。

北宋时,对于复仇并没有定制,即"复仇,后世无法"(《宋史·刑法二》),宋代没有给后世提供可供效法的律典,基本上是随案处置,不过一般不会完全免除处罚,只是会比普通杀人要处罚轻些,最重处到加役流。例如苏州平民张朝的父亲被堂兄杀害,张朝杀死父亲的堂兄为父报仇,审刑院和大理寺以十恶不睦罪判处张朝死刑,案件上报后,当时的参知政事王安石提出:"朝父为从兄所杀,而朝报杀之,罪止加役流,会赦,应原。"(同上)皇帝采纳了王安石的意见。金人接受了儒家文化,对复仇同样实行宽大,大定十年(1170),尚书省奏,河中府张锦自己向官府报告说,他为了替父亲报仇而杀死人命,依法当判死刑。金世宗说:"彼复父仇,又自言之,烈士也。以减死论。"(《金史·刑志》)比死罪减一等论处,这样法与礼得到了兼顾。

　　明代关于复仇的规定,只见于《明律》中祖、父被殴击的条目,该条称:"祖父母、父母为人所杀,而子孙擅杀行凶人者,杖六十。其即时杀死者勿论。其余亲属人等被人杀而擅杀之者,杖一百。"(《明史·刑法二》)祖父母、父母被人杀害,而子孙擅自杀死行凶之人,要罚杖六十。当时杀死凶手的可不治罪。其余的亲属人等被别人杀害,为复仇而擅自杀死行凶者的,要罚杖一百。该规定比前代更加科学,较好地兼顾了礼所要求的孝道和法律对社会秩序的追求。清代的例规定:"复仇以国法得伸与否为断,杜凶残之路也。"(《清史稿·刑法一》)对于复仇,要以国家法律是否允许为标准,以杜绝行凶残杀之路。

　　子女尽孝复仇的伦理义务没有解除,与国法的冲突就始终不能消除,复仇问题也就成为困扰中国过去两千余年的司法现实难题。

(三) 容隐

　　容隐亦称亲亲得相首匿或同居相容隐,是指法律上允许一定范围的亲属间互相不负告发和作证的义务,相互隐罪(首谋藏匿犯罪者)而不负或减轻刑事责任。其直接的理论来源就是《论语》中孔子与叶公的一段对话:

　　　　叶公语孔子曰:"吾党有直躬者,其父攘羊,而子证之。"
　　　　孔子曰:"吾党之直者异于是,父为子隐,子为父隐,直在其

中矣。"(《子路》)

叶公说他们乡里有个直率的人,他的父亲偷了羊,他作为儿子而去告发。孔子说他们乡里直率之人不是这样做的。父亲为儿子隐瞒,儿子为父亲隐瞒,直率就体现在其中了。

基于父慈子孝的伦理要求,父子之间有互相隐瞒罪过的义务,这话虽然是出自孔子之口,但容隐思想的发明权未必属于孔子,也许只是孔子讲述了他赞同的其他人的言行,例如石渚就是一个为尽孝而献身的范例。

> 荆昭王之时,有士焉曰石渚。其为人也,公直无私,王使为政。道有杀人者,石渚追之,则其父也。还车而反,立于廷曰:"杀人者,仆之父也。以父行法,不忍;阿有罪,废国法,不可。失法伏罪,人臣之义也。"于是乎伏斧锧,请死于王。王曰:"追而不及,岂必伏罪哉!子复事矣。"石渚辞曰:"不私其亲,不可谓孝子;事君枉法,不可谓忠臣。君令赦之,上之惠也;不敢废法,臣之行也。"不去斧锧,殁头乎王廷。正法枉必死,父犯法而不忍,王赦之而不肯,石渚之为人臣也,可谓忠且孝矣。(《吕氏春秋·离俗览·高义》)

此故事后来被韩婴收录在《韩诗外传》第二卷之中,出入之处在于韩婴将主人公石渚改为了石奢,并明确了石奢的职责为"理"(即法官)。鉴于此故事的重大教育意义,司马迁在编《史记》时又将其纳入了《循吏列传》中,故事主人公的名字则沿袭了韩婴的说法,但将石奢的职责"理"更改为"楚昭王相",即楚昭王(前515—前489年在位)的宰相(当时楚国宰相称令尹)。司马迁的这一改动恐有误,但此处我们暂且放过，来说说故事本身的思想内涵。

在此故事中，石渚面临忠与孝的激烈冲突，惩治父亲就是不孝，放纵父亲的犯罪行为就是不忠，虽然楚昭王赦免了他，但最后他还是选择了自杀以谢罪。对于石渚来说，孝与忠都是他不能割舍的，他只有一死了之，既尽了孝，又尽了忠。石渚的生平已不可考，但据楚昭王在位的时间来推断，本故事的下限为公元前489年。同时据《史记·孔子世家》记载，孔子于公元前489年"自蔡如叶"，也就是说孔子与叶公的前述对话发生在公元前489年，故石渚的故事很可能发生在孔子与叶公的对话之前。在孔子对叶公讲那些话之前，他很可能早已听说了石渚的事迹，并对石渚容隐父亲罪过的做法表示赞同。石渚的忠孝思想当然也不是从天上掉下来的，故容隐父母罪过这种思想和言行也许在很早以前就存在了，并非只是孔子的理论愿景。

儒家赞同容隐的做法，表明儒家认为在一定条件下孝慈的价值高于对国家和君主的忠诚，即"亲亲"高于"尊尊"，一定要先齐家然后才谈得上治国。当忠与孝发生冲突时，先秦儒家更可能会选择孝，因为在他们那里，个人的独立价值和主体精神是得到承认的，臣子并非完全是君主的附庸，尚有选择仕与不仕的自由。[1]

孟子继承了孔子的思想，也认为尽孝比对国家尽责更重要。

　　桃应问曰："舜为天子，皋陶为士，瞽瞍杀人，则如之何？"

---

[1] 但孔子也并非完全反对大义灭亲。《左传·昭公十四年》载，孔子曾称赞叔向说："叔向，古之遗直也。治国制刑，不隐于亲，三数叔鱼之恶，不为末减。曰义也夫，可谓直矣！平丘之会，数其贿也，以宽卫国，晋不为暴。归鲁季孙，称其诈也，以宽鲁国，晋不为虐。刑侯之狱，言其贪也，以正刑书，晋不为颇。三言而除三恶，加三利，杀亲益荣，犹意也夫！"容隐仅限于小义，当事关国家、君主和执法等大义时，孔子是反对容隐的，主张大义灭亲。

孟子曰："执之而已矣。"

"然则舜不禁与？"

曰："夫舜恶得而禁之？夫有所受之也。"

"然则舜如之何？"

曰："舜视弃天下犹弃敝蹝也。窃负而逃，遵海滨而处，终身诉然，乐而忘天下。"（《孟子·尽心上》）

孟子认为，舜作为天子不应滥用公权干预皋陶执法，但也不能坐视父亲被法办，为了尽孝道，舜应当把抛弃王位看得如同抛弃破鞋子一样，背着他的父亲逃到海边住下，一辈子欣欣然快乐得忘记天下。在孟子看来尽孝道比得天下还重要，尽孝道比忠于国家还有价值。成书于战国晚期的《礼记·檀弓》也讲："事亲有隐而无犯"，侍奉父母可以为父母隐讳过失而不可对父母犯颜直谏，容隐思想反过来深化了儒家的孝道。

庄子的门徒对容隐持同情的理解。《庄子·盗跖》云："直躬证父，尾生溺死，信之患也。"直躬告发他父亲偷羊的罪行，尾生与情人约会被水淹死，这些都是守信造成的灾难。道家后学对直躬证父不以为然。

在先秦思想界，反对亲属容隐，坚决支持"直躬证父"的是法家人物。韩非子说："楚之有直躬，其父窃羊，而谒之吏。令尹曰：'杀之。'以为直于君而曲于父，报而罪之。以是观之，夫君之直臣，父之暴子也。鲁人从君战，三战三北。仲尼问其故，对曰：'吾有老父，身死莫之养也。'仲尼以为孝，举而上之。以是观之，夫父之孝子，君之背臣也。"（《韩非子·五蠹》）韩非将个人利益和国家利益、忠与孝间的矛盾突显出来，认为"上下之利，若是其异也，而人主兼举匹夫之行,而求致社稷之福,必不几矣"(同上)。国家利益和个人利益是如此不同,君主既推崇个人的私利行为又谋求国家的利益,一定是没有成功希望的。为了在争霸中取得成功,君主应只提倡和鼓励国家利益(即韩非所言的公),而排斥个人利益(即韩非所言的私),要求个人必须绝对忠于国家和君主,认为应当以忠而不是孝来评价是非,当二者发生冲突时,毫不犹豫地选择忠而舍弃孝。[①] 因此法家不赞同"枉法曲亲"之"有行",否则"有行者,法制毁也"(《韩非子·八说》)。

　　秦朝的灭亡宣告了法家学说占统治地位的时代的终结,亲属间容隐有利于维护家庭成员之间相亲相爱的伦理关系,故在儒术获得独尊地位,在法律的儒家化不断推进的过程中,亲属容隐的价值日渐被汉代的统治者所认可。[②] 地节四年(前66)夏五月,汉宣帝下诏说:"父子之亲,夫妇之道,天性也。虽有患祸,犹蒙死而存之。诚爱结于心,仁厚之至也,岂能违之哉! 自今,子首匿父母、妻匿夫、孙匿大父母,皆勿坐。其父母匿子、夫匿妻、大父母匿孙,罪殊死,皆上请廷尉

[①] 在儒家手中,孝具有约束君权的功能,例如董仲舒说:"受命之君,天意之所予也;故号为天子者,宜视天如父,事天以孝道也。"(《春秋繁露·深察名号》)天子是天的儿子,故需要向天尽孝道。又说:"虽天子必有尊也,教以孝也。必有先也,教以弟也。"(《春秋繁露·为人者天》)即使是天子也一定有他所尊敬的父母,应用"孝"来教化人民;一定有比他早出生的兄长,应用"悌"来教化人民。而且中国古代的占星家还相信,王者的孝在天象上会有所显现,"王者至孝,神祇咸喜,则织女星俱明,天下和平。"(《晋书·天文志》)为了表现出孝来,历代君王不得不做做样子,无论是诚心的还是伪装的。但是在法家手中,孝只是君王驯服民众的工具,对君权没有任何约束。

[②] 实际《吕氏春秋·当务》《淮南子·氾论训》和《盐铁论·周秦》所持的立场与孔子均是一致的,故亲属容隐在秦汉知识精英中已有许多支持和同情者,具有广泛的社会基础,汉宣帝颁布容隐的诏书并非偶然。

以闻。"(《汉书·宣帝纪》)汉宣帝的这个诏书,首次在中国历史上正式确立了亲属容隐制度,而且相互间容隐的亲属范围已由孔子原来所讲的父子间扩大到了子女与父母之间、夫妇之间、孙与祖父母之间。卑幼为尊长隐瞒罪行而不告发,法律不予追究,尊长为卑幼隐瞒罪行,如果不是死罪也不追究。即使是死罪,皆上报请廷尉得知,视情况予以减免刑罚。

容隐的制度化,使孝亲高于忠君获得了广泛的社会认同。《三国志·魏书·邴原传》裴注本载魏文帝曹丕还是魏王太子时问大臣:"君父各有笃疾,有药一丸,可救一人,当救君耶?父耶?"众人纷纭,或父或君。时邴原在坐,不与此论。太子谘之于邴原,邴原悖然对曰:"父也。"太子亦不复难之。邴原的回答是时人孝亲重于忠君的典型思想事例。后来随着皇权的日渐强化,法家忠优先于孝的主张日渐占了上风。当忠孝不能两全时,舍孝而尽忠日渐成为中国古代社会的主流观点。

汉以后历代均有亲属容隐的制度,当然间或也有执行得不好的时候。例如司马睿还在做晋王时,卫展就上书说:"今施行诏书,有考子正父死刑,或鞭父母问子所在。近主者所称《庚寅诏书》,举家逃亡家长斩。若长是逃亡之主,斩之虽重犹可。设子孙犯事,将考祖父逃亡,逃亡是子孙,而父祖婴其酷。伤顺破教,如此者众。相隐之道离,则君臣之义废;君臣之义废,则犯上之奸生矣。"(《晋书·刑法志》)卫展看到的情况是,施行诏书使容隐制度实际已被完全废除了。他担心这样做有损道理和教化,互相保护的道义被违背,那么君臣的大义就要毁坏,君臣大义毁坏,那么犯上作乱的奸恶行为就会滋生。司马睿很快就做了东晋的开国皇帝,卫展也做了廷尉,两汉以来的容隐制度在东晋得到了延续。五胡十六国时期,一些少数民族建立的政权受儒家文化的影响,也确立了容隐制度,例如后秦皇帝姚兴就曾"下书听祖父母昆弟得相容隐"(《晋书·姚兴上》)。南北朝时期,容隐制度也在发挥作用,《隋书·刑法志》载天监三年(504)八月,建康女子任提女,犯诱拐人口罪应当处死,她的儿子景慈在接受审讯时对质说事情是她母亲所为,司法官虞僧虬启奏称景慈的做法有违容隐之道,不应该为了逃避五年的刑罚而无视母亲的生命,应该对景慈处以刑罚,最后梁武帝萧衍下诏将景慈流放交州。

唐律"一准于礼",确立了相对完善的容隐制度,使其成为中华法系标志性的法律制度之一。《唐律疏义》第四十六条"同居及大功以上亲有罪相为隐"规定:"诸同居,若大功以上亲及外祖父母、外孙,若孙之妇,夫之兄弟及兄弟妻,有罪相为隐;部曲、奴婢为主隐:皆勿论,即漏露其事及摘语消息亦不坐。其小功以下相隐,减凡人三等。若犯谋叛以上者,不用此律。"将有罪相容隐的范围扩大到同居及大功以上的亲属。规定部曲、奴婢应为犯罪的主人隐,而主人不为奴婢、部曲隐。相容隐者即使是泄漏袭捕机密及通风报信让罪犯逃亡也无罪。不在容隐范围的小功、缌麻亲如相隐匿,有比一般人隐匿罪犯减三等处罚之优待。只有犯谋反、谋大逆、谋叛罪者才不适用容隐之法。

唐律此规定基本上为后世历朝所沿袭,并间有所发展。例如元代法律规定:"诸子证其父,奴讦其主,及妻妾弟侄不相容隐,凡干名犯义,为风化之玷者,并禁止之。诸亲属相告,并同自首。诸妻讦夫恶,比同自首原免。凡夫有罪,非恶逆重事,妻得相容隐,而辄告讦其夫者,笞四十七。诸妻曾背夫而逃,被断复诬告其夫以重罪者,抵罪反坐,从其夫嫁卖。"(《元史·刑法四》)法律要求:凡为子者证实其父罪,为奴者告讦其主,以及为妻妾弟侄者不为亲者容隐,干犯名义,玷污风化者,并行禁止之。凡亲属相互首告,均与自首同。凡妻子告讦其夫之罪,等同自首原免其罪。凡夫有罪,若非恶逆大罪,妻子可包容隐瞒,而竟告讦其夫者,笞四十七。凡妻曾背夫而逃,被断罪后又诬告其夫以重罪者,妻得抵罪反坐,并任由其夫嫁卖。为了维护尊卑等级秩序,卑不为尊隐瞒罪行擅自告发还要对卑实施法律制裁。明洪武五年(1372),始"定宦官禁令及亲属相容隐律","互为容隐者,罪得递减"(《明史·刑法一》),此对,史家评论说:"同居亲属有罪,得互相容隐。(即唐律同居相容隐条。)奴婢不得首主。凡告人者,告人祖父不得指其子孙为证,弟不证兄,妻不证夫,奴婢不证主。文职责在奉法,犯杖则不叙。军官至徒流,以世功犹得擢用。凡若此类,或间采唐律,或更立新制,所谓原父子之亲,立君臣之义以权之者也。"(同上) 明代沿袭了唐代的容隐制度,并在"亲属举证豁免"上有了更细致的规定。清代,"律有亲属容隐之条,惟叛逆者不用此律"(《清史稿·吴正治传》)。

(四) 旌表

旌表是指对所谓忠臣、义夫、节妇、孝子、贤人以及累世同居,由官府立牌坊、赐匾额或载入史册进行表彰的制度。孔子说:"有国者,章善瘅恶,以示民厚,则民情不贰。"(《礼记·缁衣》)统治国家的人,应表彰善良而憎恨罪恶,以此来引导民众多行善事。旌表就是试图通过奖励和表彰手段来在全社会树立忠孝等观念的重要方法,即"天子喟而旌之者,以其教孝而求忠也"(《新唐书·孝友》)。这是奖赏策略在人伦领域的具体运用。

表彰和奖赏的历史一样悠久,据传帝尧时已有旌表的做法:"民有孝慈者爱敬之,尽力农桑者慰勉之。旌别淑德,表其门闾。"(《六韬·文韬·盈虚》)一般认为《六韬》为战国时人的著作,故即使其所讲述的史实并不可靠,但至少表明战国时代人们已经有了旌表的思想。《尚书》云:"旌别淑慝,表厥宅里,彰善瘅恶,树之风声。"(《毕命》)识别善恶,标志善人所居之处,表彰善良,憎恨邪恶,树立良好的风气。《毕命》虽出自《古文尚书》,系伪作,但其反映的思想至少是东晋以前的。

对于旌表,北宋王钦若等人奉宋真宗之命编纂的《册府元龟》中记载了"周武王既克商,释箕子之囚,封比干之墓,表商容之间"以来至后周显德六年间的旌表事例。王钦若等人对于旌表的言说,至今仍然是不刊之论:

> 王者甄明高义,显异至行,所以激扬风化,敦率人伦也。盖天下至大,士民至众,不可家喻而户晓,故显其忠所以励事君也,褒其孝所以劝事亲也,尊贤者所以耸善也,表烈士所以兴义也。或授之爵秩,或禄其子孙,或旌其门闾,或赐以谷帛,以至复其征赋,申以祠祀,皆因事以立教,奖一而劝百,故能述宣王度,丕变薄俗,民德归厚,有耻且格,盖上之行化速于置邮,下之从风易如偃草,由斯道矣。(《册府元龟·旌表》)

旌表的目的,在倡导忠、孝等伦理道德,移风易俗,使民德归厚;其对象为忠臣、孝子、贤人、义夫、节妇等,其方式包括授以爵禄,对其子孙赐福,挂匾额在其家门上,或赏赐粮食和布帛,等等。

但旌表由零星的行为演化成为一项常规化的制度,有一个漫长的过程。例如秦始皇就曾旌表过贞妇,但是秦代没有系统的旌表贞妇的制度。据《史记·货殖列传》载:"清,寡妇也,能守其业,用财自卫,不见侵犯。秦始皇以为贞妇而客之,为筑'女怀清台'。"秦始皇将清寡妇尊为贞妇,并用宾客的礼节来待她,为其修筑了"女怀清台"。《礼记·郊特牲》云:"信,事人也。信,妇德也。壹与之齐,终身不改,故夫死不嫁。"据学者考证,《郊特牲》整理完成的时间为战国晚期,[①] 其写作时间应当比整理成书的时间更早。故在秦始皇生活的时代之前,人们就已经有了贞妇的观念,对女子已经有了从一而终的道德要求,故秦始皇表彰寡妇并不奇怪,但此做法仍然是偶然的举动,没有制度化。

西汉标榜以孝治天下,把成书于秦汉以前的《孝经》奉为经典,武帝时还特意增设《孝经》博士,从汉代惠帝以下各朝皇帝,其谥号无不冠以"孝"字。西汉当然也有不少的旌表事例,但旌表制度化大概始于东汉。最重要的证据就是《后汉书》始增设《列女传》,其开篇云:"《诗》《书》之言女德尚矣。若夫贤妃助国君之政,哲妇隆家人之道,高士弘清淳之风,贞女亮明白之节,则其徽美未殊也,而世典咸漏焉。故自中兴以后,综其成事,述为《列女篇》。"史官将妇德堪称模范的女子书入正史,让其名垂千古,本身就是最高的旌表形式。后来《晋书》又增设《孝友传》和《忠义传》,使旌表的范围进一步扩大,表明旌表制度渐趋成熟。此后历代正史关于旌表的记载情况为:《宋书》《南齐书》《周书》《南史》均有《孝义传》;《梁书》《陈书》均有《孝行传》;《魏书》有《孝感传》《节义传》《列女传》;《隋书》有《诚节传》《孝义传》《列女传》;《北史》有《孝行传》《节义传》《列女传》;《旧唐书》有《忠义传》《孝友传》《列女传》;《新唐书》有《忠义传》《卓行传》《孝友传》《列女传》;《宋史》有《忠义传》《孝义传》《列女传》;《辽史》有《卓行传》《列女传》;《金史》《元史》有《忠义传》《孝友传》《列女传》;《明史》和《清史稿》有《忠义传》《孝义传》《列女传》。从其内容来看,旌表

---

① 王锷:《〈礼记〉成书考》,第246—250页。

的对象主要是忠臣、义夫、节妇、孝子。而且越往后世,旌表制度化越高,例如为了表彰孝子、顺孙、义夫、节妇,清朝于顺治元年(1644)颁布了《旌表孝行节义例》,规定八旗、直省凡有孝行节义之人,例得请旌。在顺天、奉天、直隶、各省府、州、县、卫每处建忠义孝悌祠和节孝妇女祠。忠义孝悌祠立于学宫之内,祠门立石碑一道,刊刻姓名于其上,已故者设牌位于其中。节孝妇女祠祠门外建大坊一座,亦标姓名于其上,已故者亦为其立牌位。八旗分左右翼,各择地建忠义孝悌祠和节孝妇女祠,每年春秋二祭。清代的旌表制度化程度已十分之高。

由于官方不遗余力的宣传,旌表成为崇高荣誉的象征,是普通人流芳百世的途径,故获得旌表成为许多人一生的追求,有的走火入魔,演绎出了许多人间悲剧,旌表甚至成为杀人的工具。

一是对所谓贞妇的旌表,使不少妇女在丈夫死后选择殉夫。例如明代王世名报仇杀人,官方打算不追究他,他却说:"此非法也,非法无君,何以生为。"遂绝食而亡。其妻俞氏,抚养孤儿三年,上吊自杀殉夫。朝廷在其家门挂匾表彰,称为孝烈(《明史·孝义传二·王世名传》)。旌表自杀殉夫无异于鼓励妇女自杀。特别是在人们迷信鬼神,相信存在来世,认为人死不过是到另外一个世界去生活的情况下更是如此。但1634年,清太宗皇太极制定丧祭例时仍然规定:"妻殉夫者听,仍予旌表。"(《清史稿·太宗本纪一》)对妻殉夫进行旌表成为定制。

二是对孝子的旌表,使一些人采取残害自身身体甚至是杀人的方式来尽孝。例如直隶华亭人沈德四,祖母生病,他割股治疗,其后祖父生病,他又割肝作汤,上元人姚金玉、昌平人王德儿同样做出了割肝治母疾的事情。洪武二十六年(1393),朱元璋对他们都进行了旌表(《明史·孝义传一》)。更有甚者,山东日照人江伯儿,"母病,杀其三岁子祀岱岳",他私自杀子祭祀泰山的行为惹怒了朱元璋,朱元璋痛斥说:"父子天伦至重。《礼》父服长子三年。今小民无知,灭伦害理,亟宜治罪。"(同上)江伯儿被逮捕起来,杖刑一百,遣戍海南。藉此,朱元璋命令礼部尚书任亨泰制定旌表之例,任亨泰议论说:

> 人子事亲,居则致其敬,养则致其乐,有疾则医药吁祷,迫切之情,人子所得为也。至卧冰割股,上古未闻。倘父母止有一子,或割肝而丧生,或卧冰而致死,使父母无依,宗祀永绝,反为不孝之大。皆由愚昧之徒,尚诡异,骇愚俗,希旌表,规避里徭。割股不已,至于割肝,割肝不已,至于杀子。违道伤生,莫此为甚。自今父母有疾,疗治罔功,不得已而卧冰割股,亦听其所为,不在旌表例。(《明史·孝义传一》)

卧冰割股、割肝杀子确系愚笨,但其肇始者实际是对愚孝大力倡导的历代统治者。朱元璋同意了任亨泰的意见,下诏表示赞同,是理性的复苏。但由于愚孝观念的盛行,诸如此类的事情在往后的岁月中并没有完全消除。明永乐年间,"江阴卫卒徐佛保等复以割股被旌"(同上),明成祖朱棣对割股尽孝的方式并不排斥。不过到明英宗、景泰帝以后,即使是割股的人也因为违反条例,不得奏报,所以获得表彰的大多数都是为父母守墓的人。但是直至清代,各类愚孝的方式也没有完全绝迹。雍正时福建罗源人李盛山的母亲生病,盛山割肝以救,结果自己因为伤势过重而去世,雍正皇帝下发了一道充满理性精神的文告:

> 朕惟世祖、圣祖临御万方,立教明伦,与人为善。而于例慎予旌表者,诚天地好生之盛心,圣人觉世之至道,视人命为至重,不可以愚昧误戕;念孝道为至弘,不可以毁伤为正。但有司未尝

以圣贤经常之道,与国家爱养之心,明白宣示,是以愚夫愚妇救亲而捐躯,殉夫而殒命,往往有之。既有其事,若不予以旌表,无以彰其苦志。故数十年来虽未定例,仍许奏闻,且有邀恩于常格之外者。圣祖哀矜下民之盛心,如是其周详而委曲也。父母爱子,无所不至,若因己病而致其子割肝刲股以充饮馔、和汤药,纵其子无恙,父母未有不惊忧恻怛惨惕而不安者,况因此而伤生,岂父母所忍闻乎?父母有疾,固人子尽心竭力之时,倘能至诚纯孝,必且感天地、动鬼神,不必以惊世骇俗之为,著奇于日用伦常之外。妇人从一之义,醮而不改,乃天下之正道,然烈妇难,节妇尤难。夫亡之后,妇职之当尽者更多,上有翁姑,则当代为奉养。他如修治蘋蘩,经理家业,其事难以悉数,安得以一死毕其责乎?朕今特颁训谕,有司广为宣示,俾知孝子节妇,自有常经,伦常之地,皆合中庸,以毋负国家教养矜全之德。倘训谕之后,仍有不爱躯命,蹈于危亡者,朕亦不概加旌表,以成激烈轻生之习也。

(《清史稿·孝义传一·李盛山》)

雍正认为割肝刲股是愚蠢的行为,若不予以旌表无以彰显孝子的苦心,若旌表又是对类似愚蠢行为的鼓励,颇感左右为难。他希望民众能爱惜生命,行中庸之道,不要采取惊世骇俗的举动,如果在他训谕之后,仍然不爱惜生命,因为割肝刲股之类愚蠢行为丧生,他将概不旌表,但他仍然对李盛山进行了旌表。

(五) 存留养亲与承祀

存留养亲与承祀是指被判处死刑或流刑的罪犯,如系独子,执行刑罚就会使其祖父母、父母无人侍养或绝嗣时,他有权申请免予执行死刑或流刑,留在家中以便养亲尽孝或传承香火,待父母终老后再决定如何执行原判刑罚的制度。这是儒家孝道学说在中国古代法制上的又一体现,或者说是孝的法制表达之一。

"用天之道,分地之利,谨身节用,以养父母,此庶人之孝也。"(《孝经·庶人章》)养是孝的最基本内涵,无养不足以言孝。当然孔子认为不能仅满足于养,他说:"今之孝者,是谓能养,至于犬马,皆能有养,不敬,何以别乎?"(《论语·为政》)除了养,还要敬,但没有养绝对不能算孝。"十恶"中的"不孝"就包括对祖父母、父母"供养有阙"这一内容。根据孝道,民有供养父母的义务和权利,作为民之父母的君主应当满足子民的尽孝愿望。孟子就曾批评说:"为民父母,使民盻盻然,将终岁勤动,不得以养其父母,又称贷而益之,使老稚转乎沟壑,恶在其为民父母也?"(《孟子·滕文公上》)君主不能让子民供养父母,就不配做子民的父母,所以就有了存留养亲的制度。孟子说:"不孝有三,无后为大。"(《孟子·离娄上》)没有后裔是最大的不孝顺,因为没有后人就将没有人再祭祀祖先,这对祖先来说是最大的不孝敬,故有"三千之罪,莫大于不孝,不孝之大,无过于绝祀"(《北史·李玚传》)一说。作为子民父母的君主当然应当尽量避免民众绝嗣以全其孝道,故有了留养承祀的制度。

存留养亲制度最早始于北魏。太和十二年(488),北魏孝文帝下诏说:"犯死罪,若父母、祖父母年老,更无成人子孙,又无期亲者,仰案后列奏以待报,著之令格。"(《魏书·刑罚志》)犯有死罪的人,如果父母、祖父母年老,又没有其他的成年子孙,也没有近亲,要在其案卷后列举这些情况上奏以等待批复,并要求明确写在法令条款之中。北魏时的《法例律》规定:"诸犯死罪,若祖父母、父母年七十已上,无成人子孙,旁无期亲者,具状上请。流者鞭笞,留养其亲,终则从流。

不在原赦之例。"(同上)死罪上报定夺,流罪鞭打一顿,留下来赡养其长辈,待长辈去世后再流放。这不属于赦令可以赦免的罪犯之列。唐朝的相关立法更加完善,《唐律》二十六条规定:"诸犯死罪非十恶,而祖父母、父母老疾应侍,家无期亲成丁者,上请。犯流罪者,权留养亲,(谓非会赦犹流者。)不在赦例,(仍准同季流人未上道,限内会赦者,从赦原。)课调依旧。若家有进丁及亲终期年者,则从流。计程会赦者,依常例。即至配所应侍,合居作者,亦听亲终期年,然后居作。"二十七条规定:"诸犯徒应役而家无兼丁者,(妻年二十一以上,同兼丁之限。妇女家无男夫兼丁者,亦同。)徒一年,加杖一百二十,不居作;一等加二十。(流至配所应役者,亦如之。)若徒年限内无兼丁者,总计应役日及应加杖数,准折决放。盗及伤人者,不用此律。(亲老疾合侍者,仍从加杖之法。)"

后世历朝法典基本沿袭了《唐律》的规定,但因应现实有所损益。庆历五年(1045),宋仁宗下诏:"罪殊死者,若祖父母、父母年八十及笃疾无期亲者,列所犯以闻。"(《宋史·刑法一》)皇帝要求被处斩刑的人,如果祖父母、父母年已八十岁及有严重疾病而又没有近亲的,列出他们所犯的罪行上报,如何处置最后由朝廷定夺。元代法律规定:"诸窃盗应徒,若有祖父母、父母年老,无兼丁侍养者,刺断免徒;再犯而亲尚存者,候亲终日,发遣居役。"(《元史·刑法三》)凡犯盗窃罪应当判处徒刑,如果有祖父母、父母年老,没有其他人侍奉赡养的,刺字断罪,免除徒刑;再犯而亲人还在世的,等亲人死后,发配遣送服役。"诸醉后殴其父母,父母无他子,告乞免死养老者,杖一百七,居役百日。"(同上)醉打父亲本应处死,但如果系独子,父母告求免死养老的,杖一百零七,服役一百天。"诸兄弟同盗,罪皆至死,父母老而乏养者,内以一人情罪可逭者,免死养亲。"(同上)凡兄弟共同盗窃,罪行都到被处死的程度,父母年老而缺乏赡养的,免除其中罪情相对较轻的一人的死罪,让其赡养父母。元仁宗延祐元年(1314),晋宁人侯喜儿兄弟五人都涉嫌犯罪被判处死刑,仁宗说:"彼一家不幸而有此事,其择情轻者一人杖之,俾养父母,毋绝其祀。"(《新元史·刑律下》)明代法律规定:"犯死罪,非常赦所不原,而祖父母、父母老无养者,得奏闻取上裁。犯徒流者,余罪得收赎,存留养亲。"(《明史·刑法一》)犯了死罪,不是常赦不可赦免的,如果祖父母、父母年老无人奉养,可以奏报朝廷,听凭皇帝处置。如果是徒刑、流刑犯人,止杖一百,余罪可用钱赎,留家奉养亲人。清代的秋审,最初将案件的处理结果分为"情实、缓决、矜、疑"四类,雍正以后新增"留养承祀",变成五类(《清史稿·刑法三》)。清代的例规定:"犯罪存留养亲,推及孀妇独子;若殴兄致死,并得准其承祀,恤孤嫠且教孝也。"(《清史稿·刑法一》)同时清代法律还规定:"留养承祀者,将该犯枷号两月,责四十板释放。"(《清史稿·刑法三》)

当然,不是所有上报案件皇帝都会同意其留存养亲。例如金大定二十三年(1183),尚书省上奏称,刘祐将七十六岁的范德殴打致死,依法刘祐当判死刑,但刘祐父母的年纪均已上七十岁了,刘祐死后家中便无成年男子奉养其父母,特请求皇帝裁决。金世宗完颜雍说:"范德与祐父母年相若,自当如父母相待,至殴杀之,难议末减,其论如法。"(《金史·刑志》)金世宗认为范德的年龄与刘祐父母的相当,刘祐应当待之若父母,却将其打死,故不能让其留存养亲,应将其依法处死。为了加大对伪造钱钞罪的打击力度,元代法律规定:"诸伪造钞罪应死者,虽亲老无兼丁,不听上请。"(《元史·刑法四》)凡是伪造钱钞罪应处死刑者,即使双亲已老没有其他儿子,也不听从请求减罪赡养。

(六) 代刑

代刑是指允许罪人近亲属(父母子女兄弟)代替罪人受刑,以减轻或免除罪人之刑罚的制度。代刑是孝悌伦理观念渗透到刑事司法的结果,统治者对亲属间的代刑请求不加反对,其用意正在鼓励和弘扬孝悌观念。代刑的事例很早就有。例如,《吕氏春秋·当务》载:"楚有直躬者,其父攘羊而谒之上。上执而将诛之。直躬者请代之。将诛矣,告吏曰:'父窃羊而谒之,不亦信乎? 父诛而代之,不亦孝乎? 信且孝而诛之,国将有不诛者乎?'荆王闻之,乃不诛也。"这个故事表明,至少在战国时期人们已经有了代父受罚是孝的表现的观念。西汉文帝时,齐太仓令淳于公有罪当刑,其少女缇萦请没入为官婢以赎父亲的刑罪,最终促使汉文帝废除肉刑,是历史上第一个广为人知的代刑事例。

但代刑制度化则肇端于东汉。永平八年(65)冬十月,汉明帝刘庄下诏:"三公募郡国中都官死罪系囚,减罪一等,勿笞,诣度辽将军营,屯朔方、五原之边县;妻子自随,便占著边县;父母同产欲相代者,恣听之。"(《后汉书·显宗孝明帝纪》)死囚的父母兄弟如果愿意代替他去边县的,听任其便。这是国家首次承认代刑制度,当然这还只是一种临时政策。东汉安帝时,尚书陈忠上奏提出:"母子兄弟相代死,听,赦所代者。"(《晋书·刑法志》)即如果母、子、兄、弟之间互相代替死罪,则赦免原判死罪者。该建议扩大了代刑亲属的范围,而且将代刑限制在死刑上。陈忠的上奏获得了安帝的采纳,正式成为国家的制度。当然陈忠建议增设的代刑制度也受到了一些人的反对。例如,安帝时河间人尹次、颍川人史玉,因犯有杀人罪而该当处死,尹次之兄及史玉之母一同到官曹处请求代替他们去死,并且都自缢而亡。尚书陈忠因为他们罪状可疑,建议免除尹次、史玉的死罪。对此,应劭批评说:"陈忠不详制刑之本,而信一时之仁,遂广引八议求生之端。夫亲故贤能功贵勤宾,岂有次、玉当罪之科哉?若乃小大以情,原心定罪,此为求生,非谓代死可以生也。败法乱政,悔其可追。"(《后汉书·应劭传》)应劭认为,用一些人的死去代替罪犯的死,根本不是什么求生的办法,代刑是破坏法律扰乱政治的做法。但代刑制度并没有因为有人反对而被废除,而是一直延续了下来。除了当事人主动要求代刑的情况以外,在北魏景明初年的诏令中,还有强迫兄弟代刑的现象:"时有诏,以奸吏犯罪,每多逃遁,因眚乃出,并皆释然。自今已后,犯罪不问轻重,而藏窜者悉远流。若永避不出,兄弟代徙。"(《魏书·源贺传》)奸邪的官吏犯了罪常常逃遁,皇帝下令今后所犯的罪行不问轻重,只要是藏匿逃窜的全部流放到边远地方,如果长期避而不出,兄弟代替他流放。这实际是一种建立在连坐制度基础上的代刑制度,与通常的代刑制度已不同了。

中国古代历史上代刑的实践操作主要有两种方式:

一种是近亲属涉嫌犯罪,自己主动投案,自诬所有犯罪行为都是自己干的,通过承担所有罪责的方式让其近亲属免受刑罚。这种情况一般发生在案件正在审理而尚未结案的过程之中。例如明人虞宗济父兄涉案当死,虞宗济去见官吏,说明父兄并未参预其事,官吏审问他,他全都招供,最后于洪武四年在街市被斩首(《明史·孝义传一》)。又如,洪武十九年(1386),郑濂犯罪被逮捕,其堂弟郑沚打算代其受过,于是去投案自称有罪,最后在街市被斩首(同上)。海宁人叶文荣,其弟杀人被判死刑,母亲每天悲痛哭泣不进饮食,他便对母亲讲:儿子年龄已大,有了儿子,愿代弟弟去死。文荣投案承当杀人罪责被处死,其弟获释(《明史·孝义传二》)。因为要瞒过案件承办官员,让人相信犯罪行为为自己所为,代刑者事实上放弃了所有为自己辩护的机会,一味夸大自己的"罪过",故处罚常常很重。这种情况实际不需要国家制定相关的代刑制度,是利用司法官员办糊涂案件达成目的的,即使在现代社会也偶有发生。

另一种是案件已审结,正要或已经进入刑罚的执行阶段,犯罪人的近亲属向官方提出请求,表明愿意代替犯罪人去领受刑罚而请求宽免犯罪人的行为。在正常情况下,这种代刑的请求通常需要上报给朝廷,由皇帝亲自决定如何处置。

对代刑请求,最终的处理意见一般有如下几种:

一是免除原罪犯以及代刑者的刑罚。南朝时建康人张悌犯罪当死,两兄争代为其死,"县以上谳,帝以为孝义,特降死,后不得为例"(《南史·孝义传下》)。张悌两兄的行为感动了皇帝,故以特例的形式免除其死罪。又如,唐高宗时的贾孝女,父亲被同族人贾玄所杀,孝女抚养弟弟成人,弟弟为父报仇杀死了贾玄,并投案自首,结果被官府判处死刑。孝女到京城请求代替弟弟去死,唐高宗怜悯感叹,特免除了他们姐弟俩的罪,将其内迁到洛阳(《新唐书·列女传·贾孝女》)。由于死刑覆奏制度和秋冬行刑制度的存在,死刑判决后通常不会立即执行,故给了犯罪人近亲属提出代刑请求的充足时间。元代官员布鲁海牙曾办理过一桩过失致人死亡案,"有民误殴人死,吏论以重法,其子号泣请代死,布鲁海牙戒吏,使擒于市,惧则杀之。既而不惧,乃曰:'误殴人死,情有可宥,子而能孝,义无可诛。'遂并释之,使出银以资葬埋,且呼死者家谕之,其人悦从"(《元史·布鲁海牙传》)。当时的司法官员事实上具有部分生杀予夺的权力,布鲁海牙通过试探发现犯罪人之子代刑是诚心的,就赦免了犯罪人及其儿子,将刑事案件以民事案件的方式处理。江宁人周琬十六岁时,其父罪当死,周琬进京请求代父受死,朱元璋通过多次试探发现是诚心的,便赦免了他,并亲笔在屏风上题写"孝子周琬"(《明史·孝义传一》)。

二是同意代刑,并视情况是否宽大处理。明代黄岩人陈圭,父亲涉案当死,于是上书皇帝请求代死,皇帝准备赦免他们父子二人,但是刑部尚书开济不同意,认为"罪有常刑,不宜屈法开侥幸路"(同上)。结果,陈圭执行了死刑,他父亲并没有因此而被赦免释放,而只是改死刑为流放。明景泰年间,阳谷主簿马彦斌犯罪应处斩刑,他的儿子马震请求代父而死,明代宗朱祁钰对马彦斌进行特别赦免,将马震充军到边防卫所(《明史·刑法二》)。赦免父亲,对儿子只是处以充军,而没有执行死刑,甚是宽大。

明代的代刑主要包括如下三种情形:一是代死。例如,曾于洪武四年(1371)取得进士身份并做过上元知县的伍洪,有异母弟犯罪逃走,官差追捕未能捉获,便去抓他母亲,伍洪请求代母亲受罚,于是被官差抓走,最后被处死(《明史·孝义传一》)。又如,浙江新昌人胡刚,洪武初年其父涉罪当死,胡刚隔河闻讯父亲正要被处决,马上脱衣泅水渡河,悲痛地哭喊请求代死,驸马梅殷上奏,朱元璋下诏赦免其父,并饶恕了八十二名同案犯(同上)。二是代戍边。明代法律规定:"法令戍边者必年十六以上,嫡长男始许代。"(同上)即充军戍边的人必须是十六岁以上的嫡长子才可替代。法律是允许代戍边的,但是有限制条件。三是代服劳役。危贞昉的父亲获罪被判处服劳役,他进京上疏皇帝请求代替服劳役,皇帝同意了,但危贞昉"力作不胜劳,阅七月病卒"(同上)。

三是不同意代刑。对于严重危害国家的犯罪行为,皇帝一般不会同意代刑。例如《魏书·临淮王谭附子提传》载:"[元提]以贪纵削除,加罚,徙配北镇。久之,提子员外郎颖免冠请解所居官,代父边戍,高祖不许。"元提渎职枉法,有害王政,因此皇帝不加宽宥,亦不许亲属相代。南齐时,陆绛请求代父亲陆闲去死,结果与父亲一同被杀害(《南齐书·孝义陆绛传》)。洪武十七年(1384),太平府有平民殴打孕妇致死,罪当绞死,其子请求代死,大理卿邹俊认为:"子代父死,情因可嘉。然死妇系二人之命,冤曷由申?犯人当二死之条,律何可贷?与其存犯法之父,孰若全无罪之儿。"(《明史·孝义传一》)朱元璋下令按照邹俊的意见处理。朱元璋当国时还发生过一起案件,京师有一人犯罪当死,两弟弟争着代死,朱元璋打算宽恕,但"左都御史詹徽持不可,卒杀其兄"(同上)。因为左都御史詹徽的反对,最后处死了兄长,代刑未获成功。明代薛瑄被宦官王振构陷判了死罪,三个儿子愿意一个代父赴死、两个充军,开出这样高的代价也未获允许,好在由于王振的仆人和兵部侍郎王伟的拯救,最后薛瑄被免除了死罪(《明史·儒林传·薛瑄传》)。

第四章　君　　道

　　中国古人很早就从天象中获得了恒常的体念(即天行有常),认为万事万物都具有相应的规律性,具有相应的规则,而这就是事物的道,世上存在君主当然也就有为君之道,即君道。不过从词源来看,"君道"这个词诞生得相对较晚,大概始于春秋战国时期,例如《周易·复卦·象辞》云:"'迷复之凶',反君道也。"又如《管子·形势》云:"且怀且威,则君道备矣。"《管子·君臣上》云:"君道不明,则受令者疑。"而《荀子·君道》是目前所见关于君道最早的传世专文。在"君道"诞生以前,人们通常使用的是"王道"这一术语,[1]《尚书·洪范》云:"无偏无党,王道荡荡;无党无偏,王道平平;无反无侧,王道正直。"刘起釪认为《洪范》原本出于商末,只是从西周到春秋战国,不断有人给它增加了若干新的内容,如《洪范》对后世影响最大的五行说,就应该是春秋战国时被加进的。[2]如果这个说法没

---

[1] 先秦文献中还有意义与君道相同的"主道"一词,例如:"主道得,贤材遂,百姓治。"(《管子·君臣上》)"所谓治国者主道明也,所谓乱国者臣术胜也。"(《管子·明法》)"故主道明则下安,主道幽则下危。"(《荀子·正论》)"主道治近不治远,治明不治幽,治一不治二。"(《荀子·王霸》)韩非还著有《主道》一文,专门讨论为君之道。

[2] 刘起釪:《〈洪范〉成书时代考》,《中国社会科学》1980 年第 3 期。

错，① 那么早在商朝末年可能就有"王道"这一术语了，② 即中国先民在很早的时候就开始思考如何为王(为君) 的问题。

而春秋战国时期，群雄争霸，激烈的兼并战争使一些国家变得强大了，少数国家称霸天下，而更多的小国则灭亡了。国有帝、王、强、霸、灭之别，君也就有帝、王、强、霸、灭之分，君道也就相应地有帝、王、强、霸、灭等若干种类型。而在若干种君主的治道中，尤其以王道和霸道最具有代表性，对此在导论中已提及，此处就不再重复。在本章中，我们的使命是具体考察王、霸这两种中国古代最具代表性的君道的分野以及它们对中国古代法制的影响。

无论是王道还是霸道，实际都是中国古代的君主在面对天、神和人三种政治力量所作出的治道选择。在某种意义上可以说，前面所讲的天道、神道和人道的法制表达，实际都是君道的具体呈现(都是君主作出的制度安排)，天、神和人都是中国古代君主在考虑和设计治国之道时必须正视的思想和现实存在。墨子云："上尊天，中事鬼神，下爱人"(《墨子·天志上》)，即是最经典的表达。

现代学者一般认为君道包括修身、君臣关系与君民关系等内

① 关于《洪范》的成书年代，还有周朝初年说(陈蒲清:《〈尚书·洪范〉作于周朝初年考》，《湖南师范大学社会科学学报》2003 年第 1 期)，西周中期说(李军靖:《〈洪范〉著作时代考》，《郑州大学学报》2004年第 2 期)，春秋说(杜勇:《〈洪范〉制作年代新探》，《人文杂志》1995 年第 3 期)，等等。

② 也有学者将"王道"的发明权归功于孟子，认为"养生丧死无憾，王道之始也"(《梁惠王上》)是关于"王道"的最早表达，参见姜建设:《先秦儒家王道释义》，《郑州大学学报》1992 年第 5 期。这肯定不正确，《左传·襄公三年》曾云:"《商书》曰:无偏无党，王道荡荡。"《左传》比《孟子》早出许久，即使《左传》引用错误，"王道"的发明权也不应归功于孟子。

容，[①] 笔者认为除了这些内容外，还有一条贯穿于这些内容的红线——君主的治国手段，即德治和法治问题。故下面笔者就围绕着德与法、圣与庸、君与臣和君与民这四个话题，来考察王道与霸道的话语和历史现实，看看它们是如何具体塑造中国古代的法制的。当然在这之前，需要先对王道与霸道本身有一个基本的认识。

一、王与霸

在现代人看来，王道和霸道是一对对立的范畴。王道是指儒家所提倡的以仁义道德治天下的政治主张，而霸道是指法家所倡导的凭借武力、刑罚、权势等进行统治的政治主张；王道值得肯定，而霸道是应该极力反对的。这样的看法大体上没错，但却与先秦诸子的思想存在一定的距离。

王霸的分野最初萌芽于孔子。子路曰："桓公杀公子纠，召忽死之，管仲不死。"曰："未仁乎？"孔子说："桓公九合诸侯，不以兵车，管仲之力也。如其仁，如其仁！"在孔子看来，"不以兵车"，即不用强力这就是仁了。孟子发挥了孔子这一思想，明确地提出"以力假仁者霸"和"以德行仁者王"（《孟子·公孙丑上》）的观点，[②] 认为依仗实力假借仁政者能够称霸，依靠道德施行仁政者能够称王天下。在孟子看来，王道"尚德"而霸道"尚力"，"尚力"抑或"尚德"，是"霸道"与"王道"的根本区别所在。孟子眼中的王道和霸道实际都是打仁

---

① 周桂钿：《试论"君道"中的修身与听谏》，《福建论坛》2001 年第 1 期。
② "以德行仁者王，以力假仁者霸"后来被写入《幼学琼林》，成为后世关于王道和霸道的标准诠释。

政旗号的,不过王道论者是真心实意地行仁政,而霸道论者不过是将仁政作为一块遮羞布而已,其实际依仗的是武力,这与法家连仁义这块遮羞布都不想要,赤裸裸地宣扬武力是根本不同的。所以在孟子眼中,王道与霸道还不是截然对立的,这与其王霸的原型是密切相关的。孟子心中,行王道的原型无疑是尧舜,据载孟子是"言必称尧舜"(《孟子·滕文公上》),宣称自己"非尧舜之道,不敢以陈于王前"(《孟子·公孙丑下》)。而霸道的原型不用说是春秋的五霸,五霸虽然仰仗的是武力,但至少表面上还打着"尊王攘夷"的旗号,还对周礼给予一定的尊重和善待,不像法家所主张建立的那种只强调耕战的虎狼之国。当然作为儒家的传人,孟子是钟情于王道的,对霸道表现出明显的厌恶之情。当公孙丑拿自己与管仲、晏子相提并论时,孟子表示出特别的不屑。

> 公孙丑问曰:"夫子当路于齐,管仲、晏子之功,可复许乎?"
> 孟子曰:"子诚齐人也,知管仲、晏子而已矣。或问乎曾西曰:'吾子与子路孰贤?'曾西艴然曰:'吾先子之所畏也。'曰:'然则吾子与管仲孰贤?'曾西艴然不悦,曰:'尔何曾比予于管仲?管仲得君如彼其专也,行乎国政如彼其久也,功烈如彼其卑也,尔何曾比予于是?'"曰:"管仲,曾西之所不为也,而子为我愿之乎?"
> 曰:"管仲以其君霸,晏子以其君显。管仲、晏子犹不足为与?"
> 曰:"以齐王,由反手也。"(《孟子·公孙丑上》)

孟子认为连曾西都不以管仲为然,何况像他那样贤明的人了,让他居有管仲那样的位置,齐国早就王天下了,不只是称霸而已。齐宣王询问齐桓公、晋文公的事情,孟子明确回答:"仲尼之徒无道桓、文之事者,是以后世无传焉,臣未之闻也。"(《孟子·梁惠王上》)孟子当然并非不知道齐桓公、晋文公的事迹,而是齐桓公、晋文公行的霸道,与其所主张的王道相背。并且孟子断言:

> 五霸者,三王之罪人也。今之诸侯,五霸之罪人也。今之大夫,今之诸侯之罪人也。天子适诸侯曰巡狩,诸侯朝于天子曰述职。春省耕而补不足,秋省敛而助不给。入其疆,土地辟,田野治,养老尊贤,俊杰在位,则有庆,庆以地。入其疆,土地荒芜,遗老失贤,掊克在位,则有让。一不朝则贬其爵,二不朝则削其地,三不朝则六师移之。是故天子讨而不伐,诸侯伐而不讨。五霸者,搂诸侯以伐诸侯者也。故曰:五霸者,三王之罪人也。(《孟子·告子下》)

孟子对战国时期的兼并战争持否定态度,认为那是"率土地而食人肉,罪不容于死。故善战者服上刑,连诸侯者次之,辟草莱、任土地者次之"(《孟子·离娄上》)。孟子认为王道凭借道义的力量可以战胜霸道,他说:"王如施仁政于民,省刑罚、薄税敛,深耕易耨;壮者以暇日修其孝悌忠信,入以事其父兄,出以事其长上,可使制梃以挞秦、楚之坚甲利兵矣。"(《孟子·梁惠王上》)对于那些行霸道的国家,孟子认为:"彼夺其民时,使不得耕耨以养其父母,父母冻饿,兄弟妻子离散。彼陷溺其民,王往而征之,夫谁与王敌?故曰:'仁者无敌。'王请勿疑!"(同上)孟子希望梁惠王相信仁者是无敌的,从而坚定行王道的决心。而王道之所以无敌,在孟子看来因为它得人心,拥有巨大的道义力量,正所谓"域民不以封疆之界,固国不以山溪之险,威天下不以兵革之利,得道者多助,失道者寡助。寡助之至,亲戚畔之;多助之至,天下顺之。以天下之所顺,攻亲戚之所畔,故君子有不战,

战必胜矣。"(《孟子·公孙丑下》)

荀子虽然在许多问题上与孟子的观点相左,但在王霸问题上,荀子明显受到了孟子的影响,其观点是大同中有小异。

首先,荀子同样认为王道比霸道优越,抑王道而贬霸道,将王道列为治道的首选。荀子对秦国采取霸道而取得的成就大加赞赏,但又说:"虽然,则有其諰矣。兼是数具者而尽有之,然而县之以王者之功名,则偈偈然其不及远矣。是何也?则其殆无儒邪?故曰:粹而王,驳而霸,无一焉而亡。此亦秦之所短也。"(《荀子·强国》)在荀子看来,不用儒者正是秦国的不足。

其次,荀子对霸道表达了比孟子更多的好感,甚至认为霸道也具备诸如"信"和"爱民"等道德品质。例如,他说:"故用国者,义立而王,信立而霸,权谋立而亡。"(《荀子·王霸》)又说:"人君者隆礼尊贤而王,重法爱民而霸,好利多诈而危,权谋、倾覆、幽险而亡。"(《荀子·强国》)对于春秋时的五霸,荀子说:"德虽未至也,义虽未济也,然而天下之理略奏矣,刑赏已、诺,信乎天下矣,臣下晓然皆知其可要也。政令已陈,虽睹利败,不欺其民;约结已定,虽睹利败,不欺其与。如是,则兵劲城固,敌国畏之,国一綦明,与国信之,虽在僻陋之国,威动天下,五伯是也。"(《荀子·王霸》)荀子认为信用的建立是五霸取得成功的关键。

最后,在荀子看来霸道虽然比不上王道,但仍然是一较好的选择。荀子并不一味地排斥霸道,他经常将"上可以王,下可以霸"挂在嘴边:"故君人者立隆政本朝而当,所使要百事者诚仁人也,则身佚而国治,功大而名美,上可以王,下可以霸。"(《荀子·王霸》)"急得其人,则身佚而国治,功大而名美,上可以王,下可以霸。"(《荀子·君道》)

战国中晚期,连年的战争已使人们身心疲惫,天下统一是人心所向,而王霸之辩正是战国时代两种截然不同的统一天下路线斗争的反映。在许多人看来,只要统一天下,怎么做都行,即"王天下"也行,"霸天下"也不错。例如《礼记·经解》云:"义与信,和与仁,霸王之器也。"王与霸并举,基本上没有太大的区别。据学者考证,《经解》成篇于战国中期,而且荀子还引用过它,[①] 无疑会受到这种社会思潮的影响,而其两个学生韩非和李斯更是毫无心理障碍地就倒向了霸道的怀抱。韩非就经常将霸王并举,例如他说:"若夫后稷、皋陶、伊尹、周公旦、太公望、管仲、隰朋、百里奚、蹇叔、舅犯、赵衰、范蠡、大夫种、逢同、华登,此十五人者为其臣也,……虽当昏乱之主尚可致功,况于显明之主乎? 此谓霸王之佐也。"(《韩非子·说疑》)贤臣既可成为行王道君主的辅佐,也可成为奉行霸道君主的辅佐,一个臣子是成就王业还是成就霸业,全看君主的选择,臣子在王道和霸道上似乎没有信仰。[②] 韩非又说:"山东之言纵横未尝一日而止也,然而功名不成,霸王不立者,虚言非所以成治也。"(《韩非子·忠孝》)他对"王天下"和"霸天下"似乎没有特别的偏好,称王也行,称霸也不错。那么王道和霸道的区别对于战国晚期的儒家和法家而言有何意义呢? 意义就在于儒家认为行王道更可能达成统一天下的目的,而法家认为行霸道才是统一天下的唯一途径,当然后来秦灭六国、一天下的事实表明,霸道更现实、可行。[③]

---

① 王锷:《〈礼记〉成书考》,第 206—209 页。

② 当然这并非只是理论的言说,商鞅就是最明显的例子,他精通帝道和王道,但秦孝公喜欢霸道,于是他就在秦国推行霸道的改革。

③ 先秦时代推行王道有记录的君主,一个是滕文公,一个是宋偃王,前者掌管的是一个蕞尔小邦,后者则直接导致了宋国的灭亡。而燕王哙效法尧舜禅让君位给子之,结果招致灭顶之灾。

　　秦以降，关于王霸的讨论有了一个新的变化，那就是霸道的原型由原来的春秋五霸变成了秦国和秦始皇建立的秦王朝，[①]而这深刻地改变了霸道的内涵，一是使其与法家永远联系在一起，二是使其在人们心目中留下了永远抹不去的可憎印象。在贾谊心目中："秦王怀贪鄙之心，行自奋之智，不信功臣，不亲士民，废王道而立私爱，焚文书而酷刑法，先诈力而后仁义，以暴虐为天下始。"（《新书·过秦下》）在董仲舒的印象中，秦王朝是"师申商之法，行韩非之说，憎帝王之道，以贪狼为俗，非有文德以教训于下也。诛名而不察实，为善者不必免，而犯恶者未必刑也。是以百官皆饰虚辞而不顾实，外有事君之礼，内有背上之心；造伪饰诈，趣利无耻，又好用憯酷之吏，赋敛亡度，竭民财力，百姓散亡，不得从耕织之业，群盗并起。是以刑者甚众，死者相望，而奸不息，俗化使然也。"（《汉书·董仲舒传》）在梅福看来，"秦为亡道，削仲尼之迹，灭周公之轨，坏井田，除五等，礼废乐崩，王道不通，故欲行王道者莫能致其功也。"（《汉书·梅福传》）秦行霸道二世而亡的教训，使后人鲜有敢公开宣扬霸道的。故秦以降虽然没有一个朝代践行的是王道，[②]"霸王道杂之"才是历代治道的真相，但再也没有一个统治者宣称自己奉行的完全是霸道了，基本上人人声称自己搞的是仁政，行的是王道，而大臣们上奏时也每每奉承曰"王

① 当然春秋五霸作为霸道的原型并没有被人完全忘记，董仲舒曾说："是以仲尼之门，五尺之童羞称五伯，为其先诈力而后仁谊也。苟为诈而已，故不足称于大君子之门也。五伯比于他诸侯为贤，其比三王，犹武夫之与美玉也。"（《汉书·董仲舒传》）

② 朱熹就认为，中国历史上只有夏商周三代和远古社会行过王道，"千五百年之间，正坐为此，所以只是架漏牵补过了时日。其间虽或不无小康，而尧、舜、三王、周公、孔子所传之道，未尝一日得行于天地之间也。"（《朱文公文集·答陈同甫》）

道休明"(《贞观政要·诚信》)。

除秦亡的教训将霸道钉在了耻辱柱上之外,王道的得势与儒学的独尊有莫大的关系,儒学成为官方的统治学说,被尊为经学,儒家倡导的王道自然也就顺理成章地变成了官方的治道理想。秦末农民起义让统治者再次见证了民众的力量,得民心者得天下,民本主义的思想再次受到了重视。"王夺之人,霸夺之与,强夺之地。"(《荀子·王制》)"得天下之众者王,得其半者霸。"(《管子·霸言》)王道虽然常常显得过于迂腐,但在得民心上具有相当优势。此外,一个更为重要的变化是,在董仲舒手中关于王道的论证发生了重大变化。孟子对王道的论证是从人性着手的,本书第三章已提及。在孟子看来,人天生就有仁义礼智四种善端,具有不忍人之心(即仁心),故而仁政可行,王道可就。孟子说:"人皆有不忍人之心。先王有不忍人之心,斯有不忍人之政矣。以不忍人之心,行不忍人之政,治天下可运之掌上。"(《孟子·公孙丑上》)由仁心到仁政再到王道是孟子王道主张中的一个基本思想历程,从人性出发是孟子王道思想的重要特色。董仲舒放弃了孟子的思路,从天道的高度对行王道进行了新的论证。董仲舒说,"王道之三纲,可求于天"(《春秋繁露·基义》),将王道与天道联系起来,使王道获得了天道的支撑,形成了由天道而王道的崭新思想传统。在此思想背景下,后来程颐几乎不假思索地讲:"王者奉若天道,故称天王,其命曰天命,其讨曰天讨。尽此道者,王道也。"(《二程集·河南程氏经说》卷四《春秋传》)王道是天道在人间的表达,而天道是神圣不可动摇的,故行王道是唯一正当的选择,反对王道便是大逆不道。王道在话语上较霸道占据优势是政治、思想和社会现实发展的必然结果。王道比霸道更适宜作为统治的遮羞布。

但王道的诸多优点并没有使其完全取代霸道。一是霸道立足于人和人事,反对用任何天意和鬼神观念来替代或影响理性的判断与谋划,具有一定的科学性和合理性,在国家和社会的治理上,特别是在富国强兵方面时常取得良好的效果,统治者对其钟爱有加。秦国能统一六国就是最好的例证,对此像贾谊那样的儒生也不否认,贾谊认为秦灭亡的过错在于"秦离战国而王天下,其道不易,其政不改,是其所以取之守之者无异也"(《史记·秦始皇本纪》)。秦朝灭亡的重要原因是它通过霸道取得天下后没有及时转变治道,取天下与守天下采取了同样的策略。①它用霸道的方法取天下并没有错,错在不应该再用霸道来守天下。

二是霸道关于人性恶的假设,关于人需要法律约束的假设具有经验基础,在不同的历史时空中获得了不少人的认同。《商君书》就以民风的巧伪为实行法治辩护,云:"古之民朴以厚,今之民巧以伪。故效于古者,先德而治;效于今者,前刑而法。"(《开塞》)古代的民众淳朴又敦厚,现在的民众欺诈而虚伪。所以在古代有效的方法,就是把教化民众放在首位实行德治;现在治理国家有效的方法,就是把使用刑罚放在前面实行法治。荀子从人性恶的观点出发,指出人是需要礼仪和法律约束的,其弟子韩非和李斯无疑都接受了他的这一观点。历史上以民众刁恶难治而声言实行霸道的大有人在。例如,贞观七年(633),唐太宗君臣讨论自古以来治理国家之得失,魏征认为大乱之后容易实行教化,在短期内就可取得成效,封德彝等人对此不以为然,反对说:"三代以后,人渐浇讹,故秦

---

① 这与陆贾"马上得之,宁可以马上治乎"(《汉书·陆贾传》)的质问有异曲同工之妙。

任法律,汉杂霸道,皆欲理而不能,岂能理而不欲? 若信魏征所说,
恐败乱国家。"(《贞观政要·政体》)封德彝等人反对魏征的重要
理由,就是人心一天天浮薄诈伪,王道教化不容易成功,不辅之以
霸道必乱。

王道偏重怀柔,霸道崇尚暴力,一张一弛,在治国上各有优势,故
秦以降历代中国统治者治国时虽然都打着王道的旗号,但是在实际
的政治生活中常常交替使用或同时并用王霸两手,即行王道必以霸
道为前提,而行霸道定以王道为缘饰。

二、德与法

"有治民之意而无其器,则不成。"(《礼记·经解》)王道和霸道
的影响之所以历两千年而不衰,就在于其不但形成了一套思想体系,
而且有一套完备的治世方法和技术。王道尚德,霸道尚力。王道主
张运用道德教化的方式,强调以德服人,即以德治国。霸道主张运用
暴力恐怖的手段,强调以力服人,而暴力的常规化表达即是法,故霸
道的具体制度表达就是用法来治理国家,即以刑治国。[①]

(一) 德政起源

儒家奉行王道,主张以道德教化而非以刑罚来治理政事,以德治
国是儒家最核心的政治主张之一。不过就德政本身而言,并非儒家

[①] 在中国古代,法即是刑。例如,《说文》云:"法,刑也。"《尔雅》云:"柯、宪、刑、
范、辟、律、矩、则,法也。"刑与法可互训,故德法关系即德刑关系。

的发明，而是源于周人的"以德配天"思想。

殷人是没有德这一观念的，郭沫若就认为德是周人的发明。[①]
周革殷命以后，为了给新兴的周王朝的统治奠定合法性基础，周初统
治者总结历代兴亡的教训，修正了殷人绝对的天命观，提出"皇天无
亲，惟德是辅"（《尚书·蔡仲之命》）的命题。"呜呼！天难谌，命靡
常。常厥德，保厥位。厥德匪常，九有以亡。"（《尚书·咸有一德》）"惟
天降灾祥，在德。"（同上）"天亦哀于四方民，其眷命用懋，王其疾敬
德。"（《尚书·召诰》）殷人因为败德而失天命，周人因为有德而获得
了天命赢得天下，为此周文王被描绘成行德政的楷模。

在德治的思想基础上，周人对君王的职责进行了探讨，提出："天
佑下民，作之君、作之师，惟其克相上帝，宠绥四方。"（《尚书·泰誓
上》）周人对君主及其作为其助手的各级官员规定了两个职责，一是
治理人民，二是教化人民。政治与道德教化紧密相连。而明德慎罚
是君主治理人民的基本要求，周公曾以成王的名义发表训词说："惟
乃丕显考文王，克明德慎罚。"（《尚书·康诰》）"予惟不可不监，告
汝德之说，于罚之行。"（同上）在治理人民的同时，周初统治者十分
重视对人民进行教化，据说周武王就"重民五教，惟食丧祭"（《尚
书·武成》），即重视对人民施行君臣、父子、夫妇、兄弟、长幼五典之
教，重视民食、丧死、祭祀三事。而为了对民众实施教化，国家还设立
了司徒这一专门官职，让其"掌邦教，敷五典，扰兆民"（《尚书·周
官》）。周穆王之相甫侯所作的《吕刑》，就是当时"德本刑用，祥刑慎
罚"思想的结晶。基于"以德配天"这种新的天命观，周人在治国理
政的所有方面都与道德存在密切的关联，诚如王国维在《殷周制度

---

① 参见《郭沫若全集·历史编（第1卷）》，第335页。

论》中所说:"周之制度典礼,实皆为道德而设。""周之制度典礼乃道德之器械,而尊尊、亲亲、贤贤、男女有别四者之结体也。"周人的德治思想都表达和记录在他们的礼中,他们的德治即礼治。

(二) 礼法之争

春秋时期,王室衰微,一些诸侯国仍然将德和礼作为治国之本,德治(礼治)思想仍然具有较大的市场,拥有众多的信徒。例如,公元前719年,卫国人州吁杀害其国君卫桓公取而代之,鲁隐公询问众仲州吁是否能够成功,众仲回答说:"臣闻以德和民,不闻以乱。以乱,犹治丝而棼之也。夫州吁,阻兵而安忍。阻兵无众,安忍无亲,众叛亲离,难以济矣。夫兵犹火也,弗戢,将自焚也。夫州吁弑其君而虐用其民,于是乎不务令德,而欲以乱成,必不免矣。"(《左传·隐公四年》)众仲基于德治的立场预言州吁必然失败。公元前710年,宋国国相贿赂鲁桓公郜国的大鼎,桓公将其搬入太庙,有违礼制,臧哀伯就进谏说:"君人者将昭德塞违,以临照百官,犹惧或失之,故昭令德以示子孙。是以清庙茅屋,大路越席,大羹不致,粢食不凿,昭其俭也。衮、冕、黻、珽,带、裳、幅、舄,衡、紞、纮、綖,昭其度也。藻、率、鞞、鞛、鞶、厉、游、缨,昭其数也。火、龙、黼、黻,昭其文也。五色比象,昭其物也。钖、鸾、和、铃,昭其声也。三辰旂旗,昭其明也。夫德俭而有度,登降有数。文物以纪之,声明以发之,以临照百官,百官于是乎戒惧而不敢易纪律。今灭德立违,而置其赂器于太庙,以明示百官,百官象之,其又何诛焉?国家之败,由官邪也。官之失德,宠赂章也。郜鼎在庙,章孰甚焉?武王克商,迁九鼎于雒邑,义士犹或非之,而况将昭违乱之赂器于太庙,其若之何?"(《左传·桓公二年》)臧哀伯认为将宋人贿赂的郜国大鼎放在太庙是抛弃德行而树立邪恶,这样做是错误的。《左传·襄公二十四年》亦云:"德,国家之基也。"这些表明,德治(礼治)话语在当时仍然具有一定的市场,被一些人信奉。

但是,到了春秋末年,随着社会的变迁,一些诸侯抛弃传统以礼(道德教化)来治国的做法,而改以法制作为治国的主要手段。例如,公元前536年子产在郑铸刑书,公元前513年赵简子和中行寅将范宣子制定的刑书铸在铁鼎上。这些做法,时人议论纷纷。对子产铸刑书,晋国叔向派人送给子产一封信,信中说:

> 始吾有虞于子,今则已矣。昔先王议事以制,不为刑辟,惧民之有争心也。犹不可禁御,是故闲之以义,纠之以政,行之以礼,守之以信,奉之以仁,制为禄位以劝其从,严断刑罚以威其淫。惧其未也,故诲之以忠,耸之以行,教之以务,使之以和,临之以敬,莅之以强,断之以刚。犹求圣哲之上、明察之官、忠信之长、慈惠之师,民于是乎可任使也,而不生祸乱。民知有辟,则不忌于上,并有争心,以征于书,而侥幸以成之,弗可为矣。夏有乱政而作《禹刑》,商有乱政而作《汤刑》,周有乱政而作《九刑》,三辟之兴,皆叔世也。今吾子相郑国,作封洫,立谤政,制参辟,铸刑书,将以靖民,不亦难乎? 《诗》曰:"仪式刑文王之德,日靖四方。"又曰:"仪刑文王,万邦作孚。"如是,何辟之有? 民知争端矣,将弃礼而征于书,锥刀之末,将尽争之。乱狱滋丰,贿赂并行,终子之世,郑其败乎! 肸闻之:国将亡,必多制,其此之谓乎! (《左传·昭公六年》)

叔向认为人们知道法律后就会抛弃礼仪而以刑法为依据,钻法律的空子,贿赂到处通行,夏商周的刑法都是乱政时的产物,故创设法制是亡国之兆。他的思想具有久远的渊源，《尚书·汤诰》曾云："夏王灭德作威。"子产回信说："若吾子之言，侨不才，不能及子孙，吾以救世也。既不承命，敢忘大惠？"（《左传·昭公六年》）子产自称无才，他要做的是救世，顾不上后世子孙了。这是历史上最早出现的礼治和法治两种不同治国方略的争论。

子产铸刑书时孔子才16岁，故不可能对这件事发表评论。而赵简子铸刑鼎时孔子已39岁，正当壮年，对这样的政治事件，孔子公开表达了他的看法：

> 晋其亡乎，失其度矣。夫晋国将守唐叔之所受法度，以经纬其民，卿大夫以序守之。民是以能尊其贵，贵是以能守其业。贵贱不愆，所谓度也。文公是以作执秩之官，为被庐之法，以为盟主。今弃是度也，而为刑鼎，民在鼎矣，何以尊贵？贵何业之守？贵贱无序，何以为国？且夫宣子之刑，夷之蒐也，晋国之乱制也，若之何以为法？（《左传·昭公二十九年》）

对于铸刑鼎，孔子与叔向的意见几乎没有两样，认为这是亡国之举。孔子认为："安上治民，莫善于礼。"（《礼记·经解》）在他的心目中，礼是治国的最佳方式，他一心想恢复周礼，多次宣传"周监于二代。郁郁乎文哉，吾从周"（《论语·八佾》）。又说："克己复礼为仁。一日克己复礼，天下归仁焉。"（《论语·颜渊》）要求人们"非礼勿视，非礼勿听，非礼勿言，非礼勿动"（同上）。而礼的最重要作用就是别贵贱、序尊卑，贵贱不错乱就是法度。而铸刑鼎，要求人们只按鼎文办事，那么人们就将不会尊重贵人，贵贱没有了区别，国家就将无从治理，故这类行为是不值得提倡的。

为了回应法治这种新生事物，孔子吸收周公以来先贤的德治

思想,对礼治和法治的利弊得失进行了认真的比较分析,最后明确
地提出了他的以德治国主张。孔子说:"道之以政,齐之以刑,民免
而无耻。道之以德,齐之以礼,有耻且格。"(《论语·为政》)用政
令来教导,用刑法来整治,民众苟且免于刑罚,但缺乏廉耻。用德行
来教导,用礼仪来整治,民众有廉耻,而且敬服。孔子一针见血地指
出了法治与德治的异同和优劣,法治只追求人们表面上的服从和归
顺,对人们只有外在的强制;而德治和礼治直指人心,将政治秩序
建立在人民的羞耻之心的基础之上,对人们形成内在和外在的双
重约束。故在孔子看来,德治和礼治比法治优越,对此孔子总结说:
"为政以德,譬如北辰居其所而众星共之。"(同上)君主采用德行
来治理国政,就如同北极星一样,待在固定的地方,群星环绕在它
的周围。

　　基于德治立场,孔子主张无讼,孔子说:"听讼,吾犹人也,必也使
无讼乎。"(《论语·颜渊》,又见《礼记·大学》)孔子的息讼主张催
生了中国两千余年来的厌讼传统,官方以拖延、拒绝、感化,以及设置
"教唆词讼"罪等多种策略来息讼。孔子做过鲁国的司寇,具有司法
经验,他讲的话是有一定经验基础的。儒家的德治并非不可欲,问题
的关键在于是否可行。主要依靠教化的力量、道德的力量、道义的力
量,就能把国家和社会治理好吗?[①] 而且,如果政令和刑法本身是符
合道德和道义的,是推行道德和道义的工具,那么德治和法治的对立
就将得到极大的缓解。当然,在孔子生活的时代这还只是遥远的理
论图景。

---

① 在先秦诸子中,不仅儒家反对法制,道家也为反对法制提供了思想资源,老子
　曾说:"法令滋彰,盗贼多有。"(《老子·五十七章》)

(三) 法治样板

法制之兴并没有因为孔子以及其他人 [1] 的反对而终结，[2] 相反，进入战国后，各国为了在兼并战争中取得胜利，纷纷进行变法。李悝首先在魏国主持变法，经济上"尽地力之教"，实行"善平籴"政策；政治上废除维护奴隶主贵族特权的世卿世禄制度，选贤与能，任命吴起为西河守，起用西门豹治邺。而且他还汇集当时各国法律编成《法经》，后"商君受之以相秦"（《晋书·刑法》）。《法经》成为以后中国历代法典的始祖。继李悝之后，吴起与楚悼王在楚国实行变法，不过由于楚悼王死得过早，吴起被反对变法的旧贵族杀死，变法没有取得太多的成效。赵武灵王在位时，推行了诸如"胡服骑射"之类的变法改革。齐威王、韩昭侯、燕昭王等也曾为变法图强作了不少的努力。在众多变法中最负盛名的是商鞅在秦国的变法，它使秦国实现了国富兵强，树立了一个法治国家的样板。

"国之所以重、主之所以尊者，力也。"（《商君书·慎法》）耕战是提升国力的唯一出路，为了达致富国强兵，在争霸战争中拥有胜算，商鞅为秦国设计了一幅以霸天下为目标，以发展耕战为努力的方向，以奖赏和惩罚（即法制）为手段的军事法治国家蓝图。

不过，变法之初，也遇到了不少阻力。首先是秦孝公心存犹豫，

---

① 反对行法制的还有蔡史墨，其对赵简子和中行寅铸刑鼎评论说："范氏、中行氏其亡乎！中行寅为下卿，而干上令，擅作刑器，以为国法，是法奸也。又加范氏焉，易之，亡也。其及赵氏，赵孟与焉；然不得已，若德，可以免。"（《左传·昭公二十九年》）

② 在孔子生活的时代还出现了"不法先王，不是礼义"（《荀子·非十二子》），主张"事断于法"，最早创办法律学校的邓析。公元前 501 年，"郑驷歂杀邓析，而用其竹刑"（《左传·定公九年》）。

担心秦人议论自己。其次是遭到了甘龙和杜挚等大臣的极力反对。甘龙说:"圣人不易民而教,知者不变法而治。因民而教,不劳而成功;缘法而治者,吏习而民安之。"杜挚说:"利不百,不变法;功不十,不易器。法古无过,循礼无邪。"(《史记·商君列传》)商鞅打消了孝公的顾虑,对反对变法的言论一一进行了驳斥,为变法作了舆论动员。

公元前359年,秦孝公命商鞅颁布《垦草令》,揭开了全面变法的序幕。公元前356年,秦孝公任命商鞅为左庶长,开始第一次变法,主要内容包括:一是重赏军功,发展武备。商鞅认为:"故凡明君之治也,任其力不任其德。"(《商君书·错法》)"明主之治天下也,缘法而治,按功而赏。"(《商君书·君臣》)"国以功授官予爵,此谓以盛知谋,以盛勇战。以盛知谋,以盛勇战,其国必无敌。"(《商君书·靳令》)为此,商鞅规定"有军功者,各以率受上爵"(《史记·商君列传》)。对于具体奖赏,《韩非子·定法》载:"商君之法曰:斩一首者,爵一级,欲为官者为五十石之官;斩二首者,爵二级,欲为官者为百石之官。"官爵的升迁与斩获甲首的军功是相称的。商鞅在秦国建立起了一套系统的"军功爵制",把军功和爵禄联系在一起,极大地刺激了秦人的战斗热情,提升了秦军的战斗力。秦国士兵在战争中常常争先恐后,奋不顾身,秦军获得了虎狼之师的称号,所遇之敌常常无不溃败。

二是限制旧贵族特权,改造贵族政治。商鞅主张壹赏,而其"所谓壹赏者,利禄官爵抟出于兵,无有异施也。夫固知愚、贵贱、勇怯、贤不肖,皆尽其胸臆之知,竭其股肱之力,出死而为上用也"(《商君书·赏刑》)。让所有人除了在战争中获得功绩外,再也没有其他途径可获得利禄官爵,商鞅认为如此就可使无论是聪慧的还是愚昧的,高贵的还是低贱的,勇敢的还是胆怯的,贤德的还是不贤德的,都用自己全部的智慧,竭尽自己全部的力量,拼死替君主效力。在此思想指导下,商鞅规定:"宗室非有军功,论不得为属籍。"(《史记·商君列传》)国君亲属宗族不是立有战功经过评定,不得列入谱牒。这一方面打破了旧贵族的特权,另一方面又给他们留了一条出路,这个出路就是在战场上立下军功。

三是奖励耕织,发展小生产。粮食和布匹是军事战略资源,只有这二者充足方可在争霸战争中长期居于不败之地。为了激励耕织,发展生产,商鞅下令:"民有二男以上不分异者,倍其赋。"(同上)家有两个以上的成年男子而不分居另立门户的,一个人缴两个人的税。"僇力本业,耕织致粟帛多者复其身。"(同上)努力务农,精耕勤织,因而获得粮食、布帛丰产的,免除本人的徭役。

四是压抑私人工商业。商鞅眼中只有耕与战,除此之外,再无别的事情令他感兴趣。工商业在他看来不过是末利,所以下令"事末利及怠而贫者,举以为收孥"(同上),纠举从事工商和因懒惰而贫穷的人,没入官府做奴婢。

五是建立什伍连坐法,严明法网。"令民为什伍,而相牧司连坐。不告奸者腰斩,告奸者与斩敌首同赏,匿奸者与降敌同罚。"(同上)

这些新法实施了十年,秦人非常满意,路不拾遗,深山里也没有盗贼,家家富裕,人人饱暖。百姓勇于为国作战,不敢私斗,社会安定。秦国实现了大治。

公元前 350 年,秦孝公又命令商鞅进行第二次变法,其主要内容包括:"令民父子兄弟同室内息者为禁。而集小乡邑聚为县,置令、丞,凡三十一县。为田开阡陌封疆,而赋税平。平斗桶权衡丈尺。"(同上)经过这些改革,据说秦国变得富强了,秦孝公获得了周天子赐的祭肉,诸侯都来祝贺。

不过商鞅变法的"合法性"是建立在武力基础之上的,依靠武力维持,商鞅担心自身的安全,出门常常"后车十数,从车载甲,多力而骈胁者为骖乘,持矛而操闟戟者旁车而趋"(同上),没有武装保护,商鞅就不敢出行。秦孝公一死,商鞅很快就遭到了反对者的诬陷,最终被诛杀。

但"及孝公、商君死,惠王即位,秦法未败也"(《韩非子·定法》),商鞅变法的成果并没有因为商鞅的被诛杀而终结。商鞅变法所建立的是一个军事法治国家,提升军队的战斗力、称霸天下是其奋斗的目标,而达成这些目标的手段就是法制。他运用奖惩措施将民众的全部精力都集中在耕战上,这样的法治国家对于提升民众福利基本上没有任何益处,它唯一的功用就是造就一个战争和争霸的机器。《汉书·刑法志》云:"秦人,其生民也狭厄,其使民也酷烈。劫之以势,隐之以厄,狃之以赏庆,道之以刑罚,使其民所以要利于上者,非战无由也。功赏相长,五甲首而隶五家,是最为有数,故能四世有胜于天下。"商鞅变法为秦国最后统一六国奠定了基础,既展示了法治的威力,也在人们心目中留下了可憎的印象。秦国是一个成功的法治样板,但同时也是一个面目可憎的样板。

(四) 德治的坚守

正当"秦用商君,富国强兵;楚、魏用吴起,战胜弱敌;齐威王、宣王用孙子、田忌之徒,而诸侯东面朝齐"(《史记·孟子荀卿列传》)之际,孔子道统的传人孟子在通达事理后也开始了他的四处政治游说活动。他去侍奉齐宣王,没能获得任用,于是又到大梁去拜见梁惠王,梁惠王认为他"迂远而阔于事情"(同上),同样不予重用。政治主张不被采用,孟子只好返回来和万章等弟子著书立说。

首先,孟子认为德治(王道)比法制(霸道)更能赢得人心,更加成功。他说:"以力服人者,非心服也,力不赡也。以德服人者,中心悦而诚服也。"(《孟子·公孙丑上》)使用武力和刑法对人们进行压制并不能使人们内心服从,只有依靠道德才能使人们心悦诚服。被胁迫而表现出来的服从是暂时的,发自内心的臣服才是长远牢固的。又说:"周于德者,邪世不能乱。"(《孟子·尽心下》)"天下有达尊三:爵一,齿一,德一。朝廷莫如爵,乡党莫如齿,辅世长民莫如德。"(《孟子·公孙丑下》)孟子认为治理国家和社会德行最重要。而且在孟子的思想世界中德与礼是相通的,礼是衡量德的标准。孟子说:"动容周旋中礼者,盛德之至也。"(《孟子·尽心下》)孟子与孔子一样要求人们一切以礼作为行为的准则,孟子说:"万钟则不辨礼义而受之,万钟于我何加焉?"(《孟子·告子上》)又说:"非礼之礼,非义之义,大人弗为。"(《孟子·离娄下》)在孟子的时代,各种礼义的冒牌货已经很多了,所以孟子强调要分清真假。

当然"天下方务于合从连衡,以攻伐为贤"的时局,也并非对"述唐、虞、三代之德"(《史记·孟子荀卿列传》)的孟子没有一点影响。一是孟子进一步发挥了孔子"权"的思想。孔子曾说:"可与共学,未可与适道;可与适道,未可与立;可与立,未可与权。"(《论语·子罕》)孔子认为最高的境界是在坚持大道基础上的通权达变,在坚持原则性的前提下要有一定的灵活性。孟子将孔子权的思想直接运用于礼仪,强调要具体问题具体分析。

> 淳于髡曰:"男女授受不亲,礼与?"
> 孟子曰:"礼也。"

曰:"嫂溺,则援之以手乎?"

曰:"嫂溺不援,是豺狼也。男女授受不亲,礼也;嫂溺援之以手者,权也。"

曰:"今天下溺矣,夫子之不援,何也?"

曰:"天下溺援之以道;嫂溺援之以手。子欲手援天下乎?"(《孟子·离娄上》)

孟子认为男女间不亲手传递东西是礼的要求,但当嫂嫂淹入水中时应当伸手去救援,人们不能死守礼仪,在特殊情况下应当通权达变。但孟子也没有掉入淳于髡设下的陷阱,认为还是应当坚持原则,不能无条件地变通,救天下靠"道"而不靠"手"。

任人有问屋庐子曰:"礼与食孰重?"曰:"礼重。"

"色与礼孰重?"曰:"礼重。"

曰:"以礼食则饥而死,不以礼食则得食,必以礼乎?亲迎则不得妻,不亲迎则得妻,必亲迎乎?"

屋庐子不能对,明日之邹以告孟子。孟子曰:"于答是也何有!不揣其本而齐其末,方寸之木可使高于岑楼。金重于羽者,岂谓一钩金与一舆羽之谓哉?取食之重者与礼之轻者而比之,奚翅食重?取色之重者与礼之轻者而比之,奚翅色重?往应之曰:'紾兄之臂而夺之食则得食,不紾则不得食,则将紾乎?逾东家墙而搂其处子则得妻,不搂则不得妻,则将搂之乎?'"(《孟子·告子下》)

孟子使用生动的情景事例说明礼仪虽然重要,但也要区分事情的轻重大小,轻微的礼仪当然不能与食、色相提并论,但也不能因为不恰当的对比而怀疑礼仪的重要性。

其次,除了强调德治和礼治外,孟子对政事也不完全排斥。孟子说:"不信仁贤,则国空虚。无礼义,则上下乱。无政事,则财用不足。"(《孟子·尽心下》)孟子将仁贤、礼义和政事三者并举,对财物表现出了极大的关注,并非只是空谈仁义。

再次,孟子对法律也并非完全排斥和否定。"贤者在位,能者在职,国家闲暇,及是时明其政刑,虽大国必畏之矣。"(《孟子·公孙丑上》)"上无道揆也,下无法守也,朝不信道,工不信度,君子犯义,小人犯刑,国之所存者幸也。"(《孟子·离娄上》)对法律在国家治理中的作用,孟子是充分肯定的。同时,孟子主张动用刑罚手段来打击他所反对的发动兼并战争的人,"故善战者服上刑,连诸侯者次之,辟草莱、任土地者次之"(《孟子·离娄上》)。并肯定法律人士在治国中的作用,"入则无法家拂士,出则无敌国外患者,国恒亡"(《孟子·告子下》)。对于法度,孟子最担心的是实施问题,"徒善不足以为政,徒法不能以自行"(《孟子·离娄上》)。

(五) 礼法兼施

荀子生活在战国晚期,其时学术思想已由百家争鸣趋向互相吸收、互相融合,荀子对儒、道、墨、法诸家思想兼收并蓄,成为战国后期一位集大成的思想家。与其在王道与霸道分野上的宽容立场相一致,荀子主张治国时以德为主,礼法并用,开了秦以降两千余年来专制中国"霸王道杂之"治国方略思想的先声。

首先,荀子主张人治,重视贤人在治国中的重要作用。德治就是凭借贤人的道德教化进行国家的治理,故德治的现实表达就是人治。荀子是较早明确指出这一点的思想家。荀子说:"有乱君,无乱国;有治人,无治法。"(《荀子·君道》) 又说:"故法不能独立,类不能自行,得其人则存,失其人则亡。法者,治之端也;君子者,法之原也。故有君子则法虽省,足以遍矣;无君子则法虽具,失先后之施,不能应事之变,足以乱矣。不知法之义而正法之数者,虽博,临事必乱。故明主急得其人,而暗主急得其势。急得其人,则身佚而国治,功大而名美,上可以王,下可以霸;不急得其人而急得其势,则身劳而国乱,功废而名辱,社稷必危。"(同上) 在荀子看来,人是比法制更为重要的因素,法制只是治理的开始,而君子却是法制的本源。有了君子,法制即使很简略,也足以全面实行。没有君子,法制即使再完备也会导致混乱。所以贤明的君主急于得到治国之才。荀子的这一思想在《荀子》一书中多次出现。例如《致士》篇云:"得之则存,失之则亡,故有良法而乱者有之矣,有君子而乱者,自古及今,未尝闻也。"《非相》篇云:"辨莫大于分,分莫大于礼,礼莫大于圣王。"礼很重要,但圣王比礼还重要。荀子认为礼和法都是君子和圣人制定的,他说:"礼义者,治之始也;君子者,礼义之始也。"(《荀子·王制》) 礼义是治国的本源,君子是礼义的本源。又说:"然则礼义法度者,是圣人之所生也。"(《荀子·性恶》) 礼义和法度都是圣人制定的,故圣人比礼义和法度都重要。

其次,荀子主张礼治,重视礼在治国中的重要作用。在荀子的时代,儒家德治的现实表达就是礼治,荀子被人认为是儒家的大师,其重要依据之一就是荀子高度赞扬礼治。关于礼,荀子有许多论述:"礼也者,贵者敬焉,老者孝焉,长者弟焉,幼者慈焉,贱者惠焉。"(《荀子·大略》)"礼者,所以正身也。"(《荀子·修身》)"礼者,贵贱有等,长幼有差,贫富轻重皆有称者也。"(《荀子·富国》)"礼也者,理之不可易者也。"(《荀子·乐论》) 礼是"强国之本也"(《荀子·议兵》),"人道之极也"(《荀子·礼论》)。"故人莫贵乎生,莫乐乎安,所以养生安乐者,莫大乎礼义。"(《荀子·强国》)"故人之命在天,国之命在礼。"(同上)"隆礼贵义者其国治,简礼贱义者其国乱;治者强,乱者弱,是强弱之本也。"(《荀子·议兵》)"故人无礼则不生,事无礼则不成,国家无礼则不宁。"(《荀子·修身》)"人君者,隆礼尊贤而王。"(《荀子·强国》)"国无礼则不正。礼之所以正国也,譬之:犹衡之于轻重也,犹绳墨之于曲直也,犹规矩之于方圆也,既错之而人莫之能诬也。"(《荀子·王霸》)一言以蔽之,在荀子看来,礼在修身和治国方面都具有决定性的意义,非礼不是人,无礼不成国。

再次,荀子十分重视法制在治国中的重要作用。荀子说:"元恶不待教而诛。"(《荀子·王制》)又说:"奸言、奸说、奸事、奸能、遁逃反侧之民,职而教之,须而待之,勉之以庆赏,惩之以刑罚,安职则畜,不安职则弃。"(同上)"才行反时者死无赦"(同上)。荀子心目中的王者之国也是有法律和刑杀的。他说:"制度以陈,政令以挟,官人失要则死,公侯失礼则幽,四方之国有侈离之德则必灭,名声若日月,功绩如天地,天下之人应之如景向,是又人情之所同欲也,而王者兼而有是者也。"(《荀子·王霸》)法制(刑罚)在荀子的治国之道中占有重要的地位。

最后,荀子消除了礼与法之间的冲突,形成了礼法并用的治世思想。在孔孟的思想世界中,以德治国与以法治国还是对立的,礼法冲突还是不容回避的政治和思想难题,荀子在中国政治和法律思想史上常常被人有意或无意忽略了的一大贡献,就是他率先提出了法律的儒家化问题,消除了礼与法之间的冲突,为中国古代"德主刑辅,礼法并用"的治道格局奠定了思想基础。在荀子的眼中,礼与法常常是一致的。例如,荀子说:"礼义者,治之始也。"(《荀子·王制》)"法者,治之端也。"(《荀子·君道》)始与端基本是同义词,在荀子看来礼义和法制的功用基本上可以画等号。而且荀子还提出了法律的礼义化(即儒家化)的问题,明确提出要将礼义贯彻到法律制度之中。荀子认为礼义是制定法律的指导思想:[①]"礼者,法之大分,类之纲纪也。"(《荀子·劝学》)"故非礼,是无法也。"(《荀子·修身》)"之所以为布陈于国家刑法者,则举义法也。"(《荀子·王霸》)"今亦以天下之显诸侯,诚义乎志意,加义乎法则度量,著之以政事,案申重之以贵贱杀生,使袭然终始犹一也,如是,则夫名声之部发于天地之间也,岂不如日月雷霆然矣哉!"(同上)礼成为法律制定的指导思想,成为衡量法律好坏的标准,那么法律事实上也就成为礼的制度表达。[②] 如此,礼与法之间的冲突也就不存在了,所以荀子说:"故学也者,礼法也。"(《荀子·修身》)学习就是学习礼法。既然如此,在治国时礼与法就可并施而行了,为此荀子说:"治之经:礼与刑,君子以修百姓宁。明德、慎罚,国家既治,四海平。"(《荀子·成相》)又说行王道的君主应当"饰动以礼义,听断以类,明振毫末,举措应变而不穷,夫是之谓有原"(《荀子·王制》)。故实际荀子已拥有了礼法兼施、王霸统一的思想,这开了汉代以来儒法合流、霸王道杂之的先河。"礼法"以及"王霸"之争问题已被荀子从理论上解决了,但思想要变成实践还有

---

① 这一思想可上溯到孔子那里,孔子曾说:"礼乐不兴则刑罚不中;刑罚不中则民无所错手足。"(《论语·子路》)礼乐的实施事关刑罚是否得当,礼乐对刑事司法是有指导作用的。

② 礼与法的融合和统一有一个漫长的过程,荀子也承认礼与法的分离,他甚至提出礼与法应适用于不同的对象。他说:"由士以上则必以礼乐节之,众庶百姓则必以法数制之。"(《富国》)"凝士以礼,凝民以政。"(《议兵》)对士和民分别采用礼和法来进行治理。

漫长的路要走。荀子和孔孟一样仕途不如意,思想和主张在他活着时基本上被束之高阁,未能得到采用。这正像他的后学所说的那样:"孙卿迫于乱世,遒于严刑,上无贤主,下遇暴秦,礼义不行,教化不成,仁者绌约,天下冥冥,行全刺之,诸侯大倾。当是时也,知者不得虑,能者不得治,贤者不得使,故君上蔽而无睹,贤人距而不受。"(《荀子·尧问》)

(六) 务法不务德

作为先秦政治思想的总结者,荀子本已破解了王霸和礼法理论争论的难题,但是他的学生却少有人遵循他的综合治学之路,而是一部分人发挥了他的儒家思想,一部分人发挥了他的法治思想,儒法又走向了分离,而后者最杰出的代表就是韩非。韩非坚持"不相容之事不两立也"(《韩非子·五蠹》),反对折衷调和,再次将王霸和礼法推向了对立的状态。当然除了独断论思想的影响外,战国后期"争于气力"(同上)的社会现实也是使韩非作出如此理论选择的根本原因,在兼并战争中武力远比仁德更可能赢得战争。韩非从儒、道中吸收知识养分,系统总结了先秦法家各门派的政治思想(商鞅重法、慎到重势、申不害重术),形成了以君势为体,以法术为用,法、术、势相结合的治国理论,成为战国末年法家之集大成者。下面笔者只重点介绍韩非对商鞅法治思想的继承和发展。

商鞅对法治充满信心,他基本上认为法律是万能的。他说:"故善治者,使跖可信,而况伯夷乎? 不能治者,使伯夷可疑,而况跖乎? 势不能为奸,虽跖可信也;势得为奸,虽伯夷可疑也。"(《商君书·画策》)商鞅认为法律制度得当(即轻罪重罚),坏人不敢为奸,而法律制度不好，好人也难免干坏事。① 并说："以治法者，强；以治政者，削。"
（《商君书·去强》）对于法制在治国上的重要性，韩非作出了比商鞅
更加细密的论述，他说："故法者，王之本也；刑者，爱之自也。"（《韩
非子·心度》）"国无常强，无常弱。奉法者强，则国强；奉法者弱，则
国弱。"（《韩非子·有度》）"简法禁而务谋虑，荒封内而恃交援者，
可亡也。"（《韩非子·亡征》）"故明主使其群臣不游意于法之外，不
为惠于法之内，动无非法。"（《韩非子·有度》）"喜淫辞而不周于法，
好辩说而不求其用，滥于文丽而不顾其功者，可亡也。"（《韩非子·亡
征》）"明法者强，慢法者弱。"（《韩非子·饰邪》）他要求严明法网，
不但要追究人们违法的言行，而且要诛杀险恶的用心，他说："是故禁
奸之法，太上禁其心，其次禁其言，其次禁其事。"（《韩非子·说疑》）

　　在商鞅的眼中，力与德、德与法常常是对立的，认为德治常会冲
击法治。例如，他说："故凡明君之治也，任其力不任其德。"（《商君
书·错法》）"故以智王天下者，并刑；力征诸侯者，退德。"（《商君
书·开塞》）又说："虽有《诗》《书》，乡一束，家一员，犹无益于治也，
非所以反之之术也。"（《商君书·农战》）商鞅认为要实现富国强兵
的目的，就必须去除儒家所倡导的东西。"《诗》《书》、礼、乐、善、修、
仁、廉、辩、慧，国有十者，上无使战守。国以十者治，敌至必削，不至
必贫。国去此十者，敌不敢至；虽至，必却。"（同上）商鞅还说："圣王
者，不贵义而贵法。"（《商君书·画策》）"明主任法。"（《商君书·修
权》）韩非完全继承了这些思想，并有所发挥，明确提出了"务法不务
德"的主张。他说："夫圣人之治国，不恃人之为吾善也，而用其不得

---

① 邓小平"制度好可以使坏人无法横行，制度不好可以使好人无法充分做好事，
　　甚至会走向反面"（《邓小平文选〔第 2 卷〕》，人民出版社 1993 年版，第 333 页）
　　的论断几乎与其大同小异。

为非也。恃人之为吾善也，境内不什数；用人不得为非，一国可使齐。为治者用众而舍寡，故不务德而务法。"（《韩非子·显学》）他基本上将法律置于唯一治国手段的地位，虽然对仁义礼智信也心生艳慕，但是一旦它们干扰到法律的贯彻执行就断然予以排除和抛弃。韩非对法律执行的困难有充分的估计，他说："凡法术之难行也，不独万乘，千乘亦然。"（《韩非子·孤愤》）他认为现实中存在诸多干扰法治的因素，"儒以文乱法，侠以武犯禁"（《韩非子·五蠹》），"恃鬼神者慢于法，恃诸侯者危其国"（《韩非子·饰邪》），提出"故有术之国，去言而任法"（《韩非子·制分》），认为治国的理想状态是"无书简之文，以法为教；无先王之语，以吏为师；无私剑之捍，以斩首为勇"（《韩非子·五蠹》）。在韩非的法治理想王国中，维系人与人之间关系的除了法律外基本上再也没有其他的东西了。

商鞅的法律实际就是赏罚的制度表达，在商鞅看来法律的内容无外乎赏和刑，对此他说："凡赏者，文也；刑者，武也。文武者，法之约也。"（《商君书·修权》）而对于赏与罚之间的关系，商鞅也有诸多思考，他说："夫刑者，所以禁邪也；而赏者，所以助禁也。"（《商君书·算地》）在刑和赏二者之间，商鞅更加倾向于刑，刑是主，而赏是辅。而且刑多赏少是商鞅关于赏罚关系的最基本主张，他说："王者刑九赏一，强国刑七赏三，削国刑五赏五。"（《商君书·去强》）"故王者刑于九而赏出一。刑于九，则六淫止；赏出一，则四难行。六淫止，则国无奸；四难行，则兵无敌。"（《商君书·说民》）对此韩非基本上是完全赞同，只略有发挥。韩非说："无威严之势，赏罚之法，虽舜不能以为治。"（《韩非子·奸劫弑臣》）"治国之有法术赏罚，犹若陆行之有犀车良马也，水行之有轻舟便楫也，乘之者遂得其成。"（同上）"赏罚者，邦之利器也。"（《韩非子·喻老》）"故至治之国，有赏罚而无喜怒。"(《韩非子·用人》)而且有时韩非还用刑德来表达赏罚。他说:"明主之所导制其臣者,二柄而已矣。二柄者,刑德也。何谓刑德? 曰:杀戮之谓刑,庆赏之谓德。"(《韩非子·二柄》)韩非用赏来诠释德,实际是将德的外延大大缩小了,是对儒家德治的解构。不过关于赏与刑的比例问题,《韩非子》一书的主张前后是不一致的。《韩非子·饬令》篇云:"重刑少赏,上爱民,民死赏;多赏轻刑,上不爱民,民不死赏。"《韩非子·饬令》系节录《商君书·靳令》而成,并非韩非原创,只是大体代表了韩非认可这些文字。但是在另外一些篇章中,他又认为刑只应以当否来评价,而不应以多少来评价。例如《韩非子·难二》篇云:"夫刑当无多,不当无少。"这显然是受儒家思想影响的结果。

　　轻罪重罚是商鞅关于刑罚的一个基本主张,对此商鞅留下了许多的论述:"刑生力,力生强,强生威,威生德,德生于刑。"(《商君书·说民》)"重轻刑去"(同上),轻罪重罚,犯罪就能杜绝。"重罚轻赏,则上爱民,民死上;重赏轻罚,则上不爱民,民不死上。"(《商君书·去强》)"行刑重其轻者,轻者不生,重者不来。"(同上)"故行刑,重其轻者,轻者不生,则重者无从至矣,此谓治之于其治者。"(《商君书·说民》)"以刑去刑,国治;以刑致刑,国乱。"(《商君书·去强》)基于轻罪重罚、以刑去刑这一立场,商鞅对罪刑均衡原则进行了批判,他说:"行刑,重其重者,轻其轻者,轻者不止,则重者无从止矣,此谓治之于其乱也。故重轻,则刑去事成,国强;重重而轻轻,则刑至而事生,国削。"(同上) 使用刑罚,对犯重罪的重罚,对犯轻罪的轻罚,那么轻微的犯罪不能杜绝,严重的犯罪就更无法制止,这就叫在民众乱的时候去治理。所以轻罪重罚,那么刑罚能避免而社会也安定,国家就会强大;使用刑罚时重罪重罚而轻罪轻罚,那么虽然运用刑罚动乱却仍然发生，国家就会被削弱。对商鞅的这一主张韩非基本上是完全继承了的，他说："操法术之数，行重罚严诛，则可以致霸王之功。"（《韩非子·奸劫弑臣》）又说："行刑，重其轻者，轻者不至，重者不来，此谓以刑去刑。罪重而刑轻，刑轻则事生，此谓以刑致刑，其国必削。"（《韩非子·饬令》）

商鞅不但是个理论家，更是个实践家，所以他十分在意法律制定后的执行问题，主张严格执行法律。商鞅说："国皆有法，而无使法必行之法。国皆有禁奸邪刑盗贼之法，而无使奸邪盗贼必得之法。"（《商君书·画策》）商鞅注意到私心对执法的影响，他说："君臣释法任私，必乱。"（《商君书·修权》）"是故明主任法去私，而国无隙蠹矣。"（同上）并说："法之不明者，君长乱也。"（《商君书·壹言》）为了排除法律执行的阻碍，商鞅还提出了"刑无等级"的思想，主张除国君以外，"自卿相、将军以至大夫、庶人，有不从王令、犯国禁、乱上制者，罪死不赦。有功于前，有败于后，不为损刑。有善于前，有过于后，不为亏法。忠臣孝子有过，必以其数断。"（《商君书·赏刑》）在变法的过程中，商鞅依据这一理论处罚了公子虔、公孙贾，后来公子虔又触犯新法，被处以劓刑。为了保障法律得到执行，商鞅主张对于不严格执行法律的官吏实施酷刑，他说："守法守职之吏，有不行王法者，罪死不赦，刑及三族。"（同上）官吏有不实行君主法令的，判其死罪决不赦免，而且株连到他们的父母妻子同产。韩非对法律的执行也十分重视，他说："人主释法用私，则上下不别矣。"（《韩非子·有度》）他希望君主带头遵守自己制定的法律。韩非同样坚持除君主之外法律面前人人平等的主张，晋文公问狐偃刑罚的最高原则怎样实现呢？狐偃说："不辟亲贵，法行所爱。"（《韩非子·外储说右上》）韩非对狐偃的说法十分赞赏，为了严明法令，他主张："法不阿贵，绳不挠曲。法之所加,智者弗能辞,勇者弗敢争。刑过不辟大臣,赏善不遗匹夫。"(《韩非子·有度》)① 对于司法官员,他也有一些讨论,他说:"小知不可使谋事,小忠不可使主法。"(《韩非子·饰邪》)韩非重视法律的公共性,认为只对私人效忠的人不能让他掌管法律。

　　商鞅是个改革家,适时变法是他关于法律的基本立场,他对变法有许多论述:"法者所以爱民也,礼者所以便事也。是以圣人苟可以强国,不法其故;苟可以利民,不循其礼。"(《商君书·更法》)"治世不一道,便国不必法古。"(同上)"圣人不法古,不修今。法古则后于时,修今则塞于势。"(《商君书·开塞》)"故圣人之为国也,不法古不修今,因世而为之治,度俗而为之法。"(《商君书·壹言》)对于变法,韩非同样举双手赞成,韩非说:"法与时转则治,治与世宜则有

---

① 由于没有注意到立法等差和司法等差的区别,部分学者对儒家和法家关于法律差等的把握常出现偏差,以致对法律儒家化的理解也存在错误。实际就立法而言,儒家和法家都赞同法律差等,不反对贵贱、尊卑、亲疏、长幼的区别,都主张建立由社会等级秩序和家庭伦理秩序共同组成的等级法律。两家的不同之处在于执法上。儒家力倡人治,重视教化,给执法者较大的灵活处置权力和空间,并不特别强调必须严格按照法条来执法;而法家主张严格按照法律行事,不允许执法者对法律作任何变通。用现代的话来说,儒家倡导司法能动主义,而法家奉行法条主义。商鞅的"刑无等级"和韩非的"法不阿贵",实际都是就法律的执行而言的,并非说在立法上、在法律规定上都应一律平等、不存在差别。正因为如此,儒家倡导以礼入法,从未遭到法家的任何反对。儒家更关注立法,而法家更关注法律的执行。法律儒家化历来主要是针对立法而言的,即将礼纳入法律文本之中。对此瞿同祖当年的把握大方向仍然是正确的,相反一些试图泛化法律儒家化概念的人,主张所谓司法领域也存在儒家化的人,实际是偏离了思想和历史的事实。法家关于平等执法的思想具有永恒的价值,执法平等的价值绝不亚于立法平等的价值。人类司法的悲剧通常是,法律本身是不平等的,司法时连不平等的法律也被打了折扣,使"法律的运用比法律本身还要不人道得多"(《马克思恩格斯全集〔第1卷〕》,人民出版社1956年版,第703页)。

功。"(《韩非子·心度》)"故圣人之治民也,法与时移而禁与能变。"
(同上)他嘲笑那些主张法先王的人说:"今欲以先王之政,治当世之
民,皆守株之类也。"(《韩非子·五蠹》)不过韩非从老子那里吸收
了一些辩证法的思想,他在强调适时变法的同时,也重视法律的稳定
性,反对朝令夕改,他说:"治大国而数变法,则民苦之。是以有道之
君贵静,不重变法。"(《韩非子·解老》)

如果认为法家看不到贤人和德治的任何好处,则是不客观不公
允的。[①]法家排斥贤人和德治,并不是因为他们否认世上存在圣贤之
人,韩非就常以圣人立论,以圣人的口吻布道,将自己的观点披上神
圣的外衣。他之所以不寄希望于圣贤,一是因为他认为人性之恶,非
法律不能钳制。法家对道德教化的作用表示怀疑,韩非说:"无威严
之势,赏罚之法,虽舜不能以为治。"(《韩非子·奸劫弑臣》)二是因
为他认为"仁者能仁于人,而不能使人仁;义者能爱于人,而不能使人
爱"(《商君书·画策》)。三是因为他认为"尧、舜、桀、纣千世而一出",
这个世界上大多数人都是中等程度的。"废势背法而待尧、舜,尧、舜
至乃治,是千世乱而一治也。抱法处势而待桀、纣,桀、纣至乃乱,是
千世治而一乱也。"(《韩非子·难势》)"恃人之为吾善也,境内不什
数;用人不得为非,一国可使齐。为治者用众而舍寡,故不务德而务
法。"(《韩非子·显学》)贤人可遇不可求,品德高尚的人不多,依法
治国比依靠圣贤治国更加现实和可行。四是为了避免提倡贤人和德
治动摇和破坏推行法治的决心,因为这样的事例不绝于书,教训实在
深刻。为了捍卫法律至上的地位,他们只能拿出"壮士断臂"的决心,

---

① 夏伟东:《法家重法和法治但不排斥德和德治的一些论证》,《齐鲁学刊》2004
年第 5 期。

在鱼和熊掌不可得兼之时,毫不犹豫地选择了熊掌。故在法治已被大家接受的情况下,法家偶尔也会对贤人和德治表现出艳慕之情,甚至商鞅还提出了"德法并举"的"重治"(治上加治)学说。"明主在上,所举必贤,则法可在贤。法可在贤,则法在下,不肖不敢为非,是谓重治。"(《商君书·画策》)[1]"法治 + 贤治"所形成的"重治"才是国家和社会治理的最佳理想状态。不过对于理性务实的法治论者来说,他们不会对这种最佳的理想状态抱有太多的幻想,更不会沉迷于此,故"重治"思想在《商君书》中也只是昙花一现而已。

(七) 礼乐刑政

秦王嬴政对韩非的法、术、势相结合的治道思想十分赞赏,想与其同游,[2] 迫于秦国的军事压力,韩非后来出使秦国,被李斯等所害死。韩非虽死,但其法治思想却成为秦国以及秦始皇所建立的秦王朝的官方统治思想,使法家学说盛极一时。对于法治下的秦之状况,《盐铁论·周秦》云:"秦有收帑之法,赵高以峻文决罪于内,百官以峭法断割于外,死者相枕席,刑者相望,百姓侧目重足,不寒而栗。"《汉书·刑法志》云:"而奸邪并生,赭衣塞路,囹圄成市,天下愁怨,溃而叛之。"不受任何道义约束而无所不用其极的专制权力所行的法治不过是暴政的另一种说法而已,法治使秦王朝获得了"暴秦"(《史

---

① 这是世界上最早将"以法治国"和"以德治国"并举的论述。这是不奇怪的。商鞅深通帝道和王道,儒家本就是法家的思想源头之一。有学者甚至认为法家本就是儒家的支流之一,参见黄玉顺:《仁爱以制礼,正义以变法——从〈商君书〉看法家的儒家思想渊源及其变异》,《哲学动态》2010 年第 5 期。
② 史载:"秦王见《孤愤》《五蠹》之书,曰:'嗟乎,寡人得见此人与之游,死不恨矣!'"(《史记·老子韩非列传》)

记·陈涉世家》）的称号。

秦王朝作为中国历史上第一个君主专制王朝虽然存在时间很短，但对于其后两千多年的中国社会却产生了深远的影响，这集中表现在两个方面：一是其根据法家学说所建立的君主专制制度和郡县制度一直沿袭到清末，即所谓"百代皆行秦政制"，在此意义上可以说法家学说奠定了中国自秦以来政治的基本框架，君主专制正是法家留传下来的一份政治遗产。[1]二是宣告霸道和以法治国的破产，使王道和以德治国具有了重新赢得话语权的机会，而其系统的理论表达就是董仲舒的新德主刑辅学说。

传说中的舜所说的"明于五刑，以弼五教"（《尚书·大禹谟》）以及周公的"明德慎罚"（《尚书·康诰》）均已有了德主刑辅的意味。以德治国是儒家的传统，孔孟荀皆主张以德礼治国，将王道和德治作为最理想的治道形态。董仲舒也主张德治，他说："则《春秋》之所恶者，不任德而任力，驱民而残贼之；其所好者，设而勿用，仁义以服之也。"（《春秋繁露·竹林》）与先秦儒家相比，董仲舒的新儒学的新颖之处在于，他将德主刑辅上升到了天道的高度，用阴阳学说进行了新的论证。董仲舒说："天地之常，一阴一阳。阳者，天之德也；阴者，天之刑也。"（《春秋繁露·阴阳义》）"阴，刑气也，阳，德气也。"（《春秋繁露·王道通三》）"天之任阳不任阴，好德不好刑，如是。故阳出而前，阴出而后，尊德而卑刑之心见矣。"（《春秋繁露·天道无二》）"故刑者，德之辅，阴者，阳之助也。"（《春秋繁露·天辨在人》）"阴

---

[1] 王元化曾指出，五四时期的一些代表人物多半激烈地反儒而不反法，实在是一个令人疑惑的问题，"实际上儒家还有着民本主义思想和诛独夫的革命思想，可是法家却站在君主本位立场上，实行彻底的专制主义"。参见氏著：《对于五四的再认识答客问》，《开放时代》1999 年第 3 期。

阳二物,终岁各壹出,壹其出,远近同度而不同意。阳之出也,常县于前而任事,阴之出也,常县于后而守空处。此见天之亲阳而疏阴,任德而不任刑也。"(《春秋繁露·基义》)"天志仁,其道也义。为人主者,予夺生杀,各当其义,若四时;列官置吏,必以其能,若五行;好仁恶戾,任德远刑,若阴阳。此之谓能配天。"(《春秋繁露·天地阴阳》)讲了这么多,董仲舒仍感觉不过瘾,于是继续写道:

> 阳为德,阴为刑。刑反德而顺于德,亦权之类也。虽曰权,皆在权成。是故阳行于顺,阴行于逆。逆行而顺者,阳也;顺行而逆者,阴也。是故天以阴为权,以阳为经。阳出而南,阴出而北。经用于盛,权用于末。以此见天之显经隐权,前德而后刑也。故曰:阳,天之德;阴,天之刑也。阳气暖而阴气寒,阳气予而阴气夺,阳气仁而阴气戾,阳气宽而阴气急,阳气爱而阴气恶,阳气生而阴气杀。是故阳常居实位而行于盛,阴常居空位而行于末。天之好仁而近,恶戾之变而远,大德而小刑之意也。先经而后权,贵阳而贱阴也。故阴,夏入居下,不得任岁事;冬出居上,置之空处也。养长之时,伏于下,远去之,弗使得为阳也;无事之时,起之空处,使之备次陈、守闭塞也。此皆天之近阳而远阴,大德而小刑也。是故人主近天之所近,远天之所远;大天之所大,小天之所小。是故天数右阳而不右阴,务德而不务刑。刑之不可任以治世也,犹阴之不可任以成岁也。为政而任刑,谓之逆天,非王道也。(《春秋繁露·阳尊阴卑》)

在董仲舒看来,天道有阴阳,人道也就有刑与德,"阳贵而阴贱,天之制也"(《春秋繁露·天辨在人》)。天道是阳尊阴卑,人道必然也是德尊而刑卑,王者法天道,"好德不好刑""任德而不任刑""任德远刑""大德而小刑""务德而不务刑"是其不二的选择,务必"使德之厚于刑也,如阳之多于阴也"(《春秋繁露·阴阳义》)。

董仲舒的新德主刑辅说产生了两个直接后果,一是使德主刑辅变成了天经地义的事情,在天道话语没有失去效用的历史时空之中是一项不可动摇的治道准则。二是标志着儒家正式承认了"刑"在治国中的合法性,肯定"刑"是不可或缺的治道工具。刑属于阴,虽然不像作为阳的德那么高贵,但离开阴却不能构成天道,故刑也是治国不可或缺的工具。董仲舒的论证与其说是贬低了刑,不如说是正式承认了刑的合法性,正所谓"刑为盛世所不能废,而亦盛世所不尚"(《四库全书总目提要·按语》)。这当然是受法家思想影响的结果,为后世历代王朝奉行"霸王道杂之"、阳儒阴法的治国之道扫清了理论障碍。

同时董仲舒还倡导春秋决狱,为礼义和法律的贯通作了不少的工作,荀子法律儒家化的主张在汉代开始进入了实践阶段。董仲舒说:"《春秋》之论事,莫重于志。"(《春秋繁露·玉杯》)"诛名而不察实,为善者不必免,而犯恶者未必刑也。"(《汉书·董仲舒传》)又说:"《春秋》之听狱也,必本其事而原其志。志邪者,不待成;首恶者,罪特重;本直者,其论轻。"(《春秋繁露·精华》)董仲舒将《春秋》决狱、原心定罪的理论运用到实践中,并为此撰写了一些专门的论著,《汉书·艺文志》载:"《公羊》董仲舒治狱十六篇。"《晋书·刑法志》也记载:"故胶东相董仲舒老病致仕,朝廷每有政议,数遣廷尉张汤亲至陋巷,问其得失,于是作《春秋折狱》二百三十二事,动以《经》对,言之详矣。"《春秋》决狱、原心定罪自此成为一种基本的司法原则,受到了广泛的认同,例如《汉书·食货志》云:"公孙弘以《春秋》之义绳臣下。"《汉书·薛宣传》云:"《春秋》之义,原心定罪。"《汉书·王嘉传》云:"圣王断狱,必先原心定罪,探意立情,故死者不抱恨而入地,生者不衔怨而受罪。"《汉书·五行志》云:"武帝使仲舒弟子吕步舒持斧钺治淮南狱,以《春秋》义专断。"而在这个过程中,礼与刑逐渐融为一体,"礼之所去,刑之所取,失礼则入刑,相为表里者也"(《后汉书·陈宠传》)。但直到"一准乎礼"的《唐律》问世,礼与法实现了合一,汉代肇始的《春秋》决狱才落下帷幕。

德主刑辅、礼与刑的融合,使中国自汉以来开始了一个礼乐刑政综合治理的时代。社会综合治理的思想萌芽较早,例如孔子就曾说:"君子礼以坊德,刑以坊淫,命以坊欲。"(《礼记·坊记》)据考证,《坊记》是孔子孙子子思的作品,[①] 其关于孔子言行的记载想必不会有大的差错。而《礼记·乐记》云:"是故先王慎所以感之者。故礼以道其志,乐以和其声,政以一其行,刑以防其奸。礼乐刑政,其极一也,所以同民心而出治道也。"用礼来引导人们的志向,用乐来调和人们的性情,用政令来统一人们的行动,用刑罚来防止人们做坏事。礼乐刑政,它们的根本作用是一致的,都是用来统一民心而把社会治理好。据考证,《乐记》为孔子的再传弟子公孙尼子所著,[②] 礼乐刑政并用为儒家思想的一部分应该不存在争议。不过先秦儒家综合治理的思想长期以来被埋没在历史的烟尘之中,直到汉代人整理编定《礼记》一书,将《坊记》和《乐记》收入,才重放异彩,受到人们的高度重视,成为统治者的治国指南。《汉书·礼乐志》云:"礼节民心,乐和民声,政以行之,刑以防之。礼乐政刑四达而不悖,则王道备矣。"《汉书》是奉皇帝的命令而编撰的,是官修史书,故其观点实际就是当时官方的立场,礼乐政刑综合治理在东汉已成为官方认可的统治学说,

---

① 王锷:《〈礼记〉成书考》,第70—75页。
② 王锷:《〈礼记〉成书考》,第96—101页。

德与法的关系无论是在理论上还是实践中都有了固定的答案。到唐代,《唐律疏义·名例》正式将其表达为"德礼为政教之本,刑罚为政教之用",遂成不刊之论。

三、圣与庸

什么样的人才是合格或理想的君主? 君主需不需要修身? 这是君道的一个重要内容,对此,王道论者(儒家)和霸道论者(法家)分别给出了自己的回答,简单地说,儒家期望君主是圣人,而法家对君主基本上没有任何品行和道德要求,任何平庸的人都可以做君主,故王道和霸道关于君主的形象可用圣与庸来说明。

(一) 王道圣君

儒家主张君主必须是圣人,平庸者不得居天子位。儒家将人分为圣人、君子、小人等类型,而圣人是儒家最理想的人格形象。在孔子之前,圣人本只是指聪明人而已,例如《诗经·大雅·桑柔》云:"维此圣人,瞻言百里;维彼愚人,覆狂以喜。"此处的圣人只是相对于愚人而言的。孔子对传统圣人的定义作了改造,赋予其最高人格典范的意义。子贡问孔子:"如有博施于民而能济众,何如? 可谓仁乎?"孔子说:"何事于仁,必也圣乎! 尧舜其犹病诸!"(《论语·雍也》)如果能做到广泛施惠于民并且能赈济大众,那就不止是仁了,而是达到了圣人的境界。仁在孔子眼中已是一个很难达到的境界,而圣比仁还要高级。对于君子的人格修养,在孔子看来具有"修己以敬""修己以安人"和"修己以安百姓"三个层次,而"修己以安百姓,尧舜其犹病诸"(《论语·宪问》)！修饬自身来安定百姓,尧舜尚且顾虑做不到,何况普通人呢? 孔子眼中的圣人,一是要具有完美的人格、崇高的品德,二是要能"博施于民而能济众"和"安百姓",即内圣的修养和外王的事功一样都不能少。^① 如此就只有君主才有成圣的资格了,因为只有他们才有"博施于民而能济众"和"修己以安百姓"的权位。故在孔子看来圣人是高不可攀的,所以他说:"圣人,吾不得而见之矣,得见君子者斯可矣。"(《论语·述而》)而且孔子活着时从来就不敢以圣人自诩,他说:"若圣与仁,则吾岂敢。抑为之不厌,诲人不倦,则可谓云尔已矣。"(同上)圣与仁的称号是孔子不敢承受的。^②

而孔子的孙子子思将德与位联系了起来,提出了"大德者必受命"的命题。《中庸》云:"舜其大孝也与? 德为圣人,尊为天子,富有四海之内。宗庙飨之,子孙保之。故大德必得其位,必得其禄,必得其名,必得其寿。故天之生物,必因其材而笃焉。故栽者培之,倾者

---

① "内圣外王"出自《庄子·天下》,其云:"是故内圣外王之道,暗而不明,郁而不发,天下之人各为所欲焉以自为方。"后世儒者以其相标榜,例如程颢初侍其父识邵雍,论议终日,退而叹曰:"尧夫,内圣外王之学也。"(《宋史·道学邵雍传》)尧夫为邵雍的字,程颢称赞邵雍的学问是内圣外王之学。"内圣外王"被人认为是儒家一贯奉行的人格理想和实现王道政治的经世路向。

② 孔子的弟子中不乏将孔子称为圣人的,子贡认为孔子"学不厌,智也;教不倦,仁也。仁且智,夫子既圣矣"。宰我认为:"以予观于夫子,贤于尧舜远矣。"有若说:"圣人之于民,亦类也。出于其类,拔乎其萃,自生民以来,未有盛于孔子也。"(《孟子·公孙丑上》)孟子修改了孔子关于圣人的定义,认为:"圣人,百世之师也。"(《孟子·尽心下》)能世代为人师表的都是圣人,故尧、舜、禹、汤、文、武、周公以及孔子都可称为圣人。甚至还说:"伯夷,圣之清者也;伊尹,圣之任者也;柳下惠,圣之和者也;孔子,圣之时者也。孔子之谓集大成。"(《孟子·万章下》)连伯夷、伊尹和柳下惠都被孟子赋予了圣人的名号。

覆之。《诗》曰:'嘉乐君子,宪宪令德。宜民宜人,受禄于天。保佑命之,自天申之。'故大德者必受命。"子思相信内圣一定会开出外王来,成圣是拥有王位的基本条件。①

虽然荀子一般被人认为较关注外王(即礼治)而对内圣用力不够,但是对圣与王的结合问题荀子比任何儒者都上心。荀子认为圣人不仅是人们学习仿效的榜样,而且是治理天下最理想的人选。他说:"天下者,至重也,非至强莫之能任;至大也,非至辨莫之能分;至众也,非至明莫之能和。此三至者,非圣人莫之能尽,故非圣人莫之能王。"(《荀子·正论》)"天下者,至大也,非圣人莫之能有也。"(同上)"国者,小人可以有之,然而未必不亡也;天下者,至大也,非圣人莫之能有也。"(同上)在荀子看来,只有圣人才能胜任天子和君主的职位。同时,荀子还常将圣与王相提并论,他说:"圣也者,尽伦者也;王也者,尽制者也。两尽者,足以为天下极矣。"(《荀子·解蔽》)圣人就是精通事理的人,王者就是精通制度的人,两个方面都精通,就足以成为天下的表率了。

成仁成圣是儒家对君主的期望,在儒学成为官方的统治学说后,历代君主都以仁君、圣君相期许。儒家为何要在君主身上花费如此大的心思呢?这与儒家关于君主的职责、统治合法性的诉求和以道德教化治国的主张是密切相关的。在儒家看来,君主并非只是来作

---

① "大德必得其位",反之无位即无大德,那么孔子就不能称为圣了。为了解决这个问题,孟子想出了一个将德与位相分离的办法,他说:"匹夫而有天下者,德必若舜禹,而又有天子荐之者,故仲尼不有天下。"(《孟子·万章上》)要有位,仅有德还不行,还要有天子的推荐才行,孔子由于没有天子推荐故没有君位。《庄子·天道》用"玄圣素王"来称呼有德而无位的圣人,汉儒接受了这个说法,称孔子为素王。

威作福的。君主身为天的儿子,要对上天负责;作为民之父母,"政在养民"(《尚书·大禹谟》);作为先祖的后人,要祭祀人鬼。君主对天地人神都负有责任,而且具体肩负着制定礼义、治理社会的繁重任务。对君主的职责,荀子说:"君子者,礼义之始也。"(《荀子·王制》)"君子者,治之原也。"(《荀子·君道》)"人生不能无群,群而无分则争,争则乱,乱则离,离则弱,弱则不能胜物,故宫室不可得而居也,不可少顷舍礼义之谓也",而"君者,善群也"(《荀子·王制》)。"社稷安危,国家治乱,在于一人而已。"(《贞观政要·慎终》)君主的职责和地位如此重要,非圣人不能胜任,平庸之辈只能靠边站。

儒家以三纲五常作为政治和法律的指导思想,试图在人间建立一个行王道的大同理想世界。儒家强调以德服人,十分关心统治在价值和道义上的合法性,力图使人心服。鲁哀公问孔子:"何为则民服?"孔子说:"举直错诸枉,则民服;举枉错诸直,则民不服。"(《论语·为政》)又说:"夫如是,故远人不服,则修文德以来之。"(《论语·季氏》)孟子说:"以德服人者,中心悦而诚服也。"(《孟子·公孙丑上》)"天下不心服而王者,未之有也。"(《孟子·离娄下》)对此,荀子与孔孟的主张是一致的。他说:"人服而势从之,人不服而势去之,故王者已于服人矣。"(《荀子·王霸》)荀子也重视心服而非力服,对五霸持批判的态度,他说:"然而仲尼之门,五尺之竖子,言羞称乎五伯,是何也?曰:然!彼非本政教也,非致隆高也,非綦文理也,非服人之心也。"(《荀子·仲尼》)荀子认为霸道的特征之一就是"非服人之心也"(《荀子·王霸》)。而要以德服人,让人心服口服,只有道德品质高尚的圣人才能做得到。

儒家主张行王道,具体来说,就是要求统治者采用道德教化的方式来治国,即君主为臣民树立道德榜样让臣民效法,而这非圣王不能胜任。孔子说："上好礼,则民易使也。"(《论语·宪问》)又说:"上好礼,则民莫敢不敬;上好义,则民莫敢不服;上好信,则民莫敢不用情。"(《论语·子路》)"其身正,不令而行;其身不正,虽令不从。"(同上)季康子问政,孔子说:"政者,正也。子帅以正,孰敢不正?"(《论语·颜渊》)季康子又问孔子是否可以用杀戮无道的方式使国政趋向清明,孔子回答说:"子为政,焉用杀。子欲善,而民善矣。君子之德风,小人之德草,草上之风,必偃。"(同上)孔子不赞同采取杀戮的方式来治理国家,他认为统治者企求善,民众就会行善。君子的德行是风,小人的德行是草,草遇上风必定倒伏。对于治国,孔子很重视统治者个人以身作则的表率作用。孔子的上述治国思想后来在《大学》中得到了更加集中精练的表达:

> 欲治其国者,先齐其家。欲齐其家者,先修其身。欲修其身者,先正其心。欲正其心者,先诚其意。欲诚其意者,先致其知。致知在格物。物格而后知至,知至而后意诚。意诚而后心正。心正而后身修。身修而后家齐。家齐而后国治。国治而后天下平。

这就是著名的君主达致天下太平的八目:格物、致知、诚意、正心、修身、齐家、治国、平天下。而其中"修身"是本,是君王成圣的基本功夫。现在学者大多同意朱熹《大学》有经、传,"经盖孔子之言而曾子述之,传则曾子之意而门人记之"的说法,《大学》是战国前期的作品,[①]孟子一定阅读过它,并受到过它的影响。孟子曾说:"上有好者,下必有甚焉者矣。"(《孟子·滕文公上》)"君仁莫不仁,君义莫不义,君正莫不正,一正君而国定矣。"(《孟子·离娄上》)"是以惟

---

① 王锷:《〈礼记〉成书考》,第59页。

仁者宜在高位,不仁而在高位是播其恶于众也。"(《孟子·离娄上》)
"有大人者,正己而物正者也。"(《孟子·尽心上》)如果遇到问题,
孟子强调首先检讨自身的行为是否遵循了正道,他说:"爱人不亲,
反其仁;治人不治,反其智;礼人不答,反其敬。行有不得者皆反求
诸己,其身正而天下归之。"(《孟子·离娄上》)而这一切当然都离
不开修身,故孟子对修身十分重视,他说:"夭寿不贰,修身以俟之,
所以立命也","古之人,得志,泽加于民,不得志,修身见于世。"(《孟
子·尽心上》)

对于孔孟君主修身治国的主张,荀子完全继承,他说:"君者,民
之原也,原清则流清,原浊则流浊。"(《荀子·君道》)对于应当怎样
治国,他的回答是:

> 闻修身,未尝闻为国也。君者,仪也,民者,景也,仪正而景
> 正。君者,盘也,民者,水也,盘圆而水圆;君者,盂也,盂方而水
> 方。君射则臣决。楚庄王好细腰,故朝有饿人。故曰:闻修身,
> 未尝闻为国也。(同上)

荀子认为有什么样的君主就有什么样的臣民,他将君主修身与治国
直接等同起来,将君主修身提高到了无以复加的地步。相同的主题
和思想,也出现在吕不韦的门客们编写的《吕氏春秋》中:

> 楚王问为国于詹子,詹子对曰:"何闻为身,不闻为国。"詹
> 子岂以国可无为哉? 以为为国之本,在于为身。身为而家为,家
> 为而国为,国为而天下为。故曰以身为家,以家为国,以国为天
> 下。此四者,异位同本。故圣人之事,广之则极宇宙,穷日月,约
> 之则无出乎身者也。慈亲不能传于子,忠臣不能入于君,唯有其

材者为近之。(《审分览第五·执一》)①

詹何也认为修身为治国之本。通过修身来治国(即修己治人)成为中国古代政治哲学的一大思想传统。董仲舒云:"故为人君者,正心以正朝廷,正朝廷以正百官,正百官以正万民,正万民以正四方。"(《汉书·董仲舒传》)刘向云:"夫上之化下,犹风靡草,东风则草靡而西,西风则草靡而东,在风所由而草为之靡,是故人君之动,不可不慎也。夫树曲木者,恶得直景;人君不直其行,不敬其言者,未有能保帝王之号、垂显令之名者也。"(《说苑·君道》)贞观初年,唐太宗对身边的人说:"若安天下,必须先正其身,未有身正而影曲,上治而下乱者。"(《贞观政要·君道》)修身已由思想家的主张变成了帝王的自觉意识。

在此还有四个问题值得追问。一是为什么要修身。君权神授,如果君主具有不学而知、不学而能的天赋,一生下就是圣人,修身就是多余的。对此,无论孟子还是荀子都给出了否定的回答。在第三章中笔者已介绍过,孟子认为人天生就有仁义礼智四种善端,但是如果不努力保持和扩充,人的善端也会完全丧失而变成恶人,所以人人都是需要修身的。荀子主张人天生性恶,要变成善人,成为君子和圣人,必须经历化性起伪的过程。荀子认为君子和小人的天赋都是一样的,他说:"材性知能,君子小人一也。好荣恶辱,好利恶害,是君子小人之所同也,若其所以求之之道则异矣。"(《荀子·荣辱》)故君主要想成为圣人,担当起治国的重任,修身是必不可少的。

二是修身是否有用。如果无论怎么修都不能变成圣人,修身也就徒劳无益了。为了激励人们修身的热情,孟子和荀子都向人们就

---

① 这个故事也被《列子》的《说符》篇收录,传播甚远。

修身的有效性作出了承诺,孟子认为只要努力"人皆可以为尧舜",荀子认为"故孰察小人之知能,足以知其有余,可以为君子之所为也"(《荀子·荣辱》),只要努力"涂之人可以为禹"。

三是如何修身。《中庸》已讲了格物、致知、诚意、正心、修身的五个步骤,用孟子的话来讲,君主修身的内容即"格君心之非"和"正君"(《孟子·离娄上》)。为了培养仁君,儒家对君王提出了一系列道德要求,一是要求"君使臣以礼"(《论语·八佾》)。只有君以礼待臣,臣才"事君以忠"(同上)。先秦儒家并不要求作臣的对君王进愚忠,例如孟子就说:"君有大过则谏,反复之而不听,则易位。"(《孟子·万章下》)并说:"君之视臣如手足,则臣事君如腹心;君之视臣如犬马,则臣事君如国人;君之视臣如土芥,则臣视君如寇仇。"(《孟子·离娄下》)二是要求君主要守信用。孔子说:"道千乘之国,敬事而信,节用而爱人,使民以时。"(《论语·学而》)"上好信,则民莫敢不用情。"(《论语·子路》)子贡问政,孔子说:"足食,足兵,民信之矣。"子贡问如果要去掉两项只保留一项,那么应保留谁呢,孔子毫不犹豫地说,应保留"民信",因为"民无信不立"(《论语·颜渊》)。三是要求君主孝慈。"孝慈则忠"(《论语·为政》),只有君主上孝于亲,下慈于民,臣民才对君尽忠。四是要求君主有道。孔子告诫弟子:"危邦不入,乱邦不居,天下有道则见,无道则隐。"(《论语·泰伯》)"邦有道则仕,邦无道则可卷而怀之。"(《论语·卫灵公》)君主要想让臣民出来做官就必须首先自己要做到有道。五是要求君主以身作则,为天下树立榜样。"其身正,不令而行,其身不正,虽令不从。"(《论语·子路》)君主修身就是使自身的行为符合上述这一系列道德要求。儒家敢于对君主提出一系列道德要求是难能可贵的,但由于君主掌握着绝对的权力,除非君主自愿,没有任何办法能监督和约束君主遵守相关道德要求。

四是当君主不修身变成无恶不作的暴君时该怎么办。君主拥有至高无上的权力，世人所能做的只是进行道德规劝，而道德说教未必都管用，虽然儒家赞同"人皆可以为尧舜"和"涂之人可以为禹"，但是他们从来不否认存在像桀和纣那样的暴君。对于暴君，儒家赋予了人民反抗的权利。"天之爱民甚矣，岂其使一人肆于民上，以从其淫，而弃天地之性？必不然矣。"（《左传·襄公十四年》）"天之生民非为君也，天之立君以为民也。"（《荀子·大略》）上天派君主到人间并非是为了让他来作威作福的，君主是为人民而立的，[①] 当其残害人民时，人民就可发动革命将其诛杀。正是基于这样一个逻辑，孟子对"汤武革命，顺乎天而应乎人"（《易传·革卦》）大加赞赏：

> 齐宣王问曰："汤放桀，武王伐纣，有诸？"
>
> 孟子对曰："于传有之。"
>
> 曰："臣弑其君，可乎？"
>
> 曰："贼仁者谓之'贼'，贼义者谓之'残'。残贼之人谓之'一夫'。闻诛一夫纣矣，未闻弑君也。"（《孟子·梁惠王下》）

孟子认为对于桀、纣这样的暴君，汤武革命不属于弑君、篡位，其行为合法正当。荀子与孟子的看法大体一致，认为"汤武不弑君"（《荀子·正论》），"夺然后义，杀然后仁，上下易位然后贞，功参天地，泽被生民，夫是之谓权险之平，汤武是也"（《荀子·臣道》）。但在这里

---

① 墨家基本上也持相同的观点，墨子云："则此语古者上帝、鬼神之建设国都，立正长也，非高其爵，厚其禄，富贵佚而错之也。将以为万民兴利除害，富贵贫寡，安危治乱也。"（《墨子·尚同中》）但墨家没有发展出类似"汤武革命"的主张。

要作一点说明,儒家说的革命并非现代意义上的革命,它是秉承周公"以德配天"的君权神授说的,命指的是天命,儒家只是主张得到天命的人可对不行王道以致丧失天命的君主取而代之,其骨子里并不反对君主专制制度,并不主张对社会制度进行根本性的变革。不过儒家从道义上赋予了革命极大的合理性和正当性,为改朝换代提供了合法性的依据,影响深远。

除了开国之君外,继任君主都是世袭的,故儒家的王道圣君理想在现实政治中常常落空,[①]但它仍然具有积极意义,迫使君主表面上不得不屈服于道义的权威。为了强迫君主修德,儒家还提出了一个天人感应、灾异谴告的学说(详见本书第一章),董仲舒向君主们发出诸如"五行变至,当救之以德,施之天下,则咎除;不救以德,不出三年,天当雨石"(《春秋繁露·五行变救》)之类的警告。结果使得连皇帝们也常常深信不疑。例如,建始三年(前 30)冬十二月戊申朔,发生了日蚀,晚上未央宫发生了地震。为此汉成帝被迫下诏说:"盖闻天生众民,不能相治,为之立君以统理之。君道得,则草木昆虫咸得其所;人君不德,谪见天地,灾异娄发,以告不治。朕涉道日寡,举错不中,乃戊申日蚀地震,朕甚惧焉。公卿其各思朕过失,明白陈之。"(《汉书·成帝纪》)儒家对君主的期许的制度表达,就是历朝历代均

---

① 儒家曾为解决这个问题提供了一个合理的方案,那就是选举。《礼记·礼运》云:"大道之行也,天下为公,选贤与能,讲信修睦。"对于选举政治领袖,墨家也表示完全赞同。《墨子》云:"是故选天下之贤可者,立以为天子。"(《墨子·尚同上》)"是故选择天下贤良、圣知、辩慧之人,立以为天子。"(《墨子·尚同中》)选举是个好办法,但在专制制度背景下,缺乏相关支撑条件,并不具有可行性。

重视对储君(太子)的教育和选拔,[①] 常选拔德高望重的硕儒做太子的老师。

(二) 霸道庸君

法家对君主没有提出任何要求,在法家看来,君主之所以为君主,仅仅是因为他处在君主的位置上,即"君之所以为君者,势也"(《管子·法法》)。任何平庸的人,只要拥有君主的权势,都是当然的君主。法家没有将君主描绘成君子或圣人,也没有要求君主具有超凡的本领。例如,《商君书·画策》云:"凡人主,德行非出人也,知非出人也,勇力非过人也。"商鞅认为君主在品德行为、智慧和勇敢、力量等方面都不比常人高明。《慎子·佚文》云:"君之智未必最贤于众也,以未最贤而欲善尽被下,则下不赡矣。若君之智最贤,以一君而尽赡下则劳,劳则有倦,倦则衰,衰则复返于人不赡之道也。"慎到从未肯定君主是最贤的,他认为君主像常人一样,有贤有不贤,即使是贤君,一人治理天下也十分困难。韩非说:"夫为人主而身察百官,则日不足,力不给。且上用目,则下饰观;上用耳,则下饰声,上用虑,则下繁辞。先王以三者为不足,故舍己能而因法数,审赏罚。"(《韩非子·有度》)"人主之患在于信人,信人,则制于人。"(《韩非子·备内》)又说:"人主有五壅:臣闭其主曰壅,臣制财利曰壅,臣擅行令曰壅,臣得行义曰壅,臣得树人曰壅。臣闭其主,则主失位;臣制财利,则主失德;臣擅行令,则主失制;臣得行义,则主失明;臣得树人,则主失党。此人主之所以独擅也,非人臣之所以得操也。"(《韩非子·主

[①] 对此贾谊曾说:"天下之命,县于太子;太子之善,在于蚤谕教与选左右。"(《新书·保傅》)

道》)在韩非看来,君主的耳、目、思虑没有过人之处,同样具有常人容易轻信的毛病,君主还可能经常受到臣下的五种蒙蔽,君主根本谈不上什么高明。更有甚者,韩非还用"不肖"来言说君主,他说:"人主虽不肖,臣不敢侵也。"(《韩非子·忠孝》)

当然这不等于说法家对君主是不作任何评价的。[①]《商君书》一书常使用"圣人""明主""明君""圣君"等术语,《韩非子》一书中同样可见到"圣人""明主""有道之君""乱主""人君无道""暴君"这些带有价值判断的词语。而且韩非还说:"仁暴者,皆亡国者也。"(《韩非子·八说》)君主仁爱和残暴都会导致国家灭亡,故仁爱和残暴均不足取,法家不奢望君主是尧舜,但也不希望君主是桀纣。严格说来法家对君主也是有要求的,那就是希望君主努力学习和掌握运用法、术、势的本领。韩非说:"人主使人臣虽有智能,不得背法而专制;虽有贤行,不得逾功而先劳;虽有忠信,不得释法而不禁。"(《韩非子·南面》)要做到这些,不学习显然是不可能的,法家理想的明君是那种掌握了法、术、势并能灵活运用的人。

值得特别指出的是,法家希望君主能够遵守自身制定的法律,

---

① 刘泽华认为法家凭借历史进化说和道对君主进行了圣化,法家学说是一种圣化君主的理论(参见氏著《中国政治思想史集〔第三卷〕》,人民出版社2008年版,第319—322页)。与儒家比起来,法家在圣化君主方面基本上是微不足道的。法家一再提醒人们现实中大多数君主都是平庸的人,法家向世人作出了一项承诺,即只要采取他们法术势相结合的统治学说,即使是平庸的君主也能实现富国强兵,实现大治。对此,冯友兰曾言,在法家看来"君主就这样用法用势治民。他不需要有特殊才能和高尚道德,也不需要像儒家主张的那样,自己作出榜样,或是通过个人的影响来统治","照法家如此说来,他们的治国之道真正是即使是愚人也能掌握"。参见氏著《中国哲学简史》,北京大学出版社1996年版,第139、140页。

为严格执法创造条件,不能成为法律执行的障碍。《管子》云:"君臣上下贵贱皆从法,此谓为大治。"(《任法》)"是以有道之君,行法修制,先民服也。"(《法法》)"明君不为亲戚危其社稷,社稷戚于亲;不为君欲变其令,令尊于君;不为重宝分其威,威贵于宝;不为爱民亏其法,法爱于民。"(同上)"虽圣人能生法,不能废法而治国。"(同上)"有道之君,善明设法而不以私防者也。而无道之君,既已设法,则舍法而行私者也。为人上者释法而行私,则为人臣者援私以为公。"(《君臣》)《慎子·君子》云:"大君任法而不弗躬,则事断于法。"《韩非子》云:"故明主使其群臣,不游意于法之外,不为惠于法之内,动无非法。"(《有度》)"奉公法,废私术。"(同上)"人主虽使人,必以度量准之,以刑名参之。以事遇于法则行,不遇于法则止。功当其言则赏,不当则诛。"(《难二》)法家希望君主遵守法律,其用意是良善的,意愿是真诚的,但注定是不容易取得成功的,因为他们未能将皇权置于法律之下,所能做到的只是从功利、从理性、从有利于维护君主统治的角度去说服君主自觉遵守法律,而没有任何制度和外在的力量来强制君主遵守法律,在偏私、骄横、恣意的人性面前,任何说教(包括理性的功利计算)都是苍白的。

法家之所以不对君主提出特别的道德要求,主要是由于法家从不思考什么样的社会是理想的社会,法家的政治和法律是没有任何超验原则做指导的,法术之士承认一切现存的君权都是合法的。《管子》云:"凡人君之德行威严,非独能尽贤于人也。曰人君也,故从而贵之,不敢论其德行之高下。"(《法法》)君主高贵,不是因为他具有高尚的品德和卓越的本领,而仅仅因为他是君主。"凡人君之所以为君者,势也。"(同上)法家认为权势是取得和维持君权的唯一凭借,道德修养和品质不在他们的视野之内。《商君书·开塞》云:"上贤者以道相出也,而立君者使贤无用也。"崇尚贤德的人所遵循的原则是推举贤人,但设立君主后崇尚贤人的方法就没有用了。在法家看来,一个人一旦拥有了君主的地位,无论品德多么低劣,才能多么不堪,都是不可诛杀和取代的。法术之士只想扮演君主的谋士,凭借法、术、势帮助君主实现富国强兵和称王称霸的梦想。法家也关注统治的合法性问题,不过他们强调以力服人,重视的只是经验上的合法性,即人们单纯服从的事实,而不问这种服从是否具有价值,是否正当与合理。法术之士是马基雅维里主义者,他们只关心统治的有效性问题,为达目的,可以不择手段。商鞅说:"民之生,不知则学,力尽而服。"(《商君书·开塞》)又说:"汤武致强而征诸侯,服其力也。"(《商君书·算地》)韩非说:"夫虎之所以能服狗者,爪牙也。"(《韩非子·二柄》)"大国之所索,小国必听;强兵之所加,弱兵必服。"(《韩非子·八奸》)他们的眼中只有武力,只有力量形成的屈服。张岱年曾评价韩非说:"他完全注眼于物而不注眼于心。"① 除了法以外,现代人所称颂的文化、价值观、意识形态、民意等软实力,韩非一概不感兴趣。

四、君与臣

臣在古代汉语中具有多种含义,此处特指君主任命的官吏。前面讨论天道和人道时,笔者已提及君臣关系,指出君尊臣卑、臣民对于君主唯有尽忠的义务而不享有任何权利是中国专制时代处理君臣

---

① 张岱年:《中国哲学大纲》,第 15 页。

关系的基本准则,为了避免重复,相关内容在此处就忽略不提,但那些内容无疑都是君臣之道的重要内容。在本节中,笔者只拟就几个前面未曾讨论过的话题作一介绍。

(一) 从"道尊于君"到"君为臣纲"

汉儒从天道(阴阳)的角度论证了君尊臣卑的合法性,逐渐形成了君为臣纲这一专制时代中国政治和法制的基本原则,但这实际是汉代的儒者吸收阴阳家和法家的学说后,为了"得君行道",放弃先秦儒家关于处理君臣关系的一些基本教条和立场后的产物。前面笔者已对君尊臣卑、忠孝作了介绍,下面我们只对东周到秦汉之间君臣关系思想变迁过程作一个说明。

在导论中我们已提及,春秋战国时期,各诸侯国对贤士的重视,使士人们对自我地位和价值的认识日渐拔高,出现了道统高于政统、知识高于权力的现象,即余英时所谓的"道尊于势"的现象,[1]为后世反抗君权留下了一份宝贵的政治遗产。对于百己者、十己者和若己者,各国诸侯不能视之以臣,而应以师、友待之,礼贤下士是国君与士人交往的基本要求。"志意修则骄富贵,道义重则轻王公"(《荀子·修身》),"有道之士,固骄人主"(《吕氏春秋·下贤》),是战国时期中国政治生活中十分独特的思想和景观。对此孟子与万章的一段对话很有代表性:

> 万章曰:"敢问不见诸侯,何义也?"
> 孟子曰:"在国曰市井之臣,在野曰草莽之臣,皆谓庶人。庶

---

[1] 参见余英时:《古代知识阶层的兴起与发展》,收在氏著《士与中国文化》,上海人民出版社2003年版。

人不传质为臣,不敢见于诸侯,礼也。"

万章曰:"庶人召之役则往役;君欲见之,召之则不往见之,何也?"

曰:"往役,义也;往见,不义也。且君之欲见之也,何为也哉?"

曰:"为其多闻也,为其贤也。"

曰:"为其多闻也,则天子不召师,而况诸侯乎?为其贤也,则吾未闻欲见贤而召之也。缪公亟见于子思,曰:'古千乘之国以友士,何如?'子思不悦曰:'古之人有言曰事之云乎,岂曰友之云乎?'子思之不悦也,岂不曰以位则子君也、我臣也,何敢与君友也?以德则子事我者也,奚可以与我友?千乘之君求与之友而不可得也,而况可召与?齐景公田,招虞人以旌,不至,将杀之。'志士不忘在沟壑,勇士不忘丧其元',孔子奚取焉?取非其招不往也。"

曰:"敢问招虞人何以?"

曰:"以皮冠。庶人以旃,士以旂,大夫以旌。以大夫之招招虞人,虞人死不敢往。以士之招招庶人,庶人岂敢往哉?况乎以不贤人之招招贤人乎?欲见贤人而不以其道,犹欲其入而闭之门也……"(《孟子·万章下》)

在子思和孟子看来,德行高于权力,对于贤德的士,诸侯应侍奉而不是与之结交,诸侯要见贤人就应遵守见贤人的规则,即不得使用传唤,而应亲自上前去拜见。[①]"道尊于势",知识和德行相对于权力的

[①] 当然与颜斶的言论相比,子思和孟子还算是克制的。齐宣王问颜斶:"王者贵乎?士贵乎?"对曰:"士贵耳,王者不贵。"并说:"生王之头,曾不若死士之垄也。"(《战国策·齐策·齐宣王见颜斶》)

优越性,士人以道自重不屈服于权势的态度,在孟子与万章的对话中得到了充分的展现。①

　　然而与儒家高扬"以道事君"(《论语·阳货》)"从道不从君"相反,在战国中晚期的法家中,一股专制主义的"尊君卑臣"理论正甚嚣尘上,并受到了众多君主的青睐。《管子·明法》云:"夫尊君卑臣,非亲也,以势胜也;百官论职,非惠也,刑罚必也。""令重则君尊,君尊则国安;令轻则君卑,君卑则国危。故安国在乎尊君,尊君在乎行令,行令在乎严罚。"(《管子·重令》) 法家的先行者打出了尊君的招牌,认为君主是否集权和尊贵关系国家的安危,这一主张很快获得了当时知识精英们的广泛认同。作为先秦思想的总结者,荀子也接受了尊君的主张,将尊君作为臣子的美德。荀子将士分为通达之士、公正之士、耿直之士和忠厚之士,所谓通达之士是指"上则能尊君,下则能爱民,物至而应,事起而辨"(《荀子·不苟》)的人。他将臣子划分为态臣(阿谀奉承的臣子)、篡臣(篡权的臣子)、功臣(功绩显赫的臣子)和圣臣(圣明的臣子),所谓圣臣是指"上则能尊君,下则能爱民,政令教化,刑下如影;应卒遇变,齐给如响;推类接誉,以待无方,曲成制象"(《荀子·臣道》)的臣子。在荀子看来,尊君是成为好的士、好的大臣必备的条件。并说:"隆礼义之为尊君也。"(《荀子·君道》) 荀子花费大力气研讨礼仪,原来只是为了尊君而已。在战国末期,尊君卑臣已成为社会的共识,韩非从法家前辈和荀子那里毫无保留地接受了"尊君卑臣"的思想,与儒家主张通过"仁义智

---

① 张岱年认为后世的道统说既有反抗外来宗教的作用,也有对抗皇权的意义,参见《张岱年全集(第 7 卷)》,第 356—357 页。

能"① 来尊君安国不同,韩非强调通过法术势来实现君尊国安。他说:
"以尊主御忠臣,则长乐生而功名成。"(《韩非子·功名》)"处位治国,
则有尊主广地之实:此之谓足贵之臣。"(《韩非子·奸劫弑臣》)"夫
有术者之为人臣也,得效度数之言,上明主法,下困奸臣,以尊主安
国者也。"(同上) 韩非希望能够达成"大臣有行则尊君,百姓有功则
利上"(《韩非子·八经》)的局面。他批评"属数虽多,非所尊君也"
(《韩非子·有度》),批评管仲"不务尊主明法,而事增宠益爵"(《韩
非子·难一》),"尊君卑臣"成为法家专制主义的核心思想,成为法
家思想的重要特征之一。

　　汉革秦命,法家学说失去了统治学说的地位,但其"尊君卑臣"
的思想却被统治者们所完全继承,成为不刊之论,为此司马谈在评论
法家时一方面指陈其弊说:"法家不别亲疏,不殊贵贱,一断于法,则
亲亲尊尊之恩绝矣。可以行一时之计,而不可长用也。"另一方面又
说:"若尊主卑臣,明分职不得相逾越,虽百家弗能改也。"(《史记·太
史公自序》) 将法家"尊主卑臣"、明分职守的主张上升到永恒真理的
高度,任何人都不得反对。作为史官,司马谈的观点当然来自当时社
会的正统思想。为了"得君行道",汉儒们"抛弃了孟子的'君轻'论、
荀子的'从道不从君'论,而代之以法家的'尊君卑臣'论",② 先秦儒
家君仁臣忠相对待的君臣观也就自然而然地被法家绝对化的忠孝观
所淹没,"君为臣纲"呼之欲出,到董仲舒明确提出三纲五纪,"道尊

---

① 韩非说:"今世皆曰:'尊主安国者,必以仁义智能。'"(《韩非子·说疑》)"仁
　义智能"不用说是儒家的主张,这表明战国末期的儒家对尊君已没有任何异
　议了,而且作为显学的儒学在社会上具有广泛的影响力,大多数知识分子都
　是儒者,儒者的言论代表了社会的主流,故韩非才称"今世"。
② 余英时:《中国思想传统的现代诠释》,第89—90页。

于势"就成了思想陈迹,后世只在个别儒者身上偶见回光返照。

(二)"君臣之义"与利益交换

儒家认为君主是天下人的父母,君臣恰如父子,"父子之亲,君臣之义"是可以等同视之的,而法家认为君臣之间不存在任何亲情,有的只是利益交换。

儒家的君主是天的儿子,天下人的父母,即"元后作民父母"(《尚书·泰誓上》),"天子作民父母,以为天下王"(《尚书·洪范》)。但先秦的儒家十分重视士人的人格独立,士人可凭借其道德学识而成为君之师友,在人格上与君主享有部分平起平坐的资格,除了"臣事君以忠"以外,还有诸如"所谓大臣者,以道事君,不可则止"(《论语·先进》),"民为贵,社稷次之,君为轻"(《孟子·尽心下》),"诛一夫"(《孟子·梁惠王下》),"从道不从君"(《荀子·臣道》)和"天下为公"(《礼记·礼运》)等提法。孟子甚至告诉齐宣王说:"君之视臣如手足,则臣视君如腹心;君之视臣如犬马,则臣视君如国人;君之视臣如土芥,则臣视君如寇仇。"(《孟子·离娄下》)君臣虽然不平等,但权利和义务还具有一定对待的色彩。但到汉代"三纲五常"被正式提出后,"君为臣纲"作为新的君臣准则被确立了起来,在新儒家的话语中,臣对于君只有尽忠尽孝的份,再没有讨价还价的余地,君臣关系变得不再具有对待性。但"君臣之义"与"父子之亲"仍然常被人挂在嘴边,相机使用。例如,唐太宗就曾说:"君臣之义,同于父子,情发于衷,安避辰日?"(《旧唐书·张公谨传》)而像"是为人君父,当须仁慈;为人臣子,宜尽忠孝。仁慈忠孝,则福祚攸永;如或反此,则殃祸斯及"(《旧唐书·儒学张士衡传》)之类的话仍然具有听众。明初朱元璋在大庖西室对解缙说:"朕与尔义则君臣,恩犹父子,当知无不言。"(《明史·解缙传》)这一席话让刚刚中第一个月的少年才子解缙激动不已,即日就上封事万言。

对于君臣关系,儒家主张主要运用礼、并辅之以法来调整。儒家主张德主刑辅,落实到君臣关系的调整上即是以礼为主、辅之以刑。鲁定公问君主应当如何差使臣子,臣子应当如何侍奉君主,孔子说:"君使臣以礼,臣事君以忠。"(《论语·八佾》)孔子所说的"君君,臣臣"(《论语·颜渊》)的判断标准自然是礼了,礼成为调整君臣关系的基本工具。孟子讲"君臣有义"(《孟子·滕文公上》),又说:"欲为君尽君道,欲为臣尽臣道。"(《孟子·离娄上》)其所谓义和道的判断标准都是礼。荀子说得则更加明白:"礼者,人主之所以为群臣寸尺寻丈检式也。"(《荀子·儒效》)"请问为人臣?曰:以礼侍君,忠顺而不懈。"(《荀子·君道》)当然除了礼外,儒家也不否认法(刑)的作用:"刑罚行于国,所诛者,乱人也,如此则民顺治而国安也。"(《礼记·聘义》)臣子冒犯君主时也主张用刑法来调整,例如十恶制度中的谋反、谋大逆、大不敬就是最显著的例子,它们都是儒家思想的法律表达。

而法家主张君臣之间只存在客观的物质利益交换关系。一是法家否认君臣之间有所谓的亲情。韩非说:"夫君臣非有骨肉之亲,正直之道可以得利,则臣尽力以事主;正直之道不可以得安,则臣行私以干上。明主知之,故设利害之道以示天下而已矣。"(《韩非子·奸劫弑臣》)又说:"君臣之相与也,非有父子之亲也。"(同上)二是法家认为君臣之间的立场和利益常常是对立的。《管子·重令》云:"罚严令行,则百吏皆恐;罚不严,令不行,则百吏皆喜。"官吏与君主的立场常常是不一致的。而韩非明确提出"君臣之利异"(《韩非子·内储说下》)。三是法家认为君臣之间只存在交换关系。韩非认为父母对于儿女,生了男孩就互相祝贺,生了女孩就把她溺死,"故父母之于子也,犹用计算之心以相待也,而况无父子之泽乎? 今学者之说人主也,皆去求利之心,出相爱之道,是求人主之过父母之亲也,此不熟于论恩,诈而诬也,故明主不受也。"(《韩非子·六反》)又说:"人主挟大利以听治,故其任官者当能,其赏罚无私。使士民明焉,尽力致死,则功伐可立而爵禄可致,爵禄致而富贵之业成矣。富贵者,人臣之大利也。人臣挟大利以从事,故其行危至死,其力尽而不望。此谓君不仁,臣不忠,则可以霸王矣。"(同上)韩非褒赏罚而贬忠孝,宣扬"主卖官爵,臣卖智力"(《韩非子·外储说右下》),君主出售爵位给臣子,臣子"学成文武艺,货与帝王家",将自身的智力卖给君主,臣子效命于君主完全是利益使然,即不过是"食君之禄,忠君之事"罢了。

将君臣关系还原为一种物质利益交换关系,本孕育了平等的基因,但法家排除了这种可能性。法家的君臣关系是一种绝对不平等的关系,君对臣除了权利外没有任何义务,而臣对君除了义务外没有任何权利,臣要绝对地忠于君主,法家取消了臣民对于君主的任何反抗权利。韩非说:"所谓忠臣,不危其君"(《韩非子·忠孝》),"忠臣之事君也,非竞取君之国也。"(同上) 在任何情况下,臣子对于君主都不能取而代之。《韩非子·初见秦》云:"为人臣不忠,当死;言而不当,亦当死。"《初见秦》历来公认非韩非所作,但从《韩非子》全书来看,将这一思想归到韩非名下也不会令人感到意外。

汉代开始儒法合流。对于臣子,历代君主都采用王霸两手,外用儒家的父子之亲来缘饰,内用法家的赏罚利诱来激励,当然最管用的还是法家的方法。唐太宗就经常奖励进谏的大臣,据《贞观政要》记载,魏征每次提出宝贵的谏言,唐太宗都对其加以奖励。法家对君臣关系物质主义的解读,对中国古代的官制产生了重要的影响,促使君主十分注意对官僚的考核和监督,为御史和监察等制度奠定了思想基础。

(三)"贤能"与"奸能"

君主治国离不开大臣的辅佐,所以知人善任是对君主的基本要求,对此中国先民很早就有认识。《尚书·皋陶谟》云:"在知人,在安民。"君主须知人善任,安抚民众。孔子深知获得人才的困难,曾感叹说:"才难,不其然乎?"(《论语·泰伯》)荀子说:"主道知人,臣道知事"(《荀子·大略》),"人主者,以官人为能者也"(《荀子·王霸》),"君人者不可以不慎取臣"(《荀子·大略》)。《说苑·君道》云:"是故知人者主道也,知事者臣道也,主道知人,臣道知事,毋乱旧法,而天下治矣。"《列子·说符》也讲:"故治国之难在于知贤而不在自贤。"儒家尚贤,主张君主任用有良好声誉和品行的能人;而法家反是,主张君主任用能够严格执行法律的人,即使他没有任何好名声和品行也没有关系。

任人唯亲和任人唯贤是自古以来就相互对立的两条人事路线,儒法两家都反对"官人以世"(《尚书·泰誓上》)的世卿世禄制度和任人唯亲,但其具体主张则存在较大的差异。儒家重德,要求起用德才兼备的人,而法家不重德,甚至反对启用那些具有贤德声誉的人,用人只看是否能够严格执法。《尚书》中就充满了任用贤才的思想,例如:"野无遗贤,万邦咸宁。"(《大禹谟》)"建官惟贤,位事惟能。"(《武成》)"所宝惟贤,则迩人安。"(《旅獒》)"推贤让能,庶官乃和,不和政庞。举能其官,惟尔之能;称匪其人,惟尔不任。"(《周官》)孔子继承了这些合理的思想,主张举贤才。

仲弓为季氏宰,问政。子曰:"先有司,赦小过,举贤才。"

曰:"焉知贤才而举之?"

曰:"举尔所知,尔所不知,人其舍诸?"(《论语·子路》)

在儒家的话语体系中,贤是对人品德方面的要求,才是对人能力方面的要求,孔子所谓的"贤才"实际是一个德才兼备的用人标准。[①]同时,孔子还主张爱贤,反对嫉贤妒能。鲁国贤人柳下惠没有得到重用,对此孔子说:"臧文仲,其窃位者与? 知柳下惠之贤,而不与立也。"(《论语·卫灵公》)臧文仲知贤不举,被孔子严厉指责,称其为"窃位"者。对于用人,孔子还有"举直错诸枉,则民服;举枉错诸直,则民不服"(《论语·为政》)的著名言论,"直"当然是德方面的要求了。孔子的大同世界是"选贤与能"(《礼记·礼运》)的社会,即选举有德行和有才能的人来治理天下。

子思发展了孔子的人治主张,说:"文武之政布在方策。其人存则其政举;其人亡则其政息。"(《中庸》)文王、武王的政教,都记载在方版和简策上了。有贤人在,这些政教就能施行;没有贤人,这些政教就废弃了。贤才是以德治国、推行政治教化必不可少的工具。

孟子继承和发展了孔子的思想,提出了礼贤下士的主张,孟子说:"莫如贵德而尊士,贤者在位,能者在职。"(《孟子·公孙丑上》)"古之贤王好善而忘势,古之贤士何独不然,乐其道而忘人之势,故王公不致敬尽礼则不得亟见之。"(《孟子·尽心上》)在孟子看来,君主要想得到贤才辅佐就必须礼贤下士。

[①] 读者需要注意的是,"贤"本指有德行、有才能的意思,即"贤"包含了"德"和"才"两种要素,但儒家的"贤"偏重于德。法家偶尔也使用"贤"这个概念,但是他们所谓的"贤"常偏重于"才"。

　　为了彻底打破世卿世禄制度,荀子在继承儒家先辈学说的基础上提出了破格选用贤才的主张。他说:"贤能不待次而举,罢不能不待须而废"(《荀子·王制》),"虽王公士大夫之子孙也,不能属于礼义,则归之庶人。虽庶人之子孙也,积文学,正身行,能属于礼义,则归之卿相士大夫。"(同上)在荀子看来,王者的用人方针是:"无德不贵,无能不官,无功不赏,无罪不罚,朝无幸位,民无幸生。尚贤使能而等位不遗,析愿禁悍而刑罚不过,百姓晓然皆知夫为善于家而取赏于朝也,为不善于幽而蒙刑于显也。夫是之谓定论。是王者之论也。"(同上)荀子对人治作出了新的表述,提出"有治人,无治法"(《荀子·君道》)的著名论断,认为"隆礼尊贤"(《荀子·强国》)才能王天下。而且荀子认为只有同时具备仁和知(智)两方面的素质才是合格的人才,他说:"故知而不仁不可,仁而不知不可,既知且仁,是人主之宝也,而王霸之佐也。"(《荀子·君道》)

　　重视人才,以德才兼备为取人标准,成为后世儒家学者的通识。例如董仲舒就说:"以所任贤,谓之主尊国安,所任非其人,谓之主卑国危,万世必然,无所疑也。"(《春秋繁露·精华》)又说:"是故任非其人,而国家不倾者,自古至今,未尝闻也。"(同上)董仲舒对尚贤思想的一大推进是向汉武帝提出了办学养士的政策性建议,他说:"夫不素养士而欲求贤,譬犹不琢玉而求文采也。故养士之大者,莫大乎太学;太学者,贤士之所关也,教化之本原也。今以一郡一国之众,对亡应书者,是王道往往而绝也。臣愿陛下兴太学,置明师,以养天下之士,数考问以尽其材,则英俊宜可得矣。"(《汉书·董仲舒传》)当然儒家的尚贤是与其统治者通过道德教化来治国的德治主张相表里的,贤德之人才能完成儒家所期许的道德教化使命。儒家的努力,使尚贤成为中国古代政治思想的一大传统。①

法家对儒家尚贤发动了一场反革命,法家眼中只有法,不相信贤人,提倡"任法而不任智"(《管子·任法》),甚至认为在治国上贤人只会起到消极作用。《商君书》云:"不以法论知、罢、贤、不肖者,惟尧,而世不尽为尧。是故先王知自议誉私之不可任也,故立法明分,中程者赏之,毁公者诛之。"(《修权》)商鞅认为平常的君主没有尧那样的智慧,所以应当建章立制,依靠法律制度来选拔和任用人才。又说:"既立君,则上贤废,而贵贵立矣。"(《开塞》)"任善言多……言多兵弱。"(《弱民》)"凡世莫不以其所以乱者治,故小治而小乱,大治而大乱。人主莫能世治其民,世无不乱之国。奚谓以其所以乱者治?夫举贤能,世之所治也,而治之所以乱。"(《慎法》)商鞅认为任用贤德之人与尊君、强兵的目的是相背的,这是用乱国的方法去治国,结果必然是越治越乱,所以他总结说:"故遗贤去智,治之数也。"(《禁使》)此外,商鞅反对任贤,还因为他认为大多数所谓贤人都是名不副实的:"世之所谓贤者,善正也。所以为善正也,党也。听其言也,则以为能;问其党,以为然。"(《慎法》)所谓的贤能不过是其党羽的溢美之词,君主想避免上当受骗,只需依照法律来实施奖惩即可,不必

① 为这一传统贡献思想资源的还有墨家,墨家同样以尚贤闻名,墨子说:"入国而不存其士,则亡国矣。见贤而不急,则缓其君矣。非贤无急,非士无与虑国。缓贤忘士,而能以其国存者,未曾有也。"(《墨子·亲士》)"归国宝不若献贤而进士。"(同上)为了阐发其尚贤主张,墨子还有关于尚贤的专论,今《墨子》还保留了《尚贤》上中下三篇,提出了许多重要的论断,例如:"夫尚贤者,政之本也。"(《墨子·尚贤上》)"故古圣王以审以尚贤使能为政,而取法于天。"(《墨子·尚贤中》)"尚贤者,天、鬼、百姓之利而政事之本也。"(《墨子·尚贤下》)

在意他是否具有贤能的声誉。①

　　不用贤德之人，那么何人可用呢？对此商鞅给出了明确的答案，他说："国以善民治奸民者，必乱至削；国以奸民治善民者，必治至强。"（《去强》）国家要获得良好的治理，就必须用奸民治理良民，而不能用良民来治理奸民。又说："用善，则民亲其亲；任奸，则民亲其制。合而复者，善也；别而规者，奸也。章善则过匿，任奸则罪诛。过匿，则民胜法；罪诛，则法胜民。民胜法，国乱；法胜民，兵强。故曰：以良民治，必乱至削；以奸民治，必治至强。"（《说民》）商鞅认为任用善民为官，民众就合力掩盖过错，犯罪得不到处罚，民众就会凌驾于法律之上，国家就会混乱。而与之相反，任用奸民，民众的过错就会被追究，法律就会得到贯彻执行，国家的兵力也就会强大，所以奸民是实行法治的最好人才。②

　　韩非对法的治理作用同样信心满满，他说："夫治法之至明者，任数不任人。"（《韩非子·制分》）"上法而不上贤。"（《韩非子·忠孝》）人的价值被否定，人的道德当然也就被其忽视了。基于"儒以文乱法"（《韩非子·五蠹》）的判断，韩非说："故举士而求贤智，为政而期适民，皆乱之端，未可与为治也。"（《韩非子·显学》）对于用人韩非只看重能力，而不重视道德操行，他说：

---

① 不过，需要指出的是，商鞅有时也赞美贤，但其所谓"贤"仅仅指有本领，不包含多少道德品质的意味，例如"若兵敌强弱，将贤则胜，将不如则败"（《战法》）。这里的贤与儒家所谓的贤有较大的差别，贤人不过是能人的另一种说法而已。

② 当然如果是在法治获得保证的前提下，即法治下的任贤，商鞅是赞同的，他说："明主在上，所举必贤，则法可在贤；法可在贤，则法在下，不肖不敢为非，是谓重治。"（《画策》）不过此处的贤仍然是偏重于能力。

圣人之治也,审于法禁,法禁明著,则官治;必于赏罚,赏罚不阿,则民用。官治则国富,国富则兵强,而霸王之业成矣。霸王者,人主之大利也。人主挟大利以听治,故其任官者当能,其赏罚无私。(《韩非子·六反》)

同时,韩非对儒、墨和道等家所称誉的令名特别反感,他说:

为故人行私谓之"不弃",以公财分施谓之"仁人",轻禄重身谓之"君子",枉法曲亲谓之"有行",弃官宠交谓之"有侠",离世遁上谓之"高傲",交争逆令谓之"刚材",行惠取众谓之"得民"。不弃者,吏有奸也;仁人者,公财损也;君子者,民难使也;有行者,法制毁也;有侠者,官职旷也;高傲者,民不事也;刚材者,令不行也;得民者,君上孤也。此八者,匹夫之私誉,人主之大败也。反此八者,匹夫之私毁,人主之公利也。人主不察社稷之利害,而用匹夫之私誉,索国之无危乱,不可得矣。(《韩非子·八说》)

韩非认为,够交情、仁人、君子、品行好、讲义气、清高傲世、刚直好汉、得民心这八种私人的声誉,对于君主来说是大祸害。与此相反,私人的恶名,对君主却是大的利好。基于这样的认识,韩非总结说:"是以有道之主,不求清洁之吏,而务必知之术也。"(同上) 韩非认为评价一个人是否能干,不看其虚名,而看其在耕战上是否取得了成就,韩非说:"事力而衣食,则谓之能;不战功而尊,则谓之贤。贤能之行成,而兵弱而地荒矣。人主说贤能之行,而忘兵弱地荒之祸,则私行立而公利灭矣。"(《韩非子·五蠹》) 韩非不尚贤的思想除了受商鞅等法家前辈的影响外,另一个重要的思想来源是道家。韩非曾专门研究过《老子》,著有《解老》和《喻老》等文。而与儒家相对,道家是反对尚贤的,例如老子就说:"不尚贤,使民不争。"(《老子·三章》)"是以圣人为而不恃,功成而不处,其不欲见贤。"(《老子·七十七章》)《庄子·庚桑楚》云:"举贤则民相轧,任知则民相盗。"虽然韩非反对尚贤的目的是排除其成为实行法治的阻碍,但他无疑在道家学说中找到了共鸣。

对于用人,法家有一值得称道的贡献,是它主张以制度化的方式来选拔人才,反对随心所欲的用人方式。《管子·明法》云:"使法择人,不自举也。使法量功,不自度也。"要求对官员的选拔和考核都实现制度化,按照法律的规定来进行。商鞅说:"明主之使其臣也,用必加于功,赏必尽其劳。"(《商君书·弱民》)臣民凭借其在耕战中的功劳而获得官爵。这些思想被韩非完全继承,韩非说:"故明主使法择人,不自举也;使法量功,不自度也。"(《韩非子·有度》)法家的这些主张为考绩制度以及科举考试制度奠定了基础,中国专制时代人才选拔的高度制度化是与法家的贡献分不开的。

官员必须具有才能(办事的能力),这是儒法两家都强调的。但儒家要求官员首先要有好的品德(仁义礼智信),其次才是才能,儒家的学说在中国古代开放出了一个循吏的政治传统;而法家反是,非但不要求官员具有什么好品德,反而担心官员因好品德好名声而损害了法律的执行。在法家看来,官员最好只是依法办事的机器,除了法律外再没有其他是非善恶的观念,法家的学说在中国古代开放出了一个酷吏的政治传统。对于中国专制时代的君主而言,用人的尺度实际可能正像贞观六年(632)魏征对唐太宗所讲的那样:"乱世惟求其才,不顾其行。太平之时,必须才行俱兼,始可任用。"(《贞观政要·择官》)在用人上,君主们是因地制宜地采取儒家和法家的主张。

五、君与民

在中国古代,民是一种政治身份,是指除君主和官僚以外的人,而官僚一旦去职也就变成了民。民是人数最多的社会成员,故如何处理君民关系,如何对待民众,是治国的重要内容,也是君道的核心内容之一,对此王道论者(儒家)和霸道论者(法家)各自给出了答案。王道的理论支撑一是天道,一是民本主义,所以王道论者都是主张民本的。而霸道论者缺乏超验的思想观念,他们思考问题一切从物质力量出发,以帮助君主称王称霸为从政的基本目的,霸道论者都是君本主义者。① 王道论者与霸道论者在君民关系上观点的分歧就集中表现为民本与君本的分歧。

(一) 民本

前文提过,中国民本主义思想源远流长,至迟在西周初年已有了民本主义思想的萌芽,周公的"以德配天"学说就包含了敬天和保民两个重要的方面。在《尚书》中可见到许多关于民本主义的论断。例如,"民惟邦本,本固邦宁"(《五子之歌》),"天聪明,自我民聪明;天明畏,自我民明畏"(《皋陶谟》),"天矜于民,民之所欲,天必从之"(《泰誓上》),"天视自我民视,天听自我民听"(《泰誓中》),等等。虽然《尚书》的这些篇目都不可靠,但是它们至少反映了春秋时期一些人的思

---

① 冯友兰曾说:"专从君主或国家之观点,以论政治者,当时称为法术之士,汉人谓之为法家。"参见氏著《中国哲学史(上)》,第257页。

想观念。作为《尚书》的整理者,孔子无疑吸收了《尚书》中所包含的民本主义思想,并将其转变为儒家思想的一个重要组成部分,而《尚书》本身后来也被视为儒家经典,成为儒家教育学生的教材。

具体来说,王道论者(儒家)对君主提出了如下几项要求:

首先,君主要爱民。儒家继承了"天子作民父母,以为天下王"(《尚书·洪范》)、"元后作民父母"(《尚书·泰誓上》)之类的思想,要求君主爱民如子。"道千乘之国,敬事而信,节用而爱人,使民以时。"(《论语·学而》)君主必须爱惜民力,保障农业生产。孔子还说:"故君民者,子以爱之,则民亲之;信以结之,则民不倍;恭以莅之,则民有孙心。"(《礼记·缁衣》)"故长民者章志,贞教,尊仁,以子爱百姓,民致行己,以说其上矣。"(同上)荀子也将爱民作为为君之道,认为爱民是实现国家安定的基础,说:"故君人者欲安则莫若平政爱民矣"(《荀子·王制》),"上不爱民则兵弱"(《荀子·富国》),"故有社稷者而不能爱民、不能利民,而求民之亲爱己,不可得也"(《荀子·君道》),"故君人者爱民而安"(同上),"爱民者强,不爱民者弱"(《荀子·议兵》),"故君人者,爱民而安,好士而荣,两者亡一焉而亡"(《荀子·强国》)。

其次,君主要养民、惠民、保民、富民。养民、惠民、保民、富民是君主爱民的具体表现,在儒家看来也是君主作为民之父母的基本道义职责。《尚书·大禹谟》云:"德惟善政,政在养民。"养民是德政的基本要求。先富后教是孔子治国的基本政治主张:

> 子适卫,冉有仆,子曰:"庶矣哉。"
>
> 冉有曰:"既庶矣,又何加焉?"
>
> 曰:"富之。"

曰："既富矣,又何加焉?"

曰："教之。"(《论语·子路》)

在孔子看来,使民众富裕是对民众实施教化的前提。孔子曾表扬子产说:"有君子之道四焉。其行己也恭,其事上也敬,其养民也惠,其使民也义。"(《论语·公冶长》)惠民是孔子十分看中的,如果"博施于民而能济众"则是圣人的作为了。

孟子也十分重视民生问题,将不扰民、养民、惠民、富民、与民同乐视作行仁政、王道的基本要求。孟子要求统治者保证农时不要扰民,他说:"不违农时,谷不可胜食也;数罟不入洿池,鱼鳖不可胜食也;斧斤以时入山林,材木不可胜用也。谷与鱼鳖不可胜食,材木不可胜用,是使民养生丧死无憾也。养生丧死无憾,王道之始也。"(《孟子·梁惠王上》)为了让民众安居乐业,孟子要求统治者赋予民众以恒产,他说:"若民,则无恒产因无恒心。"(同上) 没有恒心就会放荡胡来,无所不为,违法犯罪,所以贤明的君主重视"制民之产,必使仰足以事父母,俯足以畜妻子,乐岁终身饱,凶年免于死亡,然后驱而之善,故民之从之也轻。"(同上) 关于民持有恒产的建议,孟子给我们描绘了一幅他所谓的王道图景:

> 五亩之宅树之以桑,五十者可以衣帛矣;鸡豚狗彘之畜无失其时,七十者可以食肉矣;百亩之田勿夺其时,八口之家可以无饥矣;谨庠序之教,申之以孝悌之义,颁白者不负戴于道路矣。老者衣帛食肉,黎民不饥不寒,然而不王者未之有也! (同上)

孟子还有一较为独特的主张是要求君主与民同乐。他说:"古之人与民偕乐,故能乐也。"(同上)"今王与百姓同乐,则王矣。"(《孟

子·梁惠王下》）"乐民之乐者,民亦乐其乐;忧民之忧者,民亦忧其
忧。乐以天下,忧以天下,然而不王者未之有也。"（同上）孟子认为
君主之所以不受人拥戴,是因为不能做到与民同乐。

荀子同样将养民、惠民、富民等作为王政的基本内容,他说:"不
富无以养民情"（《荀子·大略》）,"故王者富民,霸者富士,仅存之国
富大夫,亡国富筐箧,实府库。"（《荀子·王制》）荀子要求统治者藏
富于民。

再次,君主要对民众施行教化。与道家和法家的愚民主张相反,
儒家主张对民众实施教化,孔子主张先富而后教,使民众富裕后就要
对其实施教化,儒家将教化作为治国的基本内容和方式。一则孔子
把教育看成从政,认为教师都是政治家:

> 或谓孔子曰:"子奚不为政?"
>
> 子曰:"《书》云:'孝乎?惟孝,友于兄弟,施于有政。'是亦
> 为政,奚其为为政?"（《论语·为政》）

孔子认为使学生懂得孝,并将其推广到全国就是治理国政,就是从
政,教师的教育活动本身即是政治。[①] 二则孔子明确提出了"性相近
也,习相远也"（《论语·阳货》）的命题,认为人是可教化的,而且人
与人之间的差别主要就是由于后天的习性导致的。这为将教化作为
治国方略奠定了理论基础。三则儒家十分看重人的后天教育。孔子
就说他自己并非"生而知之者"（《论语·述而》）,其所具备的知识

[①] 梁启超曾说:"儒家恒以教育与政治并为一谈,盖以为非教育则政治无从建
立,既教育则政治自行所无事也。"参见《梁启超论先秦政治思想史》,第
119页。

都是后天学习的结果。① 成篇于战国前期的《礼记·学记》云:"君子如欲化民成俗,其必由学乎! 玉不琢,不成器,人不学,不知道。是故古之王者,建国君民,教学为先。"将教化提高到了治国要务的高度。前文已提及,无论是孟子的性善论还是荀子的性恶论,都十分重视人后天的修身,都认为人后天的教育是十分重要的。例如荀子说:"干、越、夷、貉之子,生而同声,长而异俗,教使之然也。"(《荀子·劝学》)又说:"不教无以理民性。"(《荀子·大略》)四则儒家认为对民众进行教化是国家的基本职能。《礼记·内则》云:"后王命冢宰:'降德于众兆民。'"孔子曾说:"以不教民战,是谓弃之。"(《论语·子路》)作战前对民众进行必要的军事训练,是国家的义务。五则儒家重视办学。最初只有贵族才有机会接受学校教育,即所谓学在官府,广大的民众是没有接受教育机会的。春秋末期私人办学兴起,孔子是其中的佼佼者之一,奉行"有教无类"的办学方针,取得了辉煌的业绩。孟子也十分重视学校教育,还将"明人伦"(《孟子·滕文公上》)作为学校教育的基本目的。六则儒家主张先教后诛,没有对民众进行教化就不应当对其施加刑罚。《尚书·酒诰》载周公对殷商遗民酗酒奉行先教后诛的政策:"又惟殷之迪,诸臣惟工乃湎于酒,勿庸杀之,姑惟教之。有斯明享,乃不用我教辞,惟我一人弗恤,弗蠲乃事,时同于杀。"周公在处罚殷商酗酒遗民之前,给予他们一次改过自新的机会。孔子吸收了周公的思想,主张先教后诛,认为"不教而杀谓之虐"(《论语·尧曰》),荀子也说:"不教其民而听其狱,杀不辜也。"(《荀子·宥坐》)"故不教而诛,则刑繁而邪不胜。"(《荀子·富国》)

_____

① 受其影响,东汉末的大学者王符就明确提出:"虽有至圣,不生而知;虽有至材,不生而能。"(《潜夫论·赞学》)

董仲舒继承先秦儒家教化思想并推陈出新,将教化提升到治理国家基本方略的地位,他说:"圣人之道,不能独以威势成政,必有教化。"(《春秋繁露·为人者天》)"南面而治天下,莫不以教化为务。立太学以成教于国,设庠序以化于邑,渐民以仁,摩民以谊,节民以礼,故其刑罚甚轻而禁不犯者,教化行而习俗美也。"(《汉书·董仲舒传》)董仲舒将教化看作政治的根本。他说:"教,政之本也,狱,政之末也,其事异域,其用一也,不可不以相顺,故君子重之也。"(《春秋繁露·精华》)而且他进一步扩大了对教化的理解,将国家的司法活动都纳入教化的范围,司法在董仲舒眼中只不过是教化的工具而已。对此他说:"听讼折狱,可无审耶! 故折狱而是也,理益明,教益行;折狱而非也,暗理迷众,与教相妨。"(同上)而且他还将教化与灾异谴告学说联系起来,说:"天下和平,则灾害不生。今灾害生,见天下未和平也。天下所未和平者,天子之教化不行也。"(《春秋繁露·郊语》)认为君主教化不力,上天就会降下灾难。

那么拿什么来教化民众呢? 儒家给出了明确的答案,那就是儒家的《六艺》。"古之儒者,博学乎《六艺》之文。《六艺》者,王教之典籍,先圣所以明天道,正人伦,致至治之成法也。"(《汉书·儒林传》)以《诗》《书》《礼》《易》《乐》《春秋》为教本。

又次,君主立法和执法必须体现仁爱的王道精神。基于仁爱的学说,儒家提出了一系列的法制理想和原则。一是"胜残去杀"。据儒家"爱人""己所不欲,勿施于人"的仁学原理,国家应当将废除刑罚作为奋斗目标。为此,孔子对"善人为邦百年,亦可以胜残去杀矣"(《论语·子路》)的说法大加礼赞,认为非常正确。"胜残去杀"正是儒家的刑事司法理想,孔子是世界上第一个公开倡导废除刑罚、废除死刑的思想家。当季康子向孔子问政说:"如杀无道以就有道,何如?"孔子厉色批评说:"子为政,焉用杀? 子欲善而民善矣。"(《论语·颜渊》)孔子是不主张用杀人的方式来治理国家的。儒家理想的大同社会是"谋闭而不兴,盗窃乱贼而不作,故外户而不闭"(《礼记·礼运》)的社会,在那个社会里没有犯罪,也没有刑罚。

二是"刑错不用"。刑错不用,即弃置刑法而不用,有时也简称为"刑错"(亦写作"刑措"或"刑厝")。《尚书·舜典》载帝舜统治时"象以典刑,流宥五刑","流共工于幽州,放欢兜于崇山,窜三苗于三危,殛鲧于羽山,四罪而天下咸服"。而西周"成康之际,天下安宁,刑错四十余年不用"(《史记·周本纪》)。荀子曾说:"古者帝尧之治天下也,盖杀一人、刑二人而天下治。传曰:'威厉而不试,刑错而不用。'此之谓也。"(《荀子·议兵》)"爱以兴仁,廉以兴义,仁义兴,刑法不几于措乎?"(《金史·刑志》)"刑措不用"正是仁政最直接的体现。

三是"刑期于无刑"。儒家认为实施刑罚唯一合法正当的目的是为了最终不用刑罚。《尚书·大禹谟》载帝舜称赞当时的法官皋陶说:"汝作士,明于五刑,以弼五教。期于予治,刑期于无刑,民协于中。"《大禹谟》虽不见于《今文尚书》,多半是后世儒生的伪作,但"刑期于无刑"无疑是符合儒家仁学精神的。《论语·颜渊》记载子夏曾对樊迟说过"舜有天下,选于众,举皋陶,不仁者远矣"这样的话,皋陶的司法正是儒家推崇的典范,而且"刑期于无刑"与"胜残去杀""刑错不用"在精神上是相通的,坚持"胜残去杀"和"刑错不用"的理想,就必然会主张"刑期于无刑"。而孟子"省刑罚""不嗜杀人"(《孟子·梁惠王上》)的王道司法原则既是对"刑期于无刑"的佐证,也是其更为具体的要求。

四是"祥刑慎罚"。如果刑罚是必要的,不可避免的,那么根据仁的精神,儒家退而求其次,希望司法者能够谨慎地适用刑罚,不冤不滥,即"慎罚"。儒家推崇的圣人文王是践行"慎罚"的楷模,《尚书·康诰》云:"惟乃丕显考文王,克明德慎罚,不敢侮鳏寡,庸庸,祗祗,威威,显民。"而《尚书·吕刑》则较为系统地提出了"祥刑慎罚"的主张:"王曰:吁!来,有邦有土,告尔祥刑。在今尔安百姓,何择非人?何敬非刑?何度非及?"周穆王明确地告诫需要谨慎地对待刑罚。具体来说儒家的"祥刑慎罚"大致包括如下内容:

1. "师听五辞"。出自《吕刑》,其云:"两造具备,师听五辞,五辞简孚,正于五刑。五刑不简,正于五罚。五罚不服,正于五过。"法官必须根据辞听、色听、气听、耳听、目听五个方面来考察断案,才符合谨慎和公正的要求。

2. "罪疑惟轻"。出自《大禹谟》,其真伪待考,但《吕刑》有"五刑之疑有赦,五罚之疑有赦……墨辟疑赦,其罚百锾,阅实其罪。劓辟疑赦,其罪惟倍,阅实其罪。剕辟疑赦,其罚倍差,阅实其罪。宫辟疑赦,其罚六百锾,阅实其罪。大辟疑赦,其罚千锾,阅实其罪"这样的文字记载,这些规定可以说正是"罪疑惟轻"原则的具体化。

3. "与其杀不辜,宁失不经"。与其误杀无罪的人,宁可放过有罪的人。虽然该提法也出自《大禹谟》,可靠性成问题,但是《左传·襄公二十六年》引用过这一句话,称其出自《夏书》,故其系先秦儒家思想无疑。后孟子"杀一无罪非仁也"(《孟子·尽心上》)、"行一不义、杀一不辜而得天下,皆不为也"(《孟子·公孙丑上》),以及荀子"行一不义、杀一无罪而得天下,仁者不为也"(《荀子·王霸》)的提法,与此精神是完全相通的,可资佐证。

4. "上下比罪"。刑律条文上没有规定的,按照罪行的轻重,比照有关条文处罚。此提法出自《吕刑》。在立法粗疏的古代,其于解决法律漏洞问题有相当的价值,同时也体现了司法者适用法律的慎重。荀子所谓"其有法者以法行,无法者以类举,听之尽也"(《荀子·王制》),正是对此的阐发。

5. "非佞折狱,惟良折狱,罔非在中"。主持断狱不要靠巧言善辩来折服犯人,应当靠善良公正来折服犯人,务使判决准确无误。也出自《吕刑》。孔子曾说:"巧言令色,鲜矣仁!"(《论语·学而》)"巧言乱德。"(《论语·卫灵公》)"非佞折狱,惟良折狱"甚合孔子的心意。其与孔子的"古之知法者能省刑""古之听狱者,求所以生之"(《汉书·刑法志》),以及孟子的"以生道杀民"(《孟子·尽心上》),在精神上是相通的。

6. "明清于单辞,民之乱,罔不中听狱之两辞,无或私家于狱之两辞"。也出自《吕刑》。兼听则明,偏听则暗,可谓至理。

7. "要囚,服念五六日,至于旬时,丕蔽要囚。"出自《康诰》。周公曾以成王的名义告诫成王的弟弟卫康叔封:"要囚,服念五六日,至于旬时,丕蔽要囚。"《周礼·秋官司寇》云:"以五刑听万民之狱讼,附于刑,用情询之,至于旬乃弊之",其用意正与此同。

8. "三刺"。《周礼·秋官司寇·小司寇》有三刺的说法,其云:"以三刺断庶民狱讼之中:一曰讯群臣,二曰讯群吏,三曰讯万民。听民之所刺宥,以施上服、下服之刑。"同时《礼记·王制》篇有"司寇正刑明辟,以听狱讼,必三刺"的规定。更为重要的是,孟子曾对齐宣王讲过"左右皆曰可杀,勿听;诸大夫皆曰可杀,勿听;国人皆曰可杀,然后察之;见可杀焉,然后杀之。故曰,国人杀之也"(《孟子·梁惠王下》)这样的话,其与"三刺"有异曲同工之妙,故"三刺"是儒家的慎罚思想之一。

五是"哀敬折狱"。语出《吕刑》。虽然犯罪是可耻的,但儒家主张要怀着哀怜的心情处理案件,同情犯罪人。孟孙氏让阳肤担任管理司法的官员,阳肤向孔子的学生曾子求教,曾子即告诫说:"上失其道,民散久矣。如得其情,则哀矜而勿喜!"(《论语·子张》)查获民之犯罪,当哀矜之,勿自喜能得其情。《韩非子》还记载了孔子弟子子皋因"哀敬折狱"而得到犯罪者搭救而免于被害的故事,此故事甚能展现儒家"哀敬折狱"情状,故抄录如下:

> 孔子相卫,弟子子皋为狱吏,刖人足,所刖者守门。人有恶孔子于卫君者,曰:"尼欲作乱。"卫君欲执孔子。孔子走,弟子皆逃。子皋从出门,刖危引之而逃之门下室中,吏追不得。夜半,子皋问刖危曰:"吾不能亏主之法令而亲刖子之足,是子报仇之时也,而子何故乃肯逃我?我何以得此于子?"刖危曰:"吾断足也,固吾罪当之,不可奈何。然方公之狱治臣也,公倾侧法令,先后臣以言,欲臣之免也甚,而臣知之。及狱决罪定,公憱然不悦,形于颜色,臣见又知之。非私臣而然也,夫天性仁心固然也。此臣之所以悦而德公也。"(《韩非子·外储说左下》)

对于"哀敬折狱",《左传·襄公二十六年》还有"将刑,为之不举,不举则彻乐,此以知其畏刑也"的记载,将要施刑,要减膳,并撤去音乐,以此表明畏惧用刑。

六是"罪人不孥"。指对犯罪者的处罚不连及妻儿。《尚书·大禹谟》曾载儒家推崇的圣人舜奉行"罚弗及嗣"的政策,惩罚不连带子孙。《尚书·泰誓上》也载周武王伐商,大会诸侯于盟津,率各路诸侯誓师,指责商纣王的诸多罪恶,其中就包括"罪人以族"。但就此得出儒家是反对族诛连坐的仍然有些冒险,因为《大禹谟》和《泰誓》一般被认为是后人的伪作。不过《左传·昭公二十年》曾引证说《康诰》上有"父子兄弟，罪不相及"的话，《康诰》是可靠的，虽然现存《康诰》并没有这句话，[1] 但既然《左传》中有这样一句话，即使引用错了，也表明儒家与族诛连坐是不相容的。更为重要的是，孟子曾明确提出"罪人不孥"的主张。齐宣王向孟子询问王政，孟子说："昔者文王之治岐也，耕者九一，仕者世禄，关市讥而不征，泽梁无禁，罪人不孥。"（《孟子·梁惠王下》）"罪人不孥"在孟子看来是行王道的表现之一。荀子也反对连坐制度，他说："古者刑不过罪……故杀其父而臣其子，杀其兄而臣其弟……乱世则不然：……以族论罪……虽欲无乱，得乎哉？"（《荀子·君子》）

七是"眚灾肆赦"。儒家的圣人帝舜为了体现钦恤之意，执行"眚灾肆赦"（《尚书·舜典》）的政策，赦免过失犯罪的人。《大禹谟》还有"宥过无大，刑故无小"的说法，《大禹谟》不可靠，但是《尚书·康诰》上记载周公曾代表成王讲了如下的话："人有小罪，非眚，乃惟终，自作不典，式尔，有厥罪小，乃不可不杀。乃有大罪，非终，乃惟眚灾，适尔，既道极厥辜，时乃不可杀。"这与"宥过无大，刑故无小"的精神甚为相似。《康诰》篇的可靠性从无人质疑，故"宥过无大，刑故无小"是儒家的思想。仲弓担任季氏的家臣，询问政务，孔子对他说："先有司，赦小过，举贤才。"（《论语·子路》）孔子主张赦免小的罪过，以确保刑罚不滥。同时《周礼·秋官司寇·司刺》云："司刺掌……三宥、三赦之法……壹宥曰不识，再宥曰过失，三宥曰遗忘；壹赦曰幼弱，再赦曰老旄，三赦曰蠢愚。"区分犯罪主观上的过失和故意，有条件地实行赦宥，是儒家重要的司法主张之一。

---

[1] 元人马端临就发现了这个问题，他说："证《康诰》'父子兄弟，罪不相及'，今文乃无有，疑亦未能尽善。"（《文献通考》卷一七七《经籍考四》）即马端临看到的本子上已没有这句话了。

八是"刑罚世轻世重"。出自《吕刑》,即刑罚的轻重应当根据当时的社会情况来决定。《周礼·秋官·大司寇》中有"刑新国用轻典""刑平国用中典""刑乱国用重典"的说法,其精神正与此相通。

九是宽猛相济。所谓宽,是指"修德"怀柔,所谓"猛",是指暴力镇压。子产是第一个提出"宽""猛"兼施主张的政治家。《左传·昭公二十年》载:

> 郑子产有疾,谓子大叔曰:"我死,子必为政。唯有德者能以宽服民,其次莫如猛。夫火烈,民望而畏之,故鲜死焉。水懦弱,民狎而玩之,则多死焉。故宽难。"疾数月而卒。大叔为政,不忍猛而宽。郑国多盗,取人于萑苻之泽。大叔悔之,曰:"吾早从夫子,不及此。"兴徒兵以攻萑苻之盗,尽杀之。盗少止。

《韩非子·内储说上》中有一个与此大致相同的记载,可见其流传之广。难能可贵的是,善于学习和思考的孔子,从此故事中提炼出了"宽以济猛,猛以济宽,政是以和"(《左传·昭公二十年》)的治国和司法原则,并称赞子产为"古之遗爱也"。

十是"金作赎刑"。帝舜为了体现钦恤之意,推行用铜赎罪的赎刑,即"金作赎刑"。此语出自《尚书·舜典》,其真实性没有问题。财产刑比肉刑和徒刑更符合儒家仁政的精神。

最后,君主要注意民心向背。孔子主张君主要听取民众的意见。他说:"上酌民言,则下天上施。上不酌民言,则犯也。下不天上施,则乱也。故君子信让以莅百姓,则民之报礼重。"(《礼记·坊记》)此外,孔子还将君与民比喻为心与体,他说:"民以君为心,君以民为体。心庄则体舒,心肃则容敬。心好之,身必安之;君好之,民必欲之。心以体全,亦以体伤;君以民存,亦以民亡。"(《礼记·缁衣》)成篇于战国前期的《大学》,①对君主如何作民之父母作了更为具体的阐述,云:"民之所好好之,民之所恶恶之,此之谓民之父母。"并说:"道得众则得国,失众则失国。"得到民众就能得到国家,失去民众就失去国家。孟子说:"得天下有道。得其民斯得天下矣;得其民有道,得其心斯得民矣。"(《孟子·离娄上》)又说:"民为贵,社稷次之,君为轻。是故得乎丘民而为天子,得乎天子为诸侯,得乎诸侯为大夫。"(《孟子·尽心下》)他不但坚持了民本主义的立场,而且也肯定了得民心的重要。荀子认为:"天下归之之谓王,天下去之之谓亡。"(《荀子·正论》)正所谓得民心者得天下。又说:"天之生民非为君也,天之立君以为民也。"(《荀子·大略》)从设立君主的目的的角度论证了民重于君,该论断涉及君权的合法性问题,具有向民主转化的潜质。同时,前文已提及,孟、荀对"汤武革命,顺天应人"都是肯定和赞同的,承认人们具有反抗暴君的权利。虽然董仲舒已生活在大一统的专制体制下,皇权已具有了至高无上的地位,但先秦儒家的这些思想仍然在其手中得到了继承和光大,董仲舒只是将荀子的"君"换成了"王",董仲舒说:"天之生民,非为王也;而天立王,以为民也。故其德足以安乐民者,天予之,其恶足以贼害民者,天夺之。"(《春秋繁露·尧舜不擅移汤武不专杀》)借助天道,董仲舒对汤武革命作出了新的论证,得出了"有道伐无道,此天理也"(同上)的结论。

(二) 君本

与儒家王道论者民本主张相反,法家霸道论者是奉行君本的,其眼中只有君主而没有民众,民众只是工具,只是手段,只是被统治、被

---

① 王锷:《〈礼记〉成书考》,第62页。

役使的对象。

　　首先,法家不主张爱民。法家无视人的价值,《管子·七法》云:"治人如治水潦,养人如养六畜,用人如用草木。"民众在法家眼中是下贱的,可视同牲畜和草木。在爱惜民众方面,商鞅、韩非的思想比《管子》更不如,在他们眼中民众完全就是为君主服役的工具,对此扬雄曾批评说:"申韩之术,不仁之至矣,若何牛羊之用人也!"(《法言·问道》)法家认为君主需要做的只是驱赶民众致力于耕战,而君主可资利用的工具就是赏罚,有功者赏,有罪者罚,除此之外,君主不需要为民众做任何事情,民众只是君主实现自身意图的工具,君主不需要对民众表现出半点怜惜,更不用说爱。商鞅也使用"爱民"这个说法,但他所谓的爱民就是"重刑少赏",对民众施行严刑酷法,实现以刑去刑。《韩非子·外储说右下》记载,昭襄王时秦国发生了严重的饥荒,范睢请求昭襄王救济灾民,昭襄王断然拒绝,认为赏赐无功的灾民与"有功而受赏"的法制精神相违背,"使民有功与无功俱赏"是乱法的行为,与其让灾民活着使国家混乱,不如让他们死掉而使国家安定。韩非将这件事情记载下来并加以称颂,不用说他对秦昭襄王的言行是认同的。在能够施救的情况下,以所谓与法律精神不合、破坏法律为借口,眼睁睁看着灾民饿死也不拯救,对民众没有丝毫的同情怜悯之心,何爱之有呢?

　　其次,法家主张愚民和弱民。法家认为君主、国家和民众是严重对立的,民强则国弱,国强则民弱,故为政贵在愚民和弱民。商鞅反对儒家的教化,他说:"国有礼、有乐、有《诗》、有《书》、有善、有修、有孝、有弟、有廉、有辩。国有十者,上无使战,必削至亡;国无十者,上有使战,必兴至王。""国用《诗》《书》、礼、乐、孝、弟、善、修治者,敌至,必削国;不至,必贫。国不用八者治,敌不敢至,虽至必却。"(《商君书·去强》）在商鞅看来，儒家的道德伦理教化与富国强兵是相背反的，民众越愚蠢越好，想法越少越好，这样越有利于致力耕战。而且他极力主张弱民、穷民。他将国与民严重对立起来，说："政作民之所恶，民弱；政作民之所乐，民强。民弱国强，民强国弱。故有道之国务在弱民。民朴则弱，淫则强。弱则轨，强则越志。轨则有用，越志则乱。故曰：以强去强者，弱；以弱去强者，强。"（《商君书·弱民》）又说："治国之举，贵令贫者富，富者贫。贫者富，国强；富者贫，三官无虱。国久强而无虱者，必王。"（《商君书·说民》）商鞅愚民和弱民的思想完全被韩非子所继承，[①] 韩非描绘的法治理想国是"无书简之文，以法为教；无先王之语，以吏为师；无私剑之捍，以斩首为勇"（《韩非子·五蠹》）。除了法律外没有任何其他教化，除了官吏外再没有任何教师，国家的执法场所和过程就是对民众进行教化的场所和过程。所以班固评价说："无教化，去仁爱，专任刑法。"（《汉书·艺文志》）同时韩非也不主张富民，他说："群臣之太富，君主之败也。"（《韩非子·爱臣》）"有道之君，不贵其臣；贵之富之，彼将代之。"（《韩非子·扬权》）连大臣都不愿意让其富贵，对一般民众就可想而知了。

再次，法家认为治国无需考虑得民心。与儒家得民心者得天下的主张相反，韩非认为"适民心者，恣奸之行也"（《韩非子·南面》）。韩非对儒家"得民心"的说法进行了驳斥。

> 今不知治者必曰："得民之心。"欲得民之心而可以为治，则是伊尹、管仲无所用也，将听民而已矣。民智之不可用，犹婴儿

---

① 韩非对老子颇有研究，其愚民思想的另一个来源是老子。老子曾说："古之善为道者，非以明民，将以愚之。民之难治，以其智多。故以智治国国之贼，不以智治国国之福。"（《老子·六十五章》）

之心也。夫婴儿不剔首则腹痛，不揊痤则寝益。剔首、揊痤，必
一人抱之，慈母治之，然犹啼呼不止，婴儿子不知犯其所小苦致
其所大利也。今上急耕田垦草以厚民产也，而以上为酷；修刑重
罚以为禁邪也，而以上为严；征赋钱粟以实仓库，且以救饥馑、备
军旅也，而以上为贪；境内必知介而无私解，并力疾斗，所以禽虏
也，而以上为暴。此四者，所以治安也，而民不知悦也。夫求圣
通之士者，为民知之不足师用。昔禹决江浚河，而民聚瓦石；子
产开亩树桑，郑人谤訾。禹利天下，子产存郑人，皆以受谤，夫民
智之不足用亦明矣。故举士而求贤智，为政而期適民，皆乱之端，
未可与为治也。（《韩非子·显学》）

韩非认为民众智力低下，不明事理，看不清长远利益，处理政事而希
望迎合民众，是祸乱的根源，英明的君主治国是不会考虑民众意志
的。[1] 当然法家对民众拥戴君主的价值是充分肯定的，《韩非子·功
名》云："人主者，天下一力以共载之，故安；众同心以共立之，故尊。"
法家还是奢望君主获得民众拥戴的，但是只想通过酷刑来达成目的，
而不想为之付出任何代价。

又次，法家主张对民众实行严刑峻法。前文已交代过，法家是

---

[1] 当然说韩非是完全无视民心的也不够准确，韩非十分重视对人性的研究，前
文已提及其希望统治者充分利用民众好利恶害的人性来建立赏罚制度："凡
治天下，必因人情。人情者，有好恶，故赏罚可用；赏罚可用，则禁令可立而治
道具矣。"（《韩非子·八经》）要求将刑罚在民众心中扎根，他说："法者，宪令
著于官府，刑罚必于民心，赏存乎慎法，而罚加乎奸令者也。"（《韩非子·定
法》）不过，韩非所谓的根据人情和民心来建立和实施赏罚制度，一点也没有
为民众利益着想、顾及民众情感和愿望的意思，只不过是教导君主应当充分
利用人情和民心来达成统治目的而已。

主张多罚少赏的,对民众适用重刑从而达致以刑去刑是法家的一个基本立场。除了前文已提及的,法家人物对此还有诸多论断。例如商鞅就说:"夫利天下之民者莫大于治,而治莫康于立君。立君之道莫广于胜法,胜法之务莫急于去奸,去奸之本莫深于严刑。"(《商君书·开塞》)又说:"重刑,连其罪,则民不敢试。民不敢试,故无刑也","故禁奸止过,莫若重刑。刑重而必得,则民不敢试,故国无刑民。"(《商君书·赏刑》)韩非也说:"故其治国也,正明法,陈严刑,将以救群生之乱,去天下之祸,使强不陵弱,众不暴寡,耆老得遂,幼孤得长,边境不侵,君臣相亲,父子相保,而无死亡系虏之患,此亦功之至厚者也。"(《韩非子·奸劫弑臣》)"夫严刑重罚者,民之所恶也,而国之所以治也;哀怜百姓轻刑罚者,民之所喜,而国之所以危也。"(同上)"吾以是明仁义爱惠之不足用,而严刑重罚之可以治国也。"(同上)

最后,法家取消了民众反抗暴君的权利。法家要追求的是仰仗法治达到"明王贤臣而弗易也,则人主虽不肖,臣不敢侵也"(《韩非子·忠孝》)。韩非要求"所谓忠臣,不危其君","忠臣之事君也,非竞取君之国也"(同上)。臣民对于君主必须无条件地服从,没有反抗的权利。

秦虽然灭亡了,但法家的君本主义保存了下来,秦以降的两千多年,历代君王虽然都口口声声宣讲民为邦本,但实际都是君本下的民本,提民本不过试图通过保障民生,防止民众反抗,以维持王朝的长治久安而已。对此,唐太宗有个形象的说法:"为君之道,必须先存百姓。若损百姓以奉其身,犹割股以啖腹,腹饱而身毙。"(《贞观政要·君道》)民本并不是民主,即使完全采纳儒家的民本主义也不可能开放出民主之花来。一则儒家认为民众都是无知无识的。孔子说:

"民可使由之，不可使知之。"(《论语·泰伯》) 民众是不能理解大道的，按照儒家圣人、君子和小人的分类，民众当然大多数都是小人了，只是被治理被爱护的对象，没有参政、议政的权利。儒家的爱民主张只是社会精英对民众的怜悯和恩赐，他们从未将民众看作历史的主人。二则儒家(特别是法家化的儒家)的民本是以承认至高无上的君权为前提的，正如有学者所指出的那样："民本思想说到底是重民思想。重民的主体是君主和官僚，实践了重民思想的则被称之为明主、清官。"① 民本仍然是以尊君、忠君为前提的，之所以提倡民本，不过是为了君主统治的长治久安着想而已。王道论者只想扮演帝王师与相的角色，他们从来没有打算在人间建立一个完全民有、民治和民享的政权。

① 刘泽华:《王权思想论》，天津人民出版社 2006 年版，第 106 页。

结　语

　　为了更好地创造现代和未来,我们不得不经常回到古代世界去寻找经验和教训,"读史能使人明智"已构成了我们当下大多数知识分子信仰世界的一部分。而谈及历史,思想史无疑尤其应受到重视,虽然柯林武德那句"一切历史都是思想史"[①]的论断几乎被人演绎成为笑谈,但不容否认的是,对于现代人而言,回到古代世界想要得到的和能够得到的可能只是思想了(当然盗墓贼例外,他们眼中只有财宝)。但老实说再没有比读史更具风险的事情,历史并非一个陈列在那里可以感观的客体,真实的历史和思想常常被淹没在浩如烟海的史料之中,事实上基本是没写出来就没有历史,没有写出来就没有思想,在一定意义上可以说书写对于历史和思想的呈现具有决定性的作用。但"'历史'与'写的历史',乃系截然两事",[②]"尽信书,则不如无书"(《孟子·尽心下》),阅读书写的历史难免偶尔会非但不能使人明智,反而是使人越来越糊涂。

　　如何书写中国古代的法制思想世界将是我们始终面临的一个挑战。由于中国古代世界的异常复杂,任何一种方式都将不可避免地

---

① 柯林武德:《历史的观念》,何兆武、张文杰译,商务印书馆1997年版,第303页。
② 冯友兰:《中国哲学史》,第12页。

具有缺陷。本书从建构中国古代政治和法制的四种力量(主体)所具备的道(规则)入手,将那些碎片化的思想和制度重新构建成一个严密而富有条理的思想世界,使人得以立体而系统地逼近中国古代的法制世界,看到由天道、神道、人道和君道构建起来的一幅和谐的思想画面,思想因此变得整齐有序,逻辑和历史具有了统一的可能,故无疑是一种值得尝试的做法。

中国古代的法制已经成为历史遗迹,这与其说是现代化的结果,不如说是20世纪前半叶中国社会的变革,由天、神、君、民构成的中国古代政治和法律结构解体,天、神、君被打翻在地,原来的臣民试图变成公民,为中国古代法制提供思想支撑的天道、神道、人道和君道基本上全部坍塌所致。"道之大原出于天,天不变,道亦不变"(《汉书·董仲舒传》),但问题是天变了。在近现代的科学面前,作为最高主宰的宗教之天完全变成了物质自然之天,在现代人眼中天不再具有任何神圣性,天道不再是人道的合法性根源。科技日新月异,社会日益世俗化,政教分离,神道的影响日渐式微。"三纲"以及愚忠、愚孝遭受到了革命性的批判,传统人道的大部分内容失去了合法性。君之不存,君道当然也就失去依托的基础。伴随天道、神道、人道和君道的坍塌,中国古代的法制注定要被历史的烟尘所掩埋。

让读者在最短暂的时间内就对中国古代的政治和法制以及支撑它的思想有一个准确系统深入的理解与把握,这是笔者写作本书时预设的基本目标,但在结束此项工作之际,笔者感觉还有一些话不得不说。

首先,为了正确理解中国专制时代的政治、法制和历史,我们有重新检讨和评价儒家和法家的必要。长期以来,儒学(经学)作为中国古代官方的统治学说,被认为是应当为中国古代的专制制度,以及近代以来的落后挨打局面承担主要的责任,近代以来中国发生的历次反传统运动,矛头都主要针对儒家,针对"孔老二",这是很不公允的。实际首先应对这一切灾难承担责任的是法家。法家打着改革和法治的旗号,迷惑了近代以来无数聪明的中国人。法家提倡改革和法治不假,但是提倡建立极权的君主专制制度更是事实,法家是中国专制制度理论的发明者。法家学说是中国古代早产的一个思想怪胎:一方面提倡绝对的忠孝观念,主张建立君主专制制度,其思想具有鲜明的前现代色彩;另一方面其思想又是完全现代性的。法家不信鬼神,没有任何超验的思想和原则作指导,将一切都还原为物质主义,[①] 其所有主张都来自现实的人性和经验事实,都经过功利主义的计算。法家实现了法律和道德的完全分离,法家的法是完全实证主义的。作为"帝王之具"(《韩非子·定法》)的法律,[②] 在法家看来,其好坏以及是否符合目的,完全以帝王的利益和嗜欲为标准,故法家的法是没有任何约束的荼毒民众的洪水猛兽。而儒家的天道、仁政、王道、汤武革命、天人感应和灾异谴告等学说,事实上长期扮演了试图驯服法家豢养的这头猛兽的角色。但儒家的学说也有致命的缺陷。一是儒家也提倡尊君,要求对君主尽忠尽孝,拥护尊卑贵贱的等级制度。二是儒家不迷信鬼神,其早熟的民本主义使其天道最终又回到了人间。儒家学说未能为中国古代的政治和法制提供一个完全超验性的裁判者,使王权事实上始终高于神权,缺乏驯服君主的强有力工

---

① 梁启超曾说:"是故法治主义者,其实则物治主义也。"参见《梁启超论先秦政治思想史》,第176页。

② 法家工具主义的法律观为后世儒者们所继承,例如盐铁会议上的文学们就说:"法势者,治之具也,得贤人而化。"(《盐铁论·刑德》)王符也说:"夫法令者,人君之衔辔棰策也,而民者,君之舆马也。"(《潜夫论·衰制》)

具。这一切使儒家所能做的最多只能是用"仁"来部分软化专制制度这头猛兽锋利的爪牙，而不能从根本上提供推翻这一制度的思想和学说，启迪民众走出专制统治的牢笼，故儒家最终也不能从根本上驯服法家豢养的这头猛兽。儒家的王道教化一度使中国人轻视法制建设，治国不立制，不将所有权力都置于法律的控制之下，就不能走出人治和专制的怪圈。而法家的霸道法治主张则导演了更多的人间悲剧，历史事实表明，法律与道德的分离乃是一场噩梦，恶法的危害甚于无法，[①] 缺乏平等、民主和自由精神，不能保障人权的法律不是人民的福祉，而只是灾难。

　　其次，中国古代法制建设的经验告诉我们，法制要保持长期稳定，就必须有一套成熟的意识形态为其提供指引和合法性论证。中国秦汉以来两千余年的政治基本上是陈陈相因，鲜有变化，维持了一个所谓"超稳定结构"，[②] 与此间中国政治和法制的稳定是有莫大关系的，而中国古代政治和法制的稳定性又是与天道、神道、人道和君道这套支撑话语的长期有效分不开的。我们的民主和法治大厦是不可能安然屹立在少数人提出的时髦应景口号之上的，今天我们要在中国实现民主和法治，并使其长期稳定和有效地运行，也必须为其提供一套强韧有力的意识形态来加以论证和支撑，而这是一项长期而艰巨的任务。

　　再次，当大家在对现代法治自信满满之时，可能正在忘记一个基本的历史事实——现代法治在合法性资源上的贫乏性。谈起中国古代的法制，大多数人会马上想到野蛮和落后，但就是这一被人称为野

---

① 法家是没有良法的概念的，极言"法虽不善，犹愈于无法"（《慎子·威德》）。
② 参见金观涛、刘青峰：《兴盛与危机：论中国社会超稳定结构》，法律出版社 2011 年版。

蛮和落后的法制,它却具有天道、神道、君道和人道等诸多思想资源的支撑,与中国古代民众的思想、情感和精神紧密相连,具有相当丰富和充足的合法性资源。相反,中国现代的法制已丧失了诸如传统的天道、神道、人道和君道等合法性资源的支撑,只能建立在理性的经验事实基础之上,缺失了超验原则支持的现代法制,其文明和进步的另一面实际是其合法性资源的贫乏。在一个世俗化的世界里,现代法制只有依靠理性,只有经受住科学理性的考验才能建立起自身的合法性和权威,而理性本身具有不可克服的缺陷,理性的膨胀正是现代人类社会悲剧的重要渊薮,其是否能够担当得起现代法制合法性的论证? 当法制完全失去了超验性价值的支撑,法律与信仰相分离时法治是否还具有可能性? ① 这些均是有待我们继续考察的历史命题。

最后,大量的历史事实表明,人类对于自身传统所作的每一次大决裂,其结局都是当革命的激情燃烧殆尽后又部分回归于传统,只是对传统有所损益而已,人类的文明就是在这样来来回回、跌跌撞撞中蹒跚前进的。中国的现代化只是中国制度的文明和进步,并不是中国文化被另一种外来文化完全取代,故当近一个多世纪来的革命日渐淡出中国大众的日常生活之后,传统的部分回归和复兴就是不可避免的(时下的国学热、宗教热即是最好的明证)。无论我们是否喜

---

① 伯尔曼曾预言西方人正经历着一场整体性危机,全部西方文化似乎正面临一种精神崩溃的可能,而其主要征兆就是人们对于法律信任的严重丧失和宗教信仰的丧失殆尽,他认为导致这一切的重要原因之一就是法律与宗教的截然分离。他断言:"法律赋予宗教以其社会性,宗教则给予法律以其精神、方向和法律获得尊敬所需要的神圣性。在法律与宗教彼此分离的地方,法律很容易退化成为僵死的法条,宗教则易于变为狂信。"参见伯尔曼:《法律与宗教》,梁治平译,中国政法大学出版社 2003 年版,第 8—39 页。

欢,中国传统的天道、神道、人道和君道(治道)必将部分复活,因为在它们中间存在许多在今天依然具有活力的思想元素。对于天道,在我们的思想传统中,天本来就有两个面向,一是宗教神学的主宰者之天,一是无神论的物质自然之天,神学之天坍塌了,但物质自然之天还屹立着,故传统的天道仍然具有部分的有效性,特别是在生态、环境等问题日益严峻的当下,传统的天人关系完全有可能以人与自然的关系的面貌重新粉墨登场,包括中国传统思想中的"天人合一"等理念都仍然具有现代价值。中国传统的神学的天道断裂了,但自然的天道(人与自然的关系)还有继续讲下去的必要。对于神道,在后革命时代的今天,鬼神迷信在民众中又盛行起来,而遍布中国城乡的寺庙、道观、教堂和清真寺表明各种宗教正在中国大地上复兴,相信宗教必将对中国当下以及未来的社会产生广泛的影响,实行政教分离的现代国家当然不应当再搞愚民的神道设教了,但正确引导和利用神道来实现国家和社会的善治则是一项有待研究的重大课题。对于人道,其人性论和人伦论仍然具有部分的真理性,现代法制也同样是建立在一定的人性假设基础之上的,中国传统的"三纲"已被彻底判了死刑,但是"五常"(仁义礼智信)在今天仍然具有现实价值,值得开发和利用。对于君道,无论是其中的王道还是霸道,其包含的治道理念和技术对于今天以及今后中国社会的治理仍然具有教益和启迪,我们只有正视和超越它们才能建成民主和法治国家,实现善治。而在这整个历史过程之中,我们都需要警惕专制主义的僵尸和游魂借助国故、国学、国粹、传统文化遗产等名义复活或沉滓泛起。

主要参考文献

一、古代典籍(常用版本,不一一详注)

《周易》《尚书》《诗经》《春秋》《论语》《孟子》《荀子》《礼记》《周礼》《孝经》《孔子家语》《尔雅》《逸周书》《左传》《国语》《战国策》《史记》《汉书》《后汉书》《三国志》《晋书》《宋书》《南齐书》《梁书》《陈书》《魏书》《北齐书》《周书》《隋书》《南史》《北史》《旧唐书》《新唐书》《旧五代史》《新五代史》《宋史》《辽史》《金史》《元史》《新元史》《明史》《清史稿》《老子》《庄子》《文子》《鹖冠子》《列子》《墨子》《管子》《商君书》《韩非子》《慎子》《吕氏春秋》《新语》《新书》《淮南子》《春秋繁露》《韩诗外传》《盐铁论》《白虎通义》《说文解字》《论衡》《潜夫论》《申鉴》《全三国文》《弘明集》《贞观政要》《群书治要》《韩昌黎集》《柳宗元集》《柳河东集》《皇极经世》《通书》《正蒙》《二程集》《三朝北盟会编》《宋会要》《朱文公文集》《朱熹集》《朱子语类》《名公书判清明集》《文献通考》《感天动地窦娥冤》《大学衍义补》《王廷相集》《水浒传》《明夷待访录》《读通鉴论》《王船山遗书》《孟子字义疏证》《幼学琼林》《聊斋志异》《四库全书总目提要》《洙泗考信录》《醒世姻缘传》《学治臆说》《魏源集》《万木草堂口说》

二、当代著作

马克思、恩格斯:《马克思恩格斯全集(第1卷)》,人民出版社1956年版

罗根泽:《诸子考索》,人民出版社1958年版

王国维:《观堂集林》,中华书局 1959 年版

范文澜:《中国通史简编(第 3 编第 2 册)》,人民出版社 1965 年版

高亨:《周易大传今注》,齐鲁书社 1979 年版

陈寅恪:《金明馆丛稿二编》,上海古籍出版社 1980 年版

谭嗣同:《谭嗣同全集》,中华书局 1981 年版

李民:《尚书与古史研究(增订本)》,中州书画社 1981 年版

张岱年:《中国哲学发微》,山西人民出版社 1981 年版

郭沫若:《郭沫若全集·历史编(第 1 卷)》,人民出版社 1982 年版

任继愈:《中国哲学发展史(先秦卷)》,人民出版社 1983 年版

霍布斯:《利维坦》,黎思复、黎廷弼译,商务印书馆 1985 年版

毛礼锐等:《中国古代教育史》,人民教育出版社 1986 年版

陈梦家:《殷虚卜辞综述》,中华书局 1988 年版

张立文:《中国哲学范畴发展史(天道篇)》,中国人民大学出版社 1988 年版

张岱年:《中国古典哲学概念范畴要论》,中国社会科学出版社 1989 年版

黄寿祺、张善文:《周易译注》,上海古籍出版社 1989 年版

毛泽东:《毛泽东选集(第 1 卷)》,人民出版社 1991 年版

邓小平:《邓小平文选(第 2 卷)》,人民出版社 1993 年版

张立文:《中国哲学范畴发展史(人道篇)》,中国人民大学出版社 1995 年版

余英时:《中国思想传统的现代诠释》,江苏人民出版社 1995 年版

张岱年:《张岱年全集》,河北人民出版社 1996 年版

冯友兰:《中国哲学简史》,北京大学出版社 1996 年版

郭沫若:《十批判书》,东方出版社 1996 年版

陈来编选:《中国哲学的精神——冯友兰集》,上海文艺出版社 1998 年版

俞荣根:《儒家法思想通论》,广西人民出版社 1998 年版

柏克:《法国革命论》,何兆武等译,商务印书馆 1998 年版

葛兆光:《中国思想史(第2卷)》,复旦大学出版社2001年版

徐复观:《两汉思想史(第2卷)》,华东师范大学出版社2001年版

范忠信:《中国法律传统的基本精神》,山东人民出版社2001年版

钱锺书:《管锥编(一)》上卷,三联书店2001年版

朱维铮:《中国经学史十讲》,复旦大学出版社2002年版

陈望衡:《玄妙的太和之道:中国古代哲人的境界观》,天津教育出版社2002年版

余英时:《士与中国文化》,上海人民出版社2003年版

伯尔曼:《法律与宗教》,梁治平译,中国政法大学出版社2003年版

霍布斯:《论公民》,应星、冯克利译,贵州人民出版社2003年版

杨鸿烈:《中国法律思想史》,中国政法大学出版社2004年版

张岱年:《中国哲学大纲》,江苏教育出版社2005年版

李申:《中国儒教论》,河南人民出版社2005年版

徐复观:《徐复观论经学史二种》,上海书店出版社2006年版

胡适:《中国中古思想史长编》,安徽教育出版社2006年版

刘泽华:《王权思想论》,天津人民出版社2006年版

瞿同祖:《中国法律与中国社会》,中华书局2007年版

王锷:《〈礼记〉成书考》,中华书局2007年版

刘泽华:《中国政治思想史集(第3卷)》,人民出版社2008年版

陈来:《古代宗教与伦理——儒家思想的根源》,三联书店2009年版

冯友兰:《中国哲学史》,重庆出版社2009年版

黄宗智:《过去和现在:中国民事法律实践的探索》,法律出版社2009年版

邵汉明:《中国文化研究30年(上)》,人民出版社2009年版

徐复观:《徐复观文集(第2卷)》,湖北人民出版社2009年版

陶希圣:《中国政治思想史(上)》,中国大百科全书出版社2009年版

萧公权:《中国政治思想史》,新星出版社2010年版

《辞海》（第六版缩印本），上海辞书出版社 2010 年版

吕思勉：《先秦学术概论》，中国人民大学出版社 2011 年版

皮锡瑞：《经学历史》，周予同注释，中华书局 2011 年版

陈寅恪：《隋唐制度渊源略论稿唐代政治史述论稿》，商务印书馆 2011 年版

金观涛、刘青峰：《兴盛与危机论中国社会超稳定结构》，法律出版社 2011 年版

梁启超：《梁启超论先秦政治思想史》，商务印书馆 2012 年版

吕思勉：《中国政治思想史》，中华书局 2012 年版

余英时：《中国文化史通释》，三联书店 2012 年版

卢建荣：《铁面急先锋——中国古代法官的血泪抗争》，中国政法大学出版社 2012 年版

胡适：《中国哲学史大纲》，北京大学出版社 2013 年版

何永军：《断裂与延续——人民法院建设（1978—2005）》，中国政法大学出版社 2018 年版

三、期刊论文

陈顾远：《天道观念与中国固有法系之关系——关于中国固有法系回顾之三》，《中华法学杂志》1937 年新编第 1 卷第 9 期

刘起釪：《〈洪范〉成书时代考》，《中国社会科学》1980 年第 3 期

金景芳：《经学与史学》，《历史研究》1984 年第 1 期

唐端正：《儒家的天道鬼神观》，《孔子研究》1986 年第 2 期

彭林：《〈周礼〉五行思想新探》，《历史研究》1990 年第 3 期

冯禹：《"天道"考释》，《管子学刊》1990 年第 4 期

张岱年：《人伦与独立人格》，《北京大学学报》1990 年第 4 期

杨世文：《天道与君道——殷周君主观念与儒家君主理论的一个视角》，《孔子研究》1992 年第 3 期

姜建设:《先秦儒家王道释义》,《郑州大学学报》1992 年第 5 期

马作武:《"录囚""虑囚"考异》,《法学评论》1995 年第 4 期

杜勇:《〈洪范〉制作年代新探》,《人文杂志》1995 年第 3 期

黄嫣梨:《中国传统社会的法律与妇女地位》,《北京大学学报》1997 年第 3 期

王元化:《对于五四的再认识答客问》,《开放时代》1999 年第 3 期

成其圣:《体察天道维护治道传承学道——论郑玄之圣人情结和拯世情怀》,《中国文化研究》1999 年第 4 期

王友三:《中国无神论史研究的几个问题》,《世界宗教研究》1999 年第 4 期

周桂钿:《试论"君道"中的修身与听谏》,《福建论坛》2001 年第 1 期

张全民:《中国古代直诉中的自残现象探析》,《法学研究》2002 年第 1 期

王立民:《中国古代刑法与佛道教——以唐宋明清律典为例》,《法学研究》2002 年第 3 期

郭成伟、孟庆超:《论"天道"观对中国传统法律的影响》,《政法论坛》2003 年第 5 期

陈蒲清:《〈尚书·洪范〉作于周朝初年考》,《湖南师范大学社会科学学报》2003 年第 1 期

李军靖:《〈洪范〉著作时代考》,《郑州大学学报》2004 年第 2 期

夏伟东:《法家重法和法治但不排斥德和德治的一些论证》,《齐鲁学刊》2004 年第 5 期

沈长云、李晶:《春秋官制与〈周礼〉比较研究——〈周礼〉成书年代再探讨》,《历史研究》2004 年第 6 期

刘红卫:《王、霸的时序性——试析由王道向霸道转变的原因》,《管子学刊》2004 年 1 期

郑显文:《中国古代"农忙止讼"制度形成时间考述》,《法学研究》2005 年第 3 期

章启群:《两汉经学观念与占星学思想——邹衍学说的思想史意义探幽》,《哲

学研究》2009 年第 1 期

张松辉、周晓露:《老子是首创私学的人》,《湖南师范大学学报》2007 年第 5 期

王晶波、王晶:《佛教地狱观念与中古时期的法外酷刑》,《敦煌学辑刊》2007 年
    第 4 期

王鸿生:《中国传统政治的王道和霸道》,《武汉大学学报》2009 年第 1 期

章启群:《两汉经学观念与占星学思想——邹衍学说的思想史意义探幽》,《哲
    学研究》2009 年第 1 期

范忠信:《古代中国人民权益损害的国家救济途径及其精神》,《现代法学》2010
    年第 4 期

岳纯之:《中国古代农忙止讼制度的形成时间试探》,《南开学报》2011 年第 1 期

黄玉顺:《仁爱以制礼,正义以变法——从〈商君书〉看法家的儒家思想渊源及
    其变异》,《哲学动态》2010 年第 5 期

土威威:《先秦诸子论人性、人情与人欲之关系》,《华北电力大学学报》2011 年
    第 6 期

张海峰:《唐律"十恶"一词的佛教渊源》,《现代法学》2012 年第 3 期

燕继荣:《霸道王道民道三种统治模式下的社会治理》,《人民论坛》2012 年第
    6 期

龙大轩:《八议成制于汉论考》,《法学研究》2012 年第 2 期

何永军:《中国法律之儒家化商兑》,《法制与社会发展》2014 年第 2 期